激励学生学习

（第三版）

〔美〕杰里·布洛菲 著
张 弛 蒋元群 译

2016年·北京

MOTIVATING STUDENTS TO LEARN, THIRD EDITION
Jere Brophy
Original work copyright©2010 Taylor & Francis
All Rights Reserved. Authorized translation from English language edition published
by Routledge Inc., part of Taylor & Francis Group LLC.
Copies of this book sold without a Taylor & Francis sticker
on the cover are unauthorized and illegal.

本书中文简体翻译版授权由商务印书馆独家出版并限在中国大陆地区销售。未经出版者书面许可，不得以任何方式复制或发行本书的任何部分。本书封底贴有 Taylor & Francis 公司防伪标签，无标签者不得销售。

出 版 前 言

本书专为教师写作,它提供了丰富的、基于研究的旨在激发学生学习动机的诸多原则。本书重点不在于那些有关激发学习动机的理论家或者理论,而是在于提供激发学习动机的原则和策略方法,这就很自然地将内容引向了有关课堂策略的讨论。纵观全书,这些原则和策略方法都与当今学校和课堂中所存在的现实情况息息相关。与前者相关的如"课程目标",后者则如"学生的差异"、"课堂活力"等。作者采用一种折中主义的激发动机的方法,且显然是把外在方法和内在策略有效地整合在了一起。此外,书中还对如何将激发动机原则运用到群体差异,如何适应学生个体差异,以及如何在对那些灰心气馁或充满抵触情绪的学生进行"补救工作"时采用激发动机原则等,提供了若干准则。

变化。 本书第三版除了内容上的更新之外,其特点还表现为在以下几个方面补充了新的材料,包括:家长在子女学习动机的激发上所扮演的角色,目标理论和自我决定理论,动机的多元价值,动机的内涵和特点,以及教师在建构学生动机方面所起的作用。

教师导向。 本书主要内容所涉及到的有关动机的方方面面,都可以直接被运用到课堂教学当中。也即是说,与其说本书把学生当作激发动机的对象,倒不如说它将教师置于动机激发者的位置上。

多维度的组织视角。 作者采用了三大视角来构建自己的研究领域:(1)社会环境、学习社群的视角;(2)动机的期望、信心和效能角度;(3)动机的多元价值角度。上述角度不仅有助于读者发现相关理论之间存在的联系,同时也有助于他们了解教师激发学生动机的多种策略。

动机的多元价值。 与其他教材相比,本书更加强调动机的多元价值。这也正是大多数教师在谈论学生的学习动机时往往会想到的:"我怎样才能让我的学生们认识到我讲授的全部课程和每节课所具有的价值呢?"

本书作者杰里·布洛菲为密歇根州州立大学杰出教授,学科方向是教师教育与咨询、教育哲学和特殊教育。

第一版出版时间为 1997 年,由麦格劳-希尔公司(McGraw-Hill Companies, Inc.)出版;

第二版出版时间为 2004 年,由劳伦斯-厄尔鲍姆学会有限公司(Lawrence Erlbaum Associates, Inc.)出版;

本书为第三版,出版时间为 2010 年,由泰勒-弗朗西斯出版集团劳特利奇出版社(Routledge, Taylor & Francis Group)出版。

谨以本书献给我的孙辈们，他们是马克·斯皮尔、克里斯·斯皮尔、杰里德·布洛菲以及卡门·布洛菲。

目 录

前言 ………………………………………………………………… 1

第 1 章 教师视角下的学生动机 ………………………………… 5
动机的定义和概述 ………………………………………… 7
动机观点的嬗变 …………………………………………… 8
课堂情境下的动机 ………………………………………… 17
把激发学生学习动机作为教师的目标 …………………… 18
动机作为情境行为图式的构成要素 ……………………… 20
学习动机的激发和社会化 ………………………………… 22
通常在社会情境下发挥作用的公式：动机＝预期×价值判断 … 23
本书的架构 ………………………………………………… 26
本章概要 …………………………………………………… 27
思考题 ……………………………………………………… 28
参考文献 …………………………………………………… 29

第 2 章 建立班级中的学习社群 ………………………………… 32
建设学习社群 ……………………………………………… 32
让教师和课堂能够吸引学生 ……………………………… 34
善用有吸引力的沟通方式 ………………………………… 37
将学生的注意力集中到个人和集体的学习目标上 ……… 38
以理解为目的的教学 ……………………………………… 46
有关教学的社会文化学观点 ……………………………… 49
激发动机导向大相径庭的两位教师 ……………………… 50

小结 …………………………………………………………… 56
　　思考题 ………………………………………………………… 56
　　参考文献 ……………………………………………………… 57

第3章　支持学生建立学习信心 ……………………………………… 63
　　成就情境 ……………………………………………………… 63
　　有关成就情境下任务选择和目标设定的早期研究 ………… 64
　　有关成就情境预期的后续研究 ……………………………… 66
　　支持学生建立学习信心 ……………………………………… 76
　　课程：为成功设计的程序 …………………………………… 76
　　教学：帮助学生设定目标、自我评估进步和认识
　　　　　努力与成绩之间的关系 ……………………………… 77
　　评估：强调信息性反馈而非评分或比较学生 ……………… 86
　　本章概要 ……………………………………………………… 90
　　思考题 ………………………………………………………… 91
　　参考文献 ……………………………………………………… 92

第4章　目标理论 ……………………………………………………… 99
　　目标理论的前身 ……………………………………………… 99
　　目标理论的发展 ……………………………………………… 101
　　综合性的目标理论 …………………………………………… 103
　　厘清学生个人成就目标的意义和内涵 ……………………… 109
　　超越成就目标 ………………………………………………… 114
　　目标理论的应用 ……………………………………………… 117
　　目标理论：展望未来 ………………………………………… 124
　　小结 …………………………………………………………… 125
　　本章概要 ……………………………………………………… 127
　　思考题 ………………………………………………………… 128
　　参考文献 ……………………………………………………… 129

第 5 章 为受挫学生重建学习的信心和愿望 …… 142
    激发低成就学生的学习动机 …… 143
    "失败综合征"学生的再社会化 …… 149
    避免学生设定绩效性目标或过分关注自我价值保护 …… 160
    "顽固不进取学生"的再社会化 …… 163
    小结 …… 168
    本章概要 …… 169
    思考题 …… 170
    参考文献 …… 171

第 6 章 提供外部激励 …… 178
    学生动机的价值方面 …… 178
    有关奖励的常见看法 …… 179
    有关教育领域中外部奖励的论争 …… 180
    奖励学生的策略 …… 190
    有效地表扬学生 …… 193
    充分利用现有的外部奖励:让学生关注学习的工具性价值 …… 197
    竞争:强劲而问题重重的外部激励 …… 198
    小结 …… 203
    本章概要 …… 203
    思考题 …… 205
    参考文献 …… 206

第 7 章 内在动机的自我决定理论:满足学生的自主需要、胜任需要及关联需要 …… 212
    联系学生的既有内在动机 …… 212
    内在动机的概念 …… 213
    德西和雷安的自我决定理论 …… 214

自主动机的基础:自主、胜任和关联 …………………………………… 219
回应学生的自主需要 …………………………………………………… 222
回应学生的胜任需要 …………………………………………………… 229
回应学生的关联需要 …………………………………………………… 234
自我决定理论:前景展望 ………………………………………………… 239
本章概要 ………………………………………………………………… 244
思考题 …………………………………………………………………… 245
参考文献 ………………………………………………………………… 246

第8章 支持学生内在动机的其他方式 258

有关兴趣的理论和研究 ………………………………………………… 258
让活动适应学生的兴趣 ………………………………………………… 264
利用传统学习活动提高学生的内在动机潜能 ………………………… 266
体现多重原则共同作用的教学方法 …………………………………… 275
教师基于经验的动机策略 ……………………………………………… 278
小结 ……………………………………………………………………… 282
本章概要 ………………………………………………………………… 283
思考题 …………………………………………………………………… 284
参考文献 ………………………………………………………………… 285

第9章 激发学生的学习动机 293

学习动机 ………………………………………………………………… 293
相关的动机概念 ………………………………………………………… 294
让学生愿意学习 ………………………………………………………… 298
为激发学习动机铺平道路:社会化 …………………………………… 300
教师需帮助学生构建学习动机图式并理解所学价值 ………………… 306
将学习动机社会化为一般性倾向 ……………………………………… 317
在具体学习情境下激发学生的学习动机 ……………………………… 321

形成学生学习预期的策略……………………………………… 321
　　激发学习动机的策略…………………………………………… 323
　　支架化学生学习努力的策略…………………………………… 333
　　自律学习………………………………………………………… 343
　　小结……………………………………………………………… 344
　　本章概要………………………………………………………… 344
　　思考题…………………………………………………………… 346
　　参考文献………………………………………………………… 347

第 10 章　缺乏兴趣或不合群学生的社会化 ………………… 356
　　契约制和激励系统……………………………………………… 357
　　形成与学生的紧密关系并据此开展教学工作………………… 359
　　发现学生既有兴趣并以此作为发展基础……………………… 361
　　帮助学生形成并保持对学业更为积极的态度………………… 362
　　缺乏兴趣学生学习动机的社会化……………………………… 367
　　向学生传授自律学习和研究的技能…………………………… 373
　　教给学生意志控制的策略……………………………………… 375
　　小结……………………………………………………………… 377
　　本章概要………………………………………………………… 378
　　思考题…………………………………………………………… 380
　　参考文献………………………………………………………… 381

第 11 章　顺应学生动机模式的差异 ………………………… 385
　　有关集体和个体差异的理论观点……………………………… 386
　　有关顺应学生个人偏好的观点………………………………… 387
　　心理差异化中的差异…………………………………………… 388
　　学习类型和多元智能…………………………………………… 390
　　有关学习类型和多元智能的结论……………………………… 394

学生动机模型随年龄而改变 …………………………… 395
性别差异 …………………………………………………… 400
美国社会的家庭和文化背景差异 ………………………… 404
应对同伴压力 ……………………………………………… 411
世界各国各地区之间的对比 ……………………………… 413
小结 ………………………………………………………… 416
本章概要 …………………………………………………… 417
思考题 ……………………………………………………… 419
参考文献 …………………………………………………… 421

第12章 回顾与展望：把动机目标整合进教师的教学计划和教学中 ………………………………… 433

"TARGET"分类 …………………………………………… 434
凯勒模型 …………………………………………………… 435
沃德柯斯基模型 …………………………………………… 437
综合本书提出的各种原则 ………………………………… 438
保持教师的自身动机 ……………………………………… 443
本章概要和小结 …………………………………………… 447
思考题 ……………………………………………………… 449
参考文献 …………………………………………………… 449

后 记 ………………………………………………………… 453

前　言

　　为读者提供激发学生学习动机所要采用的原则和策略的本书，并不是从我的个人哲学衍生出来或者随便从别处挑拣来的"妙计锦囊"，相反，它是对有关动机的文献进行系统回顾和综合整理之后的产物。综合整理工作包括以下内容：在浩如烟海的文献中找出与教师关联最为紧密的那些部分；运用浅显易懂的词汇对相关资料进行概括总结，旨在杜绝从同一个基本概念衍生出多个术语的情况；对以有关动机的理论和研究为基础、同时又支持教师将动机原则融入到自己的教学方案中的文献资料进行分类组织。

　　对于那些相对显而易见的原则（比如，善意、关心学生的教师与冷淡或排斥的教师相比，更可能成为成功的动机激发者），我采取的方式是强调它们的至关重要性，但不再进行不必要的详细阐释或论证。而对于那些不太明显或不太为读者所熟知的原则，则会着以更多的笔墨。尽管如此，我在本书中着重论述的仍然是一些重要观点和应用性指导原则，而并没有广泛地涵盖相关理论和研究的历史和发展过程。对于相近的概念，我重点强调它们的共同含义，避免"为区别而区别"。

　　有关动机的学术论著，很多与教师的相关性不高，原因是它们并不适用于课堂教学，或者根据个体动机系统的不同来妄测其行为的差异（比如，崇尚成功而又不惧怕失败的学生，与那些具有相反动机模式的学生相比，更有可能喜爱挑战性任务）。追求成功或避免失败等概念，只有在其有助于教师明白学生当前的动机取向时才有作用。然而，教师大多需要学习将学生的动机取向朝着最佳模式进行社会化的各种策略（就此处而言，即帮助学生减轻对失败的恐惧和增强追求成功的毅力）。最后，尽管本书阐释了有助于理解学生动机取向的若干概念，但本书重点关注的仍然是教师为使这些动机取向最优化所应采取的策略。

　　不仅如此，本书还十分关注课堂教学实践。首先，本书认为学校并非托儿所或者儿童活动中心,学校的特点在于它们具有师生都应当完成的教学任务。因此,教师激发动机的策略,要将重点放在激发学生学习以取得理想的课程成绩的动机上,而不仅仅是让学生享受他们在学校的时光。应当让学生体验到学习是有意义有价值的,但这需要付出目标明确的、旨在促进师生相互理解的长期不懈的努力。

其次,课堂环境使教师所面对的激发动机的挑战更加复杂化。教学的个性化只能是一定程度的个性化,因此部分学生可能会感到枯燥无味、百无聊赖,而另外一些学生则时常处在困惑不解当中,充满挫败感。此外,学生对学习的专注力还可能被诸如害怕得低分或害怕在同学面前丢丑之类的担心削弱。

上述以及其他的一些课堂特征,都凸显了强调动机目标以及在那种情形下能够运用的动机策略的重要性。因此,尽管我对人们在从事没有外在束缚压力的情况下自主选择活动时可能被观察到的诸种动机形式进行了描述,但我要强调的还是:此类自我决定的理想状态在教室当中只可能部分或偶尔得以实现。所以说,教师所面对的动机挑战在于找到激励学生的途径,激励他们不管是否享受学习活动,或者在有其他替代活动存在的情况下他们是否还会选择学习,都努力按照学习活动所设定的目标学习知识、发展能力。这正是我所谓的激发学生学习动机的含义。与此同时,本书也将激发学生学习动机的策略作为论述的重点。

本书还为读者提供一些充分利用学生既有内在动机,以及采用奖励和其他外在激励强化其学习努力的策略。在此过程中,我回顾了相关的经常引起争论的文献,并提出了适当采用内在和外在动机策略的诸原则。一个将激发动机的两方面策略进行融汇折中的方法(激发学生学习动机的策略亦是如此),很可能比一个更具局限性的方法有力得多。

最后,本书还就如何将激发动机原则运用到群体差异,如何照顾个体差异,以及如何在对那些已经灰心、不爱学习的学生进行"补救"中采用激发动机原则等提供了指导方针。这些适用原则和解决问题的建议,均是贯穿全书的总方法的具体体现。它们是后者的延伸,与其基本原则相一致。

随着关联论(relevant theory)及其相关研究的发展创新,本书第三版为读者呈现了几个值得注意的新特征。如第 4 章更新了有关绩效方法目标的争议内容，并概述了一种将结果性目标（关注要达到的某个卓越标准）同绩效目标（强调自我证明或同伴竞争）区分开来的潜在共识。第 6 章则阐释了一种逐渐形成的共识，即外部奖励可以通过多种运用方式为培育内在动机策略提供补充，并且提供了如何实施的准则。第 7 章追溯了自我决定理论的演进和发展，包括该理论近年来研究的重点即自主动机的外在形式，它建议人们关注作为自主性支持形式的教学目标和学习价值，关注自我决定与幸福之间的联系，以及关注包括自主、胜任、关联在内的基本需要的普遍性（甚至在强调集体主义的文化当中亦是如此）。

在第 8 章至第 10 章，本书提供了有关教育动机价值的独特内容，综合了在价值关联问题领域的代表性理论和研究。该领域的研究经过几十年的相对沉寂后，最终开始兴盛起来。其内容包括近年来欧洲有关兴趣的研究，从原发情境兴趣发展为成熟个人兴趣的四阶段模型，"自我"和"认同"等概念的新内涵，审美体验和变革体验的新研究，以及将对认知和实现带来愉悦的日益关注作为传统上关注情感与享受愉悦的补充等。在第 1 章所奠定的理论基础之上，我在第 9 章为读者提供了关于教师为什么有必要对学生进行社会化以使他们重视学校教育内容的价值，以及如何才能做到这一点的全新理论视角，并辅之以几张新图表。第 11 章则包含了定式印象威胁的内容，以及崇尚独立的西方式与注重相互依赖的东亚式自我建构和相关动机之间的反差等广泛内容。

为减少由于使用第三人称叙述而出现啰唆的被动句结构，我在本书的大量篇幅里使用第二人称的形式直接向读者进行叙述，即将本书读者设想成一名教师。这样，作为在职教师或实习教师的读者，能够对此做出直接的回应；而未来的教师、教育专业的学生或者其他目前并没有从事教学工作的读者，则可以通过将他们自己设想成教师的角色来做出回应。非教师读者应当能够发现，本书对于他们而言，与对在职教师一样有用，尽管他们需要将自身的实际情况（如家长与孩子、教练与运动员、上司与下属等）换成书中所叙述的教师与学生的情境。本书所强调的基于研究的普遍原则，对于任何一个处在领导地位、需要唤起人们动机以便完成工作任务的人来说，都应当是有用的。

在本书英文原文中，我还通过使用复数人称，减少了大多数具有性别特征的语言。在不允许使用复数人称的地方（比如一些涉及某个学生的具体事例),我就会采用一种标准化的格式,即通常指定教师为女性、学生为男性。而在有关性别差异的章节里,我会指出教师是男性还是女性,学生是男生还是女生。

第 1 章
教师视角下的学生动机

　　学习是快乐有趣的,至少课程设置与学生兴趣、能力匹配,同时教师重视实操活动时是这样。若教学内容合适且教学方法恰当,学生学起来自然是有动力的。如果学生不能享受学习的过程,通常是教师的课程设置和教学方法出了问题——从某种程度上讲,是教师让一项本身令人享受的活动变得枯燥无趣。

　　学校从其本质上来讲是无趣、令人沮丧的。我们要求学生来学校,教他们一些他们认为没有必要也没有意义的东西。同时,学生同伴文化能给学生带来的学业支持甚少,家庭环境往往也是如此。少数学生也许对学习满怀激情,但大多数学生需要外部压力——评分体系以及与之挂钩的胡萝卜加大棒,迫使他们至少需要努力通过考试才行。

　　上面两段文字反映了通常我们提供给教师的学生激励策略背后所承载的核心理念。这两种观点互相对立,又都非常普遍。很难说哪种观点确凿无误,但都包含着一定的道理。

　　第一种观点看待人类本性过于理想化,对学校学习抱有不切实际的期望。我们可以期待学生在学习活动中感受其意义和价值,但不能期望他们像玩课外游戏时一样"享受乐趣"。即便学生觉得教学内容有趣、课堂活动愉快,学习依然需要持久的专注和努力。

　　而第二种观点看待人类本性则过于现实化,对教师激发学生学习动机的潜能抱有否定预期。纵然学生在学习过程中会努力追求快乐、避免痛苦,但同时他们也能体验到获取知识、发展技能、满足好奇心(即学习过程)给他们带来的满足感。通过灵活处理课堂突发事件,教师可以引导强化学生行为,并帮助他们认识、珍惜学习机会,进而通过内在动机和自我实现,发现学习的意义和价值。

如果说以上两种观点都太极端,都有漏洞,那么应该如何全面有效地去看待学生动机的激发呢？在以后的章节里,基于学生动机社会化(socializing students' motivation)的理念,我会逐步展开问题的答案。在了解我的观点前,首先需要考量一下作为教师的你自己原先的想法。因为动机反映的是我们对于不同选择和行动背后原因的解释,而这种解释是我们理解自身动机的基础。在理解他人动机时,我们通常也会把自身的动机解释投射到他们身上。因此,为了强化你对于当前自身动机的意识,首先花一点时间思考下列问题,并写下你的答案:

1. 哪些活动是你因为觉得享受而经常去做的？为什么？(为什么你会觉得这些活动令人很享受？这个过程你能获得什么？)

2. 哪些活动你即便不喜欢还是会经常做(它们对于你而言是不可逃避的责任,或是通向某个重要目标的必经之路)？你如何激励自己做好(或者说不一定好但至少够好)这些自己不喜欢做的事情？

3. 大多数人都会偏好某一类书籍、电影和电视节目,拥有某一类业余爱好。比如有些人可能喜欢现实小说而非奇幻小说,喜剧而非戏剧,高尔夫而非网球,或是收集历史纪念品而非邮票。你如何解释这些完全不同的爱好？为什么你喜欢某一类的书籍、电影和运动或拥有某一类业余爱好？你为何不喜欢其他看起来差不多却对你毫无吸引力的类似活动呢？

4. 在你的学生时代,有哪些科目或学习活动是你最喜欢或觉得最有收获的？哪些让你觉得很无趣,或仅仅"过得去"、很难令人感到兴奋、觉得有意义的？有没有一些科目或学习活动让你感到焦虑、厌烦甚至嫌恶因而试图回避的？你又如何解释这些完全不同的感受？

5. 当一项学习活动让你感到无趣、厌烦时,你会采取怎样的自我激励和应对措施,来帮助自己做到需要做的事情？当一项活动困难度太大而令你感到沮丧时,你又会怎样做呢？

6. 你的老师和教授们如何对你的学习动机产生影响(不仅仅是你喜欢他们教的科目或开展的学习活动,更重要的是他们使你理解到学习的意义和价值,从而竭尽全力做好功课),包括正面和负面的影响?
7. 对于这些问题的答案,你从童年、青年到成年是不是经历了转变?如果是这样的话,是如何转变的?为什么?
8. 你认为那些和你有着不同性别、种族或是文化背景的人对这些问题会给出相似的答案吗?为什么?
9. 通过你给的这些答案,针对你的学生所处的年龄层,思考你所使用的激发学生学习动机的策略中哪些需要强化、哪些需要避免?

请把你对上述问题的答案记下来。当你在阅读本书时,有必要对它们进行回看,以对比基于你自身经验的动机观点和理论文献观点有何异同。如果你发现两者存在矛盾之处,试着思考其对立的原因以及它对于你作为教师实施教学具有何种启示。

接下来,本章将简要介绍动机以及我对于动机的看法。首先是基本概念及其定义,进而概述动机理论历史沿革,并以内在动机和理想状态的心流作为结束。进而提出以下论点:期望学生在课堂上产生惯常性内在动机是不切实际的,相比之下,激发外在学习动机是更为可行的选择。再下来是激励学生产生学习动机并使其社会化的相关述评。最后,本章以整本书余下部分的概览作为结束。

动机的定义和概述

动机(motivation)是用来解释行为,特别是目标导向性行为的发起、方向、强度、持续及其质量的理论性概念(Maehr & Meyer,1997)。而另一种**动机**(motives)则是一个假设性概念,用来解释人们行为背后的原因。动机(motive)明确区别于**目标**(goals,一系列行动指向的直接目的)以及**策略**(strategies,用来实现目标、满足动机的方法)。举例来说,某人通过去餐馆(策略)吃到东西(目标)来应对饥饿(动机)。

动机(motive)指一般性的需求或是欲望,它能激发人的能量,从而促成一系列目的性行为的发起。相比之下,目标(及相关策略)则更为具体,用来解释特定情况下一系列行动的导向性和其质量(Thrash & Elliot,2001)。

在课堂背景下，学生动机（student motivation）这个概念用来解释学生在不同任务下投入注意力和努力的程度，而这些任务不一定是教师所期望的。学生动机植根于学生的主观经历，特别是涉及参与学习活动意愿及相关原因的经历。这里，不妨引入本书要阐释的主要观点：教师应重点鼓励学生带着学习动机参与活动，也就说在设计学习活动时，应考虑让学生有意愿去获取知识、技能。

动机观点的嬗变

行为强化理论

大多数当代动机理论强调动机的认知和目标导向特征，而早期动机理论深受行为理论和研究的影响（多数行为研究对象为动物而非人）。早期行为理论把人类描绘成能对基本驱动或需求做出反应，只是这种反应较为被动的生物："一种在阴凉处静静地进行新陈代谢，偶尔会因为灼热阳光的刺激或是一杯清凉啤酒的引诱而有所行动的生物"（Murray,1964:119）。

后期的行为主义者从关注驱动和需求转向关注**强化因素**（reinforcement），并认为后者是建立和维持行为方式的主要机制。**强化物**（reinforcer）可以指增强或是维持行为频率的任何事，而强化物获得的条件取决于该行为的实施。例如，当学生认真完成任务时，可以通过给予口头或是书面表扬、打高分、添加星标、准许特权以及奖励可以交换奖品的积分来强化学生的努力行为，或者用其他方式补偿学生所做出的努力，用学生认为有价值的奖励方式对他们所取得的成绩表示认可。

在解释如何建立并维持期望的行为模式时，行为主义者通常会谈到控制而不是激励，提及用强化手段使行为在刺激下得到控制。这里的刺激充当一种场景暗示，它提醒学习者在这一场景下如果实施某种行为就将得到强化。如果学习者不能立刻实施这种行为，可以通过渐进性行为朝着目标水平逐渐靠近。一旦这种行为模式得以建立，将通过足够的强化来保证其维持。在这个过程中，对于任何与期望相左的行为，将通过零强化予以消除，或通过惩罚措施(如果必要的话)给予压制。

多数的学校教育文化便是以上行为主义观点的反映,特别是成绩报告单制度、行为规范、光荣榜和颁奖仪式。在课堂中,行为主义观点产生了胡萝卜加大棒的奖惩机制,它给教师的建议是当学生表现出期望的学习行为时要给予强化,反之则不给予强化(Alberto & Troutman,1999;Schloss & Smith,1994)。

当下应用行为分析治疗依然十分强调行为强化模型,特别是在学校心理学和特殊教育中(Landrum & Kauffman,2006)。然而,大多数行为模型已经演变成更为复杂的形式,学生的想法和意愿也被纳入其中。同时,**动机认知模型**也得到发展,它重视学习者的主观经历,比如需求、目标或是与动机相关的想法等。这些认知模型也包含强化的概念,但把强化的效果描述成了以学习者的认知作为介质的影响。换言之,强化物影响任务参与的程度取决于以下因素:学习者对于强化物的重视程度,完成任务后获得强化物的预期,是否可以成功完成任务的信念,以及完成该任务的价值,即这项任务在多大程度上值得他们付出时间、精力,值得他们放弃其他追求。

需求理论

需求理论是继行为强化理论之后最早出现的动机理论之一,它把行为解释为人对所感受到的需求的反应。这些需求可以是个体先天的和人类普遍的需求(自我保护、饥饿、口渴等),或是经验习得性需求。因所属文化以及个体差异的存在(成就、归属、权力等),习得性需求往往程度各异。

需求理论因依托循环逻辑而备受批判。在需求理论中,循环逻辑无法将假设性的动机(需求)和它要去解释的行为区分开来。比如说,学生在学校努力学习的原因是他们十分需要获得好成绩,而证明他们对于好成绩具有高需求的证据,又是他们在学校里努力学习的表现。这些循环"解释"看似区分并归纳了一系列行为的特征,但其实并没有真正很好地解释它们。科学心理学拒绝接受需求理论,正是因为其循环逻辑的漏洞,及其对设定的假设性需求缺乏可信的证据支撑(Murray,1938)。但尽管如此,有一种需求理论至今依然十分流行且深具影响力,这就是马斯洛的需求层次论。

亚伯拉罕·马斯洛(Abraham Maslow):人的需求层次论

1962 年马斯洛提出,人的需求在一个层级结构下发挥作用,其重要性程度排列如下:

1. 生理需求(睡觉、口渴);
2. 安全需求(远离危险、焦虑或是心理威胁);
3. 爱的需求(来自父母、教师和同伴的接受);
4. 被尊重的需求(获得经验以及对自身能力的自信);
5. 自我实现的需求(创造性的自我表达,好奇心的满足)。

以上层级结构表明,需求按照从上而下的顺序得到满足,如果低层次需求得不到满足,高层次需求可能都无法进入意识层面,更不会转化为人的行为。对于生存而言,生理需求是最为基本的,一旦生理需求得到满足,注意力便会导向其他更高层次需求。如果生理需求和安全需求都得到满足,那么人们便会注重建立温馨的人际关系,而此时对爱的需求便可转化成行为的动力。如果爱的需求得到恰当满足,那么人们便会试图去满足自身被尊重的需求,直至自我实现的需求。

在课堂环境下,马斯洛需求层级结构意味着处在疲惫或饥饿状态下的学生是不能全心投入课堂学习的。类似地,如果学生感到焦虑或被排斥,那么他们也不可能开动脑筋去解决容易混淆的难题,更不用说创造性地解决问题了。这种情况在需求长期得不到满足的情况下,往往表现得更为显著。富有理性的人需要一个能够使他们的基本需求常常得到满足的环境,而不仅仅是一时的满足(Frame,1996)。

学生行为也可能会出现与马斯洛需求理论不符的情况。他们可能会为了备考熬夜不睡觉,或是因为完全沉浸于一项活动中而忘却疲劳、饥饿或是个人问题(Neher,1991;Wahba & Bridwell,1976)。但即便如此,需求理论对于教师还是很有用的。它提醒教师,为了有效激励学生,首先要解决学生的低层次需求,进而着手于高层次需求的满足。当然,这里的需求指的是与学习相关的需求。

目标理论

行为强化理论和需求理论都把动机性行为描述为对压力的反应性行为,

不管压力是来自外在激励还是来自内在的需求。如今,动机理论开始逐渐意识到,除了被动进入到对压力的反应状态之外,我们有时也会在决定做什么及其相关理由时具有更为**前摄性**的反应。作为一个生物有机体,我们生来便是积极的(睡觉时除外),所以通常不需要用动机的概念来解释人们行为背后的能量来源(即为什么我们会做一些事而不是什么都不做)。然而,我们需要用动机来解释人们行为的方向、强度、持久性及质量。也就是说,当一种情形存有多种可能性时,为什么人们会选择其中几个而排除另外的可能性,进而以特定的方式付出努力去实现选择的这些可能性?

考虑到以上理论的发展,大多数动机研究人员已经把重点从需求转向目标:一系列有计划行为的目的或预期结果。大多数人类活动都是有目的的,即便开始时并不一定有目的(当没有迫切需要满足的需求时,我们可能会给自己一些"停工时间"。其实我们在那时做出的行为决定也包含目的,比如午休或洗澡是为了消除疲劳,而阅读或看电视是为了使自己获得信息或娱乐享受)。**这些潜在性目标融于各种活动场景**,比如说工作场所、健身房或教室。在教室场景下,我们期望学生可以积极参与课堂活动,以获得预期学习成果。然而,学生也可能抱有不同目标或在此基础上寻求其他目标的实现。

目标的形式各异,可以是原始或具体的(抓住一个物体),也可以是较为抽象的(找出你喜欢的活动),或高度抽象的(努力成为自己想成为的人)。不管是哪一类,目标的存在都意味着人们已做出承诺致力于某种状态或结果的达成,并且实现目标的过程可以被监督、被评估,而人本身也可以根据对结果的反馈在用以达成此目标的策略上做出必要调整,以最终实现目标。许多目标都包含了整个长期过程中要完成的复杂活动。以爬山为例,其目标并不仅仅是获得站在山顶的体验,同时也在于体验整个爬山过程中的一切。就这个例子而言,"过程"(而非"到达")才是该活动的主要目的(Carver & Scheier,1999)。

马丁·福特(Martin Ford,1992)提出一套人类动机理论,该理论包含六大类 24 种目标。

1. **情感目标**:乐趣、平静、快乐以及愉悦的感官享受和健康的身体;
2. **认知目标**:满足好奇心、获得知识、参与智力创造活动以及保持积极自

我评价;

3. **主观组织目标**:和谐(体验与他人、自然或是更强大力量之间的和谐)、超越(体验最佳或超凡状态,获得卓越体验);

4. **彰显自我的社交目标**:体验个性的发挥、自我决断、优越感(与他人相比较)以及资源获取(获得物质资源以及来自他人的社会支持);

5. **融入性社交目标**:归属感、社会责任感(履行道德及社会责任)、平等(宣扬公平和正义)以及资源提供(给予他人以物质资源和支持);

6. **任务目标**:掌握技能、任务创造、管理(有组织、有效率地完成日常任务)、物质回报以及安全。

福特给出的列表特别长,而目标理论者们在研究目标时的分类法却往往很简单,只包含几类目标,这样应用起来更方便更灵活。然而,更细的分类也很有用。它提醒教师在激励学生专注于学习目标时,应考虑到学生还有很多其他同等重要的目标需要得到满足。当教师激励学生参与课堂学习活动时,需要为学生提供协调好其他目标的可能性,以便保证多项不同目标的实现,只让很少(或没有)目标落空。

本书第3章到第5章讨论的很多概念和激励策略,都是在**目标理论框架**下构建的。在看待人们在成就情境下设定的目标以及为了实现目标所采取的策略时,其视角已从动机的量(强度)转向目标的质。当学生设定**学习性目标**(也叫做技能掌握性或任务参与性目标)时,他们关注的是实现特定活动背后的学习目标。相比之下,当学生设定**绩效性目标**(也叫做自我参与性目标)时,他们关注的是保护自我认知、赢得公众声誉,而非该活动背后的学习目标。最后,当学生设定**规避性目标**时,他们会拒绝接受活动中的挑战,尽可能减少投入的时间、精力。

目标理论者们发现,情境特征可用来预测人们设定不同目标的倾向性。其他动机研究者们则探索了相关认知和情感体验(成功或失败预期、自我效能感以及表现结果归因),以及这些动机因素如何影响人们参与活动的投入程度以及最终取得的成就水平。目标理论在课堂中的应用表现为:(1)建立支持型师生关系和合作型学习氛围,以鼓励学生设定学习性目标;(2)尽可能减轻学生压力,避免出现学生因为压力而设定绩效性或规避性目标的情况。

内在动机理论

从将动机看成对自感压力的反应,到将其看成是目标的自我决定和行动的自我调节,这一重心的转移在内在动机理论中表现得最为明显。尽管各种内在动机理论也包含需求的概念,但它们把人描述成试图实现自身计划或目标的个体——人们做某事的原因是因为他们想做,而非需要做。

自我决定理论

自我决定理论有名的代表人物有爱德华·德西(Edward Deci,1985)和理查德·雷安(Richard Ryan,2002)。他们认为,受到激励时,人们会做出关于某事的决定并通过后续目标导向性行为来完成。动机行为可以是自我决定,也可以受外界控制。如果动机行为是自我决定的,那么个体是在自由选择、自主决定,而不是迫于某种内在需求或外在力量的压力。

标准的自我决定行为,是个体受到来源于自身意愿的内在动机而实施的行为。这种行为不需要额外具有激励性的结果,其唯一必要的"回报"来自我们在实施行动时所体验到的乐趣和愉悦感。

自我决定理论指出,当社会环境满足以下三种心理需求时可以促进内在动机的产生:自主性(自己决定做什么、怎样做)、胜任性(发展并发挥技能以操控环境)以及社会关系(通过社会联系归属到其他人群之中)。换句话说,在某个社会情境下,人们具有感觉到和他人关系良好、有效进行工作且工作属于自发性行为的内在动机。如果学生所处的课堂环境能够支持上述自主、胜任以及社会关系需求的满足时,他们就很容易体验到内在动机,反之则会感到受控制、不能自我决定,因而他们的动机主要是外在动机,而非内在动机。

心流理论

米哈伊·塞岑特米霍伊(Mihaly Csikszentmilhalyi,1993)用心流(flow)这个概念准确描述了内在动机的高峰体验感觉。他访谈了大量被试者,询问他们沉浸在觉得享受的活动中的主观体验。采访前,他预计大多数人的心流体验会发生在休闲或娱乐等放松状态下。但实际上他发现,心流体验通常发生在人们沉浸于能够扩展身体和心智技能的挑战性任务之中。在这个基础上，他列出了心流体验八个方面的特征：

1. 活动有明晰的目标，能为我们的反应效能提供即时反馈。
2. 活动中经常需要采取果断行动，并与我们自身认知的有效行动能力相匹配。也就是说，我们的个人技能水平与活动的挑战性水平相吻合。
3. 行动和意识合一，心无旁骛。
4. 专注于当前任务，不相关的刺激因素从意识层面消失，担忧和忧虑暂时中止。
5. 具有潜在的控制感。
6. 自我意识消失，自我界限得到突破，获得自我成长和更加伟大的感觉。
7. 对时间的感觉发生变化，通常感觉时间流逝得更快。
8. 体验的目的在于其本身：投入这项活动本身就是有价值的。

总之，当我们沉浸于具有挑战性的活动时，便会获得心流体验。此时，对于活动目标以及反应效能反馈，我们还是有感知的。然而，我们会全身心地投入该项活动本身，毫不考虑成功或失败、奖与惩以及其他个人或社会目的。我们至少可以暂时性地全神贯注，努力应对活动带来的挑战，不断改善我们的应对策略，发展自身的技能，并与此同时享受一定程度的控制感和成就感。当我们参与业余爱好或娱乐活动（比如艺术创作、体育运动、电子游戏或计算机游戏等）时，我们最有可能获得心流体验。但在职场、课堂或其他活动场景下，我们同样也可以获得这种体验。

获得心流体验的潜能因人和情境而各异。有些人具有"心流感人格特征"，他们乐于寻求挑战，不断拓展自己的极限。如果要求他们做一些常规性活动（比如修剪草坪或完成练习），他们会试图把问题"复杂化"，用艺术性的方式解决问题，寻求提高效率，或是设定其他方面的目标，让任务变得有趣、富有挑战性。相比之下，有些人很少获得心流体验，因为他们害怕失败，逃避带有挑战性的情境。也可能因为他们对如何完成任务缺乏必要的了解，很难维持达到心流体验所需的专注，因而不能获得心流体验（Keller & Bless, 2008; Shernoff, Csikszentmihalyi, Schneider & Shernoff, 2003）。

早期心流体验研究发现，当人们参与挑战程度高的活动且具备较高技能水平时，其获得心流体验的频率最高。而在其他情况下，人们的体验各异。当高水平技能与低挑战性相结合时，人们体验到的是无聊、厌烦；当低水平技能与低挑战性相结合时，人们会感到无趣、低迷；而低水平技能与高挑战性结合，带来的则是担忧、焦虑。

表1.1 目标导向性活动中与不同挑战程度认知和技能水平认知水平相关联的主观体验

	对技能水平的认知	
	低	高
对挑战程度的认知　低	无趣、低迷	无聊、厌烦或是放松
高	焦虑	心流体验

最初的心流体验研究还表明，人们总是更愿意参与那些挑战性程度和当前自身技能水平相适应的活动。然而后续研究显示，这种偏好主要发生在自愿参加活动且人们知晓自身表现不涉及高风险性后果的情况下。假如是强制参加的活动，特别是因为<u>一些重要原因必须成功应对挑战的活动</u>，我们可能更愿意选择挑战性程度低于自身技能水平的活动。虽然我们明白有机会获得心流体验自然很好，但同样也希望体验成功完成一项活动的满足感。因为在有些情况下，成功完成的结果对于我们如此重要，以至于当我们在相对轻松的状态下成功完成时，更有可能获得心流体验，产生相关的内在动机（而相比之下，在我们能力极限的状态不断付出努力以获得成功完成的结果，往往会引发焦虑，让人疲惫不堪）。还有一些类似的发现，包括很多学校情境下的研究，也都认识到心流体验同样也发生在技能水平超出挑战程度的情形下。人们通常认为这种状态很放松，而不会无聊、厌烦（Ainley，Enger & Kennedy，2008；Csikszentmihalyi，1997a；Engeser & Rheinberg，2008；Schweinle，Turner & Meyer，2009；参见表1.1）。

在学校里，焦虑是阻碍心流潜能得以实现的主要威胁。如果学生经常要面对凭自身能力无法达到的要求，就可能会更偏向于选择虽无趣、令人厌烦却相对"安全"的任务活动，从而避免参与富有挑战的、可能会获得心流体验的活动。长此以往，学生在课堂活动中获得心流体验的潜能就会消失殆尽。然而，挑战程度太低同样也有问题。如果活动要求远低于学生目前的知识和技能水平,那么学生的课堂参与度便会降低(Turner et al., 1998)。

1993 年,塞岑特米霍伊(Csikszentmihalyi),拉桑德(Rathunde)和韦伦(Whalen)建议教师可以通过以下三种方式鼓励学生获得心流体验:

1. 通晓所教科目,富有激情地教学,并以身示范,寻求学习本身带来的内在犒赏。
2. 保持教学目标与学生当前能力水平之间的最佳平衡(敦促、鼓励学生的同时,帮助其实现具有挑战性的合理目标)。
3. 学业指导和情感支持并重,使学生获得足够的自信去完成任务,远离焦虑情绪。

在此基础上,1997 年塞岑特米霍伊认为树立榜样是激励学生内在学习动机的关键因素。理想的教师在激发学生的动机时,自身的内在动机也处于被激发状态,进而表现在教学以及他们自身的学习上。他们在课堂上满怀激情,使学生能够从中获得鼓励,认识到教学内容和自身的相关性,并能够享受、期待相关内容的学习。

表 1.2 呈现了上述历史回顾中有关四种动机理论的主要观点。

表 1.2 四种激励理论对人类特征的描述及其对激发学生学习动机的意义

理论	对人类特征的描述	在激发学生学习动机中的意义
行为强化理论	对外在强化及相关情境暗示做出反应	暗示以及强化期望的学习行为(比如专心听课、认真完成作业等)
需求理论	对因为内在需求感觉到的压力做出反应	确保互为冲突的需求得到满足或至少重要性降低,以使学生专注于掌握或成就感相关的需求;课程设置和教学能帮助学生在没有太大困难的情况下满足上述需求
目标理论	在设定目标并做出协调时既具反应性又具前摄性,以满足需求和愿望	协调包括课堂氛围、课程设置、教学以及评估方式在内的各方因素,以鼓励学生设定学习性目标
内在动机理论	自主决定目标、协调行为,以追求兴趣,获得满足感	强调课程内容和学习活动符合学生兴趣特点;提供机会让学生做出自我决定,并在实施行为时发挥自主性

课堂情境下的动机

内在动机以及心流的概念很有吸引力,但我认为它们并不能作为教育领域动机模式的主要理论概念基础。在人们能够自由选择活动类型的情况下——通常涉及游戏娱乐活动而不是工作、学习活动,这些概念才最为适用。即便人们具有内在学习动机,他们的学习通常是消遣性的探索以满足好奇心,而不是付出持久努力来实现明确的课程目标。而且,即便受到内在动机激励的学习也具有较大的目标导向性,通常发生在个体能够发挥自主性做出自我决定的情况下。以上这些条件在课堂情境下是很难满足的,原因如下:

第一,上学是强制性的,课程内容和学习活动反映的是社会认为学生需要学习的东西,而非学生自己的选择。学校本是为学生而建,然而在学生眼里,他们在教室里投入时间是为了满足外部强加给他们的要求。第二,通常一个班有20名或更多的学生,教师不可能时时满足每个学生的需求,因而有些学生会不时感到无聊、厌烦,而有些则会感到困惑或沮丧。第三,课堂也是一种社会环境,表现不好带来的不仅仅是个人的失望,还有当众丢脸的困窘。第四,教师会给学生平时作业和考试打分,成绩报告单会定期寄到家长手里。总之,在以上各种因素的共同作用下,学生关注的是满足外部需求,而非从学习体验中获得任何可能的个人益处。而如果活动是强制性的且个人表现面临评估时,个体很难享受这种活动并沉浸其中,特别是在惧怕失败的情形下。

即便将课堂里学生对失败的惧怕降到最低程度,教师和学生也很容易陷入熟悉的例行日程,年复一年,周而复始。发展到一定程度,这些例行日程就会演变成"日常苦差"。设计课堂活动的目的本是为了达到课程目标,而现在却变成了为课堂活动而课堂活动,即课堂活动本身成了目的。也就是说,师生都专注于如何才能完成活动,而不是活动设计背后所包含的需要学生掌握的知识和技能。

作为教师,你可以通过调整课程和教学方法,使学生在课堂中有更多的机会获得内在动机和心流体验。具体调整策略将在本书第7、8章中讨论。这里,我想提请你直面激发学生动机过程中遇到的重要限制。作为一名教师,你不是娱乐工作者,后者让受众获得享受性体验即可,无须追求教育性;你也不是私人家教,他们有条件根据学习者的需求和兴趣来制定个性化课程。事实是,你得面对20名或更多的学生,需要集中精力帮助他们实现课程目标。

正是由于以上限制的存在,应用内在动机理论或心流理论来建立学生**惯常性动机**模型是不现实的。你可以经常为学生提供选择和发挥自主性的机会,也可以在给予课堂指令和反馈时运用策略性的措辞以弱化你对学生的控制。但有一点不会改变,那就是学生还是必须到你的课堂上课并掌握外部强加的课程内容,而且他们的努力程度还将受到评估。在这种情况下,内在动机的产生只会是例外情况,而不可能成为惯常状态。

同理,心流体验也很难得到应用,特别是对那些觉得挑战太小而感到无聊、厌烦,或挑战太大而感到焦虑的学生而言。即便那些能力水平和任务要求相平衡的学生,他们对于获得心流体验的渴望也因人而异。有些学生不愿面对挑战的风险,更愿意选择安全简单的活动,即便这些活动令人感到无聊、厌烦。而对于那些倾向于获得心流体验的学生而言,他们也不可能不间断地获得心流体验,这样做太耗精力太累人(Csikszentmihalyi, 2003)。

值得一提的是,并不仅仅是教师在扮演激励者这一角色时受到限制,大多管理者角色(家长、教练、老板、政治领导人或是企业高管)也经常遇到类似的情况。比如,尽管被管理者不认同管理者设定的目标,管理者也必须想办法激励他们完成目标,或者至少能够配合解决这一目标包含的具体问题。另外,尽管他们获得的薪酬不如上级或部分同事丰厚,这些被管理者通常也必须愿意这样做。因此,动机理论及研究的诸多方面最能够发挥作用的地方,就是激发那些依自己初衷并不情愿的人们的动机,让他们能够去努力实现既定的目标。

把激发学生学习动机作为教师的目标

内在动机自然是最理想的,但如果学生很难在惯常的状态下维持内在动机,那么更切合实际的目标应该是什么呢?我认为,可行的方式是教师创造条件激发学生学习动机,并努力维持这种动机,即让学生感受到学习活动的意义和价值,并试图从中获得预期益处。

学习动机不同于外在的、强化物驱动的动机,也不同于内在的、享受驱动的动机,虽然它可以与这两者同时存在。学习动机和外在动机的差异与学习和表现之间的差异紧密相关。学习(learning)指的是个体在获取知识或技能过程中的信息处理、意义建构、理解的加深和掌握。绩效(performance)则是指个体获取知识或技能之后对知识或技能的展示。激发学生学习动机的策略,不仅应用于绩效展示过程(如作业或测试),也首先应用于学生首次接触课堂内容和技能时的信息加工过程(上课听讲、阅读理解、理解教师指令和用自己的语言改述)。在这个意义上,**激发学生学习动机包括鼓励学生学习时使用深度信息处理和技能建构的策略,有别于日后仅仅为学生提供针对优秀绩效的奖励。**

内在动机和学习动机的差异,与活动参与过程中的情感和认知体验之间的差异紧密相关。内在动机主要指情感体验——即活动参与过程中获得的享受。相比之下,学习动机主要指认知体验,涉及理解活动传递的信息,建立与先前知识的关联,以及掌握活动发展的技能。**不管学生是否觉得课程内容有趣、课堂活动是否愉悦,教师都可以在课堂教学和活动中激发学生学习动机。**

学生学习动机可以看成是一种一般性倾向或特定情境下的状态。所谓**一般性倾向**,指长期持久的习惯,如看重学习的价值,在学习过程中勤奋努力、善于思考,努力获得知识和技能。而在特定情境下,学习动机会表现为有目的地参与某项活动,认同其目标,学习该活动涉及的概念、掌握相关技能。对于具有高水平学习动机(一般性倾向)的学生而言,完成以上任务是一种常规习惯,就好像每当他们进入学习情境,就能启动"学习动机模式"一样。即使是学习动机水平较低的学生,如果教师能激发他们的兴趣,或帮助他们理解学习内容或技能的重要性,他们在特定学习情境下也可以表现出一定的动机水平(Deci, Vallerand, Pelletier & Ryan, 1991)。有学习动机的学生不一定会觉得课堂活动充满乐趣或令人兴奋,但他们会感受到课堂活动的意义和价值,因而会认真对待,以从中得到预期的、在充实自我和自我灌能方面的收获。

关注动机的质(包括性质和质量)而非量

学习动机主要指学习活动中学生认知参与的质量,而非投入的努力或时间。对于大多数学习任务,动机强度和完成任务的成功程度之间存在着曲线性关系。也就是说,动机水平处于**最优值**时,学生的绩效最佳,低于**或高于最优值都不能获得最佳绩效**。此外,动机水平最优值随着任务的性质变化而变化:高动机水平能促进那些需要投入较大努力的任务,而低水平动机则有助于完成那些需要精细技巧和良好控制的任务。如果你的任务是撞开一扇门或参加 50 米短跑比赛,那么高水平动机的激励将起到助推作用。然而,如果需要推杆进球(高尔夫)或命中罚球(篮球),那么高水平动机激励只能适得其反。

高动机水平激励可能会对需要持久专注和思考的活动的效果造成干扰,比如学生在课堂上进行的某些学习活动。当学生唤起积极动机时(意指他们积极参与、不受干扰,没有焦虑和害怕失败的消极情绪),便可能最好地完成课堂活动。但这里的积极动机水平从绝对值来看并非一定非常高。处于这种状态下的学生机敏、投入,但并非热情高涨得像即将赢得比赛或拿到某个奖项一样。

换句话说,我们总是希望最大化学生的学习动机,但没有必要使他们的总体动机水平最大化。同理,我们希望使学生的学业成果最大化,但这一点上我们能做的也仅限于最大化学习动机,并同时提供支持性的激励和奖励。在这个基础上试图进一步增强动机水平可能会带来反作用,特别是给学生过度施压,使他们产生不必要的焦虑和依赖心理。我们要培养学生获得能使其一生受用的一般性动机倾向,而不是什么神经质般的疯狂需求。

动机作为情境行为图式的构成要素

人类大多数受动机激励的活动之所以发生,是因为人们知晓某个活动场所可以给他们提供实现预期目标的机会(这里不妨称之为功能可预见性),并通过激活针对该活动场所的一般图式来利用好这些机会。如果设计一种场地的目的在于让人们发挥特定功能以开展特定的活动,那么他们很可能会照做不误;但如果一种场所除了满足预期功能和活动要求外,还能提供其他功能和活动完成的机会,那么人们便可能去实施那些另外可选的活动了。举个例子,人们建造网球场是为了满足与网球相关的功能和活动要求,但是有些人却可能利用网球场来滑冰或是玩跳房子游戏(见表 1.3)。

表 1.3　网球场作为特定情境活动场所：传统活动以及其他可选活动及功能举例

情境：网球场				
传统活动：网球				
活动：	仅作为训练	和同伴训练	单打	双打
功能：	训练目标技能	合作完成目标技能的训练	打败对手	和搭档合作打败对手
其他可选活动：滑冰和跳房子				
活动：	滑旱冰	单线滚轴溜冰	单人跳房子游戏	与对手进行跳房子比赛
功能：	为了娱乐或是锻炼身体	为了娱乐或是锻炼身体	训练、挑战自己	打败对手

表 1.4 将以上模型用来考察在校学生的动机。它显示，学生在最优动机状态下（例 A）把教室当成是学习的场所（获得充实和能力），因而和学习相关的行为图式得到激发。然而，对于经常经历失败和挫折感的学生（例 B）而言，他们会把同样的教室当成主要是应对强加要求且往往伴随着心理挣扎的场所（通常引向失败和出丑），因而他们所启动的行为图式关注的是如何维护自尊而不是学习本身。

在非强制性的没有压力的活动场所中，与动机相关的思考和决策最简单。人们需要做的只是决定是否进入该场合（比如是否去网球场），做什么样的活动或是满足什么样的功能（比如娱乐性滑冰），以及什么时候结束活动（比如当他们觉得满足了或是累的时候等）。如果活动场所预期的功能还包括目标的努力满足，情况就会变得复杂。在这种情况下，人们不能仅仅是做他们想做的，如选择想做的时间以及怎样做，以及选择什么时候停止，他们进入到这一活动场所时还负有责任，需要面对实施活动过程中的压力，应对表现不佳时可能出现的任何后果。尤其是有些情形还可能伴随着更大压力甚至是威胁性，比如参加这种场所的活动并达到一定目标带有强制性，活动的表现水平和高风险后果挂钩，以及当事人对自己的能力缺乏信心，不相信自己可以成功地满足被强加的要求等。

表 1.4 运用到课堂情境下考查学生动机的一般情境活动模型

一般模型(可应用于任何活动场所)		在学校场景下的应用	
动机的一般组成部分	特定情境活动的一般组成部分	例 A:最佳学习状态	例 B:欠佳学习状态
动机	情境	情境	情境
处于特定情境、参与特定活动的原因	活动所处的物理环境和社会环境	课堂或是其他学习场景,被当成主要是充实自己和自我灌能的场所	课堂或是其他学习场景,被当成主要经受失败和出丑的场所
目标	活动	活动	活动
参与特定活动要达到的预期成果	以实现目标为导向的一系列活动	动机状态下的主动性学习:习得并应用课堂知识	满足强加的任务和要求,以尽量避免失败和出丑
策略	功能	功能	功能
达成目标所使用的方法、途径	激活(必要时生成)图式系统,有组织性地圆满完成活动	试图理解课堂内容,并将其与已知知识相结合,并能储备好以备未来应用之需	关注需要满足哪些要求,如何在失败和出丑风险最小的情况下完成任务和满足要求

学习动机的激发和社会化

　　许多提供给教师激发学生动机的建议,都可以归结为以下原则:了解你的学生想学什么,喜欢哪些课堂活动,并尽可能将之融入课程设置。这条原则固然有用,但是除了利用好学生现有动机,教师还可以大有作为。如果教师把自己限定在只对学生课堂中呈现出的动力倾向做出反应,那么教师的选择将变得十分有限,很难抓住机会引导学生按照预期的方向发展动机。

　　人类生来就具备发展多种动机倾向的潜能,其中有些倾向是人类与生俱来的,可见于每个人身上。然而,大多数倾向特别是像学习动机这样的高层次倾向,是通过不断学习、受社会化影响而逐渐形成的。对于个人而言,某一特定动机倾向的发展程度,以及同一种倾向在不同个体中表现的质的细微差异,则是受到社会环境中"重要他人"的示范和社会化的影响(传达期望、直接指导、纠正性反馈和奖惩等)。所谓"重要他人",除了家庭成员和密友,教师也是学生生活中的"重要他人",可以影响学生的动机发展。

把学习动机看成一种图式有助于我们理解问题。所谓图式,指的是一系列互相关联的观点、技能、价值观以及性格特征的集合,正是这种集合使得学生可以理解参与一项学习活动的意义,有意愿实现他们设定的目标,并对自身实现目标所运用的策略有所认识。全图式无法直接教授,虽然其中包含的某些概念及技能可以通过教学达到掌握的程度。此外,对于图式中所包含的价值和性格特征,教师可以通过示范、传达期望,以及将学生打造成具有凝聚力的学习社群来加以激发和支持。

值得一提的是,学习动机发展和相关的自我实现动机,尤其依赖于家庭和学校环境下成人的示范和社会化的影响。那些很少接触这些动机认知层面的学生,可能会把学校学习当成是强加的要求而非学习的机会,因而会制定规避性或绩效性目标,而把学习性目标抛在脑后。对于这类学生,教师应该首先帮助其认识学习动机的意义,进而使学习动机开始影响他们的决定和行为(见第 10 章)。

综上所述,在利用好学生现有动机的基础上,教师要充分利用机会激发学生学习动机,并使其社会化。在每种教学情境下,都要试着激发学生学习动机,使其掌握课堂活动预设的知识和技能。久而久之,日常激发学生动机所做的努力将会取得累积效应:学生的学习动机转化成持久的倾向。此外,教师还可以利用第 9 章中提到的策略更直接地将这种倾向社会化。

通常在社会情境下发挥作用的公式:
动机＝预期×价值判断

研究者关于动机的研究成果大多可以归结为预期×价值的模型内容(Feather,1982;Pekrun,1993;Wigfield & Eccles,2000)。该模型认为,人们愿意在一项活动中投入的努力取决于以下两项的乘积:(1)他们对能够成功完成任务的**预期**(以及对成功完成任务所带来回报的预期);(2)他们看重这些回报和参与这项活动机会的程度,即**价值判断**。【注意:这里的"看重"(value)译自英文中用作动词的价值一词,意指能够理解、认识某种事物的价值,它和名

词价值观不一样,后者涉及道德准则或理想。】

投入的努力被看作是预期和价值因素的乘积而非加和,是因为如果假设两者中的一个完全缺失,人们便不会投入任何努力。对于那些不喜欢的、在他们看来也不会产生价值结果的活动,人们不会愿意投入努力,即便他们知道自己可以成功完成该活动。当然,如果预期不管怎样努力都不可能完成某项活动,即便其价值很高,人们也不会愿意投入努力。如果被强制要求参加自己不愿意投入努力的活动,人们很可能会做出消极反应(见表 1.5 和表 1.6)。由此,动机的预期×价值模型告诉我们,教师应该:(1)帮助学生理解学校活动的价值;(2)确保学生投入合理范围的努力便可以取得成功。

表 1.5 与参与任务预期相关的学生主观体验

	参与任务前的预期	参与任务过程中对任务的反应
害怕或预期失败	情感:冷漠、顺从、对被迫参与的愤恨	情感:焦虑、困窘、对失败的惧怕
	认知:任务不可能会"赢",没有机会赢得想要的回报、满意的分数等	认知:因为对困惑、失败和无助的感知无法专注于活动;将(差)表现归因为能力不够
如果预期成功	情感:兴奋、因成功和回报的预期而感到高兴	情感:获取技能、掌握观点时的满足感(时而伴有兴奋);因技能熟练和成功表现而自豪
	认知:意识到付出合理范围的努力便可获得预期回报;专注于达到活动规定的标准	认知:认识到不断靠近目标,把(成功)表现归因为能力(足够)和(恰当)努力;关注获得知识、发展技能

表 1.6 与参与任务价值判断相关的学生主观体验

	参与任务前的预期	参与任务过程中对任务的反应
对参与任务的价值持否定判断	情感:疏远、排斥,不想获得相关知识或技能	情感:愤怒或惧怕,不喜欢该任务,在效果上等同于惩罚
	认知:认识到任务内容和个人理念相冲突,比如性别角色认同等;预期参与此类活动不会产生想要的结果	认知:因为愤怒,以及意识到自己被迫参与不愉快、无意义且没有价值的活动而无法专注于活动

续表

	参与任务前的预期	参与任务过程中对任务的反应
对参与任务的价值持肯定判断	情感：精力充沛、热切地学习相关知识和技能（具有工具性价值）	情感：享受、愉悦，参与此项活动本身就是一种奖赏
	认知：认为当前任务是达成将来重大目标的子目标（通常是提升社会地位的"门票"）；关注和学习"相关"的方面	认知：在放松状态下专注于活动过程；获得心流体验；对参与任务的要求和如何做出反应有着元认知层面的认识；学习时关注学术内容，表现时注重结果的质量

综上，由预期×价值模型推算出和投入一项任务的潜在可能性相关，可以发生在任何一个个体身上，但却受特定活动下社会情境的影响。教室是一种高度社会化的情境，学生的预期和价值判断在该情境下变得复杂化，其结果可以是消极的也可以是积极的（见第 2 章）。

1989 年，汉森（Hansen）认为学生对于课堂活动的反应可分为四种，具体哪种反应取决于学生的预期和价值判断（见表 1.7）。当学生认为某项活动具有价值，并自信自己有能力达到活动要求时，他们便可能参与该活动。当参与其中时，他们会试图通过发现意义、掌握新观点、生成综合性解释来理解活动。对于活动中不熟悉的方面，学生会感到富有挑战性，但是同样会看重这些方面，因为它们可以为学生提供增进他们理解的基础。

如果学生认识到活动的价值，但自认为缺乏完成活动的能力，便可能会采取**掩饰**（dissembling）的方式。关于做什么、怎么做以及会不会做，他们都不确定。这种不确定性会让他们的自我认知和自尊受到伤害，所以就不懂装懂、找借口、否认困难，或是干脆专注于维护自尊，忽视知识和技能的获得。

逃避（evading）可能发生在高成功预期、低价值认知的情况下。学生自信具备完成活动要求的能力，但看不到参与活动的意义。他们会假装聚精会神以避免引起教师的注意，甚至也许会达成活动的目标。然而，他们注意力往往不集中，经常会转向其他兴趣，比如做白日梦，和同学搞小动作，或者考虑个人生活琐事。

表 1.7 预期和价值认知背景下学生对课堂活动的反应策略①

	低成功预期	高成功预期
认为活动无价值	排斥:拒绝参与	逃避:尽可能少做
认为活动有价值	掩饰:维护能胜任的假象	参与:尽力学习

最后,排斥(rejecting)可能发生在成功预期和价值认知二者均低的情况下。这种情况下,学生既不关心成功的价值又缺乏完成活动的信心,往往放弃参与。有些学生会变得消极麻木,有些则怒火中烧、有意疏远。完全排斥的学生不仅不会参与,甚至会还觉得没有必要掩饰、假装能达到活动要求。

本书的架构

第1章介绍动机的概念,概述动机理论发展沿革,提出教师激励学生的重点在于关注学生学习动机,并介绍了预期×价值判断模型(社会情境下)。第2章着眼于社会情景,强调将课堂建成学习社群的重要性,使参与者在这个社群中共同追求有价值的学习目标。本章将介绍课堂管理和学生社会化策略,以营造积极的课堂氛围,为第3章至第10章要讨论的动机激发策略的运用奠定基础。还将总结重点课程和教学特点,以作为有效学习项目(方案)动机特点的补充。

第3章至第10章在预期×价值判断模型下展开讨论②。第3章至第5章关注的是预期方面:保护学生作为学习者的自信,为受挫学生提供额外支持。第6章至第10章讨论:有哪些帮助学生理解参与学习活动价值的策略(因为成功参与活动可以赢得外部奖励,带来内在满足,或收获有价值的知识)。

---

① 资料来源:Hansen(1989)。
② 第3章至第10章都将在本章介绍的动机"预期×价值判断模型(社会情境下)"框架下展开。作为非正式的一般性模型,它相异于成就动机更为正式、具体的预期×价值理论(源于阿特金森1957年的版本,后发展成近期魏格菲尔德和伊克勒斯的2000年版本),无意提供精准的定义、假设和内涵。举例说来,本书中具体理论的应用通常只限于设有明确目标标准的成就情境,我也把这一总体模型用于不涉及努力实现明确目标的非正式学习情境;同时,价值这一术语通常限于指称通过成功完成任务而获得回报所具有的价值。而本书中的价值一词还包含人们预期的或在参与任务过程中产生的内在享受和满足感。

预期×价值判断模型贯穿全书,因为我发现这一模型非常有用,它可以帮助我整合相关动机文献,聚焦教师可能用到的学生激励策略。对于关注其他学生动机特征的综合性理论模型,它也可以作为有效的补充。该模型同时也促进了研究重点由描述性概念向干预性原则的转变。因而它能更好地满足

第 1 章至第 10 章中的材料所体现的原则大多适用于所有学生，不论其年龄、性别、社会地位、种族、文化背景或其他个人特征如何。某些原则也许更适合特定的学生（如年龄偏小的学生）或特定的情境（如课堂学习与课后作业）。不过，不管原则适用何处，其对实践的指导作用相似（比如与原则相一致的动机策略可以采纳，而与之矛盾的策略则不可取）。

　　第 1 章至第 10 章对于普遍适用原则的强调，反映了我所持有的理念：至少就动机而言，人们更多是趋同而非存异。我承认有必要采取适合学生个人需要和经历的不同动机策略。但是，我认为这种个别化在很大程度上是对一套基本原则的变通。为了解并有效应对不同年龄、性别或文化背景的学生而采用几套独立的动机原则（和心理学原理），这在我看来并没有科学依据。不过，研究人员确实发现群体和个体差异的存在，这一点值得引起注意。我在第 11 章会有具体讨论，针对不同学生和情境调整动机策略的大部分内容也会在这一章提到。

　　第 12 章是本书的总结。首先针对如何把前面十一章的内容融入教师教学计划提出建议，接下来讨论的重点便从学生动机转向教师动机，指出用于理解面临学业挑战的学生的动机原则，同样亦可用于理解面临职业挑战的（也包括激励学生过程中面临的挑战）教师动机。本章还点出了教师在课堂激励中可能会遭遇的陷阱，以及如何避免、应对这些陷阱的建议。

本章概要

　　人类动机理论从最初强调对压力的反应（外部强化或内在需要），演变为强调内在动机、自我决定的行为。心流体验和其他内在动机的表现形式通常被认为是理想状态，因而被设定为教师和学生应该达到的目标。如果切实可

教师的需求，为其建立并维持学生动机目标模式提供建议。

　　面对诸多互相交叠的概念，很多研究者都试图为其做出清晰的界定（Boekaerts, 2001; Bong, 1996; Murphy & Alexander, 2000; Stipek, 1996）。而我在涉及相关理论概念时，则强调概念的共性，及其对于教师的应用价值，而非其差异。因此，在本书的大多数文字里，我都忽略了关于一些概念的争议，比如适应性成就目标是否最好包含学习性目标、任务性目标或掌握性目标；与预期相关的适应性认知，是否应包含成功预期、自信心、效能认知，以及将内在和可控因素或内部控制点作为成功归因等。我重点关注的是所有这些概念背后所包含的理论和研究的共同应用价值，即教师应努力促进学生学习性目标的树立和成功预期的达成。

行,的确应当在课堂中培养这些动机状态。但是,将取得持续的内在动机作为日常动机激励策略的目标是不现实的,因为课堂学习需要学生掌握外部强加的课程,同时学生还要接受同学的观察和老师的评价。

更切合实际的做法是期望(并协助)学生在课堂活动中体验活动的意义和价值,并从活动中获得预期益处。教师应鼓励学生投入能激发他们学习动机的活动,不管学生是否觉得活动本身有趣。

预期×价值判断(社会情境下)的动机概念很有用,不仅能作为一般模式考查学生现有动机,还可以用于思考潜在的干预策略。这一模型贯穿本书始终。第2章关注社会情境,第3章至第5章讨论动机的预期方面,第6章至第10章讨论价值方面,第11章提及个体和群体差异是根据学生个体特征调整动机策略的前提。最后,第12章总结全书,为教师提供教学计划中处理动机问题的各项建议,以及如何将这些观点应用于教师自身,优化教师的动机。

思考题

1. 你觉得本章开头两段斜体文字是否有道理,或只是乍一看觉得有道理?为什么?
2. 自查测验中,你的答案带给你什么启示或问题?
3. 从激励和控制的差异中,你能得到什么启示(思考一下:关于激励的书应包含哪些内容,学生动机和课堂管理的区别,以及能给教师带来哪些动机原则建议)?见第181页的文本框6.1。
4. 塞岑特米霍伊对心流体验的描述符合你的经历吗?
5. 对于我的学校学习的观点和假设,你觉得有问题吗?
6. 为什么我认为"我们总希望最大化学生学习动机,但没有必要使他们的总体动机水平最大化"?
7. 心理学家和教育学家看待动机的视角有何异同?(见本书前言)
8. 大部分激励行为意味着施动和受动方之间存在权力层级差异,这会不会产生道德问题?激励策略与洗脑或政治宣传手段有何相似与不同?

参考文献

Ainley M., Enger, L., & Kennedy, G. (2008). The elusive experience of flow: Qualitative and quantitative indicators. *International Journal of Educational Research*, 47, 109 – 121.

Alberto, P., & Troutman, A. (1999). *Applied behavior analysis for teachers* (5th ed.). Columbus, OH: Merrill.

Atkinson, J. (1957). Motivational determinants of risk taking behavior. *Psychological Review*, 64, 359 – 372.

Boekaerts, M. (2001). Motivation, learning, and instruction. In N. Smelser & P. Baltes (Eds.), *International encyclopedia of the social and behavioral sciences* (pp. 10112 – 10117). New York: Elsevier Science.

Bong, M. (1996). Problems in academic motivation research and advantages and disadvantages of their solutions. *Contemporary Educational Psychology*, 21, 149 – 165.

Carver, C, & Scheier, M. (1999). A few more themes, a lot more issues: Commentary on the commentaries. In R. Wyer, Jr. (Ed.), *Perspectives on behavioral self-regulation* (Advances in social cognition series, Vol. 12, pp. 261 – 302). Mahwah, NJ: Erlbaum.

Csikszentmihalyi, M. (1993). *The evolving self. A psychology for the third millennium*. New York: HarperCollins.

Csikszentmihalyi, M. (1997a). *Finding flow: The psychology of engagement with everyday life*. New York: Basic Books.

Csikszentmihalyi, M. (1997b). Intrinsic motivation and effective teaching: A flow analysis. In J. Bess (Ed.) *Teaching well and liking it: Motivating faculty to teach effectively* (pp. 72 – 89). Baltimore: The Johns Hopkins Press.

Csikszentmihalyi, M. (2003). *Good business: Leadership, flow, and the making of meaning*. New York: Viking.

Csikszentmihalyi, M., Rathunde, K., & Whalen, S. (1993). *Talented teenagers: The roots of success and failure*. Cambridge, UK: Cambridge University Press.

Deci, E., & Ryan, R. (1985). *Intrinsic motivation and self-determination in human behavior*. New York: Plenum.

Deci, E., & Ryan, R. (Eds.). (2002). *Handbook of self-determination research*. Rochester, NY: University of Rochester Press.

Deci, E., Vallerand, R., Pelletier, L., & Ryan, R. (1991). Motivation and education: The self-determination perspective. *Educational Psychologist*, 26, 325 – 346.

Engeser, S., & Rheinberg, F. (2008). Flow, performance and moderators of challenge-skill balance. *Motivation and Emotion*, 32, 158 – 172.

Feather, N. (Ed.). (1982). *Expectations and actions*. Hillsdale, NJ: Erlbaum.

Ford, M. (1992). *Motivating humans: Goals, emotions, and personal agency beliefs*. Newbury Park, CA: Sage.

Frame, D. (1996). Maslow's hierarchy of needs revisited. *Interchange*, 27, 13 – 22.

Hansen, D. (1989). Lesson evading and lesson dissembling: Ego strategies in the classroom. *American Journal of Education*, 97, 184 – 208.

Keller, J., & Bless, H. (2008). Flow and regulatory compatibility: An experimental approach to the flow model of intrinsic motivation. *Personality and Social Psychology Bulletin*, 34, 196 – 209.

Landrum, T., & Kauffman, J. (2006). Behavioral approaches to classroom management. In C. Evertson & C. Weinstein (Eds.), *Handbook of Classroom Management* (pp. 47 – 71). Mahwah, NJ: Erlbaum.

Maehr, M., & Meyer, H. (1997). Understanding motivation and schooling: Where we've been, where we are, and where we need to go. *Educational Psychology Review*, 9, 371 – 409.

Maslow, A. (1962). *Toward a psychology of being*. Princeton, NJ: VanNostrand.

Murphy, P., & Alexander, P. (2000). A motivated exploration of motivation terminology. *Contemporary Educational Psychology*, 25, 3 – 53.

Murray, E. (1964). *Motivation and emotion*. New York: Prentice-Hall.

Murray, H. (1938). *Explorations in personality*. New York: Oxford University Press.

Neher, A. (1991). Maslow's theory of motivation: A critique. *Journal of Humanistic Psychology*, 31, 89 – 112.

Pekrun, R. (1993). Facets of adolescents' academic motivation: A longitudinal expectancy-value approach. In P. Pintrich & M. Maehr (Eds.), *Advances in motivation and achievement* (Vol. 8, pp. 139 – 189). Greenwich, CT: JAI.

Schloss, P., & Smith, M. (1994). *Applied behavior analysis in the classroom*. Boston: Allyn & Bacon.

Schweinle, A., Turner, J., & Meyer, D. (2009). Understanding young adolescents' optimal experiences in academic settings. *Journal of Experimental Education*, 77, 125 – 143.

Shernoff, D., Csikszentmihalyi, M., Schneider, B., & Shernoff, E. (2003). Student engagement in high school classrooms from the perspective of flow theory. *School Psychology Quarterly*, 18, 158 – 176.

Stipek, D. (1996). Motivation and instruction. In D. Berliner & R. Calfee (Eds.), *Handbook of educational psychology* (pp. 85 – 113). New York: Macmillan.

Thrash, T, & Elliot, A. (2001). Delimiting and integrating achievement motive and goal constructs. In A. Efklides, J. Kuhl, & R. Sorrentino (Eds.), *Trends and prospects in motivation research* (pp. 3 – 21). Boston: Kluwer.

Turner, J., Meyer, D., Cox, K., Logan, C, DiCintio, M., & Thomas, C. (1998). Creating contexts for involvement in mathematics. *Journal of Educational Psychology*, 90, 730 – 745.

Wahba, M., & Bridwell, L. (1976). Maslow reconsidered: A review of research on the need hierarchy theory. *Organizational Behavior and Human Performance*, 15, 212 – 240.

Wigfield, A., & Eccles, J. (2000). Expectancy-value theory of achievement motivation. *Contemporary Educational Psychology*, 25, 68 – 81.

第2章
建立班级中的学习社群

为成功运用激发动机策略,需要创设社会情境下的班级管理、课程、教学关系和师生关系。本章试图描述这种管理模式的重要特征,有关策略将在本书的余下章节进行讨论。本书所提的策略都应当统归在一种有效教学的整体模式之下,其中包含各种相互兼容的班级管理和课程教学方法。如果激发动机的措施让学生感到害怕、厌恶,或者说它们集中于一些负面情绪的话,学生的反响就不会好。要创设有利于激发动机措施实施的条件,教师需要将班级创建为一个学习社群,并且将其保持下去。在这个社群当中,学生们的要务就是学习,并且是通过与教师和其他学生的共同协作来达到这一目的。同时,教师还需要将自己的课程聚焦到那些值得学习的内容上面,且以帮助学生认同其意义和应用潜力的方式来制定课程内容。

建设学习社群

要让激发动机的策略有效,必须具备若干前提。例如,马斯洛的需要层次论提出,在较高层次的需要能够起作用之前,较低层次的需要必须先得到满足。针对工人的需要满足状况和生产率的诸项研究表明,工人的动机不仅受工作性质和期望报酬的影响,而且还要受到工作环境、与同事之间的关系,尤其是对老板的感情等因素的影响。甚至那些并没有从工作本身获得太多满足的工人,也会因为他们喜爱自己的老板而愿意努力工作。反之,假如他们认为老板苛刻的话,就会对工作渐生冷漠甚至产生抵触。

威廉·格拉瑟(William Glasser)极力主张,教师应当是领导型管理者而非老板型管理者。所谓领导型管理者,就是通过强化而非惩罚、示范而非说教、灌能而非压制,用强调合作实现共同目标而非规则执行来激发人们的动机。领导型管理者比老板型管理者更有可能培养学生的合作精神,促使他们勇于承担责任,管理好自己在学校的生活。

有关学校应当建立与学生及其家庭之间的关爱与合作关系的思想,在詹姆斯·科默(James Comer)的《学校力量》(School Power,1980)、内尔·诺丁斯(Nel Noddings)的《学校关怀所面临的挑战》(Challenge to Care in Schools,2005)、罗伯特·皮安塔(Robert Pianta)的《增进儿童与教师之间的关系》(Enhancing Relationships between Children and Teachers,1999)、威廉·珀凯(William Purkey)和约翰·诺维克(John Novak)的《赢得学业成功》(Inviting School Success,1996),以及卡尔·罗杰斯(Carl Rogers)和 H. 杰洛姆·弗雷贝格(H. Jerome Freiberg)的《学习的自由》(Freedom to Learn,1994)等著作中都有所阐发。上述著作倡导创建一个让学生感到舒适、被重视和安全的学校环境,这种环境能够鼓励学生与教师、同伴同学建立积极的情感纽带,形成对学校的积极态度,进而激发他们的学习动机,取得良好的学习效果。

许多新近有关课堂最佳社会情境的观点,都将核心放在这样一个概念上,即学习社群(learning community)。1997年贝克、布雷吉尔和温瑟等人,2006年沃森和巴蒂斯提奇都曾提出过这一概念。"学习社群"直接道出了最佳课堂环境的两个关键特征:首先,它强调学习,而其包含的内容并不止完成学习任务或通过考试。"学习社群"提示我们,学生来到学校是为获取重要的知识、能力、价值观及培养良好的素质,同时,他们的学习应当是充实和灌能的。

其次,这一概念强调学习是在社群当中进行的。社群由一群具有社会关联性并对彼此及整个小组都负有责任的成员级成,学习具有协作性,社群成员相互鼓励并彼此支持。这种社会情境能够让学生感觉舒适。他们可以放心提出问题、寻求帮助,在自己对答案还不确定的情况下就敢于回答问题。社群成员具有一个共同的信念,即"我们一起学习",所以困惑与错误会被作为学习过程理所应当的部分而获得大家的理解。教师也是一位学习者,并经常扮演学习者的角色(Matsumura,Slater & Crosson,2008)。

要想建立一个学习社群,应当有三个重要步骤,才能为激发学生的动机奠定基础。即:(1)使教师和课堂对学生具有吸引力;(2)把学生的注意力集中到个人和集体的学习目标上,并帮助他们达成这些目标;(3)讲授值得学习的内容,并且以有助于学生欣赏其价值的方式讲授。上述步骤的前两项表征学习社群的社会性方面,第三项则表征其学习方面。

让教师和课堂能够吸引学生

假如教师能够养成并展现出有效榜样和社交者的特点,那么,他自身的个性和在教室里的日常行为,就能够成为最为有力的激发学生动机的工具。首先,教师应具备一些能够让别人喜欢的个性特点:乐观的天性、友善、情感成熟、真诚,以及其他表征心理健康和良好个人适应性的品质。这样,教师为学生社会化所付出的努力,就会在一定程度上产生积极的效果。学生会崇拜他,重视他的意见,相信他说的每句话都发自内心,且是从他们根本利益出发的。当学生认为老师是自己人(喜爱他们、对他们的需要充满同情并能及时做出回应)时,他们的学习动机以及班级归属感就会保持在较高的水平上;当他们觉得老师与自己不具有这种亲密关系时,就会变得不满(Davis, 2001; Elias & Haynes, 2008; Martin & Dowson, 2009; McMahon, Wernsman & Rose, 2009; McCombs, Daniels & Perry, 2008; Murdock, 1999; Nichols, 2008; Osterman, 2000; Wentzel, 1999)。

因此,教师要了解并欣赏学生。要迅速获知他们偏爱的称谓,并在与他们的互动中经常使用;每天热情问候他们,花时间去了解他们中的每一个人。在这个过程中,教师要了解与学生背景和兴趣相关的大量信息,并将其融入到采用适应课程目标的方法的教学当中。不仅如此,还要向学生分享有关教师的背景、经历、兴趣和立场的一些信息,帮助学生了解并欣赏教师本人。这将有助于学生即便是在对教师的权威保持尊敬的同时,仍可以在与教师的互动当中更加开放、更加本真。最后,通过让学生在公共场合彼此交谈,分享有关家庭、兴趣、爱好和难忘经历的信息,帮助学生彼此了解(Morganett, 1995)。

在教室里布置一个温馨的室内环境。可能的话,把教室装饰得舒服一些,让它既美观宜人，又符合教师的教学方法要求。如可以陈设与课程相关的引人入胜的物品和装饰，摆放学生们的相片以及他们完成的作品，这样可以鼓励学生，让他们既以自己的成就为荣，也懂得欣赏同学的成就。

做权威型管理者和学生社会化的执行者

在管理班级和对学生进行社会化时，重视在对有效教师的研究中反复提出的策略，应将管理作为一种以建立高效的学习环境为目的的过程，即重点帮助学生学习他们想学的内容以及如何达成学习愿望，在他们达不到上述目标的时候不要威胁或惩罚。成功的管理者在表达期望时具有清晰性和连贯性。如果有必要，他们应当示范并指导学生按照理想的程序来达成学习目标，并在需要这样做的时候提醒学生。他们要让学生致力于有价值的课程内容和活动，持续不断地主导课堂，在问题甫一出现时就及时做出回应，避免进一步恶化。在完成上述任务时，尽可能不打断课堂教学或分散正在完成作业的学生的注意力(Brophy,1988,2006；Evertson & Weinstein,2006；Freiberg,1999)。

为什么作者要在本节(如何让教师及其课堂吸引学生)主题下讨论管理策略呢？因为学生想要、也希望老师能在自己的教室里创设出这样一个可预测的组织体系(Askell-williams & Lawson,2001；Cothran,Kulinna & Garrahy,2003)。所以毫不奇怪，学生这样形容自己喜爱的老师：关心学生，帮助他们取得优异学习成绩；讲授有趣的内容，思路清晰；开心友善，行事公平；不偏宠、不羞辱学生；当学生犯错误或请求老师帮助时，不蔑视、呵斥他们，对一点小错误不会反应过度。但尽管如此，学生们也希望老师明确讲清楚学生的行为标准，并加以推行监督。他们认为这不仅是教师工作的一部分，也是教师关心学生的一种体现(Cabellox Terrell,1994；Hayes,Ryan & Zseller,1994；Hoy & Weinstein,2006)。

一个可靠的班级体系，应为学生提供他们所需要的、能够使他们取得优良学习成绩的信息和帮助。教师可以通过以下工作来建立这样一个组织体系：通过沟通，向学生清楚表明自己的期望；凡针对学生行为的反应，都具有一致性、可预测性以及灵活性；为学习吃力的学生提供帮助和支持；根据学生个性差异调整教学策略。在运转良好的体系里成长的学生，很可能在班级活动中表现得更积极、更执着、更投入(Skinner & Belmont,1993)。

那些在让孩子接受自己的理念，并把自己的标准内化在孩子身上、体现为他们行为这方面做得最为成功的家长，大多采取的是权威型策略而非专制型策略(Baumrind,1991)。**专制型**(authoritarian)家长基本无意阐明他们的要求，只希望孩子必须遵循，没有质疑或商量的余地。与之相反，**权威型**(authoritative)家长会向孩子解释他们提要求的理由，并帮助孩子懂得这些要求的出发点是为了孩子自身的利益。权威型范式包括以下内容：

- 把儿童当作一个个体来接纳；
- 通过温和亲切的互动来传递这种接纳；
- 向儿童讲授符合既有的社会道德原则的价值观和行为准则，而非仅仅强加"纪律"来促进他们的社会化；
- 阐明规则与界限，但接受来自儿童的意见，并与时俱进地进行调整（譬如，在儿童能力提高的情况下，容许给予儿童更多自主和选择的机会）；
- 以传递对儿童尊重与关心的方式表达对他们的期望，而不是"发号施令"；
- 解释提出要求和期望的理由；
- 用儿童行为对自己或同伴造成的后果来证明禁令的合理性，而不是利用儿童对惩罚的恐惧，或者像"好孩子不那样做"之类非常空洞的逻辑来达到目的；
- 教给儿童正确的价值观，并向他们进行示范；
- 持续不断地强化积极的期望和态度：正确地对待儿童，把他们看作是业已成为或者至少是即将成为符合既有社会道德原则的负责任的人。

如同在家里一样，教室里的权威型社会化实践也是最佳选择。这样做的教师不仅可以为自己的管理体系提供支撑，还可以通过创造出一个积极的班级氛围，以及让学生将老师看作是他们信赖并希望取悦的对象，从而为成功激发动机的努力奠定基础(vanWerkhoven, VanLonden & Stevens ,2001;Wentzel,1999)。

简言之，就是要努力将这样一种班级组织体系固定下来。在其中，不仅教师所提供的指导恰到好处，而且教师所发挥领导作用的方式也是最佳的。如果要采用有助于学生成为积极的、具有自我约束力的学习者的权威型策略，以下二者都应当避免：(1)带来学生的消极服从而非有主见的自律的专制型策略；(2)让学生自主却没有为其提供必要指导的放任策略(McCaslin & Good,1992)。

善用有吸引力的沟通方式

权威型班级管理与优秀学生动机之间存在的联系,在沟通理论专家对大学班级所做的研究中得到了证实。而这些研究当中有一部分主要关注的是教师的**获取服从策略**(compliance-gaining strategies)。研究指出,为获取服从而采取的强迫、专制型方法,对学生是否喜欢他们的老师、能否完成班级学习目标,都会产生非常消极的影响。反之,权威型方法可以通过建立积极的师生关系,为激发动机措施的实施铺平道路。

其他研究则显示出教师**即近性**(immediacy)的重要意义。所谓"即近性",就是那些能够拉近教师与学生之间身心距离的行为。非语言"即近性"包括:眼神接触,微笑,积极的手势,声音的抑扬顿挫,在教室里来回走动,身体前倾以及放松的身体状态。语言"即近性"则包括:幽默,透露私人事例,自我爆料儿,使用"我们"、"我们的"这样的词语,对学生直呼其名。教师的即近行为会增进学生对老师的喜爱、对课程的兴趣,以及提高他们认真学习、高质量完成作业的愿望。教师沟通方式里"获取服从"与"即近性"如能共同作用,就能激发学生的动机,同时对他们的学习产生积极的效果,尤其是对那些在学期初学习动机水平较低的学生更是如此(Allen, Witt & Wheeless, 2006;Richmond, 2002)。反之,学生对于自觉不关心自己或者对自己不感兴趣的老师,就会避免与他们互动;并且,在反复做出努力都不能引起老师回应的情况下,学生就不再会去老师那里寻求帮助(Martin, Meyers & Mottet, 2002)。

本书的主题是激发学生动机,而并非如何管理班级,所以作者不想就后一个主题作进一步的论述。有关班级管理及其实际运用具体建议的更多研究信息,可参见 Emmer & Evertson(2008),Evertson & Emmer(2008),Good & Brophy(2008)、Jones & Jones(2007),或者 Weinstein & Bignano(2006)的研究成果。所以,请牢记一点,教师要让学生在自己的班级里感到舒服自在,很重要的一点就是要为他们提供一个安全、充满关爱、可依赖的学习环境。如果教师以一种权威的姿态与学生互动,学生就会认为他会满足自己的需要,可以帮助自己实现共同的目标,而不是总在那里"发号施令"。

将学生的注意力集中到个人和集体的学习目标上

教师在任何时候都希望学生能够专注于某些特定的目标,但他们也许会发现部分学生除了追求这些目标以外还追求其他的目标,或另行追求其他目标,其中多数是一些社会目标。社会目标有时是对学习目标的补充,比如学生想取得好成绩的原因,是为了让看重这种成就的老师、家长或同学高兴。然而,社会目标有时也会损害、削弱学习目标,如学生为了取悦某些厌学的同龄人而对学习敷衍了事,或将注意力从课本、作业分散到与同学的社会交往之上,都是较为常见的情况。教师可以通过关心学生社会目标的实现过程,从而提高激发学生动机的措施的效力(Urdan & Maehr,1995;Wentzel,1992)。尤其是要创造这样一个社会环境,让人人都在其中感觉自己是受欢迎的,且学习任务要经师生的通力合作才能完成。

尽管如此,在授课中以及在学生独立完成作业时,**教师仍需要将注意力集中在学习目标,而非社会目标或其他与此竞争的事项之上**。假如教师能够帮助学生建立他们的学习目标(指获取知识和能力的目标,如帮助学生学会发现最小公分母),而不仅仅是完成学习任务或者取得某个分数,那么教师就能取得最佳的教学效果。这样,通过积极设定目标,寻求达成理解,坚定努力地克服困惑,并对他们已经学到的东西进行评估和反思,从而鼓励学生负有责任感地管理好自己的学习。

采用能够让学生珍视其价值的方式,教给学生值得学习的东西

教师即便通过让自身和课堂具有吸引力,以及把学生的注意力集中到个人和集体的学习目标等方式,为激发学生动机奠定了很好的基础,但他仍然不能指望学生能够保持强烈的学习动机,除非让他们自己认识到学习是有意义和有价值的事情。当学生认为学习是无谓或者无意义的活动时,他们的学习动机不太可能被激发出来,如要求他们持续不断地练习已经完全掌握的技能,无意义地死记硬背,查询、抄写在活动和作业中用不到的术语的定义,阅读用概括的、技术化的、抽象的语言写作而没有实质意义的文字材料,或不是为了支持有意义的学习,仅仅是为填满时间而布置的学习任务,等等。

在心中规划重要目标

要使学生的学习体验有价值,关键在于教师要将自己的工作计划集中于**主要的教学目标**,并根据学生应达到的结果来进行阐述,即教师要提出希望学生在知识、能力、态度、价值观、性格等方面应该达到的具体指标。制定课程和教学计划的依据是教学目标,而不是教学的内容范围或学习过程。教师教学项目的所有因素,如内容来源、问题讨论、活动、作业和评价方法等,都应当被包含其中。教师应把它们视为实现重要教学目标的有用途径。

确定课程计划显然应在主要教学目标的指导下进行。但针对教学材料以及对教师教学计划、教学工作的研究却表明,这一原则往往不能在教室中得到贯彻。教师在制定教学计划时通常会将注意力放在教学内容以及学生将要进行的活动之上,不会花太多时间考虑教学的目标是什么,而后者才恰恰是教学内容与教学活动的逻辑依据(Clark & Peterson,1986)。

实际上,大多数的教师都把有关教学目标的极为重要的决策权,拱手交给了为他们提供教科书的出版公司。假如说出版公司能够始终关注重要的教学目标,并以此为指导不断促进教科书开发的话,倒也是一件好事。然而,教科书系列一般都是自成体系、自我闭合的,于是导致如下后果:教科书中的许多话题都浅尝辄止;内容阐述往往缺乏一致性,并且杂乱无章地充斥着与重要观点无关的语句和图表,而这些重要观点才是应当得到深入挖掘的;能力的培养与知识的传授相分离,而不是彼此整合。总体而言,学生教科书和教师手册上所开列的问题和活动,都没有围绕与重要目标相关联的重要观点来进行建构(Beck & McKeown,1998;Brophy,1992b;Dreher & Singer,1989;Elliott & Woodward,1990;Tyson-Bernstein,1988)。

教师要根据教学目标调整教学材料

如果教师只遵照教科书的教学建议来开展教学,是不可能获得一个系统连贯的课程体系和教学方案的。反之,教师需要对配套手册中的许多文字内容进行阐发或将其替换,对配套手册中建议开展的活动进行详细研究,或者干脆用其他活动来加以替代。

为做到这点,教师应当依据主要的教学目标,对教学材料和单元教学计划进行仔细研究,确定哪些内容应一笔带过或者干脆不讲,哪些内容应当重点强调。对于需要强调的主要观点或主题,如果文字内容中没有很好展现的话,教师就可能需要进行重点讲授,并要开发一些可以在迈向主要目标的过程中起支持作用的替代内容,同时跳过那些毫无意义的问题和活动。而在制定课程方案和实施课程教学时,教师可以把教科书当作是众多潜在教学资源中的一种,没有必要把它看作是这门课程的"唯一资源",由此将师生限制在此教材的内容上。

深度发展核心观点

无论如何,教师都不可能教给学生值得学习的全部东西。课程内容可能会涉及众多话题,但不是所有话题都能够在课堂上得以充分深入地分析阐述,都能够让学生深刻理解,并进而在学校以外的生活中得到运用。教学内容的广度与话题发展深度之间的这种矛盾关系,对于教师而言始终是一个两难问题,他们不得不竭尽所能地想尽量把控好。然而,这不是一个教师能一劳永逸或完全令人满意地解决的问题。

近年来,课程建设出现一种牺牲深度强调广度的趋向。对这一趋向的批评声音说,教科书"只有宽度不见深度",只罗列互不相关的事实,而没有围绕核心观点来组织相互联系的内容,形成贯通一致的课程架构。来自课堂的教学报告也反映出相似的情况,尽管存在少数例外。大多数教学报告描绘了这样的情形:教师急于讲授尽可能多的教学内容,学生则忙于记忆这些内容,通常没有反馈和讨论的时间。学生们花太多时间去完成阅读、背诵、填写表格和靠记忆完成的考试,而没有足够时间持续参与有关核心观点的论述,或者将这些观点运用到真实的活动中去(Goodlad,1984;Stodolsky,1988)。随着人们对于高利害关系考试的日益关注,这种令人遗憾的课程趋向已然愈演愈烈。

互不关联的事实性信息,并不太有意义或者说并不太值得记忆。当学生们缺少一个能够将这类信息和广泛联系的思想网络情境化以提高其意义水平的情境时,他们就会被迫依赖死记硬背,而不是采用更加成熟缜密的学习和应用策略。在考试之前，他们会尽可能牢记所学的内容，但考试之后便会遗忘其中的一大半。而在他们最终能够记下来的东西当中，又有一大半是他们不能在相似情境之下举一反三加以运用的死知识(Bransford,Brown & Cocking,1999;Palincsar,1998;Prawat,1989)。

关于教师如何帮助学生获取有意义的知识并将运用于校园之外的生活，有一种普遍共识，那就是：首先需要缩小教学内容的广度，以便腾出时间将重要的内容引向深入；其次，需要将重要内容重新梳理成为围绕核心观点构建的相互关联的信息体系；再次，需要对教学内容进行引申发展，重点强调对重要观点及其相互联系的阐释(参见文本框2.1)。

文本框2.1 重点强调核心观点的教学

为探讨围绕核心观点构建内容做法的价值，让我们来看看有关居所(shelter)话题的例子。在初级社会研究教科书系列中，一般都强调居所是人类的一种基本需要，并继而列出各种各样的居所并图示说明，如tipis(印第安人的圆顶帐篷——译者注)、igloos(因纽特人雪块砌成的小屋——译者注)以及stilt homes(吊脚楼——译者注)等。然而，对于人们为什么会生活在这些形态各异的居所，教科书却一般甚少涉及，对建筑材料和技术方面的进步则完全不提，而这正是现代建筑之所以会出现的原因所在。学习了这些内容之后，美国学生往往会认为这些建筑的出现是理所当然的，过去或者来自其他文化的人们选择居住在奇异、神秘的房子里是匪夷所思的，而不会认识到这些人们为满足居住需要，根据当地建筑知识、技术水平和建筑材料而想出的对策独具匠心。

如果教师在有关居所以及其他文化普遍要素(如食物、服装、交通、通信、职业、政府等)的教学中，更加强调与之相关的实践是如何随着时间不断演进，它们的形态又是如何在当今不同社会里大相径庭，其原因是什么，而所有这些对于个人、社会和公共决策又可能意味着什么等，那么教学效果就会明显好得多。这样做可以扩展学生对人类生存状况的观察视野，有助于他们从历史、地理和文化的角度看待和分析熟悉问题。

例如，在进行有关居所的教学时，可以帮助学生理解和欣赏不同居所形态出现的原因。这样，学生们就能够认识到：居所需要是由当地气候和地理特征

(续前页)

决定的;大多数房屋都是选用本地盛产的自然资源中的材料建造而成;每种房屋形态都反映了某种文化、经济或地理的状况,如帐篷作为一种便于携带的居所被游牧社会普遍采用,吊脚楼适合周期性发洪水的地方,高层建筑则出现在土地紧缺的城区,等等。随着人类社会在建筑知识和材料上的发明、发现和进步,已经使现代人在只需少量维护并付出少量劳动(如砍伐木头或者往炉子里铲煤以供烧火取暖)的情况下,住进更加耐久、防风抗雨、隔音隔热、有温度调节功能的房屋,这甚至比远祖那些最富有的人们所能享受到的居所都更为舒适。

对上述主要观点及相关观点的讲授,应以唤起学生想象力和好奇感为前提,要特别重视对他们的价值观和性情的培养(比如,通过与房屋能源效能或无家可归者境况相关、同时与学生年龄相符的教学活动,培养他们的节能意识或同情心)。而相关知识的拓展和运用,可以对邻近社区进行参观访问(要求学生对各式房屋进行辨认并进行讨论),或让学生领取一份能效清单回家填写并与家长进行讨论。此外,还可以选择一些描写过去(如边境上的小木屋)或其他社会生活状况,以及当下社会无家可归现象的作品,让学生进行阅读并讨论,同时通过活动,要求学生撰写有关理想家园的方案,或者让他们设想自己在特定地点和有预算限制的情况下,会对在哪儿居住如何决策(根据上述原则设计的"居所"教学单元,参见 Alleman & Brophy,2001)。

与此相类似,有关历史的教学单元也不必漫无目的地罗列史实。如果着眼于教学目标来进行规划的话,这些史实可以围绕学生能够欣赏并加以运用的核心观点来进行组织和建构。例如,关于美国革命的教学单元,可以以形成学生对美国政治价值和政策的理解和欣赏为目的来规划教学内容。教师在讲授革命及其后果时,会重点强调促使《独立宣言》和《宪法》的起草者们思想形成的那些历史事件和政治哲学。在教学内容的广度上,教师要重点介绍英格兰与北美殖民地之间发生的事件,以及这些事件是如何影响到各色人等以及他们的理想、原则,最终让他们达成妥协完成宪法起草(尤其是人权法案的出台)。教师可以针对不同殖民地群体所经受的各种形式的压迫(以及这种压迫对于他们在有关政府的观点上所造成的影响)、杰弗逊及《宪法》其他重要起草人的思想等主要问题,要求学生进行研究、批判性思考并布置作业。对于保罗·里维

(续前页)

尔(Paul Revere)及其他对美国的政治价值和政治生活的贡献不大为人所知的革命人物,则只作简略的介绍。关于战争的细节更可以一笔带过。学生们可以扮演采访"波士顿惨案"(Boston Massacre)或"波士顿倾茶事件"(Boston Tea Party)报道的记者或者撰写相关小册子的作者,模拟一次议题为如何对五项"不可容忍法令"(Intolerable Acts)做出应对的市镇会议或者大陆会议;可以进行"革命是否合法"的辩论;也可以以波士顿市民的口吻给其他地方的朋友写信,叙述自己的所见所闻。

上述建议的教学方法,并不是在讲授这两个主题时唯一的方法,也不是必然的最佳方法。但它们都说明一点,课程主要目标的明确能够促进教学单元和每节课内容的连贯性和有效性,并反过来帮助这些目标的实现。并且在此过程中,能够形成让学生们觉得有意义、与校外生活相关联并且可以加以运用的教学内容。教学中教师强调的特殊目标,会因教育理念不同、学生的年龄和需要不同以及课程目的不同而有所不同。比如军校的军事史,教师在讲授美国革命的教学单元时,教学目标及重点强调的内容都会与上面的例子有很大的不同。

围绕核心观点的结构性活动和作业

最好的学习活动和作业是围绕核心观点构建的。学生不必学习重要性仅在于"花时间完成任务"的任何东西。要让活动具有有效性,关键在于活动应具备认知投入潜力(cognitive engagement potential),即它们在多大程度上能够使学生积极思考和运用重要观点,让他们更好地意识到学习目标,有意识地控制学习的策略。最有价值的活动,并非仅仅基于"动手"(hand-on),而是基于"动脑"(mind-on)的。

一项能够成功地使学生沉浸到重要观点中的活动,不仅有赖于活动本身,而且还取决于教师的建构,以及发生在活动之前、之中和之后的师生对话。当教师能够做到如下几点时,**活动就可能产生最大的影响力**:(1)向学生介绍活动,说明活动的目的,鼓励学生努力去实现这些目的;(2)使学生的作业支架化,进行过程指导,并给予适当反馈;(3)活动后,带领学生对他们在活动中获得的感悟进行分享和重温。【教学支架化(instructional scaffolding)一词,是对教师为填补学生独立"能做"与在帮助下"可以做"之间的鸿沟所采用的任务协助或策略简化做法的统称。各种支架可以帮助学生在现有能力下向既定目标迈进。正如房屋粉刷工使用的脚手架一样,教学支架所提供的支持是暂时的、可调整的,在不再需要时是可以被移除的。支架的例子包括认知模型(通过它,教师向学生演示要做什么,并在做的过程中将思考的过程大声表述出来);在学生面临新阶段而感到手足无措时,为帮助他们顺利进入下一阶段而给予的提示;以及可以帮助他们诊断错误原因并形成补救措施的提问等。】

在规划活动和作业时,首先要关注本教学单元的主要目标,并思考哪些种类的活动可以帮助接近这些目标。这将有助于教师就是否采用教师手册中所建议的活动,以及需要增加哪些活动等进行决策。一篇针对设计和实施学习活动的原则的分析报告(Brophy & Alleman,1991)所得出的结论是,一个教学单元中的所有活动都应当符合以下四项基本标准:

1. **目标关联性**。每一项活动对于促进学生实现本单元的学习目标必不可少,或者至少是直接相关和有用的。
2. **难度水平**。每一项活动都被定位在这样一个难度范围之内:既具有足够的挑战学生的学习难度,又不至于让多数学生感到困惑甚至受挫。
3. **灵活性**。在教师工作必须面对的各种限制条件范围内(空间和设备、时间、学生类型等),每一项活动都应具有执行的灵活性。
4. **成本效益**。从每一项活动中产生的学习效益,应当值得教师与学生在时间和精力上付出的预期成本。

要在诸多活动中筛选出符合上述四个基本准则的活动,教师应当考虑采用以下七个二级标准:

1. 让学生有可能发现活动是有趣或令人享受的;
2. 活动能够为互动式和反馈式对话提供机会,而不仅是让学生单独完成课堂作业;
3. 如果活动包含写作内容,应当让学生创作散文,而不是仅让他们填空;
4. 如果活动包含语篇分析内容,应当让学生致力于批判性或创造性的思

考、询问、解决问题或做出决定,而不仅是纠缠事实和定义;
5. 活动的重点是重要观点的应用,而不是陈述无关紧要的细节,或者虽有趣但却完全琐碎的信息;
6. 作为一个整体的系列活动,应当在一定程度上与课程目标保持一致,具有多样性,并以各种方式调动学生的动机;
7. 作为一个整体的系列活动,应当与热点时事,或当地和家庭里发生的事例,以及有关应用的各种事例具有较多的联系。

强调真实活动

在选择和开展学习活动时,应当意识到核心观点的潜在应用性。尽可能多地使学生通过投入真实活动进行学习。真实活动(authentic activity)要求学生利用已学过的东西,完成在实际生活中的各种应用,以验证先前所学内容。假如不能让学生投入到实际应用之中(在设计他们的学习经历时,其出发点就是为实际应用做准备),那么至少应当让他们围绕这样的应用进行讨论,或者模拟这些应用。

学生必须经过实践才能顺利掌握技能并自如运用。大多数实践都应当在基于整体任务的应用当中进行,而不应当只是彼此孤立的次级技能的实践。小学生除了训练快速辨词能力之外,应当有机会进行兴趣阅读;除了认识数字和进行数字计算之外,应有机会解题和进行数学的实际运用;除了练习拼写和书法之外,还应练习写作散文、诗歌或者写信。所有学生都应当在获取知识的同时,懂得知识是如何形成的,缘由何在。他们应当有机会将学到的知识应用到实际生活当中,或者应用到正在发生的社会问题、公共问题和科学问题当中。

那些对学校的教学科目与为教学科目定性的学术上的学科不加区分的教育者,对真实活动的定义是比较狭隘的,他们会让学生在活动中像相应学科的从业者那样做事(比如,在活动中采用专门的表述形式和学科特有的研究工具)。但大多数的教育者(包括本书作者自己)所理解的学校教育却更加广义一些。他们认为学校应当促进学生作为人的所有潜能,并为他们的未来生活做准备,而不是仅仅把他们领进学科的大门。这种更为广义的观点便引出了真实活动的相关定义,即强调生活中的应用(Brophy,2001;King,Newman & Carmichael,2009;Shaffer & Resnick,1999;Wells,1999)。

例如,1996年纽曼及其同事就详述了如下观点,即真实活动应当为学生提供通过超出课堂价值的学科探究构建知识的机会。1993年帕金斯指出,数学课程应当更加重视与二次方程式相关的概率与统计的内容,而社会研究课程则应当强调关于种族仇恨根源的内容,这要比纠结于法国大革命的诸多细节重要得多。还有人认为,通过笔友计划(Austin,2000)或者让学生自己办报纸(Cazden,2002),为学生的阅读与写作活动设置真实的受众,可以增加读写教育的真实性。

上述事例说明,真实活动涵盖了课程因素和教学因素两个方面。所谓课程因素,是指要着重关注那些具有校外生活应用潜力的内容;所谓教学因素,则是指通过开展一些允许学生运用他们所学知识的活动来形成上述内容。有关真实活动的研究指出,它们并不经常在教室里发生,但一旦发生则会产生各种各样的积极后果(Avery,1999;Hickey,Moore & Pellegrino,2001;Newman及其同事,1996;Purcell-Gates,Degener,Jacobson & Soler,2002)。

以理解为目的的教学

近年来,不管是有关有效教学(effective teaching)的研究发现,还是由学科教学专家服务机构所发布的教学指南,都强调了学校学科教学中以理解作为教学目的的重要性。能够通过理解学习教学内容的学生,不仅可以学到内容本身,而且能够充分认同学习它们的理由,并以一定形式将其保留下来,以在需要的时候运用它们。在新的学习内容较为复杂的情况下,最终形成清晰理解所需要的意义建构是需要一定时间的,而教学和活动中师生话语的互动会促进这种建构。教师清楚的语言阐释和动作模仿固然重要,让学生有机会回答有关教学内容的问题、对意义和内涵进行讨论或辩论、在解决问题或进行决策的情境下运用教学内容也一样非常重要。

这样一些活动可以使学生通过用自己的语言阐释教学内容,拓展其与其他知识及以往经验之间的关系,深刻领悟其内涵,以及认识到它们对于个人决策或行动所具有的意义,从而自主地加工学习内容,使之成为自己的东西。为了完成学习目标,教师要为学生提供建构教学内容并使其支架化所需的任何帮助。但随着学生们知识技能的增长,教师要逐步减少这样的帮助,最终使学生的学习成为一种独立、自主调节的活动。

在对已经制定的以理解为目的的学科教学项目进行分析后,有一些原则被认为是所有学科(或至少是大多数)普遍具备的(Brophy,1992a)。表 2.1 就呈现了这样一些共同原则。虽然这些原则是在有关学习的研究中被发现的,但请读者留意的是,它们对于动机研究所发现的原则是非常重要的补充。它们与如下原则尤为切合:建立学习社群的原则,鼓励学生在开展活动时着眼于学习目标而非绩效目标或工作回避性目标的原则等。文本框 2.2 所呈现的案例,进一步说明了这样一种补充作用。有关"以理解为目的的教学"的更多资料,请参见古德和布洛菲的著述(2008)。

表 2.1　以理解为目的的教学:十大特征

1. 课程设计的宗旨是教给学生将来在学校内外都发现有用的知识、能力、价值观和性情。
2. 教学目标强调在应用的情境下发展学生的技能,同时强调知识的概念理解和能力的自主运用。
3. 在传授有限知识的同时,通过将这些内容充分延展以促进概念的理解,从而达到课程广度与深度的平衡。
4. 围绕一定范围的核心观点(基本认识和原则)来组织教学内容。
5. 教师的任务不仅在于向学生呈现信息,而且在于为他们的学习提供支架化帮助,并对他们的学习努力做出回应。
6. 学生不仅要吸收或复现教学内容,而且还要积极地理解它们并建构意义。
7. 要善于发现学生的既有知识并将其作为教学的起始点。如果必要的话,教学应建立在明确的既有知识的基础之上,并进而促进学生相关概念的变化。
8. 教学活动和作业的特点在于要求学生进行批判性思考或自主解决问题,而不仅仅是记忆或重复。
9. 通过单一的能力课程是不能培养出高阶思维能力的。相反,只有在应用情境之下,在讲授学科知识的过程中,高阶思维能力才能得到发展。在应用情境中,可要求学生通过对正在学习的内容进行批判性思维或创造性思维,或者运用它们来解决问题、进行决策,从而将它们与自己的课外生活关联起来。
10. 教师在班级中创建一个可被看作是学习社群的社会环境,其特征是其中成员的话语或对话都经过精心设计,旨在促进相互理解。

文本框 2.2　反差明显的诸种掌握取向

1994年米斯(Meece)发表了一系列5—6年级科学课教师的案例研究报告。这些教师的学生在学习(掌握)目标取向程度上所显示出的反差非常大。米斯分析指出,学生目标取向的差异及与之相关的成就行为,是与教师在激发动机和教学方法的差异相关联的。

在掌握程度较差的班级中,学习活动强调的是记忆以及回忆那些支离破碎的信息。学生们鲜有机会做下面几件事情:积极地进行意义建构,把自己看作是知识的来源,对学到的东西举一反三地应用。他们的老师并没有设法让自己的授课适应学生的能力水平以吸引他们的兴趣,也几乎没有为学生的同伴合作学习或自主学习提供任何机会。教师把激发学生学习动机的努力主要放在了成绩评定体系上(主要是通过提醒学生要评测他们的学习情况,或者他们需要为即将举行的考试进行准备来激发他们的学习动机)。上述强调简单的传授和重复记忆的教学实践,并没有起到激励学生形成掌握目标、实现自律学习的作用。

与之相反,能够让学生达到较高掌握程度的教师,对于学生的期望是让他们对所学内容能够理解、运用并融会贯通。为了鼓励学生积极参与到课程学习当中,他们修订教学材料,以提高教材与学生的个体关联度,强调教学内容的内在价值,为学生的同伴合作提供机会。他们并没有过多强调成绩或其他的外在激励因素。

将同样来自较高掌握程度的两个班级的学生作比,其参与学习活动的积极态度也有所不同。有一个班级的教师为学生开设系列连贯课程,并将教学进程划分成若干步骤,鼓励学生弄清各个观点之间的联系。她也定期监督学生理解教学内容,让每个学生都对自己学习的内容承担责任。而另一个较高掌握程度班级的教师,也帮助学生概括教学内容,找到各个观点之间的联系。但接下来,他却没有认真督促学生弄懂教学内容,帮助学生建立对教学内容的理解。一旦学生搞不清楚,他更倾向于为他们提供正确答案,而不是帮助他们自行弄明白。

尽管这两位让学生有较高掌握程度的教师都采用了有助于学生对教学内

(续前页)

> 容产生兴趣的激发动机策略,但其中一位却不太成功,因为他没有为学生提供充分的教学支持,或者说没有持续地督促学生自己通过理解掌握学习内容。他善于向学生传达学习内容的内在价值,但却不擅长让所有学生参与到学习活动中来,为他们独立解决问题提供支持。

有关教学的社会文化学观点

　　教与学的社会文化学观点,与学习社群中以理解为目的的教学的诸种观点也是高度吻合的。社会文化理论家认为,课堂学习是广义社会化的一个部分,在此过程中,社会要让其新成员掌握他们认为非常重要的知识和技能。在"在职培训"隐喻的基础上,社会文化理论家将学习者说成是在一个或多个"师父"指导之下充当认知学徒的初学者。"师父"在向"学徒"传授作为数学家、历史学家或化学家(也可能是学校以外的木匠、面包师等)需要的知识和技能时,"学徒"文化适应除了在大社会当中进行,更主要发生在较小的实践社群当中。

　　首先,"学徒"通过合法地参与到社群活动实践的外围进行学习。他们是社群的合法成员,但他们的参与却是外围的。这是因为他们主要是观察、倾听,以及在"师父"的指导下从事初学者水平的活动。当他们掌握了一定的知识和技能之后,就会由外围参与向核心参与过渡。他们与"师父"的地位逐渐趋于平等,开始更加全面地发挥作用,在自律学习方面承担起更多的责任,同时扮演"师父"的角色开始对其他新成员进行社会化。"学徒"在获得一定知识技能后,就开始学着使用社群专业的话语和工具。活动社群会形成专门的词汇体系和话语形式,以助于他们开展相应的活动(如使用情节或人物刻画的概念分析故事,采用类似带偏见的资料或者一手、二手史料的概念来分析一段历史记述)。活动社群不仅要采用有形的工具,而且还要采用像数学公式、乐谱这样的认知工具,或者在学习科目中通常会讲授到的任何方法和技能(Roelofs & Terwell, 1999; Salomon & Perkins, 1998; Wells, 2001)。"学徒"通常会掌握社群专用的话语表达,并学习在进行某些活动时运用这些特有的工具(这些活动正是当初先使该社群创造出专门话语表达方式和特有工具的活动)。

社会文化理论家强调,学习的活动与情境是以对学生行为的给予性和约束性为标志的(Gresalfi, Martin, Hand & Greeno, 2009)。"供允性"(affordance)是指可供师生开发利用的机会,即活动所能为他们提供的思考和行动的可能性。例如,一次讨论为学生提供了围绕某个话题进行口头互动的机会,而一份写短文的作业则为学生提供对自己的思想进行组织并以写作形式相互交流观点的机会。"约束性"(constraint)是指对活动所包含的思考和行动的范围设定的限制。一位教师可能会通过要求学生懂礼貌、不跑题来约束一场讨论的范围,或者以不超过300字且每个段落要以一个清晰的中心句作为开头来对短文作业进行限定。部分学校的活动和作业受到非常严格的约束,如要求学生只能把答案填写到作业纸的空格里、用圆圈画出选择答案,或把计算题答案填写到规定的位置等。

社会文化理论家们十分重视能体现与主要教学目标相契合的供允性和约束性的学习活动。他们尤其强调,要容许学生主要通过投入到真实活动中来进行学习。有关学习社群的社会文化模式的长篇书面论述可参见以下作者的专著:Rogoff, Turkanis & Bartlett(2001), Tharp, Estrada, Dalton & Yamauchi(2000), Wells(1999)。

激发动机导向大相径庭的两位教师

为了能有一个运用学习社群诸原则的机会,我们设想有这样两位教师:她们与学生关系良好,对后者的学习进步尽心尽力,但她们激发学生学习动机的方法却大相径庭。尽管她们都有相似的学生导向,但在激发动机上的不同观点,为她们各自的学生营造了反差极大的学习环境。

劳拉·赫希(Laura Hirsch)和瑞秋·杜威(Rachel Dewey)同在一所大型中学里讲授语言艺术和社会研究课程。她们所教的班级规模相当,学生构成也相似。两位老师在管理班级和与学生的互动当中都非常有威信,所以她们所带的班级总体上都运行平稳,学生参与活动的程度高,活动进行不下去的概率也很低。劳拉和瑞秋都温和可亲、乐观开朗、爱岗敬业,深受学生的喜爱。在课堂日常规划、备课和安排活动时,她们都相当关注对学生动机的激发。然而,她们所注重的激发动机的原则却很不一样。大家看看两位教师的做法，思考一下她们采用的激发动机策略，及其对学生动机和学习可能产生怎样的效果。

劳拉·赫希

劳拉确保学生只要付出合理的努力就可能取得成功。在她的班级里，学生的总成绩是根据日常作业表现（占 1/3）、每周的小测验以及各个单元考试成绩（占 2/3）来评定的。劳拉花了很多心思，帮助学生们能够完成好作业并为考试做好准备。

首先，她带领全班学生一起阅读读物上的一个故事或者社会研究课教科书上的一个章节。她按照学生的座位顺序，按部就班地实施计划，让每一个学生都有机会朗读 1 到 2 个段落，然后让下一位同学接着往下读。她会不时打断学生的朗读进行详细的讲解，或者向学生提出一些问题，目的在于着重强调刚刚朗读的或是即将朗读的内容所涉及的一些重要观点。劳拉的学生们都知道，他们应当在老师进行讲解和提问时记笔记，因为这些内容很可能出现在作业、测验和考试当中。在阅读的过程中，劳拉还会让学生们提问并对其做出回应，并对阅读材料进行评论，但她会确保上述所有评述都不会过于偏离自己所要强调的重要观点。

在课文学习之后，学生们便开始独立完成他们的作业。劳拉坚持要求学生在做作业的时候必须保持安静，以便每个人都能够专心致志。她布置的作业以考查学生对课程内容的理解为主，大多数题目都要求学生进行两两配对、判断对错或者把答案填在空格里。尽管劳拉剔除了少数模棱两可或者有争议的内容，增加了一些她自认为重要却在教材出版商提供的练习和测试中被忽略的内容，但绝大多数习题还是由教材出版商提供的。在学生做作业的时候，劳拉在教室里来回走动，对有需要的学生提供帮助。少数学生可以在课上完成作业，而大多数学生则会剩下一些题目留待回家完成。

在重要的测验和考试之前，劳拉都会带着全班进行复习，帮助学生进行考前准备。她通常会按照列项排除或者游戏的方法，尤其是流行的智力问答形式来编制复习内容。有时，她会宣布获胜的学生个人或者小组成员可以获得奖品（比如棒棒糖之类的小奖品）。不过，她会提醒所有学生，这些比赛和游戏的主要目的还是为了复习所学内容以迎接即将到来的考试。

重要测验和考试的内容,除了学生非常熟悉的配对题、判断对错题、填空题之外,还包含一些简述题。单元考试还会包含一些要求联系不同章节内容,或者要求把该章内容与整个学年里逐步展开的重要观点进行相互关联的问题。然而,所有这些问题都不会太脱离教材,或出现一些让认真学习的学生会感觉到意外或不公平的内容。正如劳拉常常提醒学生的那样,只要他们用心听讲、认真做作业,考试拿好成绩就应该没有问题。

尽管如此,劳拉还是为那些学习吃力的学生预备了"安全网"。首先,她准许每个学生可以有"糟糕的一天"即统计学生所有分数来评定成绩时,她可以忽略掉每名学生最差的那次平时作业成绩。其次,在测验中(尽管不是单元考试)丢掉的分数,她允许学生重新赚回来,即如果学生能够改正试卷上的所有错误,并标记出原先犯错的原因再交回的话,他们就可以得到该题目原先分值的一半分数。再次,学生如果能从每个单元的额外作业目录里挑选一些题目来做,并最多顺利完成其中的三项,也可以得到一些分数。

在英语课上,劳拉所提出的问题都集中在故事的细节,以及这些细节是如何反映出作品的文体(如怪诞小说)和文学技巧(如铺垫)的。日常作业和每周测验的题目,也基本上集中在与文体和技巧相关的内容,以及通过各种各样的例子对其加以识别与上。单元考试则通过如下系列问题,要求学生提供更加综合性的答案:"铺垫"的定义;从本单元的故事当中找出三个"铺垫"的例子;给出作者使用"铺垫"的两个可能原因(如果学生想获得加分,可以给出更多合理的原因)。

在社会研究课上,劳拉将日常作业和每周测验的重点集中在一些有关南美洲国家的基本事实上,如某个国家的地理位置、气候类型、主要城市和名胜、重大史实、重要进出口商品等。单元考试还会有一些简述题,要求学生通过答题证明他们已经掌握了上述事实之间的联系。比如,他们要想证明自己对智利的经济和文化有所认识,就要在答案中提及它是个多山国家、内陆交通不便、海路不通达等内容。

瑞秋·杜威

瑞秋的激发动机策略,更加强调课程的个性化和合作学习而非应试。每个单元开始不久后,她都要给学生进行一个简短的测试,目的是确认所有学生都掌握了关键概念的定义并能够举例。有时她也会把单元考试作为衡量学生是否完成单元学习目标的途径。但在大多数情况下,学生成绩都是依据他们参与各种学习活动以及完成作业情况而决定的,她给予学生的反馈重点在于强调质量标准以及为他们提供的改进建议,而不只是给个成绩或分数。

在英语课上,瑞秋讲授的课文篇数比劳拉的少,但她用在所讲篇目上的时间却要多一些。与劳拉一开始带着学生阅读课文的做法不同,她让每个学生都要通读文章并与同伴进行讨论。通读之前,她向学生介绍相关文学体裁和重要的文学技巧,并提供引导学生进行分析的思考题,为他们的通读做准备。然后,她让学生们自己阅读文章,获得审美体验。接下来,她要求他们与同伴进行讨论,重点讨论他们是否喜欢这个故事、原因何在,并且把问题或评论要点记录下来,以便与全班分享。最后,小组成员以瑞秋提供的参考题目为线索,逐一分析文章中所涉及的文体技巧。他们在这个过程中要记录下答案,并再次把问题或观点记下来以便班级共享。

在接下来的全班讨论中,瑞秋首先重点关注的是学生的审美反应以及他们提出的相关问题和评论。她会先提出几个问题,作为引发学生思考的引子。例如她会问,如果把故事场景搬到现在而不是放到过去会不会更好一些;故事结尾如果更圆满一些是不是更好;假如故事中的英雄没有把秘密告诉朋友而是藏在心中,可能会发生什么,等等。当学生们对故事审美感受的讨论顺利展开之后(或者在时间紧迫且有必要的情况下),瑞秋会把话题引到文学体裁的技巧上面来。她先在黑板上列出学生的答案与自己提出的问题,将它们对应起来,然后带领他们围绕上述内容进行讨论,让他们弄清楚作者运用关键性文学技巧的主要方式,以及它们是如何为文章增色的。她的目标不仅是要帮助学生明白某种文学体裁的重要特征,而且要让他们能够欣赏该文学体裁给予他们(作为读者)的美好感受,以及让他们认识到恰当运用文学技巧从而提升文章感染力与趣味性的方式。

班级讨论之后是安静的环节。在这段时间里,学生要单独撰写他们的日志,内容包括读后感、作品的"道德意义",以及他们从作品的文学体裁和文学技巧方面学到的东西。瑞秋会提出一系列的问题,学生如愿意可以据此来写作他们的日志。但她鼓励他们对自己认为特别有趣或有意义的方面进行更深入的挖掘，而不是仅仅逐个回答她列出的问题，或只是局限在问题所涉及的内容。她希望他们的日志至少应当详细说明两大方面的内容，一是他们对作品的个人观感，二是他们通过阅读作品学到了哪些有关该种文体的知识。

作为文体知识学习单元的一项总结活动，学生们要自己创作一篇相关文体的作品（如怪诞小说）。作品将在班级选集中发表，部分优秀作品还会在班上或者在其他班级或学校活动的台上朗读（或以戏剧形式演出）。

在社会研究课上，瑞秋没有对每个南美国家平均分配教学时间。她首先介绍整个南美洲的情况，包括主要区域的划分及特点，继而对几个国家进行深入讲解。这些国家之所以被挑选出来，是因为它们是她准备在教学中特别强调的重要观点或社会研究主题的例子（如巴西有热带雨林，与之相关的有文化和生态保护问题；委内瑞拉可用来研究现代石油产业对传统农业国家经济造成的影响；智利则能反映山地国家的生活情况）。

对于教学内容中所涉及的大多数国家，特别是进行深入讲解的那些国家，瑞秋都提供一些非小说类普及读物、儿童读物、视频，以及邀请一些来自这些国家或曾经去过这些国家的人到班级与学生们见面，将其作为对教材的补充。她希望学生们内化学到的有关某个国家的知识，尤其是关于这个国家日常生活和家庭活动（包括同年龄段孩子的生活）的知识。

瑞秋把学生划分成若干由4~5名学生组成的小组，布置给每个小组的任务是让他们编辑一本有关这些重要国家的画册。在每个小组当中，一个学生负责地理和气候的内容，另一位负责历史、语言和文化，再一个则负责经济和自然资源，如此等等。瑞秋会与这些"小专家们"集体见面，向他们推荐百科全书、图书、网站和其他信息来源供他们参考。她会鼓励他们相互帮助，以便形成有关他们所负责的专业领域的专业知识。除了在编辑手册的过程中要学习这种专门知识、组员之间要紧密协作之外，每位学生还要单独完成一份报告，对自己从某个国家学到东西进行一番总结。这些报告需要包括所有已学内容，不只是学生专门涉及的某个领域，于是学生们必须从教材以及同组其他同学搜集到的补充信息那里获取学习内容。

学生们还要在报告中写出自己从社会研究课中到底学到了什么。瑞秋要求他们记录自己对两个问题的思考：在这个国家居住，哪些方面是自己喜欢的？哪些是自己不喜欢的？为什么这个国家的情况是那样的？为何与我们国家的情况相似或不同？从中我学到了什么？此外，瑞秋还鼓励学生对有关这个国家自己特别感兴趣或认为特别重要的方面，进行更为详尽的描述。

在进行成绩评定时，瑞秋强调学生在个人作业和小组作业中的表现，认为它们与考试成绩一样重要。对于学生的考试成绩，她会标出每道题的得分以及总分，提供质性反馈，并要求学生修订答案，以便为失分题目赢回部分分数。对于学生的个人报告和小组报告，她都同样给予反馈。最后，她会每两周与每一位学生面谈，告知学生其日志完成情况和评价情况并给予评语，还会就学生在该门学科的总体进步情况提出意见建议。

两位教师的比较

劳拉·赫希和瑞秋·杜威的相似点在于，她们都强调权威型的班级管理策略，但她们的区别在于学习目标的取向不同。劳拉强调的活动和奖励结构主要针对个人，也在一定程度上具有竞争性，但却完全不考虑合作性。与之相对照，瑞秋首先强调合作性，其次才是个人表现，基本不考虑竞争的问题。瑞秋的班级更像是一个学习社群。

劳拉激发动机的方法除了竞争性因素之外，还试图强调学习目标，弱化绩效目标。她尽可能地减少模棱两可的教学，少冒风险，切实保证学生可以获得好的成绩，以此换取学生专心听课，认真完成作业和为考试做好准备。瑞秋没有为学生提供这样的保证，但她强调同伴的合作，强调个人学习的意义，让他们在不过多担心绩效目标的情况下，自然而然地将注意力引向学习目标。不仅如此，她还允许学生在完成作业时有多种选择，可以自主决定，这样，他们就更有可能感受内在动机的作用。但即便如此，她班里那些害怕模棱两可和冒险的学生，仍然可能焦虑，除非她在回答对学生的希望是什么这类问题时非常有针对性，并能充分确保对他们的表现给予反馈。

由于存在动机策略上的差异，两位教师在课程设计和教学方法的差异也就随之出现，而这些差异很可能会影响到她们学生的动机和学习。因为课程、教学和评分都紧扣教材,劳拉的课程限制在那些宽泛却肤浅、大多互不相关的内容上。这使得学生将精力放在记忆材料应付考试之上,而不是建构更为详尽的、相互更好关联的学习内容。后者可能才更具有长期价值和应用价值。

与此相对照的是,瑞秋的教学内容尽管有限,但她却十分重视重要观点的深度挖掘,试图个性化地照顾到学生的背景和经历,并通过同伴之间的沟通以及个人报告、日志写作等方式,为他们提供细细咀嚼学习内容并将它们联系起来的机会。瑞秋的教学体现了以理解、欣赏和校外实际应用为目的的学校教育中涉及的众多原则,而劳拉的教学方法则更多地局限于通过传授知识来保证教学内容的覆盖面。

小结

激发动机策略要能够有效,必须具备某些前提。教师可通过以下三个重要步骤,在班级建立并保持一个有吸引力和心理支持的学习社区:让教师本人及其班级对学生产生吸引力;让学生专注于个人学习和合作学习的目标,并帮助他们完成这些目标;采用有助于学生欣赏其价值的方式,讲授那些值得学习的内容。

最佳的教学包含出色的班级管理策略和激发动机策略,以及课程与教学的各种特征。它们共同作用并相互支撑、构成一个统一的有效教学项目。本书后面的章节将专门讲述动机的构成,但请谨记:激发动机策略的成功运用,要求必须已经具备本章所提及的诸多前提条件。也许在你的班级里,这一假设在一定程度上并不一定站得住脚,但如果你想为改善学生们的学习动机做出努力的话,就不反需要采用适合的激发动机的策略,还要对你的班级管理方法、课程和教学实践进行调整。

思考题

1. 作为教师,做哪些事情能够帮助你成为班级的领导型管理者而非老板型管理者?

2. 作为教师,为帮助学生了解并欣赏你,你的哪些私事可以与他们分享?
3. 什么样的座位安排能最好地支持你所采用的教与学的设计?如何实现不同座位安排之间的转化?
4. 权威型管理只是放任型管理与专制型管理的折中模式吗?或者说对于实施者而言,权威型管理是否具有鲜明的非常重要的质性特征?
5. 作为教师,你如何帮助学生构建学习目标,以使学习目标对他们具有更为重要的意义?
6. 既然目标如此重要,为什么如此多的教学工作在计划和实施过程中都明显没有考虑它们呢?
7. 当得知系列教材和教学材料一样还远远不足以满足教学要求时,你感到吃惊吗?为教给学生他们值得学习的东西并帮助他们欣赏其价值,你如何让自己做好改写或更换教学材料的准备?
8. 如果学生问教师为什么要学习某些内容或者为什么他们要完成某些作业,而教师发现不好回答时应当怎么办?
9. 根据你正在教或将要教的年级和科目,请举例说明应当注重哪些类型的真实活动。
10. 在评估学习活动是否适合运用到班级当中时,该着重考虑它们的哪些供允性和限制性?
11. 你愿意成为劳拉·赫希还是瑞秋·杜威班里的学生?为什么?
12. 你觉得本书作者为什么会让劳拉和瑞秋两位老师分别姓"赫希"和"杜威"?
13. 为什么说如果不遵循本章所提的建议,就会使本书其余部分所讨论的动机策略归于无效?

参考文献

Alleman, J., & Brophy, J. (2001). *Social studies excursions, K-3. Book One: Powerful units on food, clothing, and shelter*. Portsmouth, NH: Heinemann.

Allen, M., Witt, P., & Wheeless, L. (2006). The role of teacher immediacy as a motivational factor in student learning: Using meta-analysis to test a causal model. *Communication Education*, 55, 21 – 31.

Askell-Williams, H., & Lawson, M. (2001). Mapping students' perceptions of interesting class lessons. *Social Psychology of Education*, 5, 127 – 147.

Austin, P. (2000). Literary pen pals: Correspondence about books between university students and elementary students. *Reading Horizons*, 40, 273 – 294.

Avery, P. (1999). Authentic assessment and instruction. *Social Education*, 63, 368 – 373.

Baker, J., Terry, T, Bridger, R., & Winsor, A. (1997). Schools as caring communities: A relational approach to school reform. *School Psychology Review*, 26, 586 – 602.

Baumrind, D. (1991). The influence of parenting style on adolescent competence and substance abuse. *Journal of Early Adolescence*, 11, 56 – 94.

Beck, I., & McKeown, M. (1988). Toward meaningful accounts in history texts for young learners. *Educational Researcher*, 17(6), 31 – 39.

Bransford, J., Brown, A., & Cocking, R. (Eds.). (1999). *How people learn: Brain, mind, experience, and school*. Washington, DC: National Academy Press.

Brophy, J. (1988). Educating teachers about managing classrooms and students. *Teaching and Teacher Education*, 4, 1 – 18.

Brophy, J. (1992a). Probing the subtleties of subject-matter teaching. *Educational Leadership*, 49(7), 4 – 8.

Brophy, J. (1992b). The de facto national curriculum in U. S. elementary social studies: Critique of a representative example. *Journal of Curriculum Studies*, 24, 401 – 447.

Brophy, J. (Ed.). (2001). *Subject-specific instructional methods and activities*. New York: Elsevier Science.

Brophy, J. (2006). History of research on classroom management. In C. Evertson & C. Weinstein (Eds.), *Handbook of classroom management: Research, practice, and contemporary issues* (pp. 17 – 43). Mahwah, NJ: Erlbaum.

Brophy, J., & Alleman, J. (1991). Activities as instructional tools: A framework for analysis and evaluation. *Educational Researcher*, 20(4), 9 – 23.

Cabello, B., & Terrell, R. (1994). Making students feel like family: How teachers create warm and caring classroom climates. *Journal of Classroom Interaction*, 29, 17 – 23.

Cazden, C. (2002). A descriptive study of six high school Puente classrooms. *Educational Policy*, 16, 496 – 521.

Clark, C., & Peterson, P. (1986). Teachers' thought processes. In M. C. Wittrock (Ed.), *Handbook of research on teaching* (3rd ed., pp. 255 – 296). New York: Macmillan.

Comer, J. (1980). *School power: Implications of an intervention project*. New York:

The Free Press.

Cothran, D., Kulinna, P., & Garrahy, D. (2003). "This is kind of giving a secret away...": Students' perspectives on effective classroom management. *Teaching and Teacher Education*, 19, 435-444.

Davis, H. (2001). The quality and impact of relationships between elementary school children and teachers. *Contemporary Educational Psychology*, 26, 431-453.

Dreher, M., & Singer, H. (1989). Friendly texts and text-friendly teachers. *Theory Into Practice*, 28, 98-104.

Elias, M., & Haynes, N. (2008). Social competence, social support, and academic achievement in minority, low-income, urban elementary school children. *School Psychology Quarterly*, 23, 474-495.

Elliott, D., & Woodward, A. (Eds.). (1990). Textbooks and schooling in the United States. 89*th yearbook of the National Society for the Study of Education*, part I. Chicago: University of Chicago Press.

Emmer, E., & Evertson, C. (2008). *Classroom management for middle and high school teachers* (8th ed.). Boston: Pearson/Addison-Wesley.

Evertson, C, & Emmer, E. (2008). *Classroom management for elementary teachers* (8th ed.). Boston: Allyn & Bacon.

Evertson, C, & Weinstein, C. (2006). *Handbook of classroom management: Research, practice, and contemporary issues*. Mahwah, NJ: Erlbaum.

Freiberg, H. J. (Ed.). (1999). *Beyond behaviorism: Changing the classroom management paradigm*. Boston: Allynand Bacon.

Glasser, W. (1990). *The quality school: Managing students without coercion*. New York: Harper & Row.

Good, T., & Brophy, J. (2008). *Looking in classrooms* (10th ed.). Boston: Allyn & Bacon.

Goodlad, J. (1984). *A place called school*. New York: McGraw-Hill.

Gresalfi, M., Martin, T., Hand, V., & Greeno, J. (2009). Constructing competence: An analysis of student participation in the activity systems of mathematics classrooms. *Educational Studies in Mathematics*, 70, 49-70.

Hayes, C, Ryan, A., & Zseller, E. (1994). The middle-school child's perceptions of caring teachers. *American Journal of Education*, 103, 1-19.

Hickey, D., Moore, A., & Pellegrino, J. (2001). The motivational and academic consequences of two innovative mathematics environments: Do curricular innovations and reforms make a difference? *American Educational Research Journal*, 38, 611-652.

Hoy, A., & Weinstein, C. (2006). Student and teacher perspectives on classroom management. In C. Evertson & C. Weinstein (Eds.), *Handbook of Classroom Management: Research, practice, and contemporary issues* (pp. 181 - 219). Mahwah, NJ: Erlbaum.

Jones, V., & Jones, L. (2007). *Comprehensive classroom management* (8th ed.). Boston: Pearson/Merrill.

King, M. B., Newmann, F., & Carmichael, D. (2009). Authentic intellectual work: Common standards for teaching social studies. *Social Education, 73*(1), 43 - 49.

Martin, A., & Dowson, M. (2009). Interpersonal relationships, motivation, engagement, and achievement: Yields for theory, current issues, and educational practice. *Review of Educational Research, 79*, 327 - 365.

Martin, M., Meyers, S., & Mottet, T. (2002). Students' motives for communicating with their instructors. In J. Chesebro & J. McCroskey (Eds.), *Communication for teachers* (pp. 35 - 46). Boston: Allyn & Bacon.

Matsumura, L., Slater, S., & Crosson, A. (2008). Classroom climate, rigorous instruction and curriculum, and students' interactions in urban middle schools. *Elementary School Journal, 108*, 293 - 312.

McCaslin, M., & Good, T. (1992). Compliant cognition: The misalliance of management and instructional goals in current school reform. *Educational Researcher, 21*(3), 4 - 17.

McCombs, B., Daniels, D., & Perry, K. (2008). Children's and teachers' perceptions of learner-centered practices, and student motivation: Implications for early schooling. *Elementary School Journal, 109*, 16 - 35.

McMahon, S., Wernsman, J., & Rose, D. (2009). The relation of classroom environment and school belonging to academic self-efficacy among urban fourth-and fifth-grade students. *Elementary School Journal, 109*, 267 - 281.

Meece, J. (1994). The role of motivation in self-regulated learning. In D. Schunk & B. Zimmerman (Eds.), *Self-regulation of learning and performance: Issues and educational applications* (pp. 25 - 44). Hillsdale, NJ: Erlbaum.

Morganett, L. (1995). Ten tips for improving teacher-student relationships. *Social Education, 59*, 27 - 28.

Murdock, T. (1999). The social context of risk: Status and motivational predictors of alienation in middle school. *Journal of Educational Psychology, 91*, 62 - 75.

Newmann, F., & associates. (1996). *Authentic achievement: Restructuring schools for intellectual quality*. San Francisco: Jossey-Bass.

Nichols, S. (2008). An exploration of students' belongingness beliefs in one middle school. *Journal of Experimental Education, 76*, 145 - 169.

Noddings, N. (2005). *The challenge to care in schools: An alternative approach to edu-*

cation (2nd ed.). New York: Teachers College Press.

Osterman, K. (2000). Students' need for belonging in the school community. *Review of Educational Research*, 70, 323 – 367.

Palincsar, A. (1998). Social constructivist perspectives on teaching and learning. *Annual Review of Psychology*, 49, 345 – 375.

Perkins, D. (1993). Teaching for understanding. *American Educator*, 17(3), 8, 28 – 35.

Pianta, R. (1999). *Enhancing relationships between children and teachers*. Washington, DC: American Psychological Association.

Prawat, R. (1989). Promoting access to knowledge, strategy, and disposition in students: A research synthesis. *Review of Educational Research*, 59, 1 – 41.

Purcell-Gates, V., Degener, S., Jacobson, E., & Soler, M. (2002). Impact of authentic literacy instruction on adult literacy practices. *Reading Research Quarterly*, 37, 70 – 92.

Purkey, W., & Novak, J. (1996). *Inviting school success: A self-concept approach to teaching, learning, and democratic practice* (3rd ed.). Belmont, CA: Wadsworth.

Richmond, V. (2002). Teacher nonverbal immediacy: Uses and outcomes. In J. Chesebro & J. McCroskey (Eds.), *Communication for teachers* (pp. 65 – 82). Boston: Allyn & Bacon.

Roelofs, E., & Terwell, J. (1999). Constructivism and authentic pedagogy: State of the art and recent development in the Dutch national curriculum in secondary education. *Journal of Curriculum Studies*, 31, 201 – 227.

Rogers, C., & Freiberg, H. J. (1994). *Freedom to learn* (3rd ed.). New York: Merrill.

Rogoff, B., Turkanis, C, & Bartlett, L. (2001). *Learning together: Children and adults in a school community*. New York: Oxford University Press.

Salomon, G., & Perkins, D. (1998). Individual and social aspects of learning. In P. D. Pearson & A. Iran-Nejad (Eds.), *Review of research in education* (Vol. 23, pp. 1 – 24). Washington, DC: American Educational Research Association.

Shaffer, D., & Resnick, M. (1999). "Thick" authenticity: New media and authentic learning. *Journal of Interactive Learning Research*, 10, 195 – 215.

Skinner, E., & Belmont, M. (1993). Motivation in the classroom: Reciprocal effects of teacher behavior and student engagement across the school year. *Journal of Educational Psychology*, 85, 571 – 581.

Stodolsky, S. (1988). *The subject matters*. Chicago: University of Chicago Press.

Tharp, R., Estrada, P., Dalton, S., & Yamauchi, L. (2000). *Teaching transformed: Achieving excellence, fairness, inclusion, and harmony*. Boulder, CO: Westview Press.

Tyson-Bernstein, H. (1988). *A conspiracy of good intentions: America's textbook fias-*

co. Washington,DC:Council for Basic Education.

Urdan,T.,& Maehr,M. (1995). Beyond a two-goal theory of motivation and achievement:A case for social goals. *Review of Educational Research*, 65, 213–243.

VanWerkhoven, W., vanLonden, A., & Stevens, L. (2001). Teaching and parenting styles related to children's achievement motivation and learning outcomes. In A. Efklides,J. Kuhl,& R. Sorrentino (Eds.), *Trends and prospects in motivation research* (pp. 85–99). Boston:Kluwer.

Watson,M.,& Battistich,V. (2006). Building and sustaining caring communities. In C. Evertson & C. Weinstein (Eds.), *Handbook of classroom management:Research, practice,and contemporary issues* (pp. 253–279). Mahwah,NJ:Erlbaum.

Weinstein,C.,& Mignano,A.,Jr. (2006). *Elementary classroom management:Lessons from research and practice* (4th ed.). New York:McGraw-Hill.

Wells,G. (1999). *Dialogic inquiry:Towards a sociocultural practice and theory of education*. New York:Cambridge University Press.

Wells,G. (2001). The case for dialogic inquiry. In G. Wells (Ed.), *Action,talk,and text:Learning and teaching through inquiry* (pp. 171–194). New York:Teachers College Press.

Wentzel,K. (1992). Motivation and achievement in adolescence:A multiple goals perspective. In D. Schunk & J. Meece (Eds.), *Student perceptions in the classroom* (pp. 287–306). Hillsdale,NJ:Erlbaum.

Wentzel,K. (1999). Social-motivational processes and interpersonal relationships at school:Implications for understanding motivation at school. *Journal of Educational Psychology*, 91, 76–97.

第 3 章
支持学生建立学习信心

自我效能感触及到人类生活的方方面面——决定人们的思考是积极有效还是自我削弱,人们如何在逆境中进行自我激励,如何坚持下去,是否容易产生紧张和抑郁情绪,以及做出怎样的人生选择等。自我效能感较强的人会迎难而上,把困难当作需要掌控的挑战,而不是当作威胁避而远之。他们对活动有着更大的内在兴趣,并全身心地投入其中;他们给自己设定具有挑战的目标,并致力于目标的实现。较强的自我效能感还能使人们在应对困难任务和活动时保持冷静。因此,自我效能感强是影响个体最终成就水平的重要因素。(Pajares, 2008:113)

本书第 1 章重点帮助你思考有关动机的问题,以及为学生确立切实可行的动机目标。第 2 章讨论将课堂建成学习社群,反映和支持教师激发学生学习动机所做的努力。从第 3 章开始,我将在"预期×价值判断模型"框架下具体讨论激发学生学习动机的策略。第 3 章到第 5 章着重讨论与预期相关的问题:保护学生的学习信心,并为受挫学生提供额外支持。

成就情境

在成就情境中,人们在知晓自身表现将受到评估的情况下执行某项以目标为导向的任务。通过研究人们在**成就情景**下的反应,研究者对有关动机预期方面的信息已经有所了解。某些成就情境会将人们置于直接竞争中,产生胜利者与失败者。而有些可能不包括这种与他人之间的竞争，但会参照某种优胜标准对人们的表现进行评估。如果标准单一而明确，那么人们要么成功要么失败。如果任务适用于渐进、多样化的评估方式，那么针对人们表现情况的描述就将更为综合、全面。

对表现结果进行评估时，既可以参照绝对标准，也可以跟参照组（比如同班同学）进行对比。人们判断相对成败的主观经验便来自于这种评估，具体情况则视个体的初期预期而定（例如，同样是获得 B 的成绩，预期分数低于 B 的学生会视其为成功，而预期得 A 的学生则会产生挫败感）。

有关成就情境下任务选择和目标设定的早期研究

人们在成就情境下反应各异，具体取决于成就动机的构成。阿特金斯（Atkinson，1964）提出，形成**成就动机**的两个关键因素，是追求成功的动机和规避失败的动机。**追求成功的动机**取决于个体对成就的总体需求程度，对当前任务成功的概率的估计，以及对成功可能带来的回报的重视程度。相应地，以下因素则决定人们**规避失败的动机**：个体对规避失败的总体需要程度，对任务失败的概率的估计，以及对失败可能带来负面后果（比如，个人的失望情绪、面对公众的尴尬）的惧怕程度。

比较个体追求成功与规避失败的相对动机强弱程度，可以预测其在成就情境下的不同反应。如果追求成功的动机较强，人们参与任务的积极性就比较高。如果规避失败的动机较强，人们则试图回避任务；而如果难以避免，则会尽量最小化失败的可能性。1960 年阿特金斯（Atkins）和利特温（Litwin）所做的一项实验证实了以上观点。这项实验要求被试参加一项投环游戏。他们可以自由选择站在离靶桩 1 到 15 英尺的任何位置。追求成功的人倾向于选择从 9 到 11 英尺处投环。这是一个难度中等、挑战性适度的距离。该距离足以对他们构成挑战（能套中的概率大约只有 50%），但又没有远到要更多依赖运气而非技巧的程度。

相比之下，关注规避失败的人则倾向于选择两个极端距离。有部分人站得很近,因而大部分投掷都能成功。这确保了很高的成功概率,但他们频频"成功"却并不能说是取得了卓著的成就。而对于另外一部分人,规避失败的努力相对隐蔽:他们会选择在 12—15 英尺的最远处进行投掷。这使他们表现出承担风险、接受挑战的假象,而事实并非如此。通过站在最远处,他们把一项依靠技术的任务变成了依靠运气的任务。他们任何一次套中都值得庆祝,但频频错过目标却不至于引起尴尬,因为人们本来就认为这种远距离投掷通常都会不中。

其他研究也证实了这些早期发现。**关注取得成功**的人通常自愿融入成就情境,喜欢中等难度的任务,以及重点在于技能提升的任务。相比之下,关注**规避失败**的人通常畏惧成就情境,选择尽可能避而远之。如果不得不参与,他们则会采取使失败风险最小化的方式:一种方式是盯住容易的任务,避免风险;另一种是把目标设定得很高,高到失败几乎成为必然,如此一来他们几乎注定要失败,但跟没能完成一个切实可行的目标相比,这样的失败不会让人感到丢脸。

有人试图从上述早期成就动机研究中获得对于教学工作的启示,但却遭到失败。原因是这些研究中人们所处的情境和课堂中学生所处的情境迥异。研究实验往往涉及一些非正式的情境或者游戏情境,要求受试对象参与一些体育活动,比如投环游戏。在这样的条件下,当成功概率达到 50%(既不更高也不更低)时,追求成功的人将达到成就动机的最大化。然而这并不意味着,当完成课堂活动的成功率达到 50% 时,学生的成就动机也会最大化,其原因是多方面的。

首先,很多课堂任务涉及认知性活动而非体育活动,故需要更高的成功率。在学习过程中,当学生总能通过连续性地逐步获得进步时,其学习就进行得最为顺利。新奇和挑战固然重要,但过于困难的任务会让学生产生困惑和沮丧。只有 50% 成功概率的课堂活动会给学生带来压力,使大多数学生感到气馁,其余学生也会感到学习难度过大。

其次,这里的 50% 指的是个体对于达到自身目标的可能性估计,而非某一绝对量度上的百分比。从理论上来讲,教师可以促使学生将目标设定在他们相信自己有 50% 的成功率这一水平上,以此最大化学生的成就动机。但是,这一目标下相对应的绩效水平则因人而异。

然而,即使是上述看似复杂的观点也只解释了追求成功状态下的情况,并未考虑到人们对失败的惧怕。面对成功率只有50%的成就情境,害怕失败的人往往会尽可能避而远之。而在课堂里,参与活动是强制性的,学生的表现是公开的,且失败通常对应一定的后果。在自认为只有50%成功率的情况下,几乎没有学生可能达到成就动机的最大化,因此大多数学生希望有比这高得多的成功率。

有关成就情境预期的后续研究

关于成就情境下人们思想和行为的研究从未中断过,但研究的重点已经从成就需要转向成就目标,研究范围也从娱乐性情境拓宽到课堂学习情境,从关注目标难度扩展到目标的定性及其相关策略研究。

有关成就动机的早期研究表明,那些设定中等难度目标、致力于追求目标而不依赖运气,以及坚持取得成功而不是规避失败的人,往往更加努力,且更有毅力(Dweck & Elliott, 1983)。随着这一研究进一步扩展到包含进更多的认知因素,研究者对其他一些认识和概念发挥的作用产生了新的认识:

努力-结果的协变。如果人们认识到投入的努力程度与收获的掌握水平之间存在着一种持续的关联性,他们就会更加努力,且更有毅力(Cooper, 1979)。

内部控制源。如果人们相信对于结果(比如获得成功)的控制源在于自身而非不可控的外部因素,那么他们就会更加努力,且更有毅力(Stipek & Weisz, 1981; Thomas, 1980)。

"自我乃起因非抵押物"的概念。如果人们相信自身的行动(自我作为产生行动的起因)可以带来预期的结果,而不是感觉像抵押物一般命运被自身难以控制的外在因素所左右,那么他们就会更加努力,且更有毅力(de Charms, 1976)。

近期关于动机预期方面的研究,涉及上述及其他许多的认知特征。其中,以下三个方向的研究最富成效:内隐能力观、因果性归因和自我效能感。

内隐能力观

卡罗·德维克(Carol Dweck)及其同事研究了人们的内隐能力观与成就情境下目标设定和行为之间的关系。他们在研究中采用概念形成实验，要求两组儿童解决 12 个问题，前 8 个问题都能成功过关，而后 4 个问题对他们来说太难。通过儿童在解题过程中的有声思考(think aloud)，研究者对两组儿童在实验中的不同反应作了描述。**无助型**(helpless)儿童在刚开始接触到困难问题时，就认为自己已经失败，并将失败归因于自己能力不足。他们还会表达出对任务的负面情绪，并对自己接下来的表现抱悲观预期，与此同时他们所使用的应对策略的复杂程度也在递减。简而言之，无助型儿童会迅速承认自己的失败，并把失败解释成自我能力不足，因而"一筹莫展，认为他们对于过去及未来的成功都无法把握"(Dweck，1991:203)。

掌握取向型的儿童对任务的反应更具建设性。在遇到困难问题时，他们没有沮丧，也没有谈论失利的原因。相反，他们会加倍集中精力，进行自我指导——告诉自己将采取怎样的计划和解决策略。他们不会丧失信心或预测未来会失败，而是保持积极乐观的情绪，告诉自己一定会解决难题。简而言之，"掌握取向型儿童把失败看作是过去和未来成功之间的一段插曲，也是学习和掌握新事物的机会"(Dweck，1991:203)。

在此基础上，研究下一阶段的目标是要弄清为什么无助型儿童面对失败的反应似乎是自己的能力受到了评价与质疑，而掌握取向型儿童则把失败看作是学习机会的原因。1988 年埃里奥特和德维克(Elliott & Dweck)发现，这两种截然不同的反应模式与不同的目标设定有关。设定**学习性目标**的儿童关注学习新的东西，掌握新的任务。因此，他们在加工信息时，往往考虑其与问题解决之间的联系，并将错误看成是策略需要调整的反映。相比之下，设定**绩效性目标**的儿童更关注自己的能力是否能获得积极评价，而不是学到新东西。因此，他们在加工信息时，主要考虑其与自身能力评价之间的关系。这就使得他们很容易陷入无助状态，因为遭遇失败时，他们往往会怀疑自己的能力，因而很容易失去信心，变得沮丧不安，并开始使用相对简单的策略。

总之，能力水平相当的儿童可能对成就情境做出截然不同的反应。建立学习性目标的儿童往往采取掌握取向,关注自身能力的提升;而建立绩效性目标的儿童倾向于关注展示能力,更容易在失败时陷入无助取向。在解释这两种不同模式时,1991年德维克提出,目标不同的儿童对自身能力有着不同的看法——即对自身的能力本质有着不同的内隐观。

持能力实体论(entity theory)观点的人认为,能力是一种固定不变的实体,不受人们的控制。而持增长论(incremental theory)的人则认为,能力可以通过努力而得到增长发展。持能力实体论的人在成就情境中更有可能设定绩效性目标并经历无助感;而持能力增长论的人则更有可能设定学习性目标,并坚持不懈地努力达成目标。经历失败时,持实体论的人往往退缩不前,并试图修复自己受伤的自尊(比如,与表现更差的人相比较),但持增长论的人则倾向于集中精力修正自己的不足(Niiya,Crocker & Bartmess,2004;Nussbaum & Dweck,2008)。

德维克(Dweck)及其同事所做的后续研究主要集中于实体论和增长论二者的比较,将其应用范围从能力相关理论扩展到人格特质、道德特质以及有关人类性格的其他相关理论(Dweck,1999;Dweck & Grant,2008;Dweck & Master,2008)。他们的研究表明,在儿童和成人中,大约有40%的人持实体论,40%的人持增长论,剩下的20%尚不明确。人们的内隐论相对稳定,其影响随着时间的推移而增长。历时研究显示,持实体论的学生表现出自尊心减弱、GPA及相关指标下降的趋势;而持增长论的学生在上述指标方面则往往表现出持平或者上升的趋势(Blackwell,Trzesniewski & Dweck,2007;Robins & Pals,2002)。在学业成就之外的其他领域中,有关自我理论的研究也显现出类似的模式。例如,对于当前感到羞怯或运动能力有限的人,持增长论的人更有可能以取得进步为指向,并最终成功达成目标,而那些持实体论(例如认为自己没有办法改变羞怯性格)的人往往会感到无助,且不愿意尝试改进(Molden & Dweck,2006)。

在不受外在干涉的情况下,实体论持有者可能会一直保持对自身的看法。干预性研究表明,引导实体论持有者进入特定情境可以使他们暂时转变为增长论持有者,而且,更多的外在干预刺激将会产生更为显著的转变(Dweck,2008)。例如,2002年阿朗森、弗里德和古德(Aronson,Fried & Good)在研究中,给大学生放映了一部讲述大脑可以建立新的连接并在应对智力挑战时获得进一步开发的影片。影片结束后,他们要求这些大学生给正处于学习困境中的学弟学妹们写信,向他们解释大脑具有可塑性,智力会在勤奋努力中得到开发。学期末的调查显示,收到信的学生更重视学习,更乐于完成作业,且GPA高于其他学生。

2007年,布兰克维尔(Blackwell)及其同事针对小升初的学生做了干预研究。研究中,所有的学生都参加了包含八讲的学习技巧培训。但"可塑型智力"组的学生还获知,人的大脑好比一块肌肉,用得越多就越强壮,每当学习进行时,大脑都会建立新的连接。与控制对照组相比,这一组的学生具有更强的学习动机(投入更多的精力参与课堂活动,对待作业和学习也更认真)。据此,德维克及其同事进而开发了计算机辅助下的可塑型智力干预研究,并称之为"大脑学"(Brainology)。

德维克的研究对于课堂教学的启示显而易见。作为教师,应鼓励学生树立能力增长论而非能力实体论,设定学习性目标而非绩效性目标,且在应对成就情境时采取掌握取向,避免陷入无助取向。

要鼓励学生设定学习性目标,可以通过将课堂建成第2章中所描述的学习社群来实现。这将使你的学生关注自我提升,而不是与同学比较。同时,这样也会使你在应对学生自我保护行为时获得他们的信任。你可以提醒学生,错误是学习不可或缺的部分;要通过循序渐进的努力掌握知识,不要奢望一蹴而就;来到课堂的目的是为了学习,而不是跟别人竞争或炫耀自己。

为鼓励学生建立能力的增长论,并在学习活动中采取掌握指向,教师可以将学习活动描述为获取(而不单是展示)知识或技能的机会,并在给予学生反馈时强化这一观点。必要时,要让学生看到他们参与的学习活动可以纳入更大的学习范畴中(比如你可以这样说,"我们已经学习了如何写出结构清晰的段落。从今天开始,我们将学习如何将段落组织成结构合理的文章:以主题句开始,进而逐步展开推出结论。")。

给学生提供反馈时,**要设法引导学生去欣赏已获得的成就**,并暗示他们应有信心达成最终目标(比如教师可以这样说,"你在第一段提出了文章目的,且每一个段落都围绕这个中心展开,这一点做得很好。只是段与段之间的衔接还不够紧密。在修改文本或写下一篇文章前,可多花点时间把你的观点列成提纲,让论证从头至尾一步一步地推进,然后依照这个提纲组织段落。如果能够这样,你文章的论证结构就会非常漂亮!")。请注意,这个例子中没有一句话与学生的能力直接相关,也没有直接表达教师对学生获得成功的信心。然而,通过例子中教师的话语及其言外之意,我们可以体会到教师为学生取得的进步感到高兴(至少是满意),对学生需要改进的地方并没有表现出不耐烦,而是对他们未来自身能力的持续发展满怀期待。

德维克建议,在给予学生评价时,应避免泛泛的意见,而要提供有针对性的反馈信息。她特别告诫教师,不应表扬学生们能力强或是智商高,这样会导致学生做出以偏概全的自我评估,进而发展成实体论。她建议,反馈的重点应放在学生在学习或是制定有效学习策略过程中所投入的关注、专心和努力。当然,还有一些直接反馈的替代方法也具有同样的效果,比如询问恰当的问题,表达对学生取得成绩的欣赏,或者与学生讨论他们学到了什么(Dweck,1999;Mueller & Dweck,1998)。

因果性归因

伯纳德·韦纳(Bernard Weiner,1992,2001)及其他一些归因理论家主要研究人们在成就情境中的因果性归因,即人们对自身行为所做出的解释。虽然有些归因涉及动机的价值方面(例如,我参加这项活动能获得何种收获?),然而归因理论家们关注的却是人们对任务绩效水平的归因(例如,我数学考试为什么没及格?),以及这种归因对未来绩效预期的影响(例如,我肯定没有数学天分,所以我是不可能在数学考试中取得好成绩的)。如果实际结果与预期不同,特别是绩效低于预期时,人们就很容易陷入归因性思考(Whitley & Frieze,1985)。

人们在参与任务过程中或过程结束后对自身绩效的归因,可能影响未来他们在该情境或其他类似情境中的动机。这种影响取决于人们为结果所归结的原因。根据归因是用来解释成功还是失败,解释的原因归属于内部因素还是外部因素、可控因素还是不可控因素以及稳定因素还是不稳定因素(是否随情境变化而变化),可将因果性归因进行分类(Forsyth, Story, Kelley & McMillan,2009)。

如果我们将自己的绩效归因于内部的可控因素而非外部的不可控因素，我们会更加努力，且更有毅力。对成功的绩效进行解释时，最理想的动机模式是将成功归因于足够能力与适当努力的结合。"足够"能力意味着进入成就情境时就已经具备所需的能力，或者在应对情境时能够发展出那些能力。"适当"努力指的是，为了取得成功，我们需要保持专注和投入，但不会超出自身能力所限。也就是说，通过投入正常水平的努力，我们便可以获得成功，而不需要难以坚持的拼命式努力。

如果将成功的绩效归于内部、基本稳定且可控的因素，我们便有理由相信，在未来的类似任务中将能继续取得成功。如果将成功归于外部、不稳定且不可控的因素（例如，我们能成功是因为任务恰好比较容易；我们运气好才解决了问题；我们得到了意料之外的帮助，下次可能就不一定了），我们的自信心就会大打折扣。

对于不成功的绩效，如果将失败归结于内部但可控的因素，例如**知识不充分**（与任务相关的信息或应对策略方面的知识）或**努力不够**（比如，我们没有准备好或没能集中精力），那我们也会更加努力，且更有毅力。这种失败归因让我们有理由相信，我们能够提升自己并最终获得成功（通过获得必备的知识或提高努力程度）。如果我们将失败归于外部原因（如教材太差或老师不好），我们就会缺乏获得自信的基础。更坏的情况是，如果将失败归因于能力太差这一内部原因，特别是将其视为稳定、不可控因素时（比如对能力持实体论），我们就会形成持续的失败预期。

归因还会影响我们对于成功和失败的情感反应。将成功归于内部原因会带来自尊和自豪感的增强；而如果将失败归于内部原因，则会导致负罪感（将失败归因于努力不够）或羞耻感（将失败归因于能力不够）。相比之下，将成功归于外部原因（比如获得老师的额外帮助）会让人们产生感激之情，而把失败归于外部原因（比如教师讲解不清楚、不认真或没能回应学生的需求）则会导致愤怒或埋怨的情绪（Hareli & Hess, 2008）。

归因理论对于课堂教学的启示显而易见。作为教师，要帮助学生学会将**成功归因于足够能力与适当努力的结合**，并将失败归因于（暂时）**缺乏信息或应对策略**（或者根据实际情况归因于**努力不够**）。与此同时，要避免导致学生将失败归咎为固有的能力局限。这当中涉及微妙的技巧,因为通常来说,教师与学生进行交流时,需要重视建立师生之间的相互理解、提供反馈信息,而不是为学生做定性的绩效归因分析。

对成功进行归因分析时,通常应采用暗示而非明示的方式,以避免引起学生对自我价值的关注。在给学生的反馈中,应表达对学生付出努力的赞许,潜移默化地强化学生对于自身能力的信心(例如,"我很欣赏你在写作中体现出的认真细致,你的努力卓有成效——这组文章结构清晰,读来生动有趣,你应该感到自豪!")对学生失败的归因分析宜在私下进行。如果全班的整体表现欠佳,但学生们也付出了适当的努力,教师可以这样告诉学生:老师对他们的成绩不佳感到惊讶,特别是和以前教的班级相比。但显然,这次是你没能有效地传授关键知识点和技能,所以你会把课重新讲一遍,确保大家都能达到学习目标。

当被问及为什么在作业或考试中表现"欠佳"时,有些学生可能会说原因在于自己能力低下(比如,"我不是学数学的料儿")。在这种情况下,教师应该温和而坚定地否定这种说法,暗示他们是有能力获得成功的,之所以失败是因为缺乏关键知识或使用了无效的策略(或视实际情况指出是因为没有投入足够的努力)。如果可能,教师需要给出能够证明学生的确具备必要能力的证据(例如,学生在类似任务中曾有过成功表现;McCabe,2006)。否则,就要构建一个成功的情景(例如,基于你的经验和你对该学生的观察,你知道他如果信任你,并能脚踏实地地按你说的去做,他很快就会获得成功)。如果不能够立刻"扭转"该学生的看法,至少要让他清楚,教师对他的能力是有信心的。

自我效能感

阿尔伯特·班杜拉(Albert Bandura)对**自我效能感**进行了一系列研究,并将自我效能感定义为"人们对自身组织和实施为达成既定目标所要求的行动步骤的能力的信念"(Bandura,1997:3)。面对成就情境,自我效能感强的人相信自己可以达到情境下的任务要求,而缺乏自我效能感的人则对成功持怀疑态度,甚至深信自己肯定会失败。

自我效能感通常经由**掌握性经历**获得,并且其成功被归于内部、可控因素(我们具备了完成任务的所有条件,因而完全有理由相信,未来也可以做好)。

同时，它也可以通过**替代学习**（观察他人的成败，尤其是那些与我们有相似之处的人）、**劝导**（受相关可靠信息的影响，我们确信，只要付出适当的努力就能够完成任务），或者**情绪激发**（如果在某一情境中感到放松自如，我们就可能产生自我效能感，而如果感到紧张焦虑则不会）来获得。

针对中学生的访谈表明，以上四个方面的自我效能感获得来源，在中学生形成与数学相关的自我效能感的过程中都有所体现。自我效能感强的学生能获得较高的数学成绩和测试分数，数学对他们而言很容易；他们会提到自己受家长数学能力强的榜样影响，并认为自己不亚于甚至超过班上的优等生；他们经常获得来自家长、老师和同学的积极反馈，受到"数学能力强"的表扬；他们上数学课时普遍感到轻松愉快。相比之下，自我效能感弱的同学则会提及数学学习过程中的痛苦和挣扎的经历，成绩和测试分数较低，且把低分归因于能力有限；受家长数学能力差的影响，认为自身的数学能力低于班上大部分同学；得到来自家长、教师和同学直接和间接消极反馈，说他们数学能力有限，对他们的期望值很低；并且他们在数学课上经常感到压力大、沮丧、焦虑和恼火（Usher，2009）。

班杜拉（Bandura）及其后继者在特定成就情境下对自我效能感进行了定义和评价，因此，他们赋予自我效能感的内涵更为具体，而非泛泛之谈的自信或是有关学业的自我概念（Bong & Skaalvik，2003）。研究者对自我效能感在不同情境中发挥的作用进行了研究，范围涵盖从小学生的某节课到大学生专业和职业选择的广泛领域（Pajares，1996）。2002年斯科尔茨、古铁雷兹-唐娜、萨德和施瓦泽（Scholz，Gutiérrez-Doña，Sud & Schwarzer）将自我效能感描述为个体在广泛的不同领域或活动情境下，对自身应对能力所表现出的整体自信乐观心态，并在此基础上开发出一般性自我效能感分级量表。2009年贾吉（Judge）提出更为宽泛的自我效能感综合特质即核心自我评价，它包含对自尊心、控制源、一般性自我效能感及焦虑情绪的测量。核心自我评价较高的人表现出较强的自尊心、内部控制源、较强的一般性自我效能感及较低程度的焦虑情绪（较高的情绪稳定性）。

2008年帕贾里斯指出，自我效能理论家们清晰地区分了自我效能感（对自身能力的判断）和自我意识（对自我更为宽泛的评价，经常伴有价值或尊严判断），同时也区分了个人能力**自我效能信念**和对行为后果的一般性**结果预**

期。例如,熟悉保龄球的人知道,一局比赛中连续 12 次全中会得到满分 300 分(结果预期),但是很少有人相信自己能够做到(自我效能感)。和其他自我效能理论家类似,帕贾里斯也认为自我效能感并非一般性概念,因而应放在特定情境中去考察。不过,他也提出了本章开头引文所示的观点。

关于自我效能感的研究大都让人产生这样的印象,即学习者的自我效能感越强越好。然而,近期研究表明,这一结论有待商榷。2006 年,柯(Koh)在一项关于大学生学习技术技能的研究中所获得的发现与以往结论相一致,即技术技能自我效能感强的学生比自我效能感弱的学生学起来更轻松有效,且具有更强的抗挫力。然而,这些学生有时也会高估自己的知识水平,表现得过分自信,甚至会对错误的观念固执己见。同时,有些研究者也注意到,极强的自我效能感会带来自满,进而演变成放松懈怠,而不会像原先那样付出持久努力去取得更大成绩。关于这些结论的有效性、一般适用性及其启示,特别是关于自我效能感应被看成是导向未来绩效的原因还是先前绩效的结果,或者是两者兼而有之(Bandura & Locke, 2003; Feltz, Short & Sullivan, 2008; Vancouver & Kende, 2006),当前还存在较多争议。

自我效能感对于实践的启示,取决于当前情境重点关注的是学习还是绩效。例如,在赛场上(表现情境),教练希望队员们具有顶天的自我效能感(胸有成竹、期待夺冠或至少正常发挥)。但是,两场比赛之间队员们进行训练时(学习情境),教练则希望选手们把注意力放在弥补缺点之上。教学中,教师面临着相似的挑战:一方面,希望自己的学生在考试时心态放松、信心满满,并觉得自己有足够的能力,只要付出适当的努力就能获得成功。然而,同时也希望他们能够准确地看到自己的长处和短处,进而努力弥补不足,沿着预期学习轨迹不断进步(Schunk & Pajares, 2005)。

自我效能感会影响活动的选择与参与质量。具有较强自我效能感的人更有可能满怀信心地应对成就情境,并且心甘情愿、坚持不懈地投身其中。而那些怀疑自己能力不足的人则可能试图规避成就情境,如果无法避免,他们也更容易在面对挫折或失败时放弃。在上述及其他方面,高自我效能感之于低自我效能感,类似于掌握取向之于无助取向,内部、可控因素归因之于外部、不可控因素归因。

针对教师如何为学生提供自我效能感支持,进而最优化学生的动机和参与模式,自我效能理论家们进行了诸多探索,认为提升学生的自我效能感、努力程度、毅力水平及最终绩效,可以通过以下途径:(1)鼓励学生设置明确、有一定挑战性但可以达成的目标;(2)示范或暗示有效策略;(3)提供有助于学生取得成功的反馈;(4)进行归因分析时,帮助学生认识到他们通过接受挑战并付出持久努力而使自身能力得到发展(Bandura,1997;Schunk & Zimmerman,2006)。正是基于以上研究成果,本章后半部分及第 5 章提出了关于保护学生成功预期的相关建议。

与预期相关的概念和原理的整合

本章所介绍的动机概念和原理源于不同的理论传统,涉及知觉、认知推理、情感体验以及目标策略。有些适用于一般情形,有些只适用于特定情境。然而,所有这些概念和原理都与目标情境中动机的预期(而非价值)相关。它们综合起来便构成了成就情境下适应性和不适性反应的丰富表现。

综合不同理论传统的元素可以为动机预期若干相关问题提供更为完善的解决方案。1996 年,夏韦克和邓博(Shawaker & Dembo)将动机元素融入中学生阅读理解课程,得到五项策略:

1. **任务分析**。教给学生四步程序:边读边思考、找出每段中心思想、确定段落类型(包括概念、概括、序列、过程或比较),以及在段落中标记支持自己观点的论据。
2. **最近目标设定**。指导学生完成上述步骤,并把这些步骤当作最近目标来指导信息处理。
3. **互动式教学**。学生们轮流与教师或其他同学一起示范任务处理过程(同时进行有声思考)。
4. **归因训练**。将归因分析纳入提供给学生的反馈中,强化只要全力投入就能完成任务的观念。
5. **自我对话提醒**。有时需要提醒学生通过自我对话的方式指导自己的行为(比如"在完成以上步骤时要自言自语,勤奋时一定要赞扬自己。")

2008 年,马丁设计出一套干预方案,帮助学生提升学习动机适应性的六个方面(自我效能感、掌握取向、学习价值判断、作业计划、有效完成功课以及坚持克服困难),及减轻不适性的五个方面(焦躁不安、回避失败、对结果控制的不确定性、自我设障及参与学习活动积极性低)。该干预方案包含主题课堂讨论,学生对过去问题的个人反思以及未来如何更好应对的想法。将这套方案应用于未能发挥潜能的中学生时发现,学生在上述动机全部11个方面都有所改善,且与控制对照组相比进步显著。

支持学生建立学习信心

教师们都希望学生保持对学习的信心,且在参与学习活动时设定卓有成效的目标和策略。接下来的三个小节将为教师提供建议,帮助他们把动机观点融入到三个主要教学环节(即课程、教学与评估)的设计中。

课程:为成功设计的程序

保证学生期望成功预期的最简单的方法,是确保他们能够不断获得成功,这样他们就能适应每一个新的阶段,而不会产生太多困惑和沮丧情绪。但是,这一策略并不意味着要给学生布置大量挑战性低的任务。对此有两点需要说明。

第一,这里的"成功"意味着逐步达成一个个具有适度挑战性的目标,而非运用烂熟于心的技能完成司空见惯的任务。教师需要调整课程步调,在尽可能达到学生能跟上的最快速度的同时,又不会让他们感到太沮丧。为成功设计程序是将学生最终成就最大化的手段,其本身并不是目的。

第二,牢记你的角色是教师。学生的潜在成功水平不仅有赖于任务本身的难度,更取决于教师在何种程度上能够帮助学生温故知新,以及通过指导、引导和进行反馈为他们提供学习支持。一些学生独立完成会觉得过于困难的任务,如若加上教师的帮助,就会变得难易适中。事实上,教师在教学中应关注学生的最近发展区,即学生依靠自学很难习得,但在教师的帮助下可以习得的知识和技能的范围(Tharp & Gallimore, 1988)。

为成功设计程序需要在学生最近发展区内不断挑战他们,同时提供足够的支持和帮助,使他们有能力应对挑战。对于后进生,教师可能需要提供额外的辅导,并密切关注他们的进步。如果在额外帮助下他们依然很难完成常规作业,就给他们布置更容易或更简短的任务。但即便这样,教师也要始终对他们怀有期待,希望他们付出合理的努力,并尽其所能获得不断进步。教师不要放弃他们,也不要让他们自暴自弃。要持续不断地鼓励他们,告诉他们应相信在教师的帮助下他们有能力取得成功(详见第5章)。

关于动机的成功预期方面,有一个特点很有意思,即当人们忘记自我效能感时,其自我效能感就会达到最优水平。也就是说,当学生关注任务本身而非**自身表现(即使是成功表现)**时,学习就会进展得最为顺利。事实上,要使学生的学习动机达到最优水平,不仅需要我们通常所说的激励技巧的教学技巧,也需要传统意义上的指导技巧,包括清楚明确、有针对性的阐释和示范,进行策略演示以及信息反馈(Koh,2006;Pajares,2008)。策略演示尤为重要,因为大量学习活动主要是认知活动而非体育活动,因而很难直接观察到完成目标的过程。

在策略演示时使用有声思维,教师可以将隐性的策略实施思维过程显性化。同时,有声思维还能让学生掌握运用第一人称语言(即"自言自语"),便于他们在今后运用这一策略时很快适应。这样免去了将其从没有亲切感的第三人称转换时进行指导说明的需要,甚至也不需要运用第二人称进行辅导训练。这样,学生就可以直接专注学习过程,将认知的压力降到最低。

教学:帮助学生设定目标、自我评估进步和认识努力与成绩之间的关系

教学生设定目标、进行绩效评估和自我强化

学生对于自己绩效的反应不仅取决于他们取得成功的绝对水平,而且有赖于他们如何看待该成功水平。如果教师没有给他们提供适当的成功评价标准,有些学生可能很难真正欣赏自身所取得的成绩。在日常教学中,特别是在布置任务或提供反馈时,教师可以在这方面为学生提供支持。

目标设定(goal setting)。教学的过程始于目标设定,设定目标并致力于目标的达成可提升绩效水平(Bandura,1997;Locke & Latham,2002)。当目标满足以下条件时,目标设定才最为有效:(1)**着眼近期而非长远**(指设定当前要努力达成的目标,而非在遥远的未来才能实现的最终目标);(2)**具体**(比如,完成一页的数学题,最多只能错一个)而非空泛(如做好一件事情);(3)**有一定挑战性**(有难度,但并非无法完成),既不过于容易也不过于困难。

举个例子:假设教师布置了 20 道难度不同的习题,对于成绩稍差的学生而言,独立解决这 20 道题是不太现实的,但教师可以要求他们建立这样的目标:认真尝试,尽力解决每一道题目并坚持不懈,直到有信心至少做对 15 道题。比起"尽最大努力"或"尽可能多地完成习题"等建议,这样的要求或许可以使学生更有毅力,且更富有成效。因为这些建议过于含糊,不能作为学生可以为之努力的具体挑战目标。

对于简单的任务而言,课程目标即是合适的目标。但是,如果是综合性强的任务或测试,对很多学生而言要有完美表现是不现实的,这就需要教师帮助他们设定有一定挑战性但并非遥不可及的目标。对于一系列导向某个最终目标的步骤和进程,要设定每个阶段活动的近期目标(Houser-Marko & Sheldon,2008)。当学生逐步实现这些近期目标时,要提醒学生阶段性进展与最终目标的实现息息相关。在学生看来,近期目标应该都能通过适当的努力得以实现,即便那些怀疑自己没有能力实现最终目标的学生也是如此。"紧盯回报"(牢记你现在做之事能使你向最终目标又迈进一步)有助于人们坚持不懈、战胜挫折(Morgan,1985;Tabachnick,Miller & Relyea,2008;Turner & Schallert,2001)。

除了帮助学生建立起任务挑战程度适中的预期外,目标设定还包括描述预期结果的具体特征。这可以帮助学生进一步设定子目标并对自身进步进行评估。例如,1999 年,佩吉-沃斯和格拉汉姆将此目标设定策略用到初中生议论文写作课程当中。他们对所有的学生进行指导,讲解优秀议论文的特点及写作构思。另外,实验组的学生还被要求增加能支持观点或驳斥反面观点(或二者皆有)的论据,并对如何实现这些目标进行讨论。结果显示,实验组的学生写的文章篇幅更长、质量更高。据此,研究者得出结论,设定具体的目标能在以下方面使学生受益:(1)使学生关注任务的重要相关方面;(2)激励学生为掌握知识或技能而付出持久努力;(3)为学生提供标准,用以评估自身学习策略,并在必要时对其进行调整。有关目标设定的更多信息见文本框3.1。

只设定目标还远远不够,学生还必须具备实现目标的决心,认真对待目标,致力于目标的达成。对于有些学生而言,你可能会需要与他们协商决定目标的设立,或至少鼓励他们接受程度适中的挑战。这里有两种方法可行。一种是列出所有可能性目标,要求学生们坚持完成其中某个分项目标。另一种方法是**契约制**(contracting),即与学生签订正式契约,规定学生在达到某种表现水平时可获得相应的分数或奖励(Tollefson, Tracy, Johnsen, Farmer & Buenning, 1984)。契约比较耗时,并可能导致学生对奖励的过分关注。然而,契约制能确保学生积极参与目标设定,并对目标达成做出正式承诺。而在学生对自身目标设定拥有发言权时,更有可能坚持推进目标的贯彻落实。

绩效评估与反馈(performance appraisal and feedback)。当学生的表现受到监督和评估时,他们同样也更有可能推进目标的贯彻落实。只有当学生对课程目标的实施和进展负有责任时,目标设定才能强化其行为表现(Harkins, White & Utman, 2000)。同时,如果监督之后没有必要的反馈,即便是在动机很强的情况下,有些学生也可能不能完成关键目标。

文本框3.1　帮助学生设定目标的注意事项

目标设定可成为一种有力的激励策略,但如果实施不当,则可能适得其反。在帮助学生设定目标时,请牢记以下事项(Bandura & Wood, 1989; Deci, 1992; Pomerantz, Saxon & Oishi, 2000):

首先,确保提出的目标对学生来说是切实可行的。与较容易的目标相比,困难目标可能会激发更优的表现;但如果困难程度超过某个最佳水平,目标就会变得过于困难。而如果教师一直敦促学生超越自身能力去努力表现,就会丧失他们对你的信任。学生会开始觉得你的敦促让他们感到恼火或者沮丧,而不是鼓舞人心、令人振奋。尤其是对于那些每天都要面对的任务,教师应该帮助学生设定只需适当努力而无须太拼命就能完成的目标。大多数学生在偶尔被推到极限时会感到兴奋,但很少有学生愿意每天如此。

(续前页)

> 其次，对于相对枯燥、重复性强，或需使用定量评估（比如算术运算、拼写、打字、罚球等）的活动，设定具体目标再合适不过。而对于那些需要创造力或应变能力的复杂任务，过于具体的目标可能会削弱内在动机，导致执行质量下降。例如，在解释写作或是研究型任务的目标要求时，最好关注质性目标（比如，论证过程注意前后连贯，一步一步引出结论，支持结论；找到相关信息，对其加以整合，并用来解决你的问题），避免对任务形式提出过于具体的要求（比如，作文 300 字以上，包含至少 5 个段落，每段以中心句开头；研究报告的参考文献不少于 10 条）。教师给出的目标要求应该能够指导学生完成任务，而不是把一些外在要求强加给他们。
>
> 最后，要改变学生关于适当努力的看法（即付出多大程度的努力才是适当的），最好是在学生还没有相关任务处理经验，也没有开始正式为自己设定目标前，就为他们设定好目标。这样，教师提出的目标即便比较困难，但只要合理，也会被学生视为适当的挑战。如果学生已经设定了自己的预期目标，那么同样难度的任务很可能不被学生所接受。外部强加的目标会随着时间的推移逐渐丧失效力，因此要帮助学生正确评估自己，并根据自身能力提高重新制定合理的目标。

有些反馈形式效果甚微，甚至会适得其反。1998 年，克拉格和德尼瑟（Kluger & DeNisi）发现，超过三分之一的情况下，反馈反而降低了学生的表现水平。**无效反馈只告诉学生他们的表现有多好，而信息性反馈则为学生指出他们的表现哪些方面需要改进以及如何改进**。对于较为复杂的学习内容，学生需要有一个过程慢慢掌握。因此，在为学生设定目标、提供反馈时，特别是在学习的初期，应关注完成任务涉及的具体过程而非最终结果（McNeil & Alibali, 2000; Schunk & Ertmer, 2000; Zimmerman & Kitsantas, 1997）。

除了提供有效信息，反馈还需要传达对学生的尊重，悉心保护学生的自尊心（Brinko, 1993; Hareli & Hess, 2008）。要避免责备性的话语，可能会导致学生愤怒或受伤情绪的归因，以及其他可能会产生反作用的言行。但要确保学生能够获得他们真正需要的反馈，以认识并改进自己的不足。

教师有时候可能会因为对保护学生自尊心认识不足，而没有给学生提供他们所需要的反馈（或者提供了误导性反馈）。1998年，帕贾里斯和格拉汉姆（Pajares & Graham）向教师们展现了这样的场景：

一位教8年级语言艺术课的教师想让学生学习诗意的表达。于是，她给学生们布置了写一首自由诗的作业。一位13岁的男生交上来下面这首诗：

当那强劲的西风吹起，

大树都要颤抖；

当暴雨从天空落下，

硕大的雨点敲打着地面；

当大树被闪电击中，

整片森林都着了火，

此时我们方才领略到大自然的伟力。

老师读完这首诗后，学生问道："您喜欢我写的诗吗？写得好不好？"这种情况老师应该如何作答？（原书第856页）

大多数教师不会直接或坦诚地回答学生的问题，因为他们认同以下观点（其中的一个或几个）：评价学生作业时，总要说些好听的话，提供正面反馈信息；不管学生写的诗有没有优点，赞扬学生写诗付出的努力和体现出的创造性；批评会打击学生的创造力，使他们对写作失去兴趣；对于学生提出的这类问题，不应该正面回答，而要把问题抛回给学生；诗歌的价值是相对的，因此任何情况下都很难评判。然而具有讽刺意味的是，以上这些观点分别只得到7%、3%、2%、3%和5%学生的认同。大多数学生认为，教师在回答这些问题时，应该指出好在哪里、为什么好，以及哪里有待提高、如何提高。确实，很多学生希望教师尊重他们的感受，以建设性的方式提出批评意见，然而他们更希望得到包含中肯信息的反馈，而不是无端的赞美。教师认为，关心学生意味着要让学生对自己的作业感觉良好，不管作业有无优点；学生则认为，教师关心学生应体现在为他们提供所需的帮助，促成学习目标的实现。

1997年，斯特劳伯（Straub）通过研究学生对教师作文评语的反应，得到了相似的观点。学生表示，他们非常想看到详尽、有针对性的评语，而不是笼统模糊的泛泛之谈。他们讨厌针对个人或观点的无端指责，但乐见于建设性的批评意见,比如论据不能很好地支持结论、论证逻辑不够清晰等等。

为学生提供反馈时,帮助他们运用恰当的标准评价成绩水平。值得一提的是,要让学生把作业/表现与绝对标准或自己先前的作业/表现进行纵向比较,而不是与班上同学进行横比(Shih & Alexander,2000)。要有针对性地提供准确的反馈(比如,指出错误属于哪一类型,以便于辨识和修正),同时用相对宽泛的评价性语言对学生加以鼓励(比如,"你能很好地理解导致独立战争爆发的事件,但是对于为何英属殖民地能够赢得这场战争的原因理解得还不够深入。再回顾一下这些原因,和你的同伴展开讨论,直到你认为自己完全理解为止。")你还可以告知学生目标实施的进展程度,对未来应建立何种预期,而不是希望达到绝对完美(比如,"你已经掌握了分数乘法和减法的基本步骤。你现在犯的错误大多属于计算问题。如果交作业前再检查一遍,你就可以纠正其中的大部分错误。")。

有些学生需要教师针对他们的长处和不足提供详尽、有针对性的反馈(Butler,1987;Elawar & Corno,1985;Krampen,1987)。对于自己在什么情况下做得好或不好以及为什么,有些学生只是存有模糊的认识,因此他们需要的反馈应包含能够准确描述其表现的概念和语言。对于作文、研究项目、实验室试验等需要使用定性评估的复杂活动来说,尤为如此。

以作文为例,教师可以评价其相关性、准确性和内容的完整性;文章的结构,文章开头、中间和结尾各段之间的展开和衔接;各段和中心思想之间的关联;风格和用词是否恰当;以及语法、拼写和标点。如果学生表现不尽如人意,就要为他们提供额外的辅导和提高成绩的机会,而且要不断鼓励他们,告诉他们只要坚持付出适当的努力,就一定能达成切合实际的目标。

自我强化(self-reinforcement)。如果学生致力于近期目标的实现,或者能用清晰的概念和语言准确评估自身表现,就有条件实现**自我强化**,迈向成功。能够做到上述两点(或其中一点)的学生多是出于习惯,但有些学生需要教师鼓励他们评价自身的进步、欣赏自己所取得的成绩。必要的话,教师可以将学生当前的成绩与当年早先的表现进行比较,或要求学生将自己做的项目、图表或其他作业保存下来,以此记录进步的过程。让学生定期评估自己逐渐改善的表现,对激发学生的学习动机会起到积极促进作用(Schunk,1996)。

监督学生表现并给予其反馈时,重点应关注知识和能力的掌握。教师要强调学生活动参与的质量,以及他们取得了多大的持续进步,而不要把学生与同班同学进行比较。学生掌握得不好,则意味着教师需要为他们额外辅导和提供更多的学习机会,不能因此认为学生在此领域能力低下。关于给学生提供反馈的更多信息,参见文本框3.2。

帮助学生认识努力和结果之间的联系

在日常教学中,教师要帮助学生理解努力学习与学习成绩之间的关联。以下策略有助于培养学生内部控制源意识,增强自我效能感,并帮助他们认识到,只要投入适当的努力就能取得成功。

首先,教师在与学生谈到自身学习情况以及讲述完成学习任务的过程时,要向他们示范对努力与结果之间的联系所具有的信心。

文本框3.2 反馈中的归因问题

关于如何为学生的失败表现提供反馈,归因理论研究者开展的研究及受其影响的研究为我们提供了较为明确的指导原则:如果失败不是明显由于学生的努力不够,应将其归因为信息或策略的缺乏,而非学生能力低下。与归因于能力低下相比,归因于策略缺失更能使学生持久地保持自我效能感,因而更可取(Anderson & Jennings, 1980; Clifford, 1986; Zimmerman & Kitsantis, 1999)。

而涉及为学生的成功表现提供反馈时,归因理论给我们带来的启示就没有这么明确了。关于反馈意见在何种程度上将成功归于能力或努力,研究者观点各异。1983年申克发现,将学生的成功归因为能力(强)时效果更好,胜于归因于努力,甚至比归因为能力加努力都更好。显然,仅仅提及努力可能使一些学生怀疑自己的能力,而且还会被学生视为是一种提醒,即他们的表现受到了某位权威人士的评价;而归因于能力则会被学生认为是一种表扬。贝内特(Burnett, 2003)、豪和萨里利(Hau & Salili, 1996)以及朱克曼和科斯特纳(Zuckerman & Koestner, 1987)都提出了类似的结论。

针对以上观点,尼科尔斯(Nicholls, 1989)提出了质疑。他认为将成功归

(续前页)

因于能力不够明智，因为教师不可能让所有的学生都感到自己很聪明。作为一种替代方案，他建议尽可能让学生进行自我评估，这样学生就不会认为这种归因是老师强加给他们的了。此外他还建议，教师提供反馈时应强调促使学生成功参与任务的内在因素或与"学习动机"相关的原因。

1992年，科韦因顿(Covington)告诫教师，应避免告诉学生他们取得成功是因为非常努力，因为学生会意识到，其他同学在没有同样努力的情况下也取得了同样的成功。他们可能会感激你对于他们付出努力的称赞，但同时也会揣测你觉得他们能力有限。对于那些相信努力和能力相关的学生(能力增长论)，称赞他们的努力是一种鼓励；而对于那些认为努力和能力负相关(能力实体论)的学生而言，称赞他们的努力则会挫伤他们的积极性(Lam, Yim, & Ng, 2008)。

上述告诫被广泛接受。通常情况下，教师在给予学生反馈时，不能直接表达学生有能力取得成功、进步很大以及足够努力等观点，而应通过暗示的方式来说。当然，如果学生的实际表现明显低于其能力应该达到的水平，教师应该告知学生，并激励他们为更高的目标而努力。但是，如果学生的表现令人满意，则不必提及努力。如果学生付出超乎寻常的努力，而你想赞扬一下，请切记注意方式方法，不要让学生感觉你在暗示他们能力有限(例如，可以说他们非常认真仔细或有着不解决难题不罢休的坚定决心，但不要说他们之所以取得成功是因为非常努力)。

对于学习比较吃力的学生，给他们反馈时不要过多地赞扬他们付出的努力，而应该重点鼓励他们要有耐心和恒心，因为能力的发展需要时间的积累。重点关注他们取得的成绩(比如可以说，"没错，这确实困难，但是你看你现在就能做到这样！")，不要将困难的任务描述成困难得需要非凡的努力，而应说成是一种需要学生坚持目标并需采取适应性学习策略的挑战(比如，"苦干不如巧干！")。

在为学生提供帮助时，重点是给他们带来实质性的益处(查漏补缺、敦促激励)，避免毫无意义的瞎帮忙(比如直接给出答案)。这样的帮忙会让学生感到，你认为他缺乏必要的能力去成功完成任务。称赞学生取得的微小成绩，或是对学习吃力的学生表达同情，同样也没有太大意义。如果不能为学生提供与掌握任务相关的帮助，这类情感性的支持就毫无价值(Graham, 1984; Graham & Barker, 1990; Horn, 1985; Meyer, 1982)。

通过示范，向学生表明教师在实施日常学习活动中遭遇暂时的失利时，始终都有这样的自信：只要坚持不懈，不断完善策略或者找到已经尝试过的策略有何谬误，就一定会取得成功。

其次，在促使学生社会化或给予学生反馈时，**着重强调努力与结果之间的关联**。教师应告诉学生，紧跟课程目标和课堂教学便可能取得成功。必要的话，可以向他们保证，持久的努力（在额外帮助下更加努力）必将获到回报。有些学生可能需要教师反复表明相信他们有能力做好，或者即便进步缓慢你也会欣然乐见，只要他们能够做到持之以恒。

评定学生成绩，如果依据的是固定的标准或其他同学的表现，而非学生付出努力的程度或学生完成自身设定目标所取得的进步，那么后进生的社会化就需要教师付出更多的心力。如果对后进生而言，B 或 C 已经代表很了不起的进步，教师应让他们对 B 和 C 的成绩等级感到满意。教师要向这些学生（及家长）表达自己对他们取得成绩的认可和赞许。

教师需要告诉学生，学习确实需要付出努力，但**要把努力描绘成一种投资而不是风险**。学习需要时间，其过程伴随着困惑或错误，但只要认真细致、坚持不懈，最终一定能掌握知识和技能。再者，掌握知识或技能为他们未来应对高层次复杂任务打下基础。如果因为遭遇挫折或害怕失败而放弃学习，也意味着同时放弃了自身的发展潜能。

教师在描述学生取得的进步时，**要把技能的发展描述成增长式并具有特定领域性的发展**。要帮助学生理解，他们的智能并不是固定不变的，而是在努力过程中获得提高，并且他们拥有的智能是多元的。学生在学习过程中遇到困难，并不是因为能力不足，而是因为他们缺乏处理该任务的经验。只要有耐心、恒心，辅以教师的帮助，他们就能获得特定领域的知识和技能，并在日后胜任类似的任务。学习数学有困难，并不意味着学别的科目也有困难。并且，单就数学来讲，觉得画坐标图困难，并不意味着解微分方程或理解几何关系也就困难。即使是认为有难度的领域，如果能接受教师的帮助，坚持不懈，在遇到困难时不轻易放弃，就能逐步构建起该领域的知识和能力。

评估：强调信息性反馈而非评分或比较学生

即使不是为了出成绩报告单，对学生的进步进行评估也很有必要，它能为教师和学生提供反馈。因此，**教师应帮助学生理解，获得并有效跟进信息性反馈是学习过程中不可或缺的一部分**。

如果评估方法具有目标导向性，且与宏观的课程和教学相一致，那么这样的评估将能提供有价值的信息。如果学生清楚他们要学习的内容以及学习结果受到的评估，那么他们学习起来就会有更强的针对性。学生在完成某项评估活动并获得由此产生的反馈时，教师和学生都能更清楚地了解他们在哪些优势方面表现良好，以及哪些方面较为薄弱还需要后续指导和学习。有的错误（比如很小的事实性或计算错误）改起来很简单，但有的错误（比如基本概念理解错误）可能需要持久的后续努力才能加以改正。

不幸的是，课堂评估和评分体系同时也可能削弱学生的学习动机和学习策略。如果学生认为评估和评分体系试图通过外在压力控制他们，逼迫他们学习或者写作业，那么学生的内在动机就会受到损害。如果考试内容局限于连线或填空题，那么学生在学习过程中，就可能只重视浅层记忆，而忽视深层信息加工的策略。如果教师介绍考题类型和内容时过于具体，学生就可能只关注考试中会出现的内容，而忽略完整全面的学习。

最后，如果测试和评分与某些学生的知识和能力水平不相匹配，那么预期的努力与结果协变作用就会消失。有些学生不用付出多少努力就能得高分，而有些学生不管怎么努力都得不到高分。这些都是评估和评分体系产生的负面作用，这对于教师而言一直以来都是潜藏的问题（具体原因参见第 1 章）。所幸，研究者们已经提出了相关建议，帮助教师最大化地利用好自己的评估和评分策略（Ames，1992；Andrade，2009；Baron & Wolf，1996；Butler，1987；Butler & Nisan，1986；Covington & Omelich，1984；Crooks，1988；Natriello，1987；Wlodkowski & Jaynes，1990）。

评估的用途和形式

教师应将评估纳入更大范围的课程与教学项目来看，即帮助学生达成教学目标的一整套工具。评估的作用在于让教师了解全班的整体进步,并提醒教师有必要对教学计划进行调整,而不仅仅是为评分提供依据。

封闭式、"单一答案"题型可以用来检测对特定基础知识和技能(如拼写、乘法表)的掌握,连线题或填空题则可能比较适合用来检测基本词汇知识。但不幸的是,研究表明,教师自编试题和教材提供的试题,都普遍过于依赖低层次识别或记忆再现类的题型。评估信息如能够反映在实现主要教学目标过程中取得的进展,对于教师和学生才最为有用。这一般意味着,教师应重视设计真实生活场景任务,让学生综合应用所学内容,而不仅仅是识别或回忆庞杂的知识信息。

测试内容应选自所有教过的内容,题量应足够进行全面可靠的评价,这样教师就能特别注意到学生的薄弱领域,确保学生已学习所有内容。同时,这也有助于学生认为测试是公平的。因为如果出题时侧重某个单元已教内容的某一小部分,学生会认为有失公平,尤其他们没有在这部分投入太多精力时。

1993年,格兰特·魏金斯(Grant Wiggins)给教师提供了进行客观公平评估的策略:(1)采用有价值的任务:教育性和趣味性兼具;(2)评分标准不应保密,应清楚地向学生说明:最佳表现具备哪些特征,并提供范例;(3)评估方式应能为学生提供足够的时间进行思考,完整地完成任务;(4)评估后为学生提供改善薄弱环节的机会,帮助他们最终取得引以为豪的成绩。

"评估"和"评价"不等于"测试",与"测试"相比其内涵更为宽泛。一般说来,学生的课堂表现和平时作业(特别是一些重要项目),至少应和正式测试一样被用作评估学生进步、评定成绩的基础。在小学阶段,受限于学生的认知发展水平和所掌握的技能,能够发挥有效作用的测试种类有限。即使是中学阶段,过度依赖测试进行评估,也可能导致学生进行机械记忆(很容易遗忘),而不是建立关联性理解。

档案组合评估因能更好地满足学生获得信息和建立动机的需求,而被视为一种优于测试的评估方法得到推荐。学习档案是经过整理后的学生成果,能够反映学生在一段时间中取得的进步。学生在一定程度上有机会选择哪些内容可以放进学习档案里,并能根据教师和同学的反馈对档案内容进行修改、完善。档案组合评估反映了动机理论下的若干激励原则:关注质性标准,而不仅是等级或分数;包括作为信息反馈的评估数据;能鼓励学生进行自我反思,关注纵向进步,使他们有机会收集整理自己的最佳成果与家庭成员分享。

帮助学生为评估做好准备

在谈及一般性评估,以及如何帮助学生为某项具体评估做好准备时,应强调评估是为了给学生提供有效信息反馈,而非提供评分的依据或是给学生施压,迫使其跟上进度。将测试描述成了解"我们"做得怎么样的机会,而学习项目则是应用"我们"所学知识的机会。教师应表明,相信学生如果投入课程和学习活动就能取得成功。

同样,教师还应把自己展现为给学生提供帮助、咨询的人,而不是有距离感的评估者,以促进学生学习,更好地为评估进行准备。鼓励学生把教师看成是和他们在同一条战线上备考的人,而不是站在施试(使他们感到压力和威胁)的一方。

向学生清楚地说明目标和评估标准,帮助他们理解要学什么和怎样学,以及怎样的策略是有效的。要让学生明白自己的学习成果将受到检验,但要避免阐述得过于具体,那样会诱导一些学生只关注对通过考试所需知识的学习,而忽略完整全面的学习。

后续反馈和评分

评估完成后为学生提供反馈,是鼓励学生建立能力增长观、引起积极归因以及提升自我效能感的绝佳机会。在反馈中除了使用字母、数字或者百分比(或这些都不使用),还要为学生提供有效信息,帮助学生在欣赏自己取得成绩的同时,也认识到自己的薄弱领域,进而不断努力提升自己。反馈需在私下进行,要着重指出学生的表现与之前相比所取得的进步,而不要将他们与其他同学相比较。在反馈中,要暗示他们在教师的协助下还将能取得持续的进步(比如,"这部分你进步很快,那部分还有待提升"),而不是为这个领域的学习抛出定论(比如,"你得到的最终成绩为 B")。

为学习较为吃力的学生营造"安全网",并把它作为后续反馈和评分体系的一部分。如果学生未能取得令人满意的成绩,让他们经过一段时间的复习和重新学习之后,再参加一次考试,从而有机会取得满意的成绩。也可以让他们通过参加学习活动来获得额外学分,只要他们表现出已经取得进步,并改进了之前测试中表现出的不足。这种营造安全网的方式,能鼓励学习吃力的学生付出额外努力,最终达成教师的教学目标。

如果根据学生的长期表现,设定(成绩报告单上)A 级的成绩目标并不现实,那么就需要帮助学生设立切实可行的新目标并致力于目标的实现,使他们能获得 B 或 C 的成绩(Forsterling & Morgenstern,2002)。这种做法可能需要你运用掌握性学习目标中所强调的策略,如列出一系列可能的目标(将这些目标分为不同级别,分别对应不同的分数等级,需要付出不同程度的努力去实现),要求学生致力于实现其中某个目标,并付出相应的努力。要创造条件确保每一个持续投入适当努力的学生都能达到 C 或以上的成绩。否则,班上学习吃力的后进生就会失去学习的动力,而教师为激励他们而付出的努力也将付之东流。

1990 年,沃德柯斯基和杰内斯(Wlodkowski and Jaynes)认为,一份精心设计的成绩报告单能够让学生认识到自己取得的进步,并获得继续努力的动力。要实现这一目标,宜更多采用质性评语,而不是代表分数等级的字母或数字。针对学生取得的进步、学习中表现出的努力和坚持不懈、出色的学习能力和天赋、需要改进的地方以及社会化发展(如合作能力、心智的成熟、课堂参与)等方面,给出分项评语。如果发现学生在某一领域存在不足,在评语中应该着重强调应该如何加以改进。

减轻考试焦虑

某些学生会表现出考试焦虑征征状。他们在非正式、无压力的场合下能有效地学习,但在考试(或在受到监视和评估的类似考试的情景)中就会变得焦虑,无法正常发挥。以下几种策略可以帮助学生将考试焦虑减至最低程度(Hembree,1988;Hill & Wigfield,1984;Neveh-Benjamin,1991;Wigfield & Eccles,1989;Zeidner,1998):

1. 不搞"突然袭击",提前让学生知道确切的考试时间、测试范围和类型以及如何备考;
2. 监考时态度友善,给学生以鼓励,不要让考试环境带给学生不必要的胁迫感;

3. 避免让学生产生时间紧迫的压力，除非完成试题的快慢对于需要测试的技能至关重要；
4. 在和学生讨论考试时，强调考试主要是为了提供反馈而非评估打分；
5. 将测试描述成评估进步的机会，而非衡量能力的手段；
6. 适时告诉学生部分考试题超出了他们目前的成就水平（这样即使答不出来，学生也不会感到懊恼）；
7. 在考前进行预考，让学生习惯"失败"，并为之后的正式考试提供可比较基准分数；
8. 教给学生压力管理技巧、有效应试技巧和态度；
9. 帮助学生认识到，最好的备考方式是专注于课程内容，不要过于担心考试会出什么题目或是他们如何克服考试焦虑。

本章概要

本书大部分内容都围绕动机的预期×价值判断模型展开。该模型认为，人们愿意在一项活动中付出的努力，等于以下两项内容的乘积：(1)人们预期在多大程度上能够取得成功并获得相应的回报；(2)人们看重这些回报的程度。第3章到第5章将重点讨论动机的预期相关问题。

预期的概念与成就情境紧密相关。在成就情境中，人们在知晓自身表现将受到评估的情况下参与某项以目标为导向的任务。早期研究表明，关注取得成功的人通常自愿融入成就情境，喜欢中等难度的任务，且在参与任务时强调能力提升。相比之下，关注规避失败的人通常畏惧成就情境，选择尽可能避而远之。如果不得不参与，他们则会通过把目标设定得很低或很高（高到没有可能实现）的方式最小化失败风险。

有关成就情境的近期研究表明，当人们认同努力-结果协变，相信对于结果的控制源于自身而非不可控的外部因素，把自己看作是产生行动的源起而非被控制的工具，持能力增长观而非实体观，将自身表现归于内部、可控原因，并具有自我效能感时，他们就会更加努力，且更有毅力。拥有这些特质的人在参与成就情境时，会强调学习性目标的实现，并能使用深层策略进行信息加工而非浅层记忆(详见第 4 章)。

动机预期的相关研究强调,要支持学生建立学习信心,帮助学生专心学习而不担心未来可能遭遇的失败。教师可以通过课程(根据学生的最近发展区进行教学,帮助学生取得成功)、教学(包括目标设定指导、结果评价、自我强化以及正式课程教学)和评估(使用与教学目标相一致的评估方法,关注信息性反馈而非在学生间进行比较,以及采取措施将学生的考试焦虑降到最低)来实现这一点。

随着成就动机理论和研究将重心从需求转向目标,且从目标设定和任务参与中对量的关注到对质的关注,它们中的大多数融合到一起,成为新兴的成就目标理论的一部分。关于成就目标理论的发展及其对教师的启示将在第 4 章中讨论。

思考题

1. 所有的学习情境都是成就情境吗?所有的成就情境都是学习情景吗?如果不是的话,两者又有着怎样的联系呢?
2. 站在离靶桩太近或太远的位置投环所对应的课堂表现是什么?你应该如何对待有这两种倾向的学生?
3. 怎样转变学生的能力实体观为能力增长观?
4. 为什么当实际情况与预期相差较大,特别是绩效低于预期时,人们更容易陷入归因性思考?
5. 为什么我一直提及"足够"能力和"适当"努力?
6. 为什么对于成功的归因分析通常应采用暗示的方式而非明示?(见文本框 3.2)?
7. 在自我效能感获得来源中,为什么掌握性经验通常比替代学习经验、劝导或者情绪激发更有效?
8. 为实现课程目标而进行的程序计划包括什么内容?
9. 作为一种指导和激励工具,认知性示范的重要性体现在哪里?
10. 如何引导抵触学生为实现具有挑战性的近期目标而努力?

11. 有效反馈和无效反馈的区别反映在哪里？
12. 为什么有些学生拒绝把取得的成功归功于自己（即把成功归于外部原因）？
13. 教师给全班同学都打 A 好不好？为什么？
14. 一般情况下，教师给出的分数都会有一定的区间。教师如何帮助学生正确看待分数并做出合理应对？
15. 为什么有些学生把努力看作是风险而非投资？
16. 在你拟采用的评分体系下，如何营造安全网，为那些成绩不佳的学生提供获得满意分数的机会？
17. 教师在学期初发放给学生几百道可能会出现在考试中的试题，然后随机抽取其中的 50 道作为期末考试的题目。这种做法的好处和坏处各是什么？

参考文献

Ames, C. (1992). Classrooms: Goals, structures, and student motivation. *Journal of Educational Psychology*, 84, 261–271.

Anderson, C., & Jennings, D. (1980). When experiences of failure promote expectations of success: The impact of attributing failure to ineffective strategies. *Journal of Personality*, 48, 393–405.

Andrade, H. (Guest Ed.). (2009). Special issue on classroom assessment. *Theory into Practice*, 48, 1–93.

Aronson, J., Fried, C, & Good, C. (2002). Reducing the effects of stereotype threat on African American collegestudents by shaping theories of intelligence. *Journal of Experimental Social Psychology*, 38, 113–125.

Atkinson, J. (1964). *An introduction to motivation*. Princeton, NJ: VanNostrand.

Atkinson, J., & Litwin, G. (1960). Achievement motive and test anxiety as motives to approach success and avoid failure. *Journal of Abnormal and Social Psychology*, 60, 52–63.

Bandura, A. (1997). Self-efficacy: *The exercise of control*. New York: Freeman.

Bandura, A., & Locke, E. (2003). Negative self-efficacy and goal effects revisited. *Journal of Applied Psychology*, 88, 87–99.

Bandura, A., & Wood, R. (1989). Effect of perceived controllability and performance standards on self-regulation of complex decision making. *Journal of Personality and Social Psychology*, 56, 805 – 814.

Baron, J., & Wolf, D. (Eds.). (1996). Performance-based student assessment: Challenges and possibilities. *Ninety-fifth yearbook of the National Society for the Study of Education, Part I*. Chicago: University of Chicago Press.

Blackwell, L., Trzesniewski, K., & Dweck, C. (2007). Implicit theories of intelligence predict achievement across an adolescent transition: A longitudinal study and an intervention. *Child Development*, 78, 246 – 263.

Bong, M., & Skaalvik, E. (2003). Academic self-concept and self-efficacy: How different are they really? *Educational Psychology Review*, 15, 1 – 40.

Brinko, K. (1993). The practice of giving feedback to improve teaching: What is effective? *Journal of Higher Education*, 64, 574 – 594.

Butler, R. (1987). Task-involving and ego-involving properties of evaluation: Effects of different feedback conditions on motivational perceptions, interest, and performance. *Journal of Educational Psychology*, 79, 474 – 482.

Butler, R., & Nisan, M. (1986). Effects of no feedback, task-related comments, and grades on intrinsic motivation and performance. *Journal of Educational Psychology*, 78, 210 – 216.

Clifford, M. (1986). Comparative effects of strategy and effort attributions. *British Journal of Educational Psychology*, 56, 75 – 83.

Cooper, H. (1979). Pygmalion grows up: A model for teacher expectation communication and performance influence. *Review of Educational Research*, 49, 389 – 410.

Covington, M. (1992). *Making the grade: A self-worth perspective on motivation and school reform*. Cambridge, UK: Cambridge University Press.

Covington, M., & Omelich, C. (1984). Task-oriented versus competitive learning structures: Motivational and performance consequences. *Journal of Educational Psychology*, 76, 1038 – 1050.

Crooks, T. (1988). The impact of classroom evaluation practices on students. *Review of Educational Research*, 58, 438 – 481.

deCharms, R. (1976). *Enhancing motivation: Change in the classroom*. New York: Irvington.

Deci, E. (1992). On the nature and functions of motivation theories. *Psychological Science*, 3, 167 – 171.

Dweck, C. (1991). Self-theories and goals: Their role in motivation, personality, and development. In R. Dien-stbier (Ed.), *Perspectives on motivation: Nebraska Symposium on Motivation* 1990 (Vol. 38, pp. 199 – 235). Lincoln: University of Nebraska Press.

Dweck, C. (1999). *Self-theories: Their role in motivation, personality, and development*. Philadelphia: Taylor & Francis.

Dweck, C. (2008). Can personality be changed? The role of beliefs in personality and change. *Current Directions in Psychological Science*, 17, 391 – 394.

Dweck, C., & Elliott, E. (1983). Achievement motivation. In P. Mussen (Ed.), *Handbook of child psychology Vol. IV: Socialization, personality, and social development* (4th ed., pp. 643 – 691). New York: Wiley.

Dweck, C., & Grant, H. (2008). Self-theories, goals, and meaning. In J. Shah & W. Gardner (Eds.), *Handbook of motivation science* (pp. 405 – 416). New York: Guilford.

Dweck, C., & Master, A. (2008). Self-theories motivate self-regulated learning. In D. Schunk & B. Zimmerman (Eds.), *Motivated and self-regulated learning: Theory, research, and applications* (pp. 31 – 51). Mahwah, NJ: Erlbaum.

Elawar, M. C., & Corno, L. (1985). A factorial experiment in teachers' written feedback on student homework: Changing teacher behavior a little rather than a lot. *Journal of Educational Psychology*, 77, 162 – 173.

Elliott, E., & Dweck, C. (1988). Goals: An approach to motivation and achievement. *Journal of Personality and Social Psychology*, 79, 474 – 482.

Feltz, D., Short, S., & Sullivan, P. (2008). *Self-efficacy and sport*. Champaign, IL: Human Kinetics.

Forsterling, F., & Morgenstern, M. (2002). Accuracy of self-assessment and task performance: Does it pay to know the truth? *Journal of Educational Psychology*, 94, 576 – 585.

Forsyth, D., Story, P., Kelley, K., & McMillan, J. (2009). What causes failure and success? Students' perceptions of their academic outcomes. *Social Psychology of Education*, 12, 157 – 174.

Graham, S. (1984). Teacher feelings and student thoughts: An attributional approach to affect in the classroom. *Elementary School Journal*, 85, 91 – 104.

Graham, S., & Barker, G. (1990). The down side of help: An attributional-developmental analysis of helping behavior as a low-ability cue. *Journal of Educational Psychology*, 82, 7 – 14.

Hareli, S., & Hess, U. (2008). When does feedback about success at school hurt? The role of causal attributions. *Social Psychology of Education*, 11, 259 – 272.

Harkins, S., White, P., & Utman, C. (2000). The role of internal and external sources of evaluation in motivating task performance. *Personality and Social Psychology Bul-

letin, *26*, 100 – 117.

Hau, K., & Salili, F. (1996). Motivational effects of teachers'ability versus effort feedback on Chinese students'learning. *Social Psychology of Education*, *1*, 69 – 85.

Hembree, R. (1988). Correlates, causes, effects, and treatment of test anxiety. *Review of Educational Research*, *58*, 47 – 77.

Hill, K., & Wigfield, A. (1984). Test anxiety: A major educational problem and what can be done about it. *Elementary School Journal*, *85*, 105 – 126.

Horn, T. (1985). Coaches'feedback and changes in children's perceptions of their physical competence. *Journal of Educational Psychology*, *77*, 174 – 186.

Houser-Marko, L., & Sheldon, K. (2008). Eyes on the prize or nose to the grindstone? The effects of level of goal evaluation on mood and motivation. *Personality and Social Psychology Bulletin*, *34*, 1556 – 1569.

Judge, T. (2009). Core self-evaluations and work success. *Current Directions in Psychological Science*, *18*, 58 – 62.

Kluger, A., & DeNisi, A. (1998). Feedback interventions: Toward the understanding of a double-edged sword. *Current Directions in Psychological Science*, *7*, 67 – 72.

Koestner, R., Zuckerman, M., & Koestner, J. (1987). Praise, involvement, and intrinsic motivation. *Journal of Personality and Social Psychology*, *53*, 383 – 390.

Koh, J. (2006). Motivating students of mixed efficacy profiles in technology skills classes: A case study. *Instructional Science*, *34*, 423 – 449.

Krampen, G. (1987). Differential effects of teacher comments. *Journal of Educational Psychology*, *79*, 137 – 146.

Lam, S., Yim, P., & Ng, Y. (2008). Is effort praise motivational? The role of beliefs in the effort-ability relationship. *Contemporary Educational Psychology*, *33*, 694 – 710.

Locke, E., & Latham, G. (2002). Building a practically useful theory of goal setting and task motivation: A 35-year odyssey. *American Psychologist*, *57*, 705 – 717.

Martin, A. (2008). Enhancing student motivation and engagement: The effects of a multidimensional intervention. *Contemporary Educational Psychology*, *33*, 239 – 269.

McCabe, P. (2006). Convincing students they can learn to read: Creating self-efficacy props. *Clearing House*, *79*, 252 – 257.

McNeil, N., & Alibali, M. (2000). Learning mathematics from procedural instruction: Externally imposed goals influence what is learned. *Journal of Educational Psychology*, *92*, 734 – 744.

Meyer, W. (1982). Indirect communications about perceived ability estimates. *Journal of Educational Psychology*, *74*, 888 – 897.

Molden, D., & Dweck, C. (2006). Finding "meaning" in psychology: A lay theories approach to self-regulation, social perception, and social development. *American Psychologist*, 61, 192 – 203.

Morgan, M. (1985). Self-monitoring and attained subgoals in private study. *Journal of Educational Psychology*, 77, 623 – 630.

Mueller, C., & Dweck, C. (1998). Praise for intelligence can undermine children's motivation and performance. *Journal of Personality and Social Psychology*, 75, 33 – 52.

Natriello, G. (1987). The impact of evaluation processes on students. *Educational Psychologist*, 22, 155 – 175.

Neveh-Benjamin, M. (1991). A comparison of training programs intended for different types of test-anxious students: Further support for an information-processing model. *Journal of Educational Psychology*, 83, 134 – 139.

Nicholls, J. (1989). *The competitive ethos and democratic education*. Cambridge, MA: Harvard University Press.

Niiya, Y., Crocker, J., & Bartmess, E. (2004). From vulnerability to resilience: Learning orientations buffer contingent self-esteem from failure. *Psychological Science*, 15, 801 – 805.

Nussbaum, A. D., & Dweck, C. (2008). Defensiveness versus remediation: Self-theories and modes of self-esteem maintenance. *Personality and Social Psychology Bulletin*, 34, 599 – 612.

Page-Voth, V., & Graham, S. (1999). Effects of goal setting and strategy use on the writing performance and self-efficacy of students with writing and learning problems. *Journal of Educational Psychology*, 91, 230 – 240.

Pajares, F. (1996). Self-efficacy beliefs in academic settings. *Review of Educational Research*, 66, 543 – 578.

Pajares, F. (2008). Motivational role of self-efficacy beliefs in self-regulated learning. In D. Schunk & B. Zimmer-man (Eds.), *Motivation and self-regulated learning: Theory, research, and applications* (pp. 111 – 139). Mah-wah, NJ: Erlbaum.

Pajares, F., & Graham, L. (1998). Formalist thinking and language arts instruction: Teachers' and students' beliefs about truth and caring in the teaching conversation. *Teaching and Teacher Education*, 14, 855 – 870.

Pomerantz, E., Saxon, J., & Oishi, S. (2000). The psychological trade-offs of goal investment. *Journal of Personality and Social Psychology*, 79, 617 – 630.

Robins, R., & Pals, J. (2002). Implicit self-theories in the academic domain: Implications for goal orientation, attributions, affect, and self-esteem change. *Self and Iden-*

tity, *1*, 313 – 336.

Scholz, U., Gutierrez-Dona, B., Sud, S., & Schwarzer, R. (2002). Is perceived self-efficacy a universal construct? Psychometric findings from 25 countries. *European Journal of Psychological Assessment*, *18*, 242 – 251.

Schunk, D. (1983). Ability versus effort attributional feedback: Differential effects on self-efficacy and achievement. *Journal of Educational Psychology*, *75*, 848 – 856.

Schunk, D. (1996). Goal and self-evaluative influences during children's cognitive skill learning. *American Educational Research Journal*, *33*, 359 – 382.

Schunk, D., & Ertmer, P. (2000). Self-regulation and academic learning: Self-efficacy enhancing interventions. In M. Boekaerts, P. Pintrich, & M. Zeidner (Eds.), *Handbook of self-regulation* (pp. 631 – 649). San Diego, CA: Academic Press.

Schunk, D., & Pajares, F. (2005). Competence perceptions and academic functioning. In A. Elliot & C. Dweck (Eds.), *Handbook of competence and motivation* (pp. 85 – 104). New York: Guilford.

Schunk, D., & Zimmerman, B. (2006). Competence and control beliefs: Distinguishing the means and ends. In P. Alexander & P. Winne (Eds.), *Handbook of educational psychology* (2nd ed., pp. 349 – 367). Mahwah, NJ: Erlbaum.

Shawaker, T., & Dembo, M. (1996). *The effects of efficacy-building instruction on the use of learning strategies*. (ERIC Document No. ED 395301)

Shih, S., & Alexander, J. (2000). Interacting effects of goal setting and self- or other-referenced feedback on children's development of self-efficacy and cognitive skill within the Taiwanese classroom. *Journal of Educational Psychology*, *92*, 536 – 543.

Stipek, D., & Weisz, J. (1981). Perceived personal control and academic achievement. *Review of Educational Research*, *51*, 101 – 137.

Straub, R. (1997). Students' reactions to teacher comments: An exploratory study. *Research in the Teaching of English*, *37*, 91 – 116.

Tabachnick, S., Miller, R., & Relyea, G. (2008). The relationships among students' future-oriented goals and subgoals, perceived task instrumentality, and task-oriented self-regulation strategies in an academic environment. *Journal of Educational Psychology*, *100*, 629 – 642.

Tharp, R., & Gallimore, R. (1988). *Rousing minds to life: Teaching, learning, and schooling in social context*. Cambridge, UK: Cambridge University Press.

Thomas, J. (1980). Agency and achievement: Self-management and self-reward. *Review of Educational Research*, *30*, 213 – 240.

Tollefson, N, Tracy, D., Johnsen, E., Farmer, W., & Buenning, M. (1984). Goal setting and personal responsibility for LD adolescents. *Psychology in the Schools*, 21, 224 – 233.

Turner, J., & Schallert, D. (2001). Expectancy-value relationships of shame reactions and shame resiliency. *Journal of Educational Psychology*, 93, 320 – 329.

Usher, E. (2009). Sources of middle school students' self-efficacy in mathematics: A qualitative investigation. American Educational Research Journal, 46, 275 – 314.

Vancouver, J., & Kendel, L. (2006). When self-efficacy negatively relates to motivation and performance in a learning context. *Journal of Applied Psychology*, 91, 1146 – 1153.

Weiner, B. (1992). *Human motivation: Metaphors, theories and research*. Newbury Park, CA: Sage.

Weiner, B. (2001). Intrapersonal and interpersonal theories of motivation from an attribution perspective. In F. Salili, C. Chiu, & Y. Hong (Eds.), *Student motivation: The culture and context of learning* (pp. 17 – 30). New York: Kluwer Academic/Plenum.

Whitley, B., & Frieze, I. (1985). Children's causal attributions for success and failure in achievement settings: A meta-analysis. *Journal of Educational Psychology*, 77, 608 – 616.

Wigfield, A., & Eccles, J. (1989). Test anxiety in elementary and secondary school students. *Educational Psychologist*, 24, 159 – 183.

Wiggins, G. (1993). *Assessment: Authenticity, context, and validity*. Phi Delta Kappan, 75, 200 – 214.

Wlodkowski, R., & Jaynes, J. (1990). *Eager to learn: Helping children become motivated and love learning*. SanFrancisco: Jossey – Bass.

Zeidner, M. (1998). *Test anxiety: The state of the art*. New York: Plenum.

Zimmerman, B., & Kitsantas, A. (1997). Developmental phases in self-regulation: Shifting from process goals to outcome goals. *Journal of Educational Psychology*, 89, 29 – 36.

Zimmerman, B., & Kitsantas, A. (1999). Acquiring writing revision skill: Shifting from process to outcome self-regulatory goals. *Journal of Educational Psychology*, 91, 241 – 250.

第 4 章
目标理论

"我不敢侈谈对这门课程感兴趣,因为我必须得考个好成绩。"(一位大学生,引自林、麦希奇和基姆(Lin,McKeachie & Kim)的著作,2003:252)

"最近我在我教的本科发展心理学课上进行了一项小小的试验。在上课的前半个小时,学生要完成一个小测验,剩下的时间用来讨论道德发展。对于后者,学生们事先都知道测验是不会涉及这个话题的。刚开始讨论道德发展时,我要求学生们把有关是否阅读了相关材料、这么做的缘由等问题的回复写下来。在按要求完成阅读的学生中,他们的阅读原因包含了诸多有关目的性的理由:个人收获、怕受惩罚、若被叫到回答问题不想在班级面前丢脸、尽到参与班级讨论的社会义务,以及表现对自己、教师和同学的尊重等。而没有阅读的学生则无一例外地说,应该读却没读的原因是要准备小测验,而且知道测验里没有关于道德发展的内容。"(Urdan,1997:99—100)

目标理论的前身

由于对成就动机的研究由实验环境扩展到了自然发生的成就情境,研究者们开始把学校当作一个机构、把班级当作若干学习社群(不断发生的人际关系为其特征),来解释动机的含义。研究发现,尽管绝大多数学生在刚入学时渴望学习,但他们的学习动机却会随着年级上升而呈现下降的趋势。这些发现促动了这方面的研究。约翰·尼科尔斯(John Nicholls)在 1984、1989 年时指出,大多数儿童最初都认为能力源自努力,因此他们积极参与学习活动以提高能力。但后来他们中的很多人会转变看法,认为能力与努力是负相关的。也就是说,假如你能相对容易地完成任务,你的能力就强;假如你不得不付出相当的努力才能做好,你在这个领域里是缺乏能力的。

马丁·科韦因顿(Martin Covington,1992)强调,在课堂所创造的情境当中,学生的无知或困惑会公之于众,从而造成尴尬的局面和产生其他社会成本。于是,他发展出一种关于成就动机的**自我价值观**(self-worth perspective),认为在课堂这种经常进行能力比较或容易使人觉得是在比较能力的地方,学生对保护自我价值的关心也许超过了对学习的关注,导致他们顾面子,甚至最终导致下列适得其反的情况发生:

辩解机制(defense mechanism)。失败之后,学生不是加倍努力或者利用其他资源提高绩效,而是采用辩解机制,如贬低相关领域("我反正也不在乎数学"),或贬低向他人展现能力的重要性("谁管他们怎么想?")(Kurman,2006;Park,Crocker & Kiefer,2007)。

掩饰(sandbagging)。假装能力不如别人,以降低别人对自己的期望值(Gibson & Sachau,2000)。

防御的悲观主义(defensive pessimism)。为避免因绩效不佳而失望,刻意让自己不抱太高的期望(Martin,Marsh,Williamson & Debus,2003)。

自我设障(self-handicapping)。为自己可能出现的糟糕表现找借口,如不好好学或考试前一晚参加社交聚会(Leondari & Gonida,2007;McCrea,2008;Ommundsen,Haugen & Lund,2005;Thomas & Gadbois,2007)。

拖延(procrastination)。把学习或工作任务拖到最后一分钟才完成。这种拖延,其实是另一种形式的自我设障(Howell & Buro,2009;Wolters,2003)。一些学生更多地将它当作一种应付机制而非辩解机制。也即是说,他们总是迟迟不动手,直到能够高效完成时才动手(Schraw,Wadkins & Olafson,2007;Wolters,2003)。

作弊(cheating)。抄试题答案、抄袭研究报告,如此种种(Anderman & Murdoch,2007)。

1984年,卡萝尔·阿默斯(Carole Ames)研究了在班级中起作用的奖赏结构(reward structure)与相关的**目标结构**(goal structure)。她认为三种不同的结构会对动机产生极为不同的作用。首先，在**个人主义结构**(individualistic structure)中，学生们独立学习，并根据在多大程度上达到绝对标准而得到奖赏(如成绩)，同学的表现则与此无关。个人主义结构的取向是让学生关注个人的成就目标，即他们要尽可能地努力学习。其次，在**竞争性结构**(competitive structure)中，学生们必须与同学竞争，才可能得到回报。他们的成绩分布呈曲线。这种结构的取向是让学生关注人际竞争目标，所以他们会更重视竞争而非学习本身，还可能拒绝与同伴合作。最后，在**合作性结构**(cooperative structure)中，学生们以小组为单位一起学习，受到奖励的依据是小组所创造产品的质量(至少部分如此)。合作性奖赏结构引导学生履行自己为小组尽本分的道德责任，这甚至比实现个人的学习目标更加重要。

德维克认为目标取向是稳定的个性特征(如能力实体论与能力增长论)，且是基本可预测的。阿默斯与之不同，她认为目标取向主要是对在某个情境下运行的各种奖赏结构的反应。其他目标理论学者的观点大多介于二者之间(Kaplan & Maehr,2007)。

目标理论的发展

阿默斯、科韦因顿、尼科尔斯等先驱以及后来的班德拉、德维克、韦纳等著名理论家对成就情境下(尤其是课堂情境)动机问题的研究，积累起了数量可观的研究文献。这些研究的重点大多放在有关期待的问题方面，并且倾向于支持以下结论：对人们而言，**理想状态是专注于成就情境下任务的完成，而非与同伴的竞争或者担心自己的表现将会得到他人怎样的评价**。这就意味着，教师应当采用能让学生专注于学习活动本身的教学方法和激发动机的方法，避免鼓励同伴间相互比较、让学生关心竞争的做法。

在对以上的理论基础进行评述后，理论家们一方面乐见其迅速发展，同时也对这一领域出现的种类繁多的同义术语表示担忧(Boekaerts,2001;Bong,1996;Murphy & Alexander,2000;Pintrich,2003)。与一些具体的概念如归因、效能观、能力理论等相关的学者主张围绕这些概念形成一个综合统一体。

然而，没有一位理论家的研究做到了综合以上概念、使之成为一个完整领域这一点。相反，围绕成就目标理论或目标理论所强调的目标取向，倒是形成了一种理论上的综合（Ames，1992；Blumenfeld，1992；Meece，1994），即目标取向（goal orientation）是指关于致力于成就相关行为目的的信念。对于同一活动，学生因为具有不同的目标取向，可能会在实施过程中表现各异，所产生的结果也大相径庭。

早期目标理论研究

早期的研究主要关注两种反差极大的目标取向。对这两种目标取向，人们称呼各异。有人称之为学习目标（learning goals）与绩效目标（performance goals）（Dweck & Leggett，1988），也有人称为掌握目标（mastery goals）与绩效目标（Ames & Archer，1988），还有人称为任务目标（task goals）和自我目标（ego goals）（Nichols，1984）。研究发现，执着于学习目标（也可称为掌握目标或任务目标）开展活动的学生，专注于知识和技能的获得。通过仔细分析学习材料，学生们把它们转化成自己的语言，并将其与先前的知识联系起来，从而达到准确理解的目的。当遭遇困难时，他们会寻求帮助。如有必要，他们也会坚持自主学习，相信付出努力终将有回报。

相反，抱着绩效目标（也可称为自我目标）开展活动的学生，则把活动看作是对自身能力的检验，而不是学习的机会。他们最关心的，是保持作为拥有成功所需能力的个人的自我认知和公众声誉。为了努力达到学习任务的要求，他们可能会依赖反复阅读、死记硬背或其他一些表层的学习策略，而不是较深层次的知识建构型的学习策略，并且他们的学习努力也可能会因为害怕失败或其他消极情绪而受到影响。假如学生主要关注如何避免失败的话，就可能会在遇到挫折时轻易放弃，因为他们不相信坚持学习会有所收获。这样的学生在遇到困难时，不喜欢求助，而是更愿意在试卷上留空白、乱猜答案或者抄袭邻桌来掩盖他们所遇到的困难。

请注意目标理论学者们给术语"绩效目标"提出了一个特殊的定义。在日常语言中，绩效目标往往指与指标相关的标准，如击球300次，或一门课至少获得B。然而对目标理论学者们而言，瞄准绩效目标行事，指的是努力展现能够完成眼下任务的较高能力,或者至少尽力避免表现出能力不足的样子。学习目标与能力发展有关,而目标与展示能力有关。根据这层意思,绩效目标最好称为自我保护目标、能力展示目标、形象维护目标,或其他能明确体现一门心思展示能力而非发展能力的状态的术语。然而,"绩效目标"如今已是一个广为人知的成熟概念,因此本书仍沿用这一提法。

假如人们处于设定有绩效目标却没有掌握目标的成就情境中,那么,他们会对学习东西毫无兴趣,并且一遇到困难就想要退缩。例如,在德维克进行的几例研究中,抱有绩效目标的学生们(尤其当他们还是能力实体论者时)一旦得到他们做的不够好的反馈时,马上显示出他们对课程或实验情境的兴趣大减。在一个特别具有启示意义的试验中,大学生戴着装有电极的帽子,回答有关历史、地理或流行文化的难题。电极与用来监控学生注意力的机器相连。他们每键入一个答案,就会被告知答案是否正确(能力相关反馈),然后得到有关正确答案的信息(学习相关反馈)。实验证明,专注于学习目标的增长论者对于两种反馈都很关注,而专注于绩效目标的实体论者却只对起初的能力相关反馈予以密切关注。也就是说,"……一旦他们发现自己是对是错之后,事情便到此为止。他们几乎对了解正确答案没有什么兴趣"。与专注于学习的学生不同,看重绩效的学生并不想在重考中回答好这些原来没有答好的题目而提高分数(Dweck & Grant,2008:410)。

综合性的目标理论

目标理论为综合教育领域已经出现的动机期望方面的研究提供了一个平台。它很好适应了研究重点由行为到认知、从动机量的方面到质的方面由个性到情境、从个体到社会视野等方面的转变,还通过纳入影响目标奋斗的文化和情境因素,以及促成目标达成或与目标达到相伴随的主观体验,补充创建了基于需要或其他动机的理论(Boekaerts,2001;Thrash & Elliot,2001)。并且,由于它旗帜鲜明地支持为应用提供简单易行的指南,所以也受到教育工作者的欢迎。

随着目标理论的发展,新的研究继续表明:学习目标是与那些相互间具有相关性的因素密不可分的,如更大的努力和坚持、更深入的处理策略以及学生对学校及自身的更积极的学习态度等。大多数研究还表明,绩效目标受到不利相关因素的影响(Bereby-Meyer & Kaplan,2005;El-Alayli,2006;Elliott,2005;Gehlbach,2006;Kaplan & Maehr,2007;Linnenbrink & Pintrich,2002;Roney & O'connor,2008;Tuominen-Soini,Salmela-Avo & Niemivirta,2008;Veermans & Järvelä,2004;Vrugt & Oort,2008;Wolters,2004)。

因此,早期的目标理论研究支持这样一个简单的结论,即学习目标是理想的,而绩效目标则不然。然而,这个简单的结论不久便不再简单。新近的一些研究表明,绩效目标有时与理想成绩是有关联的。例如,2003年,威莱等(Valle et al.)人分别研究了一些学生群体,他们要么以绩效目标为主导,要么以学习目标为主导,或者是兼具二者再加上社会加强目标的多元目标模型。研究发现,拥有多元目标的学生更为成功,原因是他们对于任务特征和评价标准都能考虑周全。以学习为导向的学生很留意任务特征,却不太关注评价标准;绩效导向的学生则正好相反。

2×2目标理论模型的出现

由朱迪思·哈拉奇威茨(Judith Harackiewicz)、安德鲁·艾略特(Andrew Elliot)及其同事所做的几项研究表明,在某些情况下,如在绩效目标关注于取得成功而不是避免失败的情况下,绩效目标能够对掌握目标产生补充作用。这些由大学大型介绍性课程引申出来的研究表明,学习目标与学生对于学习内容的兴趣、学习兴趣的长期保持以及学生是否计划将来选择相关课程等相关联,绩效目标与在具有短期记忆性特点的考试中取得较高成绩和分数相关联(Barron & Harachiewicz,2001;Harachiewicz,Barron,Tauer,Carter & Elliot,2000;Hulleman,Durik,Schweigert & Harachiewicz,2008)。

这些研究对"绩效趋近性目标"(performance-approach goals)与"绩效规避性目标"(performance-avoidance goals)进行了区分。前者关注的是取得成功,后者关注的是避免失败。绩效规避性目标与以下消极因素相关联:低自我效能感、高考试焦虑、回避寻求帮助、杂乱的学习策略以及低考试分数和成绩等。绩效趋向性目标却与一个复合性的模型有关,既包含高成就需求,又包含高失败恐惧、强烈的取悦家长需求。学生一方面学习努力、坚韧不拔,但又只重视表面过程,只看重高分数好成绩以至是否可以战胜他人(Elliot & McGregor,2001;Harachiewicz,Barron,Tauer & Elliot,2002;Lopez,1999;Okun,Fairholme,Karoly,Ruehlman & Newton,2006)。

例如,2002年,麦克乔治和艾略特研究发现,具有掌握目标的大学生有较好的早期准备(考试之前就学得很好),备考过程中能够充分消化吸收学习内容,重视考试,有迎接挑战的意识,并能够以平和的胸有成竹的心态应考。具有绩效趋向性目标的学生有较高的成绩期待,把考试既当作挑战又当作威胁,在考试来临之际能够专心致志地学习。具有绩效规避性目标的学生,则缺乏对自己能力的自信,考试焦虑程度高,具有强烈的逃避考试的意愿,备考时拖延、无序,考试时感到烦躁、心虚。

上述研究结果将目标理论发展为一个2×2目标理论模型。该模型既将目标与学习-绩效的区分相关联,又将其与趋向-回避的区分相联系(Elliot & McGregor,2001;Linnenbrink & Pintrich,2002)。也即是说,如今的目标理论学者把目标区分为掌握趋向性目标与掌握规避性目标、绩效趋向性目标与绩效规避性目标。

对于根据规避取向维度制定的那些掌握目标,我们知之甚少。比如,短期而言努力不犯错误或不要学习不好,以及长期而言不要失去多年来积累的能力。有关掌握规避性目标的早期研究表明,希望努力掌握学习内容却害怕失败的学生,持掌握规避性目标取向是很普遍的。与重视掌握趋向性目标的学生相比,他们较为消极,但消极程度又不如具有绩效规避性目标的学生(Cury,Elliot,DaFonseca & Moller,2006;Elliot & McGregor,2001;Elliot & Murayama,2008;Howell & Watson,2007;Kaplan & Maehr,2007;Witkow & Fuligni,2007)。随着研究的发展,增进对掌握规避性目标的了解是一件很有趣的事情。比如,过于完美主义的学生是否普遍重视掌握规避性目标?然而,由于对掌握目标的研究基本上集中在掌握趋向性目标上,因此,本文中用到"学习目标"或"掌握目标"等术语的地方,皆暗含趋向性动机。

成就目标与其他针对成就情境所做回应之间的关系

本书第3、4章所介绍的动机概念,来源于不同的理论体系。部分指的是一般性情,有的则指特定情境下的思维或行为。有的指感知,有的指认知推导,有的指情感经验,有的则指完成目标或解决问题的策略。然而,它们都主要指在需要努力才能达到目标的情形下动机的期望(而非价值)方面,从而可在强调目标导向为中心的目标理论中被整合为一体,构成一幅由回应成就情境的适应模式或不适应模式组成的丰富图景。

有关绩效趋向性目标的冲突观点

最近的研究表明,以往认为与绩效目标负相关的一般因素,都与绩效规避性目标基本相关。至少从短期看,绩效趋向性目标通常不具有负相关性,甚至可能具有对掌握目标相关的正相关因素构成补充的正相关性。这使得部分目标理论学者开始采用多元目标观,这意味着,最佳的动机既包含掌握趋向性目标,又包含绩效趋向性目标,但不包含规避性目标。

其他一些目标理论学者并不那么接受绩效趋向性目标的观点。2001年,米德格雷、开普兰和米德尔顿(Midgley,Kaplan,and Middleton)警告说,但凡强调绩效趋向性目标就必须强调学习目标。就短期而言,绩效趋向性目标本身可能会帮助学生获得较高的分数,但同时,对他们规避挑战性任务、与同伴竞争而非合作或因为害怕失败而作弊剽窃,也起到一定的助长作用。长期而言,上述学生极易形成习得性无助感,并在失利时向绩效规避性目标转变。

在竞争性的学习环境中,对于自信能力强的学生、男性以及年龄较大的学生,绩效趋向性目标体现出更多正相关模式。假如上述关联具有因果关系,就意味着绩效趋向性目标在某些学习情境下会给某些学生带来理想的效果。然而,至少有部分关联也许仅仅具有相关性而已。高成就者之所以采用绩效趋向性目标,可能是因为他们抱有理性的成功期望;与之相反,低成就者更有理由害怕失败,因此更有可能采用绩效规避性目标。所以,绩效趋向性目标相关模型与绩效回避性目标相关模型迥然不同,也许因为它们不过是一个更大范围的对照(即高成就学生与低成就学生之间的对比)中的一部分而已,并非学生的既有目标与他们之后的学习策略或成果具有必然的因果关系(Roney & O'connor,2008)。

**表 4.1　成就情境中与动机的期望方面相关的
一般性情、情境目标、主观经验和回应策略**

成效性/适应性替代项目	非成效性/非适应性替代项目
	一般性情
能感受到付出-结果协变	
控制的内在核心	能感受到缺乏协变
自我为本源的概念	控制的外在核心
能力增长论	自我为抵押品的概念
归因于内在因素和可控因素的结果	能力实体论
感觉到自我效能	归因于外在因素和不可控因素的结果
	感觉缺乏效能
	情境目标/焦点
学习目标和结果性目标（趋向）	绩效规避性目标，工作规避性目标
关注任务、学习过程	关注本我、自我价值保护
寻求通过完成任务获取知识、技能	寻求在较高程度上达到评价指标
向往最佳挑战和心流体验	最大程度上降低失败风险
	主观体验和应对反应
假如很容易就取得了成功：	
完成任务，融入学习	完成任务，感觉轻松/有提升
把成功归因为能力强加上合理的努力	将失败归咎为能力的固有缺陷
假如遇到困难：	
继续专注于任务	对任务的专注渐渐被对本我的担心取代
继续重视深加工策略	越来越依赖表层策略
冷静地分析解决问题	越来越焦躁，有挫折感
持久的自信心	惧怕失败，大失自信，最终导致习得性无助感
假如没有取得成功：	
将失败归咎为知识、策略选择或努力上可弥补的不足	认为成功只由能力决定或者成功靠能力和外在的、不可控的因素
希望获得需要的知识和技能直到掌握它们	尽可能避免承担这类任务，否则就为无能找合理借口，或者至少要在别人面前掩盖自己的无能

　　围绕多元目标观的争论，已将目标理论对个人目标的关注扩展到学习情境下的目标结构。目标理论的根基可回溯到杜威哲学（Urdan,1997），几位重

要的目标理论学者也已明确倡导进行全面的学校改革,旨在建立一种使所有付出合理努力的学生都能通过达到标准个体化的成就水平来获得相应回报的制度,以取代有限择优奖励的竞争体系(Ames,1999;Covington,2000;Maehr & Midgley,1996;Nicholls,1989)。

由于一些数据表明绩效趋向性目标能够对学习目标起到补充作用,有些主张的目标理论学者并不认为有必要向多元目标观转变。正如 2002 年开普兰和米德尔德(Kaplan & Middleton)所说:"……不应把有关绩效趋向性目标有助于成就,而掌握目标有助于兴趣的研究发现解释为其表明绝大多数理想的动机方向都是高绩效趋向性和高掌握性的。相反,有人可能会质疑以掌握和理解教学内容为重点无助于提高分数的情境所具有的教育特征"(第 647、648 页)。这段引述表明,关于什么是理想的动机实践的争论,往往包含着关于教育目的和教育本质的价值立场冲突,因此,通过科学证据只能部分解决这些争议。

目标、策略和成绩

上述引文还提到了目标理论研究中一个麻烦的谜题:动机措施与成就措施之间相关性不大。总体上讲,这类研究已产生被大家广泛复制,在理论上令人可喜的发现。它们显示出动机措施之间,以及动机措施与信息加工方式、学习策略之间的关系(见表 4.1)。不仅如此,学者们的个体研究,如米勒、格林尼、蒙塔尔沃、拉温德兰和尼科尔斯(Miller,Greene,Montalvo,Ravindran & Nichols)在 1996 年的研究也表明目标措施、策略措施与成就措施之间存在较强的相关性。并且,一项元分析还指出,掌握目标与成就措施之间存在大体正相关的关系(Payne,Satoris & Beaubien,2007)。不过,即便是这样,各种措施与成就之间的相关性通常还是相当低,令人失望。大多数研究表明,目标措施与策略措施之间存在强相关性,但目标措施与成就措施的相关性却比较弱。它们之间有时甚至会显示出令人意想不到的关联性,比如掌握目标与表层信息加工策略之间的正相关,或者表层策略与考试分数之间的正相关关系。

随着研究成果的不断累积,新的定义被引入,新的观点得以形成,开始澄清了理论上的一些混乱。研究者们不再像以往只关注掌握目标与绩效目标孰重孰轻,而开始将学生在这两种措施上的绝对分值考虑进去。这样就产生一种新的认识:掌握目标也许是最理想的,但具有绩效目标却强于完全没有成就目标。而且,绩效目标在某些情况下,尤其是在有强大的掌握导向相伴随的情况下,可能会非常有成效(掌握目标和绩效目标往往同时出现)(Senko, Durik & Harachiewicz, 2008)。

还有一点也逐渐清晰起来,即目标与策略之间的关系以及策略与结果之间的关系,并不像最初认为的那么简单。从长期看,深加工策略较为可取,特别是在教学内容对学习者富有重要意义,将来需要调用的情况下。然而,这类策略需要假以时日才能运用和整合使用。有时,应付短期的考死记硬背内容的考试,这类策略的部分长处并不会体现出来。但如果考试中包含有长期记忆的内容,或考查实际情境下调取信息的能力,那么这种优势就能够体现出来(Yeo, Sorbello, Koy & Smillie, 2008)。

不过,如果时间有限、教学内容对于学习者并不特别有意义,或者没有围绕若干概念有序组织,那么表层记忆相比深加工或许更加有效。在某种程度上,如果学生能准确认识学习内容的性质,知道哪些学习策略可能是最成功的(评测的时间和性质既定),那么,便可能出现与常见相关模型不同的例外情况。掌握取向的学生很可能会依赖表层策略,而绩效取向的学生则可能采用深加工策略(Rozendaal, Minnaert & Boekaerts, 2003; Senko & Miles, 2008)。

掌握目标措施与学习成果措施相关度不高的最后一个原因,是社会希求影响了学生们的问卷答案。如果意识到掌握目标才是受到肯定的,学生就可能比实际情况更多地宣称具有掌握取向(Dompnier, Darnon & Butera, 2009)。

厘清学生个人成就目标的意义和内涵

经过几年的争论之后,一个有关学生掌握目标与绩效目标的定义与内涵的新共识出现了。2003年,格兰特和德维克(Grant & Dweck)提出了绩效目标的三种类型:**结果性目标**(仅仅专注于获得不错的结果,"学好功课,取得好分数")、**能力目标**(与对某人能力的认可相关,"通过学业证明我的智力,展示我的智能")以及**规范目标**(与社会比较相类似,"学得比其他同学更好,证明我比他们更优秀")。上述三种绩效目标类型都分别与其他动机变量以及学习策略之间存在各自的相关模型。

目标理论学者为诱导或衡量绩效目标取向所采用的实验步骤或问卷，在对这三种类型目标的侧重方面也各不相同。于是，在一项研究中被称为绩效目标的东西，与另一项研究中被称为绩效目标的东西并不总是相同。这造成了绩效目标的意义和内涵方面出现了一些混乱。

格兰特和德维克的分析让我意识到，目标理论学者都在逐步地淘汰"绩效目标"这个术语，或者至少把结果性目标当作另一个类别来看待。我们兴许应该对学习/掌握目标与"求得认可目标"(validation goals)进行一番区分。求得认可目标的亚类型应包含能力目标（通过好的评价成绩证明某人的能力）和规范目标（通过优于同伴的表现而证实某人的能力）。结果性目标可作为一个单独的类别，因为它与学习/掌握目标不同（与学习本身相比，后者更关注是否符合评价标准）。与此同时，结果性目标也与求得认可目标有所区别，因为学习者并不认为评价就是一种能力的测试或展示能力的机会(Brophy, 2005)。

我之所以强调这一点，是因为有理由相信：无论绩效目标对于掌握目标的益处有多大，其关注的都是结果而非自我证明。若采用一个具体的结果性目标（比如一门课获得 A 或者在考试中至少取得 90 分的成绩），有利于帮助学生调动所有资源去完成为达到这一目标所应做的事情。与此相反，若采用自我证明目标，本应该用来最大化成就的部分资源却可能转移到其他地方，如担心能否给人留下印象或者能否在同伴中出类拔萃(Crocker & Park, 2004)。

在 2008 年一项卓有贡献的研究中，森科和迈尔斯(Senko & Miles)为帮助解释为何掌握目标并不总能决定好成就，而绩效趋向性目标却可以做到这一点，提出了一些令人信服的观点和新发现。首先，他们再次证明掌握目标能培养学生对教学内容的兴趣，并让他们更易采用深层（有时也有表层）的学习策略，但不一定能够转化为较高的课程成绩。这是因为具有掌握目标的学生喜欢选择他们想学的东西来学，而且常常把大多数学习时间用在自己最感兴趣的内容上。简言之，他们按自己的计划学习，而这个学习计划与教师的安排可能吻合也可能不吻合。相比缺少掌握取向的学生，他们的学习可能更深入也更具整合性，但在考试中的表现未必比后者更好（假如他们优先学习的内容与教师强调的内容无关，或许还可能表现得更糟）。

与此相对照，尽管绩效趋向性目标取向的学生倾向于采用表层的学习策略,但这些策略却有助于他们至少在两个方面取得较高的成绩。首先,采用绩效趋向性目标也就意味着学生本人下决心要努力达到高成就水平,这就要求学生要给自己施加压力,以保持状态努力做得非常好(Senko & Harackiewicz,2005)。其次,采用绩效趋向性目标的学生不会按自己的计划行事,而是会尽量使自己的学习努力与教师的安排保持一致。他们会采用包括寻求提示、认真计划在内的非常有策略性的备考方法,以及任何有助于取得好成绩的学习方法(Entwistle & Tait,1990;Senko & Miles,2008)。

综上,当我们的注意力由学生们如何学习(表层或深层加工)转移到学生们在学什么(是按照他们自己的安排还是教师的安排)时,有一点就清楚了,即为什么绩效趋向性目标通常比掌握目标与成绩和考试分数的相关性更强。上述研究成果有力地支持了多元目标观,证明当学生在没有或基本没有掌握取向,或者采用掌握取向但与教师的教学安排关系不大的情况下,绩效趋向性目标应有助于他们取得好成绩。**在下列情形下,绩效趋向性目标对学生特别有帮助:**

- 当学习内容是一系列彼此关联不大的信息,而非围绕若干核心概念构建的结构化内容时(学习者对于宽泛却表浅的内容不太可能产生许多掌握动机,而且即便他们产生了这种动机,深层学习策略也不会对学习这样的内容有多少帮助。实际上学习这样的内容主要靠死记硬背)。
- 当学习情境属于高竞争性环境,成绩结果与高风险回报紧密相关时(比如学生必须在一门入门课程的考试中取得高分,才能正式攻读某个专业)。
- 当整个文化或者特定的学习环境要求必须包含绩效目标和表层学习策略时。2008年,里姆、劳和聂(Liem,Lau & Nie)在一项针对新加坡学习英语的学生所做的研究中证实了这一点。他们指出,亚洲(尤其是中国)学生都非常依赖一种称为**"理解记忆"**(memorization with understanding)的方法,同时使用深层和表层学习策略。不仅如此,表层学习策略在英语课堂上还发挥了非常重要的作用。为确保能够得到深造的机会和最好的工作,他们需要获得英语能力。然而英语并不是他们的母语,于是他们不仅需要理解,还需要记忆与英语相关的课文。

绩效趋向性目标的潜在益处大多局限在上述特殊情形,但掌握目标却可能与一个适合所有学习情境的理想动机和策略变量(如表 4.1 所示)的大模型密切相关。不仅如此,在必须对复杂内容进行深加工、需要长时间坚持学习和克服多种困难才能达到学习目标的情况下(Grant & Dweck, 2003),或评价注重长期记忆而非短期记忆的情况(Yeo et al., 2008),或专业职业培训中学习者有强烈的掌握学习内容的动机的情况下(Simons, Dewitte & Lens, 2004),以及学习者的学习安排与教师的教学计划很吻合的情况下(Senko & Miles, 2008),掌握目标就很可能提高学生的学习成绩。

对教学的意义

所有的目标理论学者都建议教师鼓励学生设立掌握目标,避免一些可能导致部分学生采取绩效趋向性目标的行为。即使主张多元目标的学者,也通常不主张教师鼓励学生采用绩效目标。

尽管大多数学生并不会自发形成绩效趋向性目标,但上述情况是属实的。经常被采用的成绩目标问卷给我们留下的印象是,学生中的绩效目标很常见,但这却并非实情。诚然,印好的问卷中如果包含绩效目标的项目,多数学生会勾选这些项目。但同样真实的情况是,在被要求用自己的语言来描述与成就相关的目标时,学生们往往提到的是掌握目标和结果性目标,不是能力目标或规范目标。也即是说,他们常常说到学习或取得好成绩,却很少谈及要证明自己的能力或者如何出类拔萃(Brophy, 2005; Dolan & McCaslin, 2008; Kember, Hong & Ho, 2008; Urdan, 2001)。

目标理论学者从与学生进行的有关他们在课堂上所追求目标的开放式访谈中得到了一些答案,但其中只有部分课堂目标与他们所强调的目标一致。1996 年,莱莫斯(Lemos)对葡萄牙的 6 年级学生进行访谈,发现了以下七种常被人提及的目标类型:

完成工作目标(29%):为"做完"或"完成它以便继续做下一项"而学习。

评价目标(21%):为获得积极评价或避免消极评价而学习,与结果性目标类似。

学习目标(19%):希望学会、懂得更多、弄清如何做等。

依从目标(17%):希望通过跟上班级步伐、遵守规则、专心致志等,来满足作为学生所应达到的要求。

人际关系目标(6%):希望与老师或同学发展积极的关系。

快乐目标(5%):为愉悦、快乐、兴趣进行活动。

纪律目标(3%):希望具有符合道德的行为,避免陷入违反纪律的麻烦。

需要注意的是,尽管上面提到了"学习目标",但并没有提到"绩效目标"(学生们谈到了要取得好成绩,但并没有谈到展现能力或者在同学中脱颖而出)。不仅如此,他们最常提到的目标,都是完成功课,而这一点恰恰是目标理论学者们没有研究的。

即便是大学生,当被问及自己的目标,或者从一个目标清单中勾选答案时,也很少会提到绩效目标里的能力目标或规范目标。他们多半会选择结果性目标(获得好分数),却绝口不提要证明自己能力或者在同伴中出类拔萃之类的目标(Okun et al.,2006;VanYperen,2006)。

不过,从以下几个角度看,这种绩效目标低发生率的情况也是可取的。这些角度不仅包括目标理论的大部分观点,而且还包括有关合作学习社群的理论和研究(强调合作而非竞争才是可取的课堂氛围)。还有,如果学生对教师的教学计划没有表现出太多的掌握取向,那么,通过改进课程和教学,使他们重视教师的教学安排并努力掌握其中内容(因为他们认为有理由这样做),似乎更加可取,而不是一味敦促他们采取绩效目标,徒增额外的成就压力。学生们掌握取向的水平是能够提高的,即使它们目前非常低(Shim,Ryan & Anderson,2008)。

绩效趋向性目标的其他几个特征,也提醒人们不要轻易将其采纳。首先,尽管它们的确能够促进争取成就的努力,但绩效趋向性目标却要承担情感的代价。与主要采取学习目标的同学相比,主要采取绩效趋向性目标的学生在学习活动中的乐趣更少,有更多焦虑和紧张的情绪(Daniels et al.,2008;Witkow & Fuligni,2007),同时还会受到更多杂念的干扰(Button,Mathieu & Zajac,1996;Vansteenkiste et al.,2004)。

还有一种担心是绩效趋向性目标(尤其是其中的规范目标)包含着一个自私、强调竞争的核心,与学习社群的规范相冲突(Darnon,Muller,Schrager,Pannuzzo & Butera,2006;Harris,Yuill & Luckin,2008;Levy-Tossman,Kaplan & Assor,2007;Poortvliet,Janssen,VanYperen & Van de Vliert,2007;Stornes & Ommundsen,2004)。人们发现,绩效取向的学生比掌握取向的学生自视更高且

以自我为中心,更关注社会地位,喜欢在学习工作中独来独往或只与小集团合作,而不与自己的同伴广泛接触(Levy, Kaplan & Patrick, 2004; Liem et al., 2008)。

最后一点,说或者做任何可能导致学生进行自我证明或社会比较的事情,都可能导致绩效规避性目标,并最终导致学生的习得性无助。而鼓励学生建立绩效趋向性目标,也会建立或强化学生在其目标取向中包含进社会比较内容的倾向。这一点可能在短期内是有益的(至少是无害的),或者说只要学生能够持续地达成目标、表现出较强的能力,这一点便无可厚非。然而,随着他们年级升高且遇到更多挑战导致他们的成功率开始下降时,就会产生从绩效趋向性目标转向绩效规避性目标的危险。

目标理论研究者的研究表明,具有绩效趋向性目标的 6 年级学生,很容易在 7 年级时变成绩效规避性目标(Middleton, Kaplan & Midgley, 2004)。而在学期初具有绩效趋向性目标的大学生,到学期末也极易变成绩效规避性目标(Senko & Harachiewicz, 2004; Shim & Ryan, 2005)。**显然,绩效趋向性目标的趋向性方面是非常脆弱的,因此一旦对能否成功产生怀疑,它们就会迅速演变绩效规避性目标**(Darnon, Harackiewicz, Butera, Mugny & Quiamzade, 2007)。

超越成就目标

学习目标和绩效目标在内容上非常相似(都强调成就),在如何界定成就、采用怎样的过程来获取成就等方面却截然不同。近年来,目标理论学者的研究对象已经扩展到其他目标类型(Kaplan & Maehr, 2007)。

取巧性目标

不合群、灰心丧气的学生不太可能表现出成就目标的特点,倒可能采用**取巧性目标**(work-avoidant goals):他们不是积极投入到学习活动当中,而是上课开小差、抄同学作业、频繁寻求老师或同学的帮助、对作业任务讨价还价、想方设法减少学习投入(Dowson & McInerny, 2001; Meece & Holt, 1993)。取巧性目标与动机和成就指标呈负相关,这些指标包括是否采用深加工的学习方法,是否自觉地愉快阅读,对班级或学科是否有积极态度,以及考试分数等(Baker & Wigfield,1999;Newstead,Franklyn-Stokes & Armstead,1996;Somuncuoglu & Yildirim,1999)。具有取巧性目标取向的学生从不努力取得任何成就。相反地,他们尽可能地少付出努力,却想蒙混过关(Nolen,1988;Tapola & Niemvirta,2008;Urdan,1997)。

社会目标

学生们追求的**社会目标**(social goals),包括建立友谊、保持作为一名受欢迎的好学生的良好声誉、帮助他人、取悦老师或同学、享受与他人的互动交流等(Anderman & Kaplan,2008)。假如他们的社会目标包含有取悦老师或家长的内容,或者他们看重的是强调人与人之间信守承诺、尽社会角色义务、遵从社会期望的**社会责任目标**(social responsibility goals),就很可能是具有成就取向的学生。然而,相对于社会责任目标而言,部分学生可能更多关注**亲密目标**(intimacy goals,保持与同伴的密切关系)或**地位目标**(status goals,受到同伴的崇拜)之类的社会目标。对这些学生而言,社会目标对成就取向的效果如何,取决于与他们分享亲密友谊的同伴们的价值观(Juvonen & Wentzel,1996;Miller et al.,1996;Wentzel,1999;Wentzel & Wigfield,1998)。有时,他们可能会为了让自己更合群或者避免伤害朋友的感情,而故意表现得差强人意(White,Sanbonmatsu,Croyle & Smittipatana,2002)。

外在目标

学生的成就取向有可能将重点放在获得外在奖励上面。短期而言,外在目标取向关注的是取得优良成绩和获得与之相关的意外惊喜(如正当参加课外活动、从家长那里得到零花钱、从老师那里得到奖励等)。长期而言,外在目标取向还包括:获得奖学金的机会、被好大学录取以及找到一份不错的工作等。学习目标的重点在于不断深化对知识的理解,**外在目标**(extrinsic goals)的重点在于与成功绩效的展示相关联的奖励。但外在目标又与绩效目标不尽相同,它并不包含展示较高能力的愿望。

外在目标有助于激发学习者的积极性和坚持精神,这二者正是取得优良成绩所需要的。但同时，它们又与作弊或依赖表层加工策略呈现正相关（Anderman, Griesinger & Westerfield, 1998; Miller et al., 1996; Newstead, FranklynStokes & Armstead, 1996; Urdan, 1997）。2003年，林（Lin）等学者研究发现，将较高水平的内在动机与中等水平的外在动机结合在一起的大学生才是最成功的。

目的目标与靶目标

1998年，哈拉奇威茨和艾略特（Harackwiecz and Elliot）对处于较高层面的**目的目标**（purpose goals）与瞄准特定任务的**靶目标**（target goals）进行了区分。他们认为，前者代表着任务实施的理由，后者则导引着人们的任务行为。目的目标能够提供活动实施的缘由，靶目标则能解释如何实施活动。当某项活动的靶目标与目的目标高度吻合时，人们可能甘之若饴，具有了从事这项活动的内在动机。实现自己的靶目标后，人们不仅会感觉到自己完成任务的能力增强，而且会非常看重这种能力并希望继续提升它，因为这种能力会有益于实现更长远的目标。于是，这其中包含了这样一层含义，即在绩效目的目标的背景下，绩效靶目标优于掌握靶目标。这正好解释了本章开篇时的那段引文。其他的研究也支持这一结论，即人们更喜爱从事有助于他们实现更大的目的目标的活动（Carver & Scheier, 1999; Freitas & Higgins, 2002）。

促进焦点与预防焦点

2006年，E.托利·希金斯（E. Tory Higgins）通过对目标追求中同属稳定个性特征和情境策略的促进焦点与预防焦点进行对比，提出了类似的调节焦点匹配（regulatory fit）的理论。他认为，在以**促进为焦点**时，人们努力实现自己的希望或抱负，他们的目标努力以趋向性的动机策略为特征，包括积极的目标追求、创造性思维和甘冒风险；而在以**预防为焦点**时，人们就会小心翼翼地求证自己是否符合职责或义务规定的要求，并更加依赖规避性动机策略，有怕犯错误、循规蹈矩这样的表现。以促进为焦点的人，在开放、无固定结构的成就情境下表现得更加愉快，更加有成效；而以预防为焦点的人，则在需要遵行特定步骤的成就情境下焦虑更少，也更为有成效（Brodscholl, Kober & Higgins, 2006; Sideridis, 2006; Vaughn, Baumann & Klemann, 2008）。一般来说，趋向性动机比规避性动机更可取一些，但在努力实现预防焦点目标时（如决心戒烟后远离香烟），后者还是有益处的(Worth,Sullivan,Hertel,Jeffery & Rothman,2005)。

目标的协调

教室里的学生与任何社会环境中的人们一样,通常都会努力让多重目标和计划同时达到最优状态。他们想取得优良成绩,让老师和家长满意,但同时也希望维护自尊、保持社会声誉和友谊,这就需要他们充分利用各种可以让多个目标同时实现的机会,避免陷入为满足单个目标所做的努力妨碍其他目标实现的那类境况,从而使他们的目标追求协同起来(Urdan,1999)。

不过,目标协调很容易变得复杂起来。其一,要实现某一个目标,就意味着要做出有利于其实现的任何努力,而对失败结果的担忧往往与之相伴(Pomerantz,Saxon & Oishi,2000)。其二,在多个目标中,某些目标与个人的核心价值和兴趣关系更为紧密,于是可能被放到更优先的位置(Sheldon & Elliot,1999)。

对于学习困难的学生来说,目标的协调尤为困难。因为要坚定地实现学习目标,必然要求他们比同伴更加努力(Hong,2001)。但即使是这样,如果教师给出的所有成绩呈正态曲线,或者给所有学生都设定相同的高标准,他们的刻苦努力换来的也许仍然是很低的分数(Church,Elliot & Gable,2001)。

目标理论的应用

大多数目标理论学者强调班级管理的方式在于鼓励学生采用学习目标(以及与之相关的绩效趋向性目标),摒弃绩效规避性目标、取巧性目标、外在目标以及其他可能不利于专注学习的目标。他们的建议大多包括把班级建成学习社群(如第 2 章所述)。他们都反对**两种特别无效的做法**:一是**执行严苛的成绩评定标准**,因为它使得学生的成功难上加难,使学生产生对成绩的焦虑;二是**按正态分布曲线的方式进行成绩评定**。这样做势必使部分学生不成功。他们还对公开评定成绩以及其他关注学生的社会比较而非自身进步轨迹的成绩评定办法提出警告,认为这些做法很难使学生建立和保持对学习目标的专注,而且更可能的是他们采用的所有绩效目标都是绩效规避性目标。

甚至那些强调绩效趋向性目标能够对学习目标产生有益补充的学者,在谈到其对实践的意义时,也倾向于对绩效趋向性目标采取审慎推荐的态度。2000年平特里奇(Pintrich)指出,绩效趋向性目标可能有助益,但主要是作为学习目标的补充而非替代品。他还认为,只有在学生成功的情况下,习惯性地采取绩效趋向性目标才可能是有效的。假如学生们一开始就接连遭遇失败,就可能变得脆弱,而由绩效趋向性目标转化为绩效规避性目标,并最终陷入习得性无助的状态。

1998年,哈拉奇威茨、巴隆和艾略特(Harackiewicz, Barron & Elliot)提出,在学生成绩呈正态分布、高度竞争的班级当中,绩效趋向性目标能够成为学习目标的补充。对那些竞争力较强的学生而言,尤其如此。然而,他们又指出,在一个纯粹的特别是以学习为取向的情境中,这些绩效趋向性目标可能起到的是负面作用,问题的关键是目标与环境是否匹配:"大学中要顺利完成学业,在某些情况下要求绩效取向,而在其他情况下又要求掌握取向,这就需要学生具有在什么情况下采用什么取向的智慧"(原书第17页)。还有一些学者认为,一个更为基本的原则是,首先要避免创设如此高度竞争的环境,而是要创建支持持续专注于学习目标的学习社群。

课堂目标结构:以学习为焦点

本章前面内容中提到的大多数观点,源自有关班级环境下学生个人目标取向的研究,主要采用诸如"我想向老师表明我比其他同学更聪明"(绩效目标)或者"我做功课的主要原因是喜欢学习"(学习目标)等项目来衡量学生的个人目标取向。不过,一些研究者开始采用"在这所学校里我们被鼓励与其他同学竞争以取得好成绩"(绩效取向认知)或"老师希望我们真正理解所学内容,而不是仅仅记住它们"(学习取向认知)等项目,对学生们进入班级后发现目标取向的认知情况进行测量。他们的研究表明,如果班级或学校具有师生共知的学习取向,会对学生们产生较大的影响,使他们采取个人学习目标,运用深加工学习策略,具有高度自我效能意识,对学校的态度也更加积极。相反,如果班级和学校采取绩效取向,则会影响学生们采用绩效目标,运用表层加工,有较低的自我效能意识,更易作弊,更易自我设障,更不愿寻求他人帮助,对学校的态度也很消极(Anderman & Wolters, 2006; Church, Elliot &

Gable,2001;Patrick,Anderman,Ryan,Edelin & Midgley,2001;Ryan & Patrick,2001;Turner et al.,2002;Wolters,2004)。

上述研究表明,尽管学生们是带着针对特定目标取向的性格特点进入班级的,但他们会根据老师或学校所强调的目标取向调整和改变他们的个人目标取向。这一观点得到了几项实验的证实。在实验中,参与者被诱导采用学习目标或绩效目标(Button,Mathieu & Zajac,1996;Hole & Crozier,2007;Jagacinski,Madden & Reider,2001;Thompson & Musket,2005),结果表明,学习目标会带来更为积极的结果。不过,具有挑战性、复杂的任务相比容易的或机械性的任务,大学生相比小学生,这种效果更为突出(Utman,1997)。在大学生中,学习目标对于成就动机较低的学生尤其具有积极作用(Barron & Harackiewicz,2001;Harackiewicz et al.,1998)。

有关学生的个人成就目标的研究及其意义非常复杂,但具体到于班级层面的目标取向,情况就简单多了。假如学生认识到班级中掌握取向的目标取向,他们就可能采用掌握目标;但假如他们了解到的是绩效取向的目标取向,就很可能采用绩效目标。(Lau & Nie,2008;Midgley,2002;Patrick & Ryan,2009;Wolters,2004)。因此,教学实践能够将班级整体引向掌握目标,并产生各种预期的效果(Anderman & Wolters,2006;Bong,2005;Corpus,McClintic-Gilbert & Hayenga,2009;Greene et al.,2004;Kaplan,Gheen & Midgley,2002;Ommundsen & Kvalo,2007;Turner et al.,2002;VanYperen,2006)。

2003年,米斯、赫尔曼和麦考伯斯(Meece,Herman & McCombs)发现,极力促进掌握目标取向的教师会强调尝试挑战性作业、追求思想和兴趣以及具有学习责任感的重要性。与此相反,主张绩效目标取向的教师往往公开认可最优秀的学生,给他们特权,或者只强调考试高分数而不提更为具体的学习目标。

2009年,帕特里克和雷安(Patrick & Ryan)在研究中,要求学生对老师在与掌握目标取向相关联的5项内容打分并进行解释。学生们的解释表明,教师是通过将教学中的教学方面与情感(社会)方面的内容加以结合,从而在班级里建立起掌握目标取向的。

在希望学生理解教学内容,而不是仅仅记住它们的方面,得分较高的老师是这样做的:运用多种与学生先前知识相关联的释义和例子;鼓励学生参与和提问；对学生是否理解、是否需要帮助、是否做好准备迎接成功未来表示关注。在认为只要学生们在学习，犯错误也没有关系的方面得分较高的老师，其做法是：鼓励或者允许学生重做家庭作业，重新测验或者补考；只要能够完成家庭作业就给成绩，而不是只有答案正确才给成绩；采用多种方法讲解教学内容；在与学生互动的过程中，给予他们支持和积极的影响。在非常希望学生喜欢学习新东西的方面得分较高的教师，他们的做法是：态度友善，讲课生动有趣，表现出对学生学好、表现好的关注，布置有趣的任务，采用能帮助学生集中注意力学习的教学方法。在非常注重给学生提供真正探索和理解新思想的时间的方面得分较高的教师，他们的做法是：友好可亲，布置多种有趣的任务，花时间举例说明，回答学生的提问。最后，在认可学生努力的方面得分较高的教师，会在学生做得不错时及时告，看到他们的进步，关注他们的努力，鼓励并帮助他们继续进步。

2009 年，德利塞尔、马琴克和柯普（Dresel, Martschinke & Kopp）发现，教师的反馈是学生对班级内目标结构认识的关键预测因素。提倡掌握目标结构的教师，所做的反馈多数在私下进行；而主张绩效目标结构的教师，常常公开提出反馈意见。公开的负面反馈往往会产生特别不好的负面效果，因为这种反馈不仅与班级层面的绩效目标相关联，而且也与学生个体层面的绩效规避性目标相关联。常常公开批评学生的教师，会让他们的学生习惯于公开受辱与难堪的预期和恐惧。

"TARGET"计划

以目标理论为基础的综合性最强的课堂干预方法，是 1990 年由卡洛尔·阿默斯（Carole Ames）提出的"TARGET"计划（TARGET Program）。阿默斯在研究报告开头，提到了乔伊斯·埃普斯坦（Joyce Epstein）在 1989 年发表的有关影响家庭中儿童动机系统形成的家庭结构的研究分析（参见本书第 11 章）。埃普斯坦的研究被概括为六个类别，并以每个类别的首字母组成 TARGET 一词。这六个类别是：任务（Task）、权威（Authority）、认可（Recognition）、分组（Grouping）、评价（Evaluation）和时间（Time）。阿默斯认为，学校也存在着与上述家庭结构相平行的结构。他将目标理论中的其他一些原则糅合进来，形成了所谓的"TARGET"计划，旨在通过多种鼓励学生专注于学习的方式，对班级的六个方面进行管理。

任务的选择标准是要能够提供最合理的挑战水平，并以能够让学生产生兴趣并乐于参与的活动为重点。**权威**则是指教师不武断，在履行过程中考虑到学生的需求和感受。**认可**要针对所有取得显著进步的学生，而不仅仅是取得最高成就的优秀学生。**分组**要按照能够促进合作学习、将个人之间的竞争与社会比较降至最低的方式进行。**评价**通过采用多元化的标准和方法完成，重点是对个人进步的个性化评价，而非个人之间或小组之间的比较。最后，以创造性的方式运用**时间**，缓解死板作息带来的紧张感，以便更多利用较难在30—60分钟的课堂期间安排的有价值的学习活动。

"TARGET"计划适用于不同的教学情境，有利于教师在教学计划中考虑到动机的问题。表4.2概括了"TARGET"方案及其与传统课堂结构的不同之处。

1990年，阿默斯对参与"TARGET"计划试验的学生与对照班级学生的相关数据进行比较，结果表明，"TARGET"计划试验班的学生认为，自己所在的班级有着更明显的学习取向。而且，他们还具有稳定的能力观，对自己所在班级持积极态度，具有学习的内在动机，采用有成效的学习策略；而对照班级的学生在学期进程中，以上各方面的测量数据都呈现下降趋势。

表4.2 "TARGET"计划与传统课堂结构对照表

TARGET	传统做法	"TARGET"计划的建议
任务	课程基于课本，强调阅读课本、死记硬背、任务围绕课本和考试。所有的学生学习同样的内容，参加同样的活动，而这些教学和活动又都将重点放在内容的广度和如何让学生记住知识内容上。主要通过以各种形式的外部奖励增强激励效果的成绩评定体系来激发学生的动机。	开展更多样化的学习活动，选择的任务重在让学生从中发现乐趣并乐于投身其中，能够与学生的背景和以往经历紧密联系。引入活动时，强调的是活动的目的；活动的设计旨在想方设法唤起学生内在共鸣，并帮助他们正确评价学习内容的价值（而不是只强调考试、成绩或外在奖励）。为确保活动能够最好地挑战所有的学生，要教给学生设定目标和自我约束的技能；如必要的话，还要让他们去查不同难度的资料，以及完成各种难度系数的学习任务。

续表

TARGET	传统做法	"TARGET"计划的建议
权威	教师制定课堂规矩,单方做出有关课程与教学的决定。学生的行为严格受制于学校和班级的规范,他们的学习机会如何主要由教师和教材决定。	学生享有部分权利,权威在履行过程中要考虑他们的需求与感受。教师善于引导他们产生与教学内容相关的兴趣和疑问,并常常让他们有机会对做什么事情做出选择,自主决定如何做,并让他们有机会参与到班级规范、程序和学习机会的决策当中。
认可	至少在暗地里,学生们总在为获得认可和奖励而相互竞争。某些学生总能获得高分,作业受到表扬并被公开展示,能够赢得任何竞赛的奖项。而其他学生却很少能够得到这样的认可和奖励,因为这些奖励都主要依据(即便不是唯一)完成任务的绝对水平,并不考虑学生为完成某项任务所做努力的个体差异。	认可所有取得显著进步的学生,而不仅仅是取得最高成就的优秀学生。学生在较广泛的领域取得的成就都受到认可(不仅仅是考试得高分);认可基于学生朝向个人设定目标所取得的进步情况;大多数认可采取就学生努力和进步情况私下交流的形式,不在公开场合对最优秀者给予表扬和祝贺。
分组	班级是个体的集合体,而非一个具有凝聚力的学习社群。互动经常在学生与教师之间进行,却很少发生在学生之间。学生们大多独立完成作业。假如采取了分组的方式,其目的也是因为竞争,或者把学生按能力或成绩加以区分。	班级是具有协作规范和协作预期特征的学习社群。学生们常常两人一组或几人一组,一起学习,通过交往建构知识。小组的作业各式各样,但都以友谊、共同兴趣或其他因素作为基础,而不以或不仅以成绩水平为基础;学生们作为学习者被鼓励彼此协作,而非彼此竞争。
评价	采用相同的评估工具(一般是传统的考试)对所有学生进行评价。评价反馈往往是公开的,强调学生表现的绝对水平(即答对题目的数目或百分比)或标准比较(即学生在班级或更大样本中的相对位次)。评价实施的方式往往是让学生将评价结果作为自身能力表现的固定水平,而非能力发展的增量。	评价采用多样化的评估工具,强调帮助学生认识并且积极评价朝着个体目标所取得的进步。在这个评价体系中,评价结果变成成绩报告单,允许学生选择替代性考试、订正作业和以其他方式来提高原本不理想的表现水平。

续表

TARGET	传统做法	"TARGET"计划的建议
时间	学生和教师都局限于严格的作息时间,每天被划分成若干个30—60分钟的时间段。凡不在时间安排内的活动都不能纳入到课程之内,甚至安排好的活动也常常因为时间段的结束而必须提前结束、打断或者择日再进行。	时间安排更具灵活性,因此活动的选择面更广。此外,学生不再被告知做什么、什么时间做,而常常从事那些允许他们自主安排时间和其他学习资源(如同学之间互相交流学习资源,开展协作)的主要项目。如有需要,学生还可以得到额外时间去完成任务。

1997年,弗奇斯(Fuchs)等人将"TARGET"计划中的任务、权威、认可和评价因素运用到对小学数学教学的干预中。他们发现,与控制组学生相比,试验组中成绩差的学生对干预持欢迎态度并表示能从中获益,他们会选择更具挑战和更多样化的学习主题来进行发言,自己努力用功的水平也有所提高。

在体育课上进行的试验也表明,在任务投入(task-involving)的氛围中,学生可能变得更喜欢参与任务;而在自我投入(ego-involving)氛围下,学生则可能变得更加自我。前一类学生在谈到他们所在班级的动机氛围时,都认识自己有积极的变化,愿意尝试更多挑战性任务并坚持更长时间,部分学生还认为自己技能提高的速度也加快了(Solmen, 1996; Theeboom, Deknop & Weiss, 1995; Todorovich & Curtner-Smith, 2003)。

关于与学生对班级目标结构的认识有关的教师特征的研究表明,除了TARGET系统所包含的分类之外,学生们普遍会谈及是否存在亲密的、具有支持作用的师生关系。于是,有人提出应当对TARGET系统加以扩展,增加社会关系(social relationships)一项,把TARGET变成TARGETS(Kaplan & Maehr, 1999; Patrick & Ryan, 2009)。

梅尔和米德格雷(Maehr & Midgley)将阿默斯的TARGET模型,由班级层面扩展到了学校层面。学校范围的TARGET模型需要做一些调整,如通过实践经验和开展其他课外活动强化学习的内在价值,精心安排对学生成就的公开认可,为学生创造提高学习能力和掌握管理自身学习策略的机会,修改时间安排使课程计划更具灵活性。为期三年的干预结束时,在实施"TARGET"计划的学校,学生有了更明确的学习取向,而对照学校学生的绩效取向更加明显(Maehr & Midgley, 1996)。

目标理论:展望未来

若以乐观的态度对时下最新的目标理论进行概括,那么概括的结果大概会是下述样子。目标理论基于这样一种认识:人类活动需要动机方面的解释,且大多不在激发或启动方面,而是在于方向和质量方面。这使得研究的关注点由需求或其他一般动机向特定情境下的目标和相关策略转移。目标及相关认知是任何有关成就情境下动机认知理论的关键性概念,于是,要对第三、四章所提到的理论学者的学术贡献进行综合分析,目标理论正好提供了一个绝佳的切入点。早期的目标理论研究支持一种观点,即认为学习目标具有积极成效,绩效目标则适得其反。但这一结论很快便站不住脚,因为人们日益认识到目标理论研究中不得不对趋向性目标与规避性目标加以区分,并且还要对取巧性目标、社会目标以及外在目标等各类目标进行区分。

这些理论发展带来了多重目标观,认为学习者会用自己的目标去适应情境的偶然性,并协调自身为目标所做的努力,从而有效地追寻多重目标,最大化地减少追求交叉目的的可能性。学习者重视学习内容,教师在教学时鼓励(至少是允许)学生采用深加工策略,并把重点放在切实掌握上时,他们就会追求学习目标;强调竞争、备考和取得好成绩时,学习者就会追求绩效趋向性目标;他们会协调上述成就目的与社会及其他目的,使它们彼此之间相互支持或至少不相互冲突(Harackiewicz,Barron,Pintrich,Elliot & Thrash,2002)。

多重目标观解决了早期观点中存在的问题,但也带来一些新问题。如主张协同多种努力以使多重目标同时达成的观点,在理论上非常具有吸引力,在现实中却很难实现,正如本章开头引用的两段文字所说的那样。2002年,基温尼密、希德尔和奥莫托(Kiviniemi,Snyder & Omoto)在一项针对志愿者工作人员所做的研究中发现,与具有多重动机的志愿者相比,具有单一动机的志愿者认为自己得到了更积极的体验,也更感觉满足。1988年,埃芒森斯和金(Emmons & King)的研究表明,要全力以赴地完成某个特定的目标,就要将注意力集中到相关事物,同时忽略任何与之无关的东西。试图同时实现多重目标,很可能会降低人们聚焦在其中任一目标上的能力(Carver & Scheier,

2008；Louro，Pieters & Zeelenberg，2007）。

1996年，寇茨、詹诺夫－巴尔曼和埃珀特（Coats，Janoff-Bulman & Alpert）关于趋向性目标与规避性目标的研究也证明了这一点。该研究表明，措辞积极的目标（如努力具有创造性）相比措辞消极的目标（如努力不要墨守陈规），更易使人专注于进步，有更好的自我评价，也有更好的心理状态，而后者更易让人将注意力放到失败的迹象上。绩效规避性目标降低学生积极满足任务要求的能力，因为学生们会因关注可能的失败，而使得专注力受到"干扰"（Forster，Grant，Idson & Higgins，2001；Snyder et al.，2002）。

还存在其他一些复杂情况。部分目标理论学者认为，目标取向是非常稳定的、学习者在任何学习情境下都具有的倾向。其他一些目标理论学者却认为，目标取向极具可塑性，后效奖励及相关学习情境中的社会氛围，都可能使之产生反应。包含有诱导目标取向内容的实验结果表明，目标取向的引导在实验室中易于操纵。但对学校的干预研究则发现，学生在日常班级活动中，目标取向发生较大改变可能会困难许多（Urdan，1997）。例如，一些学生（包括成绩优秀的学生）即便在不强调竞争、支持学习目标的学习社群中，仍然固执地表现出绩效规避性的目标取向（Dai，2000；Miserandino，1996；Turner & Meyer，1999）。

不仅如此，对于老师相对更强调学习还是更强调绩效，同一班级的学生也是认识各异（Tapola & Niemivirta，2008；Urdan，2004）。再者，一些学生在一部分学科上是学习取向，而在另一部分学科上却是绩效取向（Bong，2001；Marsh，Kong & Hau，2001）。最后，尽管目标理论研究一直在源源不断地产生前后一致的研究成果（不管是通过比较高反差的目标取向，还是采用调查问卷对学生的目标取向进行评估测量），然而当受访学生被问到追求何种目标时，一般仍不会主动提到绩效目标。

小结

有关课堂动机的期望和学习社群方面的理论和研究（见表4.1），大多可归并到一种目标理论视角。最初的目标理论所源起的哲学思想，为人们描绘了学校教育应当成为的令人憧憬的那幅图景,而后来出现的多重目标观,则提供了一种合乎情理的折中方案,以充分利用发展至今的学校教育和在大部分地方继续存在的学校教育。这两种观点都认为,教师应当尽量减少学习社群规范,以及班级评价、奖励结构中的竞争因素和社会比较,并同时鼓励学生采用学习目标,为使他们成功达到目标而提供教学支持和个人支持。多重目标观进一步认为,在因成绩评定标准参照而不能消除竞争的情况下,教师至少应遵循与上述相同的原则,以使学生更多采用绩效目标中的绩效趋向性目标而非绩效规避性目标。

我本人的意见与此相似。唯一不同的是,在谈到即将到来的考试时,我会强调学习性目标与结果性目标(努力掌握学习内容,以使自己能够得到一个好成绩),而非学习性目标与绩效性目标(努力使自己在同学中脱颖而出或者证明自己的能力)。因为我认为,没有理由相信绩效趋向性目标比结果性目标能更有效地支持学生为争取成就而进行的努力(与此相反,它们会引发对竞争和同辈比较的担忧,分散学生的精力,影响他们专注备考)。再者,任何鼓励绩效目标的措施都是与创建学习社群的努力(第 2 章所述)背道而驰的。

对于这一点,开普兰(Kaplan)在 2004 年曾做过详尽论述。他指出,绩效目标与保护或提升自我社会价值的努力相关联。相应地,这种对自我价值的关注会导致一种倾向,即认为社会环境由一个内集团与另一个或多个外集团构成,并相应地将其区别对待。与重视掌握目标的学生相比,强调绩效目标的学生更加关注社会地位,不愿与来自不同社会群体的同伴进行合作。

研究中进行的访谈普遍反映出,学生们首要关心的仅仅是完成功课,而非获得想要的学习上的益处。于是,乌尔丹在 2001 年建议,教师不仅要定期向学生解释课程与学习活动计划取得的结果,而且要不时对学生看待这些目标的态度进行评估。这是一个不错的建议。

让学生把注意力集中到个人和集体的学习目标上,就意味着不仅要让他们专注于任务,而且要创造一个具有支持力、合作学习的环境,使学生能够自如地接受学习所带来的挑战,在遇到困难和挫折时仍坚持不懈地自主学习,并在需要时请求他人给予帮助。同时,这也意味着使他们能够得到所需要的帮助,建立起天道酬勤的信心,以及将错误当作学习过程中的一部分而非能力有限的表现。最后，这还意味着要在学生努力达到教师的学业期望的过程中，避免可能使学生在心理上感觉孤独或受到威胁的做法。

坚持应用本章所提出的原则，同时与第 2、3 章中所提到的原则相结合，就能够使教师给予学生极大的学习信心，激励他们采取学习目标而非绩效目标，专注于加工信息、形成技能而非担心失败难堪，遇到困难时仍能坚持完成任务。将预防性策略与支持性策略相结合，对于许多学生（即使不是大多数学生）来说就已足够。然而，一些学生仍然需要在他们的动机期望方面给予更密切的关注。有关帮助这部分学生的策略，将在第 5 章中进行讨论。

本章概要

人类动机的理论和研究重点，逐渐由关于序列行动的发动和发起问题，向关于行动的指向和质性问题转移，涌现了有关成就情境下动机的大量研究著述，包括班德拉、德维克和韦纳（Bandura, Dweck & Weiner）的研究成果，还有阿默斯、科韦因顿、尼科尔斯（Ames, Covington, Nicholls）以及其他致力于探索成就目标取向质性问题的学者们的贡献。早期的研究似乎一般都支持这样的结论，即学习目标是有效的目标，而绩效目标则不是。

然而，进一步的研究却发现，过去被认为与绩效目标相关的消极动机和策略，主要与绩效规避性目标相关联。绩效趋向性目标表现类型更为复杂。这导致了多重目标观的出现。多重目标观将绩效趋向性目标看作是学习目标的补充，认为至少对某些成就情境下的某些人来说是这样。绩效趋向性目标看似与短期记忆和成绩的关系更为密切，而学习目标则似乎与长期记忆和对学科本身的兴趣存在更大的相关性。

目标理论学者开始研究目标的内容，而非成就性目标。有关取巧性目标、社会目标和外在目标的研究，揭示了它们与成就目标之间的可预测关系，并欣赏能够协同多重目标来同时着手多个任务计划的学生。这就意味着，使动机最优化就是要采用与情境中的成就任务和评价标准充分契合的目标。

对于这一点，部分学者认为 2×2 目标模型及相关的多重目标观，对有关动机期望及其认知、情感和策略相关因素（见表 4.1）方面的著述，是一种可喜的集成。然而，一些人却认为褒扬绩效目标而不鼓励学习目标的教育制度，一定是有问题的。此外，目标理论学者还不断面临诸多的反常经验，如目标协同从理论上讲很不错，但在实践中很难实现；学生们被要求说到自己的目标时，往往不会提及绩效目标，但经常会提到功课完成目标；目标措施与成就措施一般不存在很好的相关关系；对学生目标取向的稳定与变化模式，目前并没有完全弄清楚。

当教师思考如何在实践中采用目标理论时，不仅需要考虑上述研究成果，还需要反思自己的教育理念。如果教育理念与早期目标理论学者们的一样，并相信其有关学校教育的愿景可行的话，那教师可考虑尝试"TARGET"计划或者相对更宽泛一点的各种动机干预计划。如果教师和我们一样，对学校教育的根本改革不抱太多希望，则可采用多重目标观。这意味着教师在日常的教学中，应更多地鼓励学生形成自己的学习目标并坚持之，同时在有助于他们完成特定任务并达到相应成绩标准时，支持他们采用绩效趋向性目标。若为后者，教师应当确保自己鼓励的仅限于绩效趋向性目标中的结果性目标方面，即强调让学生在考试中发挥好，而不是把焦点放在证明自身能力或在与同学的竞争中取胜。教师至少应当听取所有目标理论学者的意见，避免采用严苛的成绩评定标准，避免按照正态分布曲线评定成绩，避免对学生的成绩进行公开比较。

思考题

1. 你是否曾经有过与本章开头两段引文所述相似的经历？如果有的话，它们对于你在教学实践中运用目标理论具有何启示？
2. 在大学层面开展研究的学者，对自我价值理论相关的自我设障以及其他变量进行了大量研究。你认为为什么会这样？
3. 如果观察到一个学生存在自我设障行为，你会对他讲些什么？
4. 你认为在班级中，能很好兼顾个体、竞争和合作的奖励结构是什么样的？你认为的结构适用于所有成绩水平的班级吗？
5. 采用绩效目标（正如目标理论学者定义的那样）与尽力考好试，二者有什么不同?
6. 为什么趋向性目标与其他变量之间普遍存在着交织的甚至是积极的关系,而规避性目标却与之存在较强的负面关系?
7. 学习目标与深加工策略相关并不令人奇怪,但为什么绩效目标会与表层加工策略有关联呢?
8. 当前的绩效趋向性目标为什么会在将来转变为绩效规避性目标?
9. 教师应当鼓励绩效趋向性目标吗?如果应当,那么什么时候鼓励、为什么要鼓励、如何鼓励呢?
10. 如何看待"TARGET"模型的长处和不足?它有重大疏漏吗?在课堂上实施的可行性如何?
11. 我们应当让学生去"成就"还是"竞争"?为什么?
12. 为什么看动机的"质"很重要,而不仅仅是关注动机的"量"?
13. 为什么参照标准评分比正态分布曲线评分的做法更可取?
14. 既然学习目标通常都与许多动机和策略措施(见表 4.1)相关,但为什么没有表现出与成就的一致关系?
15. 为什么本书作者主张将学习目标与结果性目标结合起来,而不是将学习目标与绩效趋向性目标结合起来?

参考文献

Ames, C. (1984). Competitive, cooperative and individualistic goal structures: A cognitive-motivational analysis. In R. Ames & C. Ames (Eds.), *Research on motivation in education: Volume 1. Student motivation* (pp. 177 – 207). New York: Academic Press.

Ames, C. (1990). Motivation: What teachers need to know. *Teachers College Record*, 91, 409 – 421.

Ames, C. (1992). Classrooms: Goals, structures, and student motivation. *Journal of Educational Psychology*, 84, 261 – 271.

Ames, C., & Archer, J. (1988). Achievement goals in the classroom: Students' learning strategies and motivational processes. *Journal of Educational Psychology*, 80, 260 – 267.

Anderman, E., Griesinger, T., & Westerfield, G. (1998). Motivation and cheating during adolescence. *Journal of Educational Psychology*, 90, 84 – 93.

Anderman, L., & Kaplan, A. (Guest Eds.). (2008). Special issue on the role of interpersonal relationships in student motivation. *Journal of Experimental Education*, 76, 115 – 240.

Anderman, E., & Murdoch, T. (2007). *Psychology of academic cheating*. Boston: Elsevier.

Anderman, E., & Wolters, C. (2006). Goals, values, and affects: Influences on student motivation. In P. Alexander & P. Winne (Eds.), *Handbook of educational psychology* (2nd ed., pp. 369 – 390). Mahwah, NJ: Erlbaum.

Baker, L., & Wigfield, A. (1999). Dimensions of children's motivation for reading and their relations to reading activity and reading achievement. *Reading Research Quarterly*, 34, 452 – 477.

Barron, K., & Harackiewicz, J. (2001). Achievement goals and optimal motivation: Testing multiple goal models. *Journal of Personality and Social Psychology*, 80, 706 – 722.

Bereby-Meyer, Y., & Kaplan, A. (2005). Motivational influences on transfer of problem-solving strategies. *Contemporary Educational Psychology*, 30, 1 – 22.

Blumenfeld, P. (1992). Classroom learning and motivation: Clarifying and expanding goal theory. *Journal of Educational Psychology*, 84, 272 – 281.

Boekaerts, M. (2001). Motivation, learning, and instruction. In N. Smelser & P. Baltes (Eds.), *International encyclopedia of the social and behavioral sciences* (pp. 10112 – 10117). New York: Elsevier Science.

Bong, M. (1996). Problems in academic motivation research and advantages and disadvantages of their solutions. *Contemporary Educational Psychology*, 21, 149 – 165.

Bong, M. (2001). Between- and within-domain relations of academic motivation among middle and high school students: Self-efficacy, task-value, and achievement goals. *Journal of Educational Psychology*, 93, 23 – 34.

Bong, M. (2005). Within-grade changes in Korean girls' motivation and perceptions of the learning environment across domains and achievement levels. *Journal of Educational Psychology*, 97, 656 – 672.

Brodscholl, J., Kober, H., & Higgins, E. T. (2006). Strategies of self-regulation in goal attainment versus goal maintenance. *European Journal of Social Psychology*, 37, 628 – 648.

Brophy, J. (2005). Goal theorists should move on from performance goals. *Educational Psychologist*, 40, 167 – 176.

Button, S., Mathieu, J., & Zajac, D. (1996). Goal orientation in organizational research:

A conceptual and empirical foundation. *Organizational Behavior and Human Decision Processes*, 67, 26 – 48.

Carver, C., & Scheier, M. (1999). A few more themes, a lot more issues: Commentary on the commentaries. In. R. Wyer (Ed.), *Perspectives on behavioral self-regulation* (pp. 261 – 302). Mahwah, NJ: Erlbaum.

Carver, C., & Scheier, M. (2008). Feedback processes in the simultaneous regulation of action and affect. In J. Shah 8c W. Gardner (Eds.), *Handbook of motivation science* (pp. 308 – 324). New York: Guilford.

Church, M., Elliot, A., & Gable, S. (2001). Perceptions of classroom environment, achievement goals, and achievement outcomes. *Journal of Educational Psychology*, 93, 43 – 54.

Coats, E., Janoff-Bulman, R., & Alpert, N. (1996). Approach versus avoidance goals: Differences in self-evaluation and well-being. *Personality and Social Psychology Bulletin*, 22, 1057 – 1067.

Corpus, J., McClintic-Gilbert, M., & Hayenga, A. (2009). Within-year changes in children's intrinsic and extrinsic motivational orientations: Contextual predictors and academic outcomes. *Contemporary Educational Psychology*, 34, 154 – 166.

Covington, M. (1992). *Making the grade: A self-worth perspective on motivation and school reform*. New York: Cambridge University Press.

Covington, M. (2000). Goal theory, motivation, and school achievement: An integrative review. *Annual Review of Psychology*, 51, 171 – 200.

Crocker, J., & Park, L. (2004). The costly pursuit of self-esteem. *Psychological Bulletin*, 130, 392 – 414.

Cury, F., Elliot, A., Da Fonseca, D., & Moller, A. (2006). The social-cognitive model of achievement motivation and the 2×2 achievement goal framework. *Journal of Personality and Social Psychology*, 90, 666 – 679.

Dai, D. (2000). To be or not to be (challenged), that is the question: Task and ego orientations among high-ability, high-achieving adolescents. *Journal of Experimental Education*, 68, 311 – 330.

Daniels, L., Haynes, T., Stupnisky, R., Perry, R., Newall, N., & Pekrun, R. (2008). Individual differences in achievement goals: A longitudinal study of cognitive, emotional, and achievement outcomes. *Contemporary Educational Psychology*, 33, 584 – 608.

Danon, C., Harackiewicz, J., Butera, R, Mugny, G., & Quiamzade, A. (2007). Performance-approach and performance-avoidance goals: When uncertainty makes a difference. *Personality and Social Psychology Bulletin*, 33, 813 – 827.

Darnon, C., Muller, D., Schrager, S., Pannuzzo, N., & Butera, F. (2006). Mastery and performance goals predict epistemic and relational conflict regulation. *Journal of Educational Psychology*, 98, 766 – 776.

Dolan, A., & McCaslin, M. (2008). Student perceptions of teacher support. *Teachers College Record*, 110, 2423 – 2437.

Dompnier, B., Darnon, C., & Butera, F. (2009). Faking the desire to learn: A clarification of the link between mastery goals and academic achievement. *Psychological Science*, 20, 939 – 943.

Dowson, M., & McInerny, D. (2001). Psychological parameters of students' social and work avoidance goals: Aqualitative investigation. *Journal of Educational Psychology*, 93, 35 – 42.

Dresel, M., Martschinke, S., & Kopp, B. (2009, April). *Elementary schoolteachers' feedback practices, perceived classroom goal structures, and students' personal achievement goals*. Paper presented at the annual meeting of the American Educational Research Association, San Diego, California.

Dweck, C., & Grant, H. (2008). Self-theories, goals, and meaning. In J. Shah & W. Gardner (Eds.), *Handbook of motivation science* (pp. 405 – 416). New York: Guilford.

Dweck, C., & Leggett, E. (1988). A social-cognitive approach to motivation and personality. *Psychological Review*, 95, 256 – 273.

El-Alayli, A. (2006). Matching achievement contexts with implicit theories to maximize motivation after failure: A congruence model. *Personality and Social Psychology Bulletin*, 32, 1690 – 1702.

Elliot, A. (2005). A conceptual history of the achievement goal construct. In A. Elliot & C. Dweck (Eds.), *Handbook of competence and motivation* (pp. 52 – 72). New York: Guilford.

Elliot, A., & McGregor, H. (2001). A 2×2 achievement goal framework. *Journal of Personality and Social Psychology*, 80, 501 – 519.

Elliot, A. J., & Murayama, K., (2008). On the measurement of achievement goals: Critique, illustration, application. *Journal of Educational Psychology*, 100, 613 – 628.

Emmons, R., & King, L. (1988). Conflict among personal strivings: Immediate and long-term implications for psychological and physical well-being. *Journal of Personality and Social Psychology*, 54, 1040 – 1048.

Entwistle, N., & Tait, H. (1990). Approaches to learning, evaluations of teaching, and preferences for contrasting academic environments. *Higher Education*, 19, 169 – 194. Epstein, J. (1989).

Family structures and student motivation: A developmental perspective. In C. Ames & R. Ames (Eds.), *Research on motivation in education. Volume 3. Goals and cognitions* (pp. 259 – 295). San Diego, CA: Academic Press.

Forster, J., Grant, H., Idson, L., & Higgins, E. T. (2001). Success/failure feedback, expectancies, and approach/ avoidance motivation: How regulatory focus moderates classic relations. *Journal of Experimental Social Psychology*, 37, 253 – 260.

Freitas, A., & Higgins, E. T. (2002). Enjoying goal-directed action: The role of regulatory fit. *Psychological Science*, 13, 1 – 6.

Fuchs, L., Fuchs, D., Karns, K., Hamlett, C, Katzarof T, M., & Dutka, S. (1997). Effects of task-focused goals on low-achieving students with and without learning disabilities. *American Educational Research Journal*, 34, 513 – 543.

Gehlbach, H. (2006). How changes in students' goal orientations relate to outcomes in social studies. *Journal of Educational Research*, 99, 358 – 370.

Gibson, B., & Sachau, D. (2000). Sandbagging as a self-presentational strategy: Claiming to be less than you. *Personality and Social Psychology Bulletin*, 26, 56 – 70.

Grant, H., & Dweck, C. (2003). Clarifying achievement goals and their impact. *Journal of Personality and Social Psychology*, 85, 541 – 553.

Greene, B., Miller, R., Crowson, H., Duke, B., & Akey, K. (2004). Predicting high school students' cognitive engagement and achievement: Contributions of classroom perceptions and motivation. *Contemporary Educational Phychology*, 29, 462 – 482.

Harackiewicz, J., Barron, K., Tauer, J., & Elliot, A. (2002). Predicting success in college: A longitudinal study of achievement goals and ability measures as predictors of interest and performance from freshman year through graduation. *Journal of Educational Psychology*, 94, 562 – 575.

Harackiewicz, J., & Elliot, A. (1998). The joint effects of target and purpose goals on intrinsic motivation: A mediational analysis. *Personality and Social Psychology*, 24, 675 – 689.

Harris, A., Yuill, N., & Luckin, R. (2008). The influence of context-specific and dispositional achievement goals on children's paired collaborative interaction. *British Journal of Educational Psychology*, 78, 355 – 374.

Higgins, E. D. (2006). Value from hedonic experience and engagement. *Psychological Review*, 113, 439 – 460.

Hole, J., & Crozier, W. R. (2007). Dispositional and situational learning goals and children's self-regulation. *British Journal of Educational Psychology*, 77, 773 – 786.

Hong, Y. (2001). Chinese students' and teachers' inferences of effort and ability. In F.

Salili, C. Chiu, & Y. Hong (Eds.), *Student motivation: The culture and context of learning* (pp. 105 – 120). New York: Kluwer Academic/ Plenum.

Howell, A., & Buro, K. (2009). Implicit beliefs, achievement goals, and procrastination: A mediational analysis. *Learning and Individual Differences, 19*, 151 – 154.

Howell, A., & Watson, D. (2007). Procrastination: Associations with achievement goal orientation and learning strategies. *Personality and Individual Differences, 43*, 167 – 178.

Hulleman, C, Durik, A., Schweigert, S., & Harackiewicz, J. (2008). Task values, achievement goals, and interest: An integrative analysis. *Journal of Educational Psychology, 100*, 398 – 416.

Jagacinski, C, Madden, J., & Reider, M. (2001). The impact of situational and dispositional achievement goals on performance. *Human Performance, 14*, 321 – 337.

Juvonen, J., & Wentzel, K. (Eds.). (1996). *Social motivation: Understanding children's school adjustment*. New York: Cambridge University Press.

Kaplan, A. (2004). Achievement goals and intergroup relations. In P. Pintrich & M. Maehr (Eds.), *Motivating students, improving schools: The legacy of Carol Midgley* (pp. 97 – 136). New York: Elsevier.

Kaplan, A., Gheen, M., & Midgley, C. (2002). Classroom goal structure and student disruptive behavior. *British Journal of Educational Psychology, 72*, 191 – 211.

Kaplan, A., & Maehr, M. (1999). Enhancing the motivation of African American students: An achievement goal theory perspective. *Journal of Negro Education, 68*, 23 – 41.

Kaplan, A., & Maehr, M. (2007). The contributions and prospects of goal orientation theory. *Educational Psychology Review, 19*, 141 – 184.

Kaplan, A., & Middleton, M. (2002). Should childhood be a journey or a race? Response to Harackiewicz et al. (2002). *Journal of Educational Psychology, 94*, 646 – 648.

Kember, D., Hong, C., & Ho, A. (2008). Characterizing the motivational orientation of students in higher education: A naturalistic study in three Hong Kong universities. *British Journal of Educational Psychology, 78*, 313 – 329.

Kiviniemi, M., Snyder, M., & Omoto, A. (2002). Too many of a good thing? The effects of multiple motivations on stress, cost, fulfillment, and satisfaction. *Personality and Social Psychology Bulletin, 28*, 732 – 743.

Kurman, J. (2006). Self-enhancement, self-regulation and self-improvement following failures. *British Journal of Social Psychology, 45*, 339 – 356.

Lau, S., & Nie, Y. (2008). Interplay between personal goals and classroom goal structures in predicting student outcomes: A multilevel analysis of person-context interactions. *Journal of Educational Psychology*, 100, 15 – 29.

Lemos, M. (1996). Students'and teachers'goals in the classroom. *Learning and Instruction*, 6, 151 – 171.

Leondari, A., & Gonida, E. (2007). Predicting academic self-handicapping in different age groups: The role of personal achievement goals and social goals. *British Journal of Educational Psychology*, 77, 595 – 611.

Levy, I., Kaplan, A., & Patrick, H. (2004). Early adolescents'achievement goals, social status, and attitudes toward cooperation with peers. *Social Psychology of Education*, 7, 127 – 159.

Levy-Tossman, I., Kaplan, A., & Assor, A. (2007). Academic goal orientations, multiple goal profiles, and friendship intimacy among early adolescents. *Contemporary Educational Psychology*, 32, 231 – 252.

Liem, A., Lau, S., & Nie, Y. (2008). The role of self-efficacy, task value, and achievement goals in predicting learning strategies, task disengagement, peer relationship, and achievement outcome. *Contemporary Educational Psychology*, 33, 486 – 512.

Lin, Y., McKeachie, W., & Kim, Y. (2003). College student intrinsic and/or extrinsic motivation and learning. *Learning and Individual Differences*, 13, 251 – 258.

Linnenbrink, E., & Pintrich, P. (2002). Achievement goal theory and affect: An asymmetrical bidirectiona model. *Educational Psychologist*, 37, 69 – 78.

Lopez, D. F. (1999). Social cognitive influences on self-regulated learning: The impact of action-control beliefs and academic goals on achievement-related outcomes. *Learning and Individual Differences*, 11, 301 – 319.

Louro, M., Pieters, R., & Zeelenberg, M. (2007). Dynamics of multiple-goal pursuit. *Journal of Personality and Social Psychology*, 93, 174 – 193.

Maehr, M., & Midgley, C. (1996). *Transforming school cultures*. Boulder, CO: Westview Press.

Marsh, H., Kong, C., & Hau, K. (2001). Extension of the internal/external frame of reference model of self-concept formation: Importance of native and nonnative languages for Chinese students. *Journal of Educational Psychology*, 93, 543 – 553.

Martin, A., Marsh, H., Williamson, A., & Debus, R. (2003). Self-handicapping, defensive pessimism, and goal orientation: A qualitative study of university students. *Journal of Educational Psychology*, 95, 617 – 628.

McCrea, S. (2008). Self-handicapping, excuse making, and counterfactual thinking: Consequences for self-esteem and future motivation. *Journal of Personality and Social Psychology*, 95, 274 – 292.

McGregor, H., & Elliot, A. (2002). Achievement goals as predictors of achievement-relevant processes prior to task engagement. *Journal of Educational Psychology*, 94, 381–395.

Meece, J. (1994). The role of motivation in self-regulated learning. In D. Schunk & B. Zimmerman (Eds.), *Self-regulation of learning and performance: Issues and educational applications* (pp. 25–44). Hillsdale, NJ: Erlbaum.

Meece, J., Herman, P., & McCombs, B. (2003). Relations of learner-centered teaching practices to adolescents' achievement goals. *International Journal of Educational Research*, 39, 457–475.

Meece, J., & Holt, K. (1993). A pattern analysis of students' achievement goals. *Journal of Educational Psychology*, 85, 582–590.

Middleton, M., Kaplan, A., & Midgley, C. (2004). The change in middle school students' achievement goals in mathematics over time. *Social Psychology of Education*, 7, 289–311.

Midgley, C. (Ed.). (2002). *Goals, goal structures, and patterns of adaptive learning*. Mahwah, NJ: Erlbaum.

Midgley, C., Kaplan, A., & Middleton, M. (2001). Performance-approach goals: Good for what, for whom, under what circumstances, and at what cost? *Journal of Educational Psychology*, 93, 77–86.

Miller, R., Greene, B., Montalvo, G., Ravindran, B., & Nichols, J. (1996). Engagement in academic work: The role of learning goals, future consequences, pleasing others, and perceived ability. *Contemporary Educational Psychology*, 21, 388–422.

Miserandino, M., (1996). Children who do well in school: Individual differences in perceived competence and autonomy in above-average children. *Journal of Educational Psychology*, 88, 203–214.

Murphy, P. K., & Alexander, P. (2000). A motivated exploration of motivation terminology. *Contemporary Educational Psychology*, 25, 3–53.

Newstead, S., Franklyn-Stokes, & Armstead, P. (1996). Individual differences in student cheating. *Journal of Educational Psychology*, 88, 229–241.

Nicholls, J. (1984). Achievement motivation: Conceptions of ability, subjective experience, task choice, and performance. *Psychological Review*, 91, 328–346.

Nicholls, J. (1989). *The competitive ethos and democratic education*. Cambridge, MA: Harvard University Press.

Nolen, S. (1988). Reasons for studying: Motivational orientations and study strategies. *Cognition and Instruction*, 5, 269–287.

Okun, M., Fairholme, C., Karoly, P., Ruehlman, L., & Newton, C. (2006). Academic goals, goal process cognition, and exam performance among college students. *Learning and Individual Differences*, 16, 255 – 265.

Ommundsen, Y., Haugen, R., & Lund, T. (2005). Academic self-concept, implicit theories of ability, and self-regulation strategies. *Scandanavian Journal of Education Research*, 49, 461 – 474.

Ommundsen, Y., & Kvalo, S. (2007). Autonomy-mastery, supportive or performance focused? Different teacher behaviours and pupils' outcomes in physical education. *Scandinavian Journal of Educational Research*, 51, 385 – 413.

Park, L., Crocker, J., & Kiefer, A. (2007). Contingencies of self-worth, academic failure, and goal pursuit. *Personality and Social Psychology Bulletin*, 33, 1503 – 1517.

Patrick, H., Anderman, L., Ryan, A., Edelin, K., & Midgley, C. (2001). Teachers' communication of goal orientations in four fifth-grade classrooms. *Elementary School Journal*, 102, 35 – 58.

Patrick, H., & Ryan, A. (2009). What do students think about when evaluating their classrooms' mastery goal structure? An examination of young adolescents' explanations. *Journal of Experimental Education*, 77, 99 – 124.

Payne, S., Satoris, S., & Beaubien, J. (2007). A meta-analytic examination of the goal orientation nomological net. *Journal of Applied Psychology*, 92, 128 – 150.

Pintrich, P. (2000). Multiple goals, multiple pathways: The role of goal orientation in learning and achievement. *Journal of Educational Psychology*, 92, 544 – 555.

Pintrich, P. (2003). A motivational science perspective on the role of student motivation in learning and teaching contexts. *Journal of Educational Psychology*, 95, 667 – 686.

Pomerantz, E., Saxon, J., & Oishi, S. (2000). The psychological trade-offs of goal investment. *Journal of Personality and Social Psychology*, 79, 617 – 630.

Poortvliet, P. M., Janssen, O., VanYperen, N., & Van de Vliert, E. (2007). Achievement goals and interpersonal behavior: How mastery and performance goals shape information exchange. *Personality and Social Psychology Bulletin*, 33, 1435 – 1447.

Roney, C., & O'Connor, M. (2008). The interplay between achievement goals and specific goals in determining performance. *Journal of Research in Personality*, 42, 482 – 489.

Rozendaal, J. S., Minnaert, A., & Boekaerts, M. (2003). Motivation and self-regulated learning in secondary vocational education: information-processing type and gender differences. *Learning and Individual Differences*, 13, 273 – 289.

Ryan, A., & Patrick, H. (2001). The classroom social environment and changes in adolescents' motivation and engagement during middle school. *American Educational*

Research Journal, 38, 437 – 460.

Schraw, G., Wadkins, T., & Olafson, L. (2007). Doing the things we do: A grounded theory of academic procrastination. *Journal of Educational Psychology*, 99, 12 – 25.

Senko, C, Durik, A., & Harackiewicz, J. (2008). Historical perspecatives and new directions in achievement and goal theory: Understanding the effects of mastery and performance-approach goals. In J. Shah & W. Gardner (Eds.), *Handbook of motivation science* (pp. 100 – 113). New York: Guilford.

Senko, C., & Harackiewicz, J. (2005). Regulation of achievement goals: The role of competence feedback. *Journal of Educational Psychology*, 97, 320 – 326.

Senko, C., & Miles, K. (2008). Pursuing their own learning agenda: How mastery-oriented students jeopardize their class performance. *Contemporary Educational Psychology*, 33, 561 – 583.

Sheldon, K., & Elliot, A. (1999). Goal striving, need satisfaction, and longitudinal well-being: The self-concordance model. *Journal of Personality and Social Psychology*, 76, 482 – 497.

Shim, S., & Ryan, A. (2005). Changes in self-efficacy, challenge avoidance, and intrinsic value in response to grades: The role of achievement goals. *Journal of Experimental Education*, 73, 333 – 349.

Shim, S., Ryan, A., & Anderson, C. (2008). Achievement goals and achievement during early adolescence: Examining time-varying predictor and outcome variables in growth-curve analysis. *Journal of Educational Psychology*, 100, 655 – 671.

Sideridis, G. (2006). Goal orientations and strong oughts: Adaptive or maladaptive forms of motivation for students with and without suspected learning disabilities? *Learning and Individual Differences*, 16, 61 – 77.

Simons, J., Dewitte, S., & Lens, W. (2004). The role of different types of instrumentality in motivation, study strategies, and performance: Know why you learn, so you'll know what you learn! *British Journal of Educational Psychology*, 74, 343 – 360.

Snyder, C, Shorey, H., Cheavens, J., Pulvers, K., Adams, V., & Wiklund, C. (2002). Hope and academic success in college. *Journal of Educational Psychology*, 94, 820 – 826.

Solmon, M. (1996). Impact of motivational climate on students' behaviors and perceptions in a physical education setting. *Journal of Educational Psychology*, 88, 731 – 738.

Somuncuoglu, Y, & Yildirim, A. (1999). Relationship between achievement goal orientations and use of learning strategies. *Journal of Educational Research*, 92, 267 – 277.

Stornes, T., & Ommundsen, Y. (2004). Achievement goals, motivational climate and sportspersonship: A study of young handball players. *Scandinavian Journal of Edu-

cational Research, 48, 205 – 221.

Tapola, A., & Niemvirta, M. (2008). The role of achievement goal orientations in students'perceptions of and preferences for classroom environment. *British Journal of Educational Psychology*, 78, 291 – 312.

Theeboom, M., DeKnop, P., & Weiss, M. (1995). Motivational climate, psychological responses, and motor skill development in children's sport: A field-based intervention study. *Journal of Sport and Exercise Psychology*, 17, 294 – 311.

Thomas, C., & Gadbois, S. (2007). Academic self-handicapping: The role of self-concept clarity and students'learning strategies. *British Journal of Educational Psychology*, 77, 101 – 119.

Thompson, T., & Musket, S. (2005). Does priming for mastery goals improve the performance of students with an entity view of ability? *British Journal of Educational Psychology*, 75, 391 – 409.

Thrash, T., & Elliot, A. (2001). Delimiting and integrating achievement motive and goal constructs. In A. Efklides, J. Kuhl, & R. Sorrentino (Eds.), *Trends and prospects in motivation research* (pp. 3 – 21). Boston: Kluwer.

Todorovich, J., & Curtner-Smith, M. (2003). Influence of the motivational climate in physical education on third grade students'task and ego orientations. *Journal of Classroom Interaction*, 38, 36 – 46.

Tuominen-Soini, H., Salmela-Avo, K., & Niemivirta, M. (2008). Achievement goal orientations and subjective well-being: A person-centred analysis. *Learning and Instruction*, 18, 251 – 266.

Turner, J., & Meyer, D. (1999). Integrating classroom context into motivation theory and research: Rationales, methods, and implications. In T. Urdan (Ed.), *The role of context* (Vol. 11 in the *Advances in motivation and achievement* series, pp. 87 – 121). Stamford, CT: IAI.

Turner, J., Midgley, C, Meyer, D., Gheen, M., Anderman, E., Kang, Y., & Patrick, H. (2002). The classroom environment and students'reports of avoidance strategies in mathematics: A multi method study. *Journal of Educational Psychology*, 94, 88 – 106.

Urdan, T. (1997). Achievement goal theory: Past results, future directions. In P. Pintrich & M. Maehr (Eds.), *Advances in motivation and achievement* (Vol. 10, pp. 99 – 141). Greenwich, CT: JAI.

Urdan, T. (Ed.). (1999). *The role of context* (Volume 11 in the *Advances in motivation and achievement* series). Stamford, CT: JAI.

Urdan, T. (2001). Contextual influences on motivation and performance: An examination of achievement goal structures. In F. Salili, C. Chiu, & Y. Hong (Eds.), *Student motivation: The culture and context of learning* (pp. 171 – 201). New York: Kluwer/Plenum.

Urdan, T. (2004). Using multiple methods to assess students' perceptions of classroom goal structures. *European Psychologist*, 9, 222 – 231.

Utman, C. (1997). Performance effects of motivational state: A meta-analysis. *Personality and Social Psychology Review*, 1, 170 – 182.

Valle, A., Cabanach, R., Nunez, J., Gonzalez-Pienda, J., Rodriguez, S., & Pineiro, I. (2003). Multiple goals, motivation and academic learning. *British Journal of Educational Psychology*, 73, 71 – 87.

Vansteenkiste, M., Simons, J., Lens, W., Soenens, B., Matos, L., & Lacante, M. (2004). Less is sometimes more: Goal content matters. *Journal of Educational Psychology*, 96, 755 – 764.

VanYperen, N. (2006). A novel approach to assessing achievement goals in the context of the 2×2 framework: Identifying distinct profiles of individuals with different dominant achievement goals. *Personality and Social Psychology Bulletin*, 32, 1432 – 1445.

Vaughn, L., Baumann, J., & Klemann, C. (2008). Openness to experience and regulatory focus: Evidence of motivation from fit. *Journal of Research in Personality*, 42, 886 – 894.

Veermans, M., & Jarvela, S. (2004). Generalized achievement goals and situational coping in inquiry learning. *Instructional Science*, 32, 269 – 291.

Vrugt, A., & Oort, F. (2008). Metacognition, achievement goals, study strategies and academic achievement: Pathways to achievement. *Metacognition and Learning*, 3, 123 – 146.

Wentzel, K. (1999). Social-motivational processes and interpersonal relationships: Implications for understanding motivation at school. *Journal of Educational Psychology*, 91, 76 – 97.

Wentzel, K., & Wigfield, A. (1998). Academic and social motivational influences on students' academic performance. *Educational Psychology Review*, 10, 155 – 175.

White, P., Sanbonmatsu, D., Croyle, R., & Smittipatana, S. (2002). Test of socially motivated underachievement: "Letting up" for others. *Journal of Experimental Social Psychology*, 38, 162 – 169.

Witkow, M., & Fuligni, A. (2007). Achievement goals and daily school experiences among adolescents with Asian, Latino, and European-American backgrounds. *Journal of Educational Psychology*, 99, 584 – 596.

Wolters, C. (2003). Understanding procrastination from a self-regulated learning perspective. *Journal of Educational Psychology*, 95, 179-187.

Wolters, C. (2004). Advancing achievement goal theory: Using goal structures and goal orientations to predict students' motivation, cognition, and achievement. *Journal of Educational Psychology*, 96, 236-250.

Worth, K., Sullivan, H., Hertel, A., Jeffery, R., & Rothman, A. (2005). Avoidance goals can be beneficial: A look at smoking cessation. *Basic and Applied Social Psychology*, 27, 107-116.

Yeo, G., Sorbello, T., Koy, A., & Smillie, L. (2008). Goal orientation profiles and task performance growth trajectories. *Motivation and Emotion*, 32, 296-309.

第 5 章
为受挫学生重建学习的信心和愿望

要乌龟同兔子赛跑显然有失公平。兔子会懈怠、打瞌睡,而乌龟则将因胜利无望而沮丧不堪。然而,如果建立一种有助于所有参与者跑出更好成绩的体系,乌龟和兔子都能从中受益。

如果我们的目标是让所有学生都有最佳表现,那么学校就必须把一分耕耘一分收获的希望留给所有学生。(Raffini,1988:13—14)

对有些学生来说,即便教师能做到有效满足其个性化需求,他们也努力追求进步,但就是跟不上大多数同学。对于这类学生,教师可以通过建立第 2 章所描述的学习社群,并贯彻实施第 3 章和第 4 章提出的课程、教学及评估原则,来保护他们的学习信心。即便如此,这些学生可能还需要你在激发学习动机方面提供额外的支持。此外,很多学生还会把因为先前的失败经历及其后果产生的动机缺乏的问题带到班级中来。如不能有效解决,这些问题将一直持续下去。

本章主要讨论四种和预期相关的动机缺乏问题:

1. 能力有限的学生因为很难跟上学习进度而产生长期的低预期,且容易接受失败;
2. 在失败情境下,有些学生由于不恰当的失败归因和对自我能力的错误认识,易陷入习得性无助;
3. 有些学生因为太在意自尊而执着于绩效性目标而非学习性目标;
4. 有些学生因试图逃避责任而达不到预期成就。

此外,那些觉得上学没有意义或价值而不愿付出努力的学生,其动机也需要被特别关注。只是这类学生出现的动机缺乏问题,源于动机的价值方面而非预期方面(详见第 10 章)。

激发低成就学生的学习动机

有些学生因能力有限或学习障碍长期学习吃力,很难跟上其他同学。比如,他们也许能够通读课文,但不能充分理解和记住所读内容,无法进行有效的自主学习;他们可能了解基本的数的知识,但不会应用这些知识解应用题。对于这些后进生,教师很难采用适用于本年级学生水平的教材和方法去教他们。有些学生也许通过额外辅导或特殊帮助就能跟上,有些则可能需要采用个性化的教材和教学方法。

如果教师能为低成就学生提供足够的教学支持,他们就能取得足以让教师和他们自身都感到满意的稳定进步,即便整体而言他们仍处于或接近班级的下游水平。然而,如果他们时常因为无法完成任务或是需要帮助却得不到帮助而产生挫败感,或是因为落后而感到耻辱,他们可能就会表现出失败综合征征状:缺乏动力,很难坚持学习,一出现失败的苗头就立刻放弃努力;或是关注于掩饰自己的疑惑,不懂装懂,忽视学习活动背后的学习目标。有些学生可能还会持消极被动的态度,不愿参与课堂活动,习题空着不写或是瞎猜答案,而不主动寻求帮助;有些学生甚至会产生行为问题。从这个意义上讲,能力有限造成的低成就,因动机问题造成的应得而未得成就变得更加糟糕。

低成就学生帮扶策略

谈到针对低成就学生的教学策略,理论家和研究者的观点在以下两个方面存在分歧:一是应该对低成就学生抱有怎样的期望,二是在相对全班同学需求的基础上,应投入多少精力用于满足低成就学生的需求。但对于有些策略,相关文献却基本趋同,特别是有关低成就学生辅导和个性化作业的策略。

通过整合大量文献,1989 年麦克因泰尔(McIntyre)提出四大建议。第一,考虑低成就学生个别化需求,设计课堂活动和作业。减少作业量,降低作业难度;采用多感官输入渠道,减少利用课本进行学习的需求;针对他们的兴趣布置作业;确保布置的作业不超过其能力范围;以及确保作业的开始部分简单或是足够常见,以给他们带来初始的成功体验。

第二，**安排任务时，向低成就学生详细说明任务完成的具体步骤**。让他们重复任务步骤，确保他们知道该如何做；以有声思维的方式给他们做示范，模拟任务完成的过程；引导、训练他们进行自我指导，列出达成目标的必经步骤；设定任务完成的时限，最好留给他们较为宽裕的时间，并能够提前完成。

第三，**亲自为低成就学生提供帮助和辅导**，或通过助教、成人志愿者、高年级学生或同班同学来帮助他们。当学生回答不出问题时，换一种方式重新提问或提供引导暗示；当他们表现好时对其进行表扬；让他们订正完成得不好的作业；告诉他们放心，需要时能够获得帮助；让他们和中等生（而不是优等生）坐在一起，建立融洽友好的同学关系，同时让这些中等生帮助他们"走上正轨"，比如提醒他们要做的作业及相应的截止日期；建立"学习伙伴"体系，鼓励低成就学生和住得近的同学进行合作，课后在家中一起学习。

第四，**维持低成就学生的学习动机**。在学生的试卷上写上鼓励的话和积极的评语；帮助低成就学生设定切实可行的目标，并对其取得的成绩加以评估；引起大家对他们取得成绩的关注，并给家长寄去积极的评语；鼓励他们把关注点放在努力取得比过去更好的成绩上面，而不是与班上其他同学攀比；采用绩效合约制；在给学生打分或填写报告单时，参照学生付出的努力和取得的进步，而非班上其他同学的表现。

除了以上策略外，1978年艾博特（Abbott）还指出：任务说明要简单易懂，必要时可以将任务分解成若干部分；让低成就学生坐在前排，保持经常性的眼神交流；给低成就学生布置额外作业，在满足其学习需求的同时为其提供获得加分的机会；与辅导人员保持密切联系，确保其辅导能针对学生的主要需求，并及时跟进学生的进步和问题。

2006年，玛格丽丝和麦凯布（Margolis & McCabe）制定了一套用以激励阅读困难学生的原则，包括使用能促进学生成功表现的教材和作业任务，确保学生熟悉背景知识和词汇以提高其成功预期，以及让学生学会积极归因。他们认为，如果在一篇阅读材料里学生有5%以上的词不认识，并有25%以上有关内容的题目不会作答，那么这篇材料对于他们来讲就太难了。为了帮助他们做好充分的阅读准备，你可以给他们朗读材料中的关键部分，并让他们用自己的话进行复述；将他们和阅读能力强的学生进行配对，并在上课前互读课文;让阅读困难的学生提前预习阅读材料,并列出需要辅导的词汇条目;为他们提供一个理解难度相对较低的阅读材料概要,并和他们一起讨论;或者将阅读材料寄到学生家里,请家长帮忙,教孩子学习关键词汇或讲解与阅读材料相关的背景知识。

当阅读困难的学生能成功阅读时,帮助他们把成功归因于自身的努力和坚持(你能持之以恒,没有放弃)、策略的正确选择和使用(你能通过在文章中寻找线索来理解困难词汇),以及在可塑能力方面的进步(你的阅读和理解一天比一天有进步)。如果他们在阅读中仍存在一定的困难,引导他们将失败归因于努力和坚持不够(如果确实有这方面问题的话)、策略选择或使用的失误,以及可塑能力的有待提高。其他建议还包括:发现阅读困难的学生做得好的地方,并在反馈中明确指出来;当文本难度较大时,为其补充图解;为他们提出要求和获得帮助提供便利;为他们的阅读提供更多的支持,包括教他们具体的应对策略并提供大纲、学习指南及其他资源。

低成就学生可以通过运用**掌握性学习**策略而获益:通过布置给他们能够胜任的任务,让他们认识到成功的可能性;必要时为他们提供个性化辅导;让学生签订合约承诺达到一定的成绩水平,并为此不断学习、练习并参加测试,直到他们达到承诺的水平。通过确保成功的方式,学生能够建立起自信,并更愿意为了达成有挑战性的目标而承担风险(Grabe,1985)。更多关于掌握性学习的介绍见文本框5.1。

文本框5.1 掌握性学习

掌握性学习旨在调整全班的整体进度,给后进学生更多时间赶上其他同学,并为其提供额外的辅导或其他的帮助,让他们尽快掌握其他同学已较快掌握的学习内容。最初,掌握性学习强调个性化辅导,但在后续发展中,该方法有所调整,与以全班或小组为单位进行的教学同时使用(Anderson,1985;Bloom,1980;Levine,1983)。

掌握性学习原则通常应用在具备以下特征的课程体系中:具体明确的学习目标、预先设定好的知识技能的掌握标准,以及经常性实施附有评分标准的

(续前页)

> 测试。掌握性学习的核心在于教学、测试、再教学和再测试的循环过程。教师在告知学生单元学习目标后对学生进行教学和指导,以使学生达到学习目标。教学和相关的练习活动完成后,学生参加掌握性测试(mastery tests)。在测试中达到掌握标准的学生(通常情况下能做对80%的题目)就被视为掌握了本单元学习内容,可进入下一单元的学习。或者更常见的情况是,已经掌握的学生参加拓展性活动或其他自选活动,直到全班同学都已掌握,再一起向前推进。对于没有达到掌握标准的学生,教师对其进行修正性指导,并辅以额外的练习,之后再进行测试。理论上来讲,测试和再教学应不断循环,直到全班同学都达到掌握标准;但实际情况下,第二次测试结束后,再教学便随之停止,全班进入到下一单元的学习。
>
> 通常,掌握性学习能大幅增加掌握基本教学目标的学生比例。该方法能使低成就学生受益,因为他们能获得额外的时间和指导,从而掌握更多的内容。而掌握更多内容的同时,也可能带来激励学习动机相关的益处(Guskey & Pigott,1988;Kulik, Kulic & Bangert-Drowns,1990)。然而,这一方法比较耗时,常被教师们认为缺乏实操性(Kurita & Zarbatany,1991)。
>
> 此外,虽然掌握性学习能让学得慢的学生获益,但同时也影响了学得快的学生,这样一来,掌握性学习的潜在优势就可能被抵销,除非在设计整个体系时能综合考虑所有学生的需要(Livingston & Gentile,1996)。给学得快的学生安排的活动应基于合理的教学法,而不能仅仅是为了让他们在等待其他学生赶上时有事可做。可行的调整方案是教师把握好最重要的学习目标,确保全班同学都能掌握;而对于重要性稍弱的学习目标,则接纳学生参差不齐的表现。之后,教师可以补充一些基本课程以外的拓展活动,让学生以个人或以小组为单位参与进来;与此同时,帮助少数同学查漏补缺,弥补落下的知识。

2008年,古德和布洛菲(Good & Brophy)所做的文献综述指出,低成就学生需要教师经常监督和教师(或其他能胜任的人)额外辅导,而不仅仅是给他们提供所谓的个性化辅导材料。这类材料多局限于低层次的重复性任务,只是徒增了学生的工作量,不能起到真正的补救性辅导作用。此外,低成就学生通常需要丰富多样的教学和辅导方式,而不是以同样的方式多次重复之前的教学内容，之后再增加训练和练习。

其他策略还包括：找一些内容与本年级所学相关的，但阅读起来更简单的课本和辅导材料；教会学得慢的学生独立阅读和学习的技巧，而不局限于课本学习内容；给这些学生提供学习指南及相关的学习支持；在向他们表达理解的同时，告诉他们教师抱有坚定的决心，一定要看到他们达成学习目标。

课堂策略研究成果

"课堂策略研究"的一部分内容是我对有关低成就学生教育的建议进行了整理。这项研究采访了98位从幼儿园到6年级的教师，问及他们在教导12种不同类型学生时所采取的策略。这些学生都表现出进步缓慢、动机或行为问题（布洛菲，1996）。98位教师中，有一半被认为拥有出色的能力，能有效教导这类学生，而另外一半则被认为处于平均水平。研究中的分析部分主要针对教师（尤其是评分较高的教师）回答中出现的共同主题。

针对低成就学生教育的问题，教师的回答主要围绕以下几个原则展开：重在提供学业帮助；需要时辅之以咨询和激励动机方面的支持；提供额外的监督、反馈和辅导；号召同班同学、家长、其他学生或者成人帮助这类学生；与此同时，将这类学生视为自己教师专业发展中的挑战，而非准留级生或需要转到特殊教育领域的学生。

最初，我很惊讶地发现，评分较高的教师重点关注的是为低成就学生提供学业帮助，而非为他们提供激励动机方面的支持。而后续分析也表明，评分较低的老师认为为激励学生动机而付出的努力收效甚微。下面两个例子反映了两位教师在处理学生遇到数学难题时采取的不同方式。

下面是有效处理的例子：

学生：第四题我不会做。

老师：哪部分不懂？

学生：我就是做不出来，太难了！

老师：我知道这道题你肯定能做对一部分，因为你前三题都做对了。第四题和前面的题很相似，只是稍微复杂了一点。解题切入点和前面几题的一样，只是多一步而已。回头看看前三题，再试试看能不能做出来第四题。过几分钟我再回来看看你做得怎么样。

而下面这位教师的处理方式相比之下就没那么有效。把它和上面的例子做一下对比。

学生：第四题我不会做。

老师：不会做！为什么不会？

学生：我就是做不出来，太难了！

老师：别说不会做，我们永远都不能说不会做。你努力了吗？

学生：努力了，但还是做不出来。

老师：你已经解出了前面三道题，再加把劲，兴许就能做出第四题。你为什么不再试试呢？

第一位老师表达了对学生的积极期待，并就如何解决问题提供了具体建议，然而并没有直接给出答案或者替学生代劳。在给学生提供前三题的反馈时，她很具体地说明学生前三题都做对了，并将其归功于学生的知识和能力，这样可以支持学生的自我效能感。此外，她还给出了指导性的帮助，并在这一过程中和学生交流与预期相关的想法。第二位老师既没有给出有用的指导性帮助，也没有合理的鼓励。相反，她只是表达了缺乏热情且有些自相矛盾的期待，这种情况下，学生很难相信加把劲就会成功。

有关低成就学生教育的结语

通过分析研究文献中提炼的原则以及采访富有经验的教师，我想强调以下关于低成就学生教育的建议。首先，接纳学生现有水平，并尽可能帮他们取得进步。把握好每个课程单元的核心教学目标（并不一定是低层次或容易达到的教学目标），并确保低成就学生能够掌握这些教学目标，即使这意味着他们需要放弃其他一些目标。其次，帮助他们客观认识自己的当前水平，并帮助他们尽己所能取得进步（Fosterling & Morgenstern, 2002）。要让学生知道，只要他们付出了努力，即使成绩还是落后于大部分同学，老师也可以接受；引导学生建立切实可行的目标并致力于目标的实现；向他们解释他们可能需要做一些额外练习，即使这个过程并不令人享受（教师能体谅他们，但是也希望看到他们努力学习）。

低成就学生需要额外的帮助,尤其是个性化辅导。然而,低成就学生的辅导人员需要有耐心、有爱心。如果让同级或跨龄学生辅导低成就学生,要确保他们充分理解这一点。此外,也要为低成就学生提供辅导同级或者低年级学生的机会,这有助于他们更彻底掌握教材,也能避免让低成就学生总是成为受助方,而非施助方(Bar-Eli & Raviv,1982;Shanahan,1998;Topping & Ehly,1998)。

当班上同学开始着手完成任务时,要多关心低成就学生,确保他们知道怎么做,有个好开头。不要让他们"重复操练错误",或者交上虽完成但"全错"的答卷。如果他们还没准备好独立完成拓展练习,利用循序渐进的练习帮助他们。如果他们阅读能力欠佳,就帮助他们学着提高阅读能力。此外,让他们投入有价值的学习活动,活动的完成不需要他们具备很强的阅读能力,或只需口头解释就能让学生理解活动要求。在数学教学中,利用具体的实操性活动帮助学生掌握基本概念。在语言艺术和其他学科的教学中,针对核心观点向学生提问,并要求他们做出经过深思熟虑的口头或书面回答。在后续为学生提供反馈时,应重点关注他们对核心观点的掌握情况,而非其语言或文字形式上的正误。

实际上,教师要与低成就学生"达成协议":跟不上班上其他同学没有关系,因为教师为他们设定了特殊目标和活动。如果他们能够完成这些特定目标,老师就会很满意,并会在需要时提供帮助。但学生必须坚持不懈,完成好自己该做的事情。教师要看到学生的努力和进步,但不一定要求他们非要达到年级标准,或是赶上全班同学的水平。

"失败综合征"学生的再社会化

失败综合征(failure syndrome)是教师用来形容对任务完成抱有低预期,一遇困难就想放弃的学生的术语之一。与此类似的词还有"低自我认知"、"受挫的"以及"沮丧的"。低成就学生是付出最大努力仍然会失败,而失败综合征学生则是因为未尽其所能而遭受本可以避免的失败。他们缺乏学习热情,轻易放弃。动机理论家不使用其他一些术语来形容这些学生,如"自我效能感低"、"能力实体论者"或"把失败归因于内在、稳定以及不可控因素"(即能力不足)。

动机理论学家还会提到习得性无助。跟一般意义上的失败综合征学生相比,各种学习能力水平的学生都可能陷入习得性无助状态,且他们的无助感可能只存在于某些特定成就情境下。比如,学生可能会在学数学时表现出习得性无助征状,而学英语时却不会。反之亦然(Galloway, Leo, Rogers & Armstrong, 1996)。

有习得性无助倾向的学生并不一定总会对测评计划产生焦虑,或是对所有的任务都抱有失败预期。只要他们不怀疑自己获得成功的能力,甚至有可能完成好具有挑战性的活动。然而,在遭遇挫折时,他们较容易做出"灾难性"反应,导致问题应对能力急剧下降(Dweck & Elliott, 1983)。

1980年,巴特科斯基和魏罗斯(Butkowsky & Willows)发现,陷入习得性无助的学生在面对具有挑战性的任务时会出现以下倾向:

1. 一开始便对成功抱较低的预期;
2. 遭遇困难时很快便放弃;
3. 将失败归咎于能力不足,而非可控的因素,比如努力不够或策略欠妥;
4. 将成功归因于外在不可控因素(比如运气、任务简单),而非自身能力和付出的努力;
5. 在遭遇失败后,对日后取得成功的可能性预期极大幅降低。

对于有些学生特别是较低年级学生而言,他们表现出的失败综合征倾向源于心理不成熟,表现为抗挫力弱、逃避、压抑,或是过度依赖成年人来应对压力。还有些学生则从老师或家长那里获得失败预期。家长有时候会让孩子认为,学校教的东西太难了,或是他们的学习潜力有限,尤其是在孩子最初几张成绩单中出现低分的情况下(Entwisle & Hayduk, 1982)。

教师也会通过直接或间接的方式向学生传达低预期,特别是那些被贴上"学习障碍"标签(Brophy, 1998; Weinstein, 2002),以及来自少数族裔或低社会经济地位家庭的孩子(McKown & Weinstein, 2008; Mertzman, 2008;见文本框5.2)。

然而,多数失败综合征问题是在以失败经历为主的社会学习机制下形成的。刚入学时,孩子们通常都热情高涨。但慢慢地,很多孩子就会发现上学会带来心理层面的威胁。他们要为自己回答问题、完成作业、参加考试的表现负

文本框 5.2　部分教师是如何向后进学生传达低预期的

　　就像学生在学习上屡次遭遇失败后失去信心一样，有些教师也会因为多次教学失利而感到灰心丧气，并开始表现出以下类似征状：低自我效能感、对未来的成功预期降低、将失败归咎于外在不可控因素，并放弃坚持不懈的、适应性强的问题解决策略，转而采取漫不经心的、一刀切的策略。在某些极端状况下，教师"精疲力竭"，并在大部分时间里，在多数学生面前表现出相应行为。然而更常见的情况是，教师会因为教导某些学生，特别是吃力赶追的后进学生而发展成习得性无助。在这种情况下，有些教师会加倍努力去帮助后进学生，而有些教师则会逐渐放弃尝试，在对待这些学生时走过场、敷衍了事，并在此过程中表露出对他们的低预期。

　　举个例子，大多数教师都明白后进学生需要耐心和鼓励。然而，1970年布洛菲和古德在调查中发现，有些老师并没有应用这些看似显而易见的策略，并至少坚持一整个学年（调查于学期末开展）。设想一下，在学生被提问不知如何回答，说"我不知道"或给出错误的答案时，这些教师会作何反应。这种情况下，教师可以不放弃，比如复述问题、给出暗示，或是换一个问题；也可以直接放弃，比如直接给出答案，或是找别的学生作答。调查显示，在相同的情况下，教师在面对优等生时不放弃的可能性是面对后进学生时的两倍。

　　对于不同学生的答案，教师表扬或批评的频率也有差别。如果优等生回答正确，12%的情况下会得到老师的表扬；而后进学生回答正确时，只有6%的时候会得到老师的表扬。同样地，当优等生回答错误时，6%的情况下老师会批评他们；而如果后进学生回答错误，则有18%的时候老师会批评他们。由此可见，在回答错误时，最需要老师耐心和鼓励的学生反而会遭到冷遇。后进学生回答正确时（尽管这种情况较少），老师也不太可能表扬他们；而当他们回答错误时（尽管这种情况更为频繁），老师却更容易批评他们。显然，这些教师与后进学生的互动模式是毫无成效的。

　　后续研究表明，有些老师也会耐心对待后进学生，并给予鼓励和支持。但其他老师则会陷入适应不良模式。相关例子在多项研究中都有记载（古德和布洛菲整理总结，2008），包括：

(续前页)

1. 提问后进学生时(在直接给出答案,或是找别的学生回答前),愿意等待的时间更短;
2. 提问后进学生时,更倾向于直接给出答案,或是找别的学生回答,而不会尝试帮助其完善答案(如给予提示、重复问题或换一种方式提问);
3. 不合理强化:奖励后进学生的不当行为或错误回答;
4. 后进学生失败时经常批评;
5. 后进学生成功时很少表扬;
6. 后进学生在公开场合回答问题后,未能给出反馈;
7. 总体上对后进学生关注更少,也较少与他们互动;
8. 较少让后进学生回答问题,或只提问简单、不需要进行分析的问题;
9. 将他们的座位安排在离教师较远的位置;
10. 总体上对他们的要求更低(教学内容低于后进学生能力水平;接受他们给出的低质量甚至错误的答案,并把这些答案当成正确答案对待;用不恰当的同情心或无来由的表扬取代系统的旨在掌握知识的教学);
11. 与后进学生私下的交流互动较多,在为他们安排活动和督促时更为细致;
12. 批作业或阅卷时,往往假定优等生的答案是对的,却不这样对待后进学生;
13. 与后进学生交流互动时,表现得不那么友善,包括较少对他们微笑,或给予其他肢体语言上的支持;
14. 回答后进学生提出的问题时,给出的回答更简短、信息量更少;
15. 与后进学生交流互动时,较少与他们进行眼神接触,或是通过其他肢体语言的方式表现出关注和回应(例如,身体前倾、点头肯定);
16. 时间有限时,较少对后进学生采用有效却耗时的教学方法;
17. 较少接受或是采纳后进学生提出的观点;
18. 给后进学生使用低劣课程安排(内容层次低、重复性高,多涉及事实性知识的背诵,而非课程扩展讨论;关注训练和练习,而非知识的应用以及高级思维活动的进行)。

以上对待优等生和后进学生的部分差异,至少在一定程度上是由于学生的行为造成的。例如,如果后进学生很少举手回答问题,老师就很难保证他们

(续前页)

> 能获得和优等生相同的回答机会;如果他们回答问题的质量不高,老师便很难经常接受或采纳他们的观点。确实,有些差异化对待的方式属于合理的个性化辅导。比如后进学生确实需要教师帮忙安排活动,或对他们进行密切监督;有些情况下,更多使用私下交流的方式,或是向他们提出更简单的问题可能更合理。但是,这些差异化模式也隐藏着危险,尤其是在差异被扩大化且发生在多个层面(而非一两处)的情况下。教师采用这种方式,也就意味着他们对待后进学生只是走过场,并非认真努力地帮助他们发挥自身的潜力。

责。他们的表现要受监督、被评分,分数还会被告知家长。失败便意味着要承受在众人面前丢脸的危险。

考虑到以上因素,那些长期经历失败或近期陷入失败恶性循环的学生会觉得自己不具备成功的能力,便不足为奇了。这种想法一旦扎根,就会引发失败预期及其他涉及自我认识的想法,使得他们无法集中注意力,并限制他们处理问题的能力。最终,他们会放弃认真完成任务的努力,并开始关注维护自尊和在他人眼中的自我形象。

失败综合征的形成是一个长期过程,因此不可能一夜间消失。举例说来,避免传达低预期很重要,但如果只是简单地传达高预期,甚至布置要求更高的作业,也无甚益处,除非在向学生传达高预期的同时,为他们提供支持,帮助他们实现高预期(Miller Heafner & Massey, 2009; Warrican, 2006)。这类学生需要获得初始的成功经历,及其他有助于建立信心的经历,还需要教师帮助他们制定目标和策略计划,向他们示范面对挫折时的积极反应等(Koh, 2006)。成功的教师能够培养起这些学生的"学习势头",从建立支持性的关系、培养信任开始,继而鼓励学生不断设定有挑战性的目标和制定策略方案,遇到困难时坚持不懈,并在需要帮助时主动寻求帮助,直到他们最终成为更加自觉、自律的学生(Strahan, 2008)。

失败综合征学生帮扶策略

失败综合征很容易出现并植根于能力实体观持有者身上,因为他们倾向于将失败归咎于自身能力不足。他们把此种归因当成理所当然,以至于别人向他们指出他们可能低估了自己能力的时候,最多是半信半疑,甚至还会变得焦虑(Plaks & Stecher,2007)。教师需要不断打破他们这种根深蒂固的观念,促进其能力增长观的形成。比如,向他们解释能力经由努力而获得,并随着学习而得到提高;每个人都需要付出努力(而不仅仅是能力较弱的学生);将挑战视为促进学习的途径,需要认识到挑战的价值;同时,对他们学习的过程、采用的策略或付出努力(而非天分或智力)进行表扬(Dweck & Master,2008)。

教师需要帮助失败综合征学生重建信心、制定失败应对策略,并在遭遇困难时坚持不懈。对于如何实现这些目标,研究者通过整合文献发现了很多策略。1978 年,沃德柯斯基(Wodkowski)提出,教师应当:

- 确保失败综合征学生能够经常体验成功(让他们独立完成任务前,确保他们知道怎么做;对他们的回答提供即时反馈;以及确保他们明白评分标准);
- 肯定他们付出的努力,表扬他们的进步,并传达积极的期望;
- 强调个人动因,比如允许他们自己制定目标、做出选择,并通过自评程序检查自己的进度;
- 运用小组过程方法强化学生的积极自我认识(组织活动时引导学生欣赏自身的优秀品质,并获得同伴的肯定)。

1975 年,斯维夫特和斯皮凡克(Swift & Spivack)也提出了与上述策略大致相同的策略。此外,他们还建议和这类学生一起探究:哪些课堂情境让他们觉得自在,哪些让他们觉得焦虑,及其背后的原因;帮助他们更好地了解并控制自身的焦虑情绪;向他们强调老师是愿意帮助他们的。对他们的帮助还包括:将评估和竞争的影响最小化,打分、评级时重点关注学生的长处而非短处;使用个性化的教材,并且只在这些学生自愿回答或是可能回答正确的情况下才叫他们起来发言(或者事先让他们知道会被提问或给出学习建议)。

1989 年,麦克因泰尔建议教师和这些学生一起阅读并讨论《小火车做到了》(*The Little Engine That Could*)这本童话书;表扬他们完成困难任务时付出的努力和取得的任何成绩;要求他们向教师寻求帮助前独立完成(或至少尽力尝试完成)一定量的任务;指出他们以前成功完成的任务与现在面临任务之间的相似性;必要时可以给他们更多的时间,但坚持要求他们自己完成任务。

关于特定理论概念或处理方法的研究,对失败综合征学生给出了更为具体和详细的建议。其中大多涉及被1987年阿默斯(Ames)称作"认知再训练"(cognition retraining)的内容。认知再训练的方法主要有三种:归因再训练、效能训练和策略训练(见表5.1)。

表5.1 认知再训练的方法

训练方法	关注点	主要目标
认知再训练的方法结合了直接讲解、有声自我指导(有声思维)示范、培训,以及在受控任务情境下教师提供练习指导,以教会学生在成就情境中采取有效应对策,并帮助他们在应用这些策略时进行自我调整。针对学生应对策略不同方面的侧重点,研究者提出了不同的认知再训练方法,以实现不同的具体目标。		
归因再训练	绩效归因(尤其是从失败中恢复时使用的分析和策略)	教导学生将失败归因于可补救的原因(如知识不足、付出努力不够以及策略欠妥),由此得以坚持不懈,不轻易放弃。
效能训练	自我效能感	教学生设定并努力实现合理的近期目标,并通过循序渐进的努力实现最终目标。在此过程中,表扬他们在该领域下发展的专业能力。
策略训练	在具体领域/任务下的技巧及策略	通过全方位的指导,即主题性知识(要做什么)、过程性知识(如何做)以及条件性知识(什么时候做以及为什么)兼顾的方式,帮助学生习得有效学习和解决问题的策略,并对策略应用进行自我调整。

归因再训练(attribution retraining)。归因再训练包括扭转学生的归因倾向,教他们把失败归因于可补救的原因(如努力不够或策略不当)而非能力不足。典型的矫正办法是通过示范、社会化、练习和反馈教会学生:(1)关注任务的完成,不要担心失败;(2)遭遇失败时,倒退回去寻找错误原因,或进一步分析问题,另辟蹊径;(3)将失败归因于努力不够、信息不足或策略无效,而非能力不足

(Craske,1998;Dweck & Elliot,1983;Hall et al.,2007;Haynes,Daniels,Stupinsky,Perry & Hladkyj,2008)。能够融合归因再训练和任务完成策略训练的方案,对于矫正失败综合征学生尤为有益(Borkowski,Weyhing & Carr,1988;Carr & Borkowski,1989;Dresel & Haugwitz,2008;Margolis & McCabe,2006;Robertson,2000;Van Overwalle,Segebarth & Goldschstein,1989)。

归因再训练研究带来了"为学生的成功而装备"这一常识性观念的显著发展。相关研究表明,仅仅成功还不够,甚至连续成功的经历也无法改变业已形成的习得性无助。事实上,归因再训练成功的关键在于让学生在可控范围内经受失败。教师不能仅向学生展示"成功榜样"——轻而易举便完成任务,而应展示"进取榜样"——通过努力战胜困难获取最后的成功。在此过程中,学生得以效仿遭遇错误时的建设性应对方式(比如,表达坚持不懈的信心,将失败归于可补救因素,以及遇到问题时先找出问题的根源再纠正错误,或尝试不同的解决办法)。通过此类示范,学生便能逐渐独立完成任务。在模拟示范的过程中,可以通过有意安排,让学生时不时遭遇困难和挫折,然后在教师的指导和鼓励下,他们能够采取建设性应对方式,而不会因沮丧选择放弃(Borkowski & Weyhing,1988;Schunk,1999)。

要使学生动机相关的态度和想法成功社会化,须关注学生的抗挫力、毅力以及应对失败的其他建设性反应。这与为成功而装备大不相同,特别是相异于试图让学生避免一切失败的做法(Clifford,1984;Rohrkemper & Corno,1988)。

早期的归因再训练方案强调将失败归因于努力不足(没有尽力或不够专注),而近期的训练方案则强调将失败归于策略无效(解决问题的方法错误,如误解了题干说明,或某个步骤出错,导致后续努力徒然)。这一转变表明研究者们认识到,大多数学生至少主观上认为付出了最大的努力,因而失败并非由于努力不足,而是相关领域知识及应对策略缺乏。也就是说,他们在自己认知范围内做出了最大努力,却未能成功;且单凭自己,无法诊断出问题所在并最终解决问题。对于这些学生而言,将失败归于努力不足,不但有失偏颇,更是对学生的侮辱。而将失败归于策略无效,则能让学生感受到安慰和鼓舞。通过持续地向学生示范这种策略归因,教师可以帮助学生判断他们的成功、失败以及背后的原因,进而得以宣扬"努力+策略=成功"的核心观念(Kozminsky & Kozminsky,2003)。

效能训练(efficacy training)。效能训练也包括将学生置于事先规划的挑战情境中,进而为他们提供示范、指导以及反馈。然而,它和归因再训练的目标不尽相同。归因再训练方案专门针对陷入习得性无助的学生,重在教会他们建设性地应对失败;而效能训练方案则主要针对已经惯失败并习惯性认为自己能力不足的后进学生。因此,效能训练意在帮助学生设定切实可行的目标,并能在认识到只要付出合理努力就有能力(效能)实现目标的情况下,为目标付诸努力(Gerhardt & Brown,2006;Koestner et al.,2006)。

1985年,申克(Schunk)发现以下方法能有效增强学生自我效能感:
- 认知示范:包括表述任务解决策略、面对困难坚持不懈的意愿,以及最终取得成功的信心;
- 任务完成策略培训:应具有明确的目标和步骤;
- 表现反馈:指出正确的步骤、改正错误,并向学生证实他们正在一步步掌握知识和技能;
- 归因反馈:强调成功,并将成功归于足够的能力和合理的努力;
- 鼓励学生在着手任务前设定目标(目标应既有挑战性,又可以达成,包含具体的绩效标准,并指向即时短期结果);
- 提供反馈时,强调对学生目前的表现进行纵比,而不要将他们和其他学生进行横比;
- 根据学生任务完成实际情况(而非仅仅参与任务)给予奖励。

策略训练(strategy training)。策略训练通过示范和指导,教给学生成功完成任务所需的问题解决策略。策略训练面向所有学生,是一种良好的认知技巧指导,并非重点关注补救性技巧。然而,该训练对于受挫学生而言尤为重要,因为受挫学生单凭自己无法形成有效学习及解决问题的策略,但他们能够通过教师的示范和有意指导学会这些策略。

举个例子,阅读能力弱的学生可以通过以下方法学习阅读理解策略:找出文章的写作目的,并在阅读过程中牢记写作目的;调动相关背景知识;找出主要观点,并注意文章的结构和内容的衔接;针对文章内容提问和回答问题,以此检验对文章的理解;以及通过解读、预测和提出结论进行推断,并证实推断的可靠性(Duffy & Roehler,1989;Meichenbaum & Biemiller,1998;Palincsar &

Brown,1984;Paris & Paris,2001;Pressley,1998;Raphael,1984)。写作能力弱的学生同样也可以通过学习,掌握构思、草稿拟定和文本修改的策略(DeLapaz & Graham,2002;Graham,Harris,Fink-Chorzempa & MocArthur,2003)。有效策略指导的关键在于:(1)主题性知识(要做什么)、过程性知识(如何做)和条件性知识(什么时候做以及为什么)兼顾;(2)包含认知示范(通过有声思维使隐性的问题解决思维过程显性化)。

也有一些策略培训方案旨在培训学生的一般性学习技巧(Devine,1987)和学习策略(Weinstein & Mayer,1986)。这些方案中的认知成分包含有关策略的指导,如操练(重复教学习内容,以达到有效记忆)、阐述(用自己的话表述材料,并将其与先前的知识联系起来)、组织(列出材料提纲和文章结构并进行记忆)、理解监控(记录所用策略及其应用效果,并适时做出相应调整),以及情绪监控(保持对任务的专注,将对绩效的焦虑和对失败的惧怕降到最低程度)。此外,这些方案还包含了类似归因再训练和效能训练中用到的情绪管理成分(McCombs & Pope,1994;Rohrkemper & Corno,1998;Toland & Boyle,2008)。当学生看到的是不断改善的应对模式而非完美无缺的成功模式时,这种情绪管理的应用就更容易取得成功(Zimmerman & Kitsantas,2002)。针对失败综合征学生设计综合性认知再训练方案时,既要关注任务参与和努力坚持的认知方面,又要关注其情绪方面。

1983年,德维克和埃里奥特(Dweck & Elliott)指出,策略训练方案能促进能力增长观而非实体观的建立。对于教师而言,这意味着:扮演咨询者的角色,而非裁判;更多关注学生的学习过程,而非结果;在面对学生的错误时,将其视为学习过程中自然且有益的组成成分,而非代表失败;在给学生提供反馈时,更多强调努力而非能力,更多强调有针对性的判断标准而非一刀切的标准;运用内在激励策略,而非外在激励策略。

来自课堂策略研究的发现

在有关课堂策略研究的访谈中,受访的教师还被问及失败综合征学生的教育策略(Brophy,1996)。得分高的教师建议,要同时使用支持、鼓励和任务协助的策略,帮助学生逐步改善学习习惯。他们会明确告诉这些学生,希望他们一丝不苟、坚持不懈，保质保量地完成作业。但同时也会让学生放心，布置的作业不会超出他们的能力范围；教师会监督他们的进度，提供所需的帮助，并通过表扬他们的成功、让大家看到他们的进步，以及为他们提供公开展示学习成果的机会，以强化他们的行为。随着学生建立起信心并具备更强的自主性和毅力，以上特殊处理做法便可逐步淡化。

在接受访谈的教师中，尽管没有人熟悉"效能训练"这一术语，但他们中的大多数都凭直觉支持效能训练方案中强调的策略，即和学生协商一致，让他们为实现具体的近期目标而付出努力；或给学生提供反馈时，表明他们有能力取得成功。然而，从归因再训练和习得性无助矫正的视角来看，这些教师的回答似乎不太令人满意。他们多数会提到支持、鼓励以及指导性帮助，但却很少涉及到习得性无助的征状（如面对挫折自暴自弃，轻言放弃，以及将失败归咎于能力不足等）。此外，他们也很少提及向学生示范应对策略，或者教会学生如何在面对困难时坚持不懈。因此，有必要重申的是，对于失败综合征学生特别是陷入习得性无助的学生来说，比起获得持续成功经历，他们更需要学会有效应对挫折和失败。

有关失败综合征学生的总结意见

面对失败综合征学生，教师需要耐心和坚持。对于长年患有失败综合征的学生尤为如此。这些学生对于自身能力不足深信不疑，教师不可能仅通过一些成功经历或几句鼓励的话，就能一蹴而就"治愈"他们。然而，你可以从瓦解他们必败的信念开始，促使他们逐步向自信迈进。比如确保他们有能力处理你设置的挑战，教他们所需的任务处理技巧和一般性学习策略，并运用归因再训练、效能训练以及其他相关处理方法涉及的原则。

对于以上处理方法，不管教师是否在正式场合加以运用，都可以在与失败综合征学生日常交流互动过程中渗透相关内容。因为这种社会化的方式大多是微妙的，且发生在非正式场合下，就像早前提到的那个有效应对被数学难题"卡住"的学生的事例一样（见148页）。每天用这种方式对待学生，定会让学生逐渐建立起自信（虽然过程缓慢），这样他们就不太可能在面对失败时自暴自弃了。

此外，教师要帮助这些学生认识到：他们在某些时候是需要帮助的，并且在需要帮助时应愿意接受帮助。教会他们遭遇困难时的具体应对步骤，比如从诊断问题出现的可能原因开始，进而尝试独立解决问题。如果他们自己无法解决，那么应该向别人寻求帮助。教师可能需要在这方面鼓励他们，因为这类学生大多不愿公开求助他人（Good, Slavings, Harel & Emerson, 1987; Newman & Goldin, 1990; Van der Meij, 1988）。

因此，需要教他们通过不那么引人注意的方式暗示自己需要帮助。在他们发出暗示时，教师要尽可能快地响应，给予他们所需的帮助。另外，还要教他们区分什么情况下需要帮助，什么情况下并不需要。如果他们并未采用你所教授的策略，也不清楚自己是否能够独立解决问题时，就要要求他们在寻求帮助前运用这些策略。如果他们确实需要帮助，那么不仅应给予帮助，还需注意重点提供"辅助性"帮助（通过解释、提问或提示，激发学生自己展开思考，并鼓励他们独立完成余下任务），而非简单给予"执行性"帮助（直接给出答案）。辅助性帮助可以为学生提供必要的支持，足以帮助（但不过度）他们建立起知识间的关联，进而掌握与任务相关的知识或技能。而执行性帮助则会扼杀学生深入思考的必要，让他们直接获得正确答案，却没有真正理解解题的关键（Butler & Neuman, 1995; Nelson-LeGall, 1987）。

避免学生设定绩效性目标或过分关注自我价值保护

学习吃力的后进学生或受失败综合征困扰的学生，往往更容易关注绩效性目标而非学习性目标。不过，有些学习能力强甚至非常自信的学生也会关注绩效性目标，特别是在他们步入青春期时，会对社会性攀比和个人名誉更为敏感。部分学生就可能在越来越多的成就情境中表现出习得性无助的倾向。一般情况下，这一问题虽不至于过于严重，但也令人担忧因为沉迷于保护自我价值，会转移学生在学习性目标上的注意力，导致学生在学习活动中采取不太理想的策略（Covington, 1992; Crocker & Niiya, 2008; HanSen, 1989; Nicholls, 1989）。

这类学生会通过各种方式逃避回答问题,如蜷缩在椅子上,避免跟老师进行眼神交流;或在提问时高高举起手,显得非常自信,似乎他们认为这样做老师就不太可能叫到他们。一旦老师叫他们起来回答问题,他们又拿不准答案时,他们会表现得犹豫不决,寄希望于老师的帮助;再或者,他们会嘟哝一个含混不清的答案,希望你会接受,蒙混过关;在课堂活动中,他们可能会表现出认真思考的样子,但其实只是在猜答案或是照抄同桌的答案;他们可能会在开始时拖延,而在时间所剩无几时草草了事;他们会跳过部分内容、只完成最低要求或以其他方法勉强完成任务,而不是挑战自我,尽己所能;他们还可能表现得一味追求完美,不断推翻自己完成一半的成果,并从头再来(如此便营造出一种假象,似乎他们在努力追求很高的目标,然而实际上却并未取得什么成果)。通过这类伎俩,沉迷于保护自我价值的学生看似在努力完成任务,实际上却在逃避真正的挑战,并为自己的失败寻找各种借口。

1995年,雷提伦、沃拉斯、索罗伦、奥基诺拉和金努伦(Lehtinen,Vauras,Salonen,Olkinuora & Kinnunen)在一项研究中描述了上述策略特征中的几种。该研究调查了3年级到6年级中过分关注自我价值的学生,并选取一位名叫海莉的学生进行了案例研究。海莉能够流利地朗读课文,自认为是优等生。但是,由于她理解课文困难、好动、难以集中注意力,老师对她的看法要低得多。每当遇到困难甚至只要听说任务可能有难度时,她就会表现出对失败的惧怕以及习得性无助的征状。她常常抱怨新任务量大、太难或是不喜欢这类任务,并试图通过社会依赖策略获取别人的帮助(比如,恳求帮助、扮可爱或以恭维的提问获得老师的指导)。如果还不行的话,她会进一步采取消极回避策略(如目光游离、将注意力从任务上移开,或对老师使用"冷战策略")。有些时候,她还会升级到采取积极或操纵式回避策略(如试图离开教室、做表面文章、呈现疲惫状,或一个劲儿地抱怨发牢骚或发脾气)。

海莉的以上行为征状通常随着压力的持续而不断升级,有时候还会顺延到下一个任务中。但是,一旦老师不再对她有所要求,这些征状就会被微笑和合作的态度所取代。长此以往,她的技巧日臻成熟,越来越能让老师(或是父母)放弃对她的督促,不再要求她尽其所能地完成任务。

还有些学生并不惧怕失败,因而不会沉迷于自我价值保护,但他们的学习目标经常受到社会性目标的干扰,比如取悦老师,或是试图给同学留下好印象(有时表现为展示知识或技能,但通常是以炫耀或"扮酷"的形式)。在一定程度上,当学生关注这些社会性目标时,他们便会忽视学习性目标,因而不太可能选择使用理想的学习策略(Lehtinen et al.,1995;Meece & Holt,1993)。

减少学生过度自我价值保护的策略

最有效的策略是预防,而非补救。教师可以通过将课堂建成学习社群(见第2章)和不断的示范、社会化和指导,引导学生关注学习性目标而非绩效性目标(见第3章和第4章),来减少学生保护自我价值的需求。

马丁·科韦因顿(Martin Covington,1992)通过实验,研究了减少学生过度自我价值保护问题的方法。他提出了以下策略:

1. 给学生布置吸引人的作业,引发学生的好奇心和兴趣,同时设定有挑战性但又在其能力范围内的目标。可能的话,让学生自主选择任务并控制自己面临的挑战层次(但同时也要鼓励他们在能力提高时,相应地提升挑战的层次)。
2. 提供足够的奖励。确保每个学生(而不只是聪明的学生)都能够获得预期的奖励。另外,发放奖励时应采取能够强化学生以下行为的方式:设定有意义的目标、提出挑战性的问题,以及为满足自己的好奇心而付出努力。要让学生将学习本身当成是一种追求目标。
3. 强化努力-结果协变的意识。帮助学生学会设定切实可行的目标,并让他们树立起信心,相信自己在付出合理努力后能够获得回报、取得成功。
4. 强调努力和自我价值之间的关联。帮助学生以取得的成绩和发展的技能为自豪,最大限度减少对社会性攀比的关注。
5. 倡导积极的能力观。帮助学生多角度看待自身的能力,秉持能力增长观而非能力实体观。
6. 改善师生关系。强调教师作为咨询者的角色。教师的任务是为学生学习提供帮助,而非充当权威角色来控制学生的行为。

其他文献资料也提出了类似的建议和策略:帮助学生理解他们的学习目的,认识当前的学习会对他们当前的生活以及毕业后的未来生活产生何种影响,以此来社会化学生的价值观和学习目标;教给学生认知及元认知策略,以更有效管理自身的学习,减少自我价值保护的需求;鼓励学生在需要时寻求帮助,并确保在他们能够在获得帮助的同时不会遭遇公共场合的尴尬;强调合作学习,避免学生你争我夺;使用个性化的评分标准,避免采用统一的绝对标准,或依据其他学生的表现打分(Adelman & Taylor, 1983; Lehtinen et al., 1995; Nicholls, 1989; Raffini, 1988)。

有关如何应对过度保护自我价值学生的结语

对于存在自我价值保护过度问题的学生,我们需要对其态度和想法进行社会化。对此,我想补充以下建议:首先,帮助学生认识恰恰是对自我价值的过分关注,限制了他们目前的绩效水平和日后的发展(依据表 4.1 向他们作解释会很有效)。帮助他们理解,只有通过接受新的挑战才能发展能力,总是选择简单而熟悉的任务自然可以规避风险,但同时也使自己故步自封,而与此同时其他同学却在不断进步。

其次,帮助他们认识把注意力集中于同伴竞争是一场必输的游戏,即便他们多数情况下似乎能赢。竞争会分散学习的注意力,使他们没有太多精力去整合学习内容、理解其价值,并为在未来社会生活中运用知识而牢记学习内容。同时,竞争还有可能导致同学关系问题。将组合评估和其他关注纵向进步的相关方式用到那些过度保护自我价值的学生身上,也会有所裨益。

最后,认真重视学生想要在公共场合"有面子"的需求。不要无视他们的恐惧,也不要简单告诉他们没有理由恐惧。相反,要问问他们,教师要怎样帮助他们才会让他们感觉更自在,更愿意接受真正的挑战。同时,自始至终跟进学生可能出现的任何正当需求。确保教师跟学生的日常交流互动能体现出:老师关心学生,不愿让他们感到难堪,并愿意在他们需要时提供任何帮助。

"顽固不进取学生"的再社会化

大多数存在预期相关问题的学生都希望取得比实际情况更好的成绩,但却受阻于本章开始时提到的一些问题。然而,教师还会遇到少数"顽固不进取学生"。他们设定很低的目标,拒绝承认自己的成功,因为他们不希望别人对自己产生保持好成绩并不断进步的预期。对于这类学生,教师需要不断告诉他们,付出合理努力(而非超人式的努力)就一定能获得持续成功的道理。同时,帮助他们认识到刻意不上进不利于他们自身的长远发展。

1992年,麦考尔、埃瓦恩和克拉策尔(McCall, Evahn & Kratzer)针对高能力不进取学生开展了大规模的长期研究,一直跟踪到他们进入成年。他们发现,高能力不进取学生在学校时期具有以下特征:自我价值感低、认为自己能力不足、设定目标不符合实际、难以持之以恒、面对任务时缺乏深思熟虑、意气用事、社会表现不成熟、同学关系差、对权威采取反抗或激进的态度、倾向于找借口逃避责任而非郑重承诺愿意改变。

上述出现在学校中的问题,只是更为严重的一种综合征的部分体现,这种综合征的特征是缺乏应对挑战的毅力。相较于其他对照组(其中一组成员与之成绩相当,但天赋却不如他们),高能力不进取学生上完大学并拥有稳定工作和婚姻的概率更小。因此,盲目认为这类学生在"找到真正感兴趣的事情"或是"离开学校,进入社会开始工作"后就自然可以摆脱相关问题的想法,是毫无根据的。如果听之任之,这类不进取征状还将一直持续。

顽固性高能力不进取学生的帮扶策略

麦考尔(McCall)及其同事整合总结了高能力不进取学生帮扶策略的相关文献,指出很多帮扶方案未能改善此类学生表现的原因,在于它们只关注于外围征状(如自尊、社会关系)的处理而非核心征状(即低成就动机和试图最小化预期和担负的责任)。一些综合性方案收效最佳,是因其针对所有的征状,并包含了针对家长、教师和学生三方的应对策略。最常见的做法是教师-家长合作模式,即教师每天或每周给家长通报学生的在校表现和成绩,而家长则根据学生是否达成了之前与学生协商设定的学业和行为目标,给予或不予其奖励或其他好处。

对抗性策略(confrontational strategy)。1988年,曼德尔和马库斯(Mandel & Marcus)设计出一项策略,意在给顽固性高能力不进取学生施加压力,让他们不再找借口,转而付出努力并采取负责任的态度。他们认为,如果采取对抗性质不明显的策略,比如不断鼓励他们,或布置更简单更有意思的任务,都不能带来根本意义上的转变,因为这些学生有很强的将预期和责任降到最低值的动机。这种对抗性策略在运用时,需要教师有足够的耐心去应对学生的借口和抵制策略。

第一步,问问这些学生究竟是否希望提高成绩(而不是直接宣布教师准备帮助他们提高成绩)。绝大多数人都会给出正面回答,这样,教师和学生双方便有着明确的角色定位:学生的责任是设定目标,而教师的角色任务是帮助他们实现这些目标。

第二步,评估学生每一科的进步、不足,以及学生为解决问题而制定的所有计划。至此,教师的角色便开始转变,以非评判式的方式获取信息,而不再做主观解释或建议。

第三步,关注具体问题,不给学生找借口的机会。问清楚是什么问题阻碍他们取得更好的成绩,如果学生在表达时模棱两可、泛泛而谈,应试图进一步挖掘细节,必要时对站不住脚的说法要提出质疑。例如,学生可能会说自己每天花一个小时学习,但在对前几天情况的询问中可以看出,学生真正花在学习上的时间可能平均只有 20 分钟。

第四步,指出每个借口和自然后果之间的关联,向他们描述(或更好的办法是,引导他们自己想象)如果他们不能有效解决找借口的问题,会有什么后果。

第五步,问问学生对于阻碍成功的困难有什么解决方案,之后和他们一起讨论这些建议,分析其可行性,预测潜在困难,并帮助他们完善计划。这时,需要注意的是,教师需要引导学生设定出计划,而不是告诉他们如何做。一旦学生自发地提出要获得更好成绩的目标,意识到当前学习习惯和将来取得成绩之间的关联,并找到了具体可行的解决方案,他们就不会再"无视"努力-结果之间的关联了。这样一来,学生必须自己承担起提高成绩的责任。

第六步,号召行动(在问学生"好,现在你打算怎么做?"之后,提出一系列的细节性具体问题)。

第七步,跟进过程,评估学生是否实施了计划。考虑到高能力不进取学生持续的不进取动机,教师在评估时可能会发现两种情况:第一,学生还是表现出不进取,只是找了另外一个借口代替了之前的借口而已;第二,在某一领域表现出进步,其他领域仍没有起色。这就可能需要采取较漫长的第八步,即在学生更换借口时重复第三步到第七步,直到最后学生再也找不出借口,被迫为自己的低成就承担起责任。

当这类学生最终能够承担起责任时,可能同时也伴随着以下反应:恐慌、低落、焦虑、愤怒、后悔、充满成就能量、迷茫、人际关系发生改变,或是深刻的反省。此时,教师的角色不再是不让学生找借口、迫使他们承担责任,而是转变为支持他们的友好听众和咨询顾问,不会对他们加以指责,帮助学生开始表达和反思"为什么我过去会允许自己成绩这么低?"或是"我到底想要怎样的未来?"之类的问题。

其他策略。其他关于应对高能力不进取学生的建议策略介于对抗性和支持性之间。例如,1988年,布兰科和波加契(Blanco & Bogacki)在总结学校心理学家的观点后,提出了如下建议:对同年级或者有年龄跨度的学生进行辅导;与学生和家长订立合约,与学生合作设定目标,与家长商定根据学生表现决定是否给予奖励;安排咨询时间,在让高能力不进取学生倾诉担忧的同时,迫使其为自己的表现负责,并承诺努力实现切实可行的目标;此外,要求学生在课间或放学后补齐落下的作业。

关于以上策略,其中很多被麦克因泰尔(McIntyre,1989)强调过,尤其是订立契约和设置奖励制度,朋辈间合作学习,通过循序渐进的步骤逐步提高成绩,以及要求学生重做粗制滥造的作业等。其他建议还包括:

- 采取小组合作学习的方法,让每位成员都能发挥独特的作用(由此形成同伴压力,迫使高能力不进取学生也努力完成自己的分工);
- 督促高能力不进取学生,并经常进行回查,确保他们在整个任务完成期间能时刻投入任务;
- 教给他们良好的学习习惯和自律技巧;
- 给他们安排尽可能有意思的任务,并帮助他们认识该任务在当前及未来生活中的应用潜力,但同时明确告诉他们,他们有责任为达成所有的课程目标而付出努力("无聊"不能成其为借口);
- 让他们在自己感兴趣的领域里完成额外的任务并获得加分;
- 和他们讨论未来的职业规划,并帮助他们认识未来职业对学业知识和技能的要求；
- 征求他们的意见，询问怎样才能帮助他们，并跟进他们提出的可行性建议。

1992年，汤普森和鲁道夫(Thompson & Rudolph)也提出了类似建议，包括：
- 通过逐步升级契约不断提高工作量；
- 避免说教、唠叨或威胁；
- 可行的话，让高能力不进取学生养成良好的学习习惯，或至少能够与一位在学习动机和认真完成作业方面能为其提供榜样的朋友一起，讨论什么是良好的学习习惯；
- 强化并着眼于学生当前取得的成绩，而不要强调过去的错误和失败；
- 给学生布置任务时，为他们提供清晰的任务说明，并指出要达到的具体目标。

来自课堂策略研究的发现

在1996年布洛菲的课堂策略研究中，评分较高的教师对高能力不进取学生的要求，比对那些认为任务太难的学生更高，且不会特殊照顾他们，因为他们未能取得理想成绩的原因在于缺乏学习动力。多数教师建议采用绩效契约和相关奖惩措施，即如果动力不足的学生能达到协商或强加的绩效预期给予奖励，反之则施以惩罚。不过，他们还提及**建立积极的师生关系**，并通过帮助他们认识学校学习和他们目前及未来需要之间的关联，以及强调学习能够丰富他们生活的潜在可能性，来对学生的态度进行再社会化。关于学生看低学校学习的重要性这一点，有的教师认为问题源于家长的态度，有的教师则认为是学生对学习内容不感兴趣。前者倾向于强调与家长的沟通，后者倾向于强调课程内容的改变。

一些教师还指出，学生成就低于能力的问题，更多反映的是学生缺乏对学校学习积极价值的认识，而不是简单地有意疏远课堂。正因为如此，他们才产生"尽可能少做，只要能过关就行"的态度。奖励与惩罚体系可以控制最终的结果，但要改变学生的态度则需要社会化。从这个意义上讲，教师的目标不仅仅在于让这类学生做出更能让人接受的表现，而要引导他们看到学校学习的**意义**，并让他们为自身付出的努力和取得的成功感到自豪。低年级教师也表达了类似的观点,虽然并不完全相同。他们认为这类学生的主要问题是缺乏方向性引导而非对课堂的疏远,因而需要有人把责任和期待强加给他们。在学校如此,在家里亦然。

有关高能力不进取学生的结语

学术文献和对教师的采访都反映了同样的现象:在 10 岁以前,大多数高能力不进取学生都不会刻意逃避责任。他们可能会表现出依赖成人、渴望被关注、没有准备好承担责任,或心智不成熟等,但还不会因为有意无意的动机而刻意不发挥出实际潜力。

以上现象表明,对于年龄较小的高能力不进取学生而言,鼓励性和指导性策略更为有效;而对于年龄稍大的高能力不进取学生,则需采取对抗性和劝导性策略。这一结论尚未被直接证实。但研究结果显示,提倡支持性策略的研究往往基于小学层面,而提倡对抗性策略的研究则大多针对初高中。因此,我们最好不要把低年级高能力不进取学生视作"顽固性"案例,除非有确凿的事实证据。相反,我们应该假定他们和正常的孩子没有太大区别,本质是好的,只是需要教师对其进行社会化和指导,以使他们能够从课堂教学和课后作业中获得最大的益处。简言之,就是要教会这些学生激发自己的学习动机(详见第 9 章)。

小结

学生动机的预期方面,并不主要取决于客观上学生取得了何等程度的成功,而在更大程度上是取决于学生如何看待自己的表现。即他们认为在付出合理努力后就有多大可能取得成就,或他们是否将这种成就视为成功,以及他们将表现归于可控还是不可控的因素等。所有的学生,包括陷入习得性无助的极端案例,其动机都是可以重塑的。凭借空洞的安慰或几句鼓励的话语,显然无法达此目的。我们需要综合采用以下措施才可能有效:提出合适的挑战性要求;帮助学生进行社会化,从而让他们认识到通过合理努力便可以取得成功;教会他们自律学习的策略。

学生应学会客观地看待学业上的挫折和失败,并做出适应性反应。1988年,罗尔肯帕和科诺(Rohrkemper & Corno)指出,有些失败不可避免,而可控范围内的失败是可取的。当学生遭遇的挑战超出他们应对困难的最高水平时,他们就会犯错。但重要的是这些错误能够激发有益的信息性反馈,并且学生们可利用这些反馈,在错误面前重新激发起新的学习动机,而不致灰心丧气。

本章概要

本章针对四类存在动机预期相关问题的学生提出了应对的策略。除了第2章至第4章讨论的预防性策略,这四类学生还需要额外的关注。首先是**后进学生**,他们往往很难跟上进度,经年累月就形成了低预期,容易向失败低头。对于这类学生,教师需要不断鼓励他们,告诉他们有能力达到要求,且会提供他们所需的一切帮助,以及只要他们持续付出合理的努力,老师都会欣赏他们的努力并接纳他们的进步。这些学生既需要学业辅导和帮助,也需要激励性的鼓励。可能的话,还要有个性化的指导材料或活动。如果他们付出最大努力也没有办法跟上,教师至少要确保他们掌握了核心学习目标。

失败综合征学生需要归因再训练、效能训练和策略训练,以帮助他们有效应对挫折或失败,而不会轻易放弃。需要记住的是,即便是持续的成功经历,也无法根除他们面对失败采取自暴自弃反应的可能性。教师需要帮助他们认识到,他们可以做到在面临挫折时继续专注于任务本身,并采取有效的策略解决问题。而在此过程中,他们在该领域的知识和技能也会得以提升。

至于那些过度关注**自我价值保护**的学生,他们需要教师帮助其认识到,这种对自我价值的过度关注恰恰不符合他们自身的利益。但同时,教师要向他们传达理解他们对自我价值的担忧,并愿意在课堂上帮助他们,让他们感到更自在。对于关注社会性目标(而非学习性目标)但程度较轻的学生,则要帮助他们认识到,对于短期社会目标的过多关注,会影响学习内容的整合,不能为日后将书本知识应用到实际生活打下坚实的基础。

最后,**顽固性高能力不进取**学生同样需要教师帮助他们认识到自己的行为不利于自身长期利益的实现。他们需要得到肯定,以及一定程度的任务指导,以帮助他们认识到,他们有望获得持续的成功,只要能够持久地付出合理的努力(老师不用每天都要求他们尽最大努力甚至超越极限)。对于经常逃避学习和找借口的顽固性高能力不进取学生,教师需要在对其进行鼓励、再社会化的同时,施以加压策略,比如家庭与学校合作基础上的行为合约,或曼德尔和马库斯(Mandel & Marcus,1988)建议的对抗性方法。

和处在其他任何情境中的个体一样,课堂情境下的学生也会追求不同的目标,并且各个目标的重要性会随着时间的推移而发生改变。作为教师,你的目标是让学生关注学习性目标,同时将他们对其他目标的注意力降到最低程度。从动机的预期方面来看,这也意味着要将学生在自尊或自我价值方面的威胁因素降到最低程度。系统地应用第2章至第4章中提出的相关原则,将能使学生对可能遭遇的尴尬以及自我价值保护方面的担忧降到最低。对于仍然无法放下这些担忧的学生,则需要增加使用第5章中提出的应对策略。

第3至第5章已经对动机中与预期相关的方面进行了讨论。第6章至第10章将讨论动机价值方面的相关问题。

思考题

1. 教师如何在有害无益的悲观主义和不切实际的乐观主义之间取得平衡,并将对学生的预期控制在"现实的乐观主义"范围?这一点是否类似于在学生的"最近发展区"进行教学?
2. 对于学习吃力的学生而言,为什么"让他们体验成功"并非合理的补救措施,或者说这样做至少是不够的?
3. 教师应该如何处理学生之间的个体差异?是忽略差异、试图消除差异,还是因材施教、帮助学生扬长避短?抑或是……?
4. 你会使用掌握性学习方法吗?如果是的话,什么时候、如何使用?如果不是,为什么?
5. 你需要密切监督学习吃力的学生,并为他们提供所需的帮助。那么,你如何安排时间做到这一点?

6. 作者建议要确保后进学生掌握每个单元的核心目标,即使这意味着要忽略其他的一些事情。这是否会让步于消极的预期,即让学生坚持有挑战性却十分现实的目标,而不是表面上看起来虚无渺茫的希望呢?如果不是,你的意见是什么?

7. 通常我们非常渴望给予自我较高的评价,有时甚至到了自我欺骗的地步。如果事实确实如此,为什么消极的自我效能感有时会植根于人的内心并很难改变?

8. 什么时候你会通过帮助学生设定目标来激发学生的学习动机?你是怎样帮助他们设定目标的?什么时候你会避免通过这种方式激发学生的学习动机?

9. 为什么优等生也会产生习得性无助的问题?

10. 在归因再训练中,为什么"应对榜样"比"成功榜样"更有效?

11. 请制定一个帮扶方案,帮助在数学课上学习吃力的学生建立数学方面的自我效能感。

12. 为什么效能训练中强调好的示范、指导,以及对学生的成就进行反馈,而不是"激励性"的演说?

13. 对于那些学习吃力的学生而言,使用"安全网"策略的利与弊各是什么?

14. 请制定一个方案,帮助像海莉这样的逆反学生。

15. 在帮助顽固性高能力不进取学生改变态度和行为时,你会对其家长说些什么来获得家长的帮助呢?

参考文献

Abbott, J. (1978). *Classroom strategies to aid the disabled learner*. Cambridge, MA: Educators Publishing Service.

Adelman, H., & Taylor, L. (1983). Enhancing motivation for overcoming learning and behavior problems. *Journal of Learning Disabilities*, 16, 384–392.

Ames, C. (1987). The enhancement of student motivation. In M. Maehr & D. Kleiber (Eds.), *Advances in motivation and achievement*, Vol. 5: *Enhancing motivation* (pp. 123–148). Greenwich, CT: JAI Press.

Anderson, L. (1985). A retrospective and prospective view of Bloom's "learning for mastery." In M. Wang & H. Walberg (Eds.), *Adapting instruction to individual differences* (pp. 254 – 268). Berkeley, CA: McCutchan.

Bar-Eli, N., & Raviv, A. (1982). Underachievers as tutors. *Journal of Educational Research*, 75, 139 – 143.

Blanco, R., & Bogacki, D. (1988). *Prescriptions for children with learning and adjustment problems: A consultant's desk reference* (3rd ed.). Springfield, IL: Charles C. Thomas.

Bloom, B. (1980). *All our children learning*. Hightstown, NJ: McGraw-Hill.

Borkowski, J., Weyhing, R., & Carr, M. (1988). Effects of attributional retraining on strategy-based reading comprehension in learning disabled students. *Journal of Educational Psychology*, 80, 46 – 53.

Brophy, J. (1996). *Teaching problem students*. New York: Guilford.

Brophy, J. (Ed.). (1998). *Advances in research on teaching. Volume 7: Expectations in the classroom*. Greenwich, CT: JAI.

Brophy, J., & Good, T. (1970). Teachers' communication of differential expectations for children's classroom performance: Some behavioral data. *Journal of Educational Psychology*, 61, 365 – 374.

Butler, R., & Neuman, O. (1995). Effects of task and ego achievement goals on help-seeking behaviors and attitudes. *Journal of Educational Psychology*, 87, 261 – 271.

Butkowsky, I., & Willows, D. (1980). Cognitive motivational characteristics of children varying in reading ability: Evidence for learned helplessness in poor readers. *Journal of Educational Psychology*, 72, 408 – 422.

Carr, M., & Borkowski, J. (1989). Attributional training and the generalization of reading strategies with underachieving children. *Learning and Individual Differences*, 1, 327 – 341.

Clifford, M. (1984). Thoughts on a theory of constructive failure. *Educational Psychologist*, 19, 108 – 120.

Covington, M. (1992). *Making the grade: A self-worth perspective on motivation and school reform*. Cambridge, UK: Cambridge University Press.

Craske, M. (1998). Learned helplessness, self-worth, motivation and attribution retraining for primary school children. *British Journal of Educational Psychology*, 58, 152 – 164.

Crocker, J., & Niiya, Y. (2008). Contingencies of self-worth: Implications for motivation and achievement. In M. Maehr, S. Karabenick, & T. Urdan (Eds.), *Social psy-

chological perspectives (*Advances in motivation and achievement series*, Vol. 15, pp. 49 – 79). Bingley, UK: Emerald.

DeLa Paz, S., & Graham, S. (2002). Explicitly teaching strategies, skills, and knowledge: Writing instruction in middle school classrooms. *Journal of Educational Psychology*, 94, 687 – 698.

Devine, T. (1987). *Teaching study skills: A guide for teachers* (2nd ed.) Boston: Allyn & Bacon.

Dresel, M., & Haugwitz, M. (2008). A computer-based approach to fostering motivation and self-regulated learning. *Journal of Experimental Education*, 77, 3 – 18.

Duffy, G., & Roehler, L. (1989). The tension between information-giving and mediation: Perspectives on instructional explanation and teacher change. In J. Brophy (Ed.) *Advances in research on teaching: Vol. 1. Teaching for meaningful understanding and self-regulated learning* (pp. 1 – 33). Greenwich, CT: JAI Press.

Dweck, C., & Elliott, E. (1983). Achievement motivation. In P. Mussen (Ed.), *Handbook of child psychology: Vol. 4. Socialization, personality, and social development* (pp. 643 – 691). New York: Wiley.

Dweck, C., & Master, A. (2008). Self-theories motivate self-regulated learning. In D. Schunk & B. Zimmerman (Eds.), *Motivation and self-regulated learning: Theory, research, and applications* (pp. 31 – 51). Mahwah, NJ: Erlbaum.

Entwisle, D., & Hayduk, L. (1982). *Early schooling: Cognitive and affective outcomes*. Baltimore: Johns Hopkins University Press.

Forsterling, F., & Morgenstern, M. (2002). Accuracy of self-assessment and task performance: does it pay to know the truth? *Journal of Educational Psychology*, 94, 576 – 585.

Galloway, D., Leo, E., Rogers, C., & Armstrong, D. (1996). Maladaptive motivational style: The role of domain specific task demand in English and mathematics. *British Journal of Educational Psychology*, 66, 197 – 207.

Gerhardt, M., & Brown, K. (2006). Individual differences in self-efficacy development: The effects of goal orientation and affectivity. *Learning and Individual Differences*, 16, 43 – 59.

Good, T., & Brophy, J. (2008). *Looking in classrooms* (10th ed.). Boston: Allyn & Bacon.

Good, T., Slavings, R., Harel, K., & Emerson, H. (1987). Student passivity: A study of question-asking in K-1 classrooms. *Sociology of Education*, 60, 181 – 199.

Grabe, M. (1985). Attributions in a mastery instructional system: Is an emphasis on effort harmful? *Contemporary Educational Psychology*, 10, 113 – 126.

Graham, S., Harris, K., Fink-Chorzempa, B., & MacArthur, C. (2003). Primary grade teachers'instructional adaptations for struggling writers: A national survey. *Journal of Educational Psychology*, 95, 279 - 292.

Guskey, T., & Piggott, T. (1988). Research on group-based mastery learning programs: A meta-analysis. *Journal of Educational Research*, 81, 197 - 216.

Hall, N., Perry, R., Goetz, T., Ruthig, J., Stupnisky, R., & Newall, N. (2007). Attributional retraining and elaborative learning: Improving academic development through writing-based interventions. *Learning and Individual Differences*, 17, 280 - 290.

Hansen, D. (1989). Lesson evading and lesson dissembling: Ego strategies in the classroom. *American Journal of Education*, 97, 184 - 208.

Haynes, T., Daniels, L., Stupnisky, R., Perry, R., & Hladkyj, S. (2008). The effect of attributional retraining on mastery and performance motivation among first-year college students. *Basic and Applied Social Psychology*, 30, 198 - 207.

Koestner, R., Horberg, E., Gaudreau, P., Powers, T, DiDio, P., Bryan, C., et al. (2006). Bolstering implementation plans for the long haul: The benefits of simultaneously boosting self-concordance or self-efficacy. *Personality and Social Psychology Bulletin*, 32, 1 - 12.

Koh, J. (2006). Motivating students of mixed efficacy profiles in technology skills classes: A case study. *Instructional Science*, 34, 423 - 449.

Kozminsky, E., & Kozminsky, L. (2003). Improving motivation through dialogue. *Educational Leadership*, 61, 50 - 54.

Kulik, C., Kulik, J., & Bangert-Drowns, R. (1990). Effectiveness of mastery learning programs: A meta-analysis. *Review of Educational Research*, 60, 265 - 299.

Kurita, J., & Zarbatany, L. (1991). Teachers'acceptance of strategies for increasing students'achievement motivation. *Contemporary Educational Psychology*, 16, 241 - 253.

Lehtinen, E., Vauras, M., Salonen, P., Olkinuora, E., & Kinnunen, R. (1995). Long-term development of learning activity: Motivational, cognitive, and social interaction. *Educational Psychologist*, 30, 21 - 35.

Levine, D. (1985). *Improving student achievement through mastery learning programs*. San Francisco: Jossey-Bass.

Mandel, FL, & Marcus, S. (1988). *The psychology of underachievement: Differential diagnosis and differential treatment*. New York: Wiley.

Margolis, H., & McCabe, P. (2006). Motivating struggling readers in an era of mandated instructional practices. *Reading Psychology*, 27, 435 - 455.

McCall, R., Evahn, C, & Kratzer, L. (1992). *High school underachievers*. Newbury

Park, CA: Sage.

McCombs, B., & Pope, J. (1994). *Motivating hard to reach students*. Washington, DC: American Psychological Association.

McIntyre, T. (1989). *A resource book for remediating common behavior and learning problems*. Boston: Allyn & Bacon.

McKown, C., & Weinstein, R. (2008). Teacher expectations, classroom context, and the achievement gap. *Journal of School Psychology*, 46, 235–261.

Meece, J., & Holt, K. (1993). A pattern analysis of students'achievement goals. *Journal of Educational Psychology*, 85, 582–590.

Meichenbaum, D., & Biemiller, A. (1998). *Nurturing independent learners: Helping students take charge of their learning*. Cambridge, MA: Brookline.

Mertzman, T. (2008). Individualizing scaffolding: teachers'literacy interruptions of ethnic minority students and students from low socioeconomic backgrounds. *Journal of Research in Reading*, 31, 183–202.

Miller, S., Heafner, T., & Massey, D. (2009). High-school teachers'attempts to promote self-regulated learning: "I may learn from you, yet how do I do it?" *Urban Review*, 41, 121–140.

Nelson-LeGall, S. (1987). Necessary and unnecessary help seeking in children. *Journal of Genetic Psychology*, 148, 53–62.

Newman, R., & Goldin, L. (1990). Children's reluctance to seek help with homework. *Journal of Educational Psychology*, 82, 92–100.

Nicholls, J. (1989). *The competitive ethos and democratic education*. Cambridge, MA: Harvard University Press.

Palincsar, A., & Brown, A. (1984). Reciprocal teaching of comprehension-fostering and comprehension-monitoring activities. *Cognition and Instruction*, 1, 117–175.

Paris, S., & Paris, A. (2001). Classroom applications of research on self-regulated learning. *Educational Psychologist*, 36, 89–101.

Plaks, J., & Stecher, K. (2007). Unexpected improvement, decline, and stasis: A prediction confidence perspective on achievement success and failure. *Journal of Personality and Social Psychology*, 93, 667–684.

Pressley, M. (1998). *Reading instruction that works: The case for balanced teaching*. New York: Guilford.

Raffini, J. (1988). *Student apathy: The protection of self-worth*. Washington, DC: National Education Association.

Raphael, T. (1984). Teaching learners about sources of information for answering comprehension questions. *Journal of Reading*, 27, 303 – 311.

Robertson, J. (2000). Is attribution training a worthwhile classroom intervention for K-12 students with learning difficulties? *Educational Psychology Review*, 12, 111 – 134.

Rohrkemper, M., & Corno, L. (1988). Success and failure on classroom tasks: Adaptive learning and classroom teaching. *Elementary School Journal*, 88, 299 – 312.

Schunk, D. (1985). Self-efficacy and classroom learning. *Psychology in the Schools*, 22, 208 – 223.

Schunk, D. (1999). Social-self interaction and achievement behavior. *Educational Psychologist*, 34, 219 – 227.

Shanahan, T. (1998). On the effectiveness and limitations of tutoring in reading. *Review of Research in Education*, 23, 217 – 234.

Strahan, D. (2008). Successful teachers develop academic momentum with reluctant students. *Middle School Journal*, 39, 4 – 12.

Swift, M., & Spivack, G. (1975). Alternative teaching strategies: *Helping behaviorally troubled children achieve Champaign*, IL: Research Press.

Thompson, C., & Rudolph, L. (1992). *Counseling children* (3rd ed.). Pacific Grove, CA: Brooks/Cole.

Toland, J., & Boyle, C. (2008). Applying cognitive behavioural methods to retrain children's attributions for success and failure in learning. *School Psychology International*, 29, 286 – 302.

Topping, S., & Ehly, S. (1998). *Peer-assisted learning*. Mahwah, NJ: Erlbaum.

van der Meij, H. (1988). Constraints on question-asking in classrooms. *Journal of Educational Psychology*, 80, 401 – 405.

VanOverwalle, F., Segebarth, K., & Goldschstein, M. (1989). Improving performance of freshmen through attributional testimonies from fellow students. British Journal of Educational Psychology, 59, 79 – 85.

Warrican, S. J. (2006). Promoting reading amidst repeated failure: Meeting the challenges. *High School Journal*, 90, 33 – 43.

Weinstein, C., & Mayer, R. (1986). The teaching of learning strategies. In M. Wittrock (Ed.), *Handbook of research on teaching* (3rd ed., pp. 315 – 327). New York: Macmillan.

Weinstein, R. (2002). *Reaching higher: The power of expectations in schooling*. Cambridge, MA: Harvard University Press.

Wlodkowski, R. (1978). *Motivation and teaching: A practical guide*. Washington, DC: National Education Association.

Zimmerman, B., & Kitsantas, A. (2002). Acquiring writing revision and self-regulatory skill through observation and emulation. *Journal of Educational Psychology*, *94*, 660–668.

第 6 章
提供外部激励

学生动机的价值方面

期望×价值模型表明,研究学生的动机,不仅要研究其期望方面,还有必要研究其价值方面。否则,学生可能会问他们自己:"我知道我能做这件事情,但是我的动机在哪里呢?"要有做某件事的动机,我们就需要去做此事的充分理由,而仅有可以做到的自信是不够的。

主观任务价值(subjective task value)由三个主要部分组成:**成就价值**(attainment value,指完成任务对于坚定我们的自我认识或我们的核心需要、价值、身份认同所具有的重要性);**内在价值或兴趣价值**(intrinsic or interest value,指我们在从事任务的过程中所获得的乐趣);**实用价值**(utility value,指完成该任务对于帮助我们达到更远大目标,比如推进我们的事业所可能发挥的作用)(Eccles,2009;Wigfield & Eccles,2000)。这种分类体系很有用。但为了有利于在课堂中运用,我宁愿将它扩展一下,更多地强调学校中学习动机的认知方面。扩展了的主观任务价值体系还包括:成就价值之下**体验理解知识或掌握技能之后的满足感**,内在价值之下的对知识或技能的审美体验,以及实用价值之下的对于学习具有提高人的生活质量或使人更加完善的作用的意识。

关注动机的价值方面,有必要从只注重那些具有较为特定目标的成就情境,扩展到关注整个学习情境的范围。归因理论、自我效能理论,甚至目标理论都基本上明确要在成就情境下才能运用,而成就情境都要求有将来能够参照成功标准进行评价的特定表现。与此相反,针对动机价值方面的理论不仅可以在成就情境当中运用,还可以应用到自我主导的探索性和发现性学习、课外活动、兴趣阅读,以及其他提供学习机会但唯独不是为实现某个特定目标的活动当中。

动机的期望方面,其特征是相信绩效成就(我能顺利完成这个任务吗?为什么我只达到那个水平?)。与此相反,动机价值方面的特征则是首先相信做某件事情的理由(为什么我会关注这项活动?做这件事情我会从中有什么收获?)。在传统教育中,教师听到的建议,无非是通过以下两种方式来处理价值问题:一是提供带来良好表现的激励(外在动机法),二是教学内容或设计的活动能让学生找到乐趣(内在动机法)。

能够反映上述两类方法的策略,会在本章(外部策略)和第 7、8 章(内在策略)里进行论述。第 9 章提供实施第三种方法即激发学生学习动机的策略。第 10 章是在前面对动机的价值方面进行全面论述的基础上进行总结,并就对不合群或者不喜欢学校的缺乏学习动机的学生应当采取什么策略进行讨论。

这 5 章的排列顺序(以及本书所有章节的排序)是为了有利观点的连贯性,与各部分内容的相对重要性无关。每一章都是整个思想体系的一个部分,它们一起构成了激发学生动机的综合方法。相比那些省略掉若干部分的不完整体系,一个各部分相互联系、相辅相成的完整体系会更为强大。

有关奖励的常见看法

"在开始思考外部激励的影响时,我们假定有一个学生 A 和另一个学生 B:A 和 B 都是 4 年级学生,都喜欢学校,表现很好,尽管他们喜欢学校和亲近老师的方式不太一样。比如,B 学生完成了本周有关太阳系的所有阅读内容,因为他知道完成作业会让老师高兴。在班级讨论时,B 学生提出了几个观点,以便让老师知道他是读过相关内容的。A 学生也同样完成了阅读任务,因为他对了解有关太阳系的知识真正感兴趣。在讨论过程中,A 学生不断地提出问题,甚至在其他孩子似乎对这个话题都感到厌倦时依然兴趣不减。由于 A 学生知道成绩并不总能反映学习的质量,因此他对成绩并不怎么感兴趣,也不是太在意它们;但 B 学生却非常关注自己的成绩,并把它们当作判断自己近期学习进度的标尺……"(Flink,Boggiano,Main,Barrett & Katz,1992:208)。

读完这一段话,你如何评价学生 A 和 B 的基本能力、他们作为学生的责任感，以及他们在学校所做的所有努力？孰优孰劣？哪个学生在遇到失败之后会比以前更加努力？哪个学生在成功之后还会有更佳的表现？

1988年，巴里特和博吉尔诺(Barrett & Boggiano)向分别由学生家长和大学生组成的两组人提出同样的问题。他们发现，这两个组的大多数人都认为，与受内在激励影响的学生 A 相比，受外部激励影响的学生 B 在遇到失败后会更加努力学习，在成功后会表现得更好，对学校学业会更加投入，更具有完成学习任务的责任心。然而，他们认为学生 B 的自尊程度较学生 A 偏低。只有这最后一点结论，得到了针对受外在动机与内在动机影响的学生所做的比较研究的支持。

上述学者进行的其他一些研究，则先对各种学习活动中内在兴趣或高或低的学生的表现进行一番描述，然后要求家长或大学生对四种社会控制手段（奖励、说理、惩罚、无为而治）在提升学生的愉悦程度或兴趣方面所具有的效力进行排序。两个组都认为奖励比其他三种策略更为有效。大部分成年人相信，奖励非常有效，它不仅是激励学生付出努力的刺激因素，而且还能激发他们在活动中的内在兴趣(Flink et al., 1987; Boggiano, Barrett, Weiher, McClelland & Lusk, 1992)。

对于上述有关奖励作为动机激发因素的效力的观点，你很可能也赞同或至少部分同意吧？在继续读下去之前，请暂停片刻，批判地想一想。运用奖励是激发学生动机的良策吗？这种方式可取吗？奖励是否对某些学生或在某些情况下有用，而对其他学生、在别的情况下则无用呢？如果是这样，又是为什么呢？

有关教育领域中外部奖励的论争

从某些方面看，外在动机策略是处理动机价值方面最简单、最直接、适应性也最强的方法。这些策略并不试图提高学生赋予活动本身的价值，而是直接将学生成功完成某项活动与他们看重的活动结果联系起来。只要提醒学生完成某项任务对于实现某个重要目标有所帮助（这样的可能性当然存在），或者建立一个能够视成功完成任务情况而提供外部奖励的激励体系，教师就能够激励学生比在没有上述措施的情况下投入更多的努力。奖励是大家公认的使学生更加努力的一种激励方式。

然而，从大多数动机理论学者的观点出发，这是一种对行为的控制，而非对学习的激励（见文本框6.1）。一些教育者原则上反对外部奖励，认为外部奖励是贿赂学生去做那些有利他们个人或社会，但却是他们本就该做的事情。1993年科恩（Kohn）宣称，奖励的效力被夸大了，因为对学习优秀的学生给予奖励，会损害他们对于学习内容的内在兴趣。他的专著副标题就叫做"金质五星、奖金计划、A等成绩、表扬及其他贿赂学生的形式（gold stars,incentive plan,A's,praise,and other bribes）"。近年来，教育者开始关注高风险考试带给教师和学生的外部压力（Nicholls & Berliner,2008），认为这些压力导致了要求为考试中取得佳绩的学生提供金钱奖励的政策出台（Farley & Rosario,2008）。

早期研究发现

20世纪七八十年代以来的研究，似乎为反对外部奖励的人提供了强有力的支持。这些研究表明，一旦开始对人们出于自身原因已经在做的事情给予奖励的话，就可能损害他们未来把事情继续下去的内在动机（Deci & Ryan,1985;Heckhausen,1991;Lepper & Greene,1978）。不仅如此，如果将他们的注意力引向奖励而非活动本身的话，他们的表现结果可能会越来越差（Condry & Chambers,1978）。人们想做的是那些只要付出最少努力就能够得到最多奖励的事，并非致力于工作本身和努力创造高质量产品。如果允许选择，他们会挑选最可能获得奖励的任务，而不是能带来更多挑战、更多发展知识或能力机会的任务（比如，学生为保持较高的平均成绩绩点选择"容易拿A"的课程，而不是要求更高的课程）。

文本框6.1　有关强化和行为矫正的提示

第6章包括有关使用奖励作为激励措施的部分内容，却没有包括有关后效契约法（contingency contracting）、行为矫正（behavior modification）、代币奖励计划（token economy program），以及用来使部分行为受到激励控制的应用行为分析的相关应用的内容。这是因为上述方法都被认为是以行为控制策略，而非动机策略来实施的。这些方法通过造成有利于获得后效外部奖励的

(续前页)

理想行为(如在完成作业的过程中认真仔细、坚持不懈的表现)而发挥作用,并往往是提前将后效情况明确告知学生。过分倚重上述行为控制手段,尤其是将代币制或其他挣学分的激励机制作为教师进行班级管理的基本方法,从多个方面看都与教育界动机研究中所产生的策略格格不入。

作为教师,你需要在行为控制机制与学生动机激发机制之间做一个选择,将其中之一作为班级管理与激发动机的基本方法。这二者并非完全水火不容,所以当你选择其中之一作为基本方法时,仍然可以从另一个那里找到一些特定的策略作为补充。但你却不能完全实施任一种方法,因为每一种方法内部都有太多的矛盾之处。本书是专为那些选择采用激发动机方法的教师而著的。作为作者,我有两个重要的推荐这种方法的理由。首先,尽管学习持续地运用激发动机的方法要更困难一些,但对大多数的教师而言,它仍然是更为可行的方法。为了以能反映出行为矫正原则持续运用的方式、通过强化对学生的行为进行塑造,教师们不得不随时准备在需要的时间和地点为学生提供强化。这一点在常规班级(20人或以上)里是不可能做到的,只有在师生比极低的特殊班级里才有可能做到。但即使在这样的班级里,仍要求特别倚重程序化的教学材料(而不是一对一教学或小组教学),将其作为课程和教学的首选方法(这样才能让教师腾出精力来回走动、监控教学过程和进行奖励),才能做到这一点。大量的课堂研究表明,为了取得进步,学生需要教师给他们带来有活力的教学,而不是让他们只是跟教材打交道(Good & Brophy, 2008)。

其次,从学生长期利益最优化的角度考虑,激发动机的方法也明显比行为控制方法更胜一筹。即便在行为控制方法非常有效的情况下,它们对于学生行为所起到的控制作用都是暂时、因情境而变和外在的(Stipek, 1996, 2002)。而一旦激励机制终结,或者学生置身于激励机制不起作用的环境中时,这些行为就可能发生剧变。相反,激发动机的方法并不刻意培养学生的环境适应性,而是重视发展态度、价值、信念以及自律的学习策略。学生会在校内外运用它们,并让他们终生受益。

虽然本书重点主要集中在激发动机的策略,但也讨论契约的使用(第5章)和奖励的使用(第6章)。尽管如此,仍要提请读者记住,本书提倡在运用

（续前页）

> 上述策略时应当削弱行为控制方面,以使其与更为纯粹的激发动机策略相容。本书主张教师鼓励学生勇于接受有挑战且现实的目标,并帮助他们正面评价进步以及取得的成就,同时避免过分倚重后效性的强化或重奖。

人们一度认为,上述这些由奖励带来的不理想结果,是奖励运用(或其他外在压力——参见文本框6.2)所内在的、不可避免的后果。而后来的研究却发现,**奖励的效果取决于用什么奖励和如何进行奖励**。当奖励具有如下特点时,很可能对学生的绩效质量和内在动机产生不良影响:**过于显著**(奖励非常具有吸引力或者发奖的方式引起学生的注意)、**非后效性**(只要参与活动就给予奖励,而不是根据达到的特定目标给予奖励)、**不自然/不常见**(奖励被刻意地与某些行为挂钩而成为控制机制,并不是行为的自然后果)。

采用奖励激发学生动机的做法往往具有上述特点。例如,一个对阅读书籍的学生奖励免费比萨券的著名计划,就集中包含了以上三个特点。比萨对于大多数孩子而言是非常具有吸引力的奖励。这项计划规定可通过阅读一定数量的书籍而获得比萨,孩子们只要证明自己读过书就可以获得比萨,而无需证明自己是认真阅读的、有思想上的回应,或者从阅读体验中获得了有益的东西。这样一种后效性由于暗示了一点,即阅读是受外部因素控制的(他们之所以读书,仅仅是因为必须这样做才能得到比萨),因而会破坏学生阅读的内在动机。这种做法也许会促使他们挑选一些篇幅短、内容简单的书籍,匆匆看上几眼,然后再拿起下一本来读。正如约翰·尼科尔斯(John Nichols,为科恩所引用,1993:73)曾指出的那样,这种方法会制造出"一大批不爱阅读的胖孩子",而不能造就一个由众多思想丰富、真心爱读书的读者构成的民族。

近来的研究发现

有人认为,奖励兴许可以在短期内提高动机水平或绩效水平,但却会损害内在兴趣。针对这一观点的争论进行了大量的研究,包括一部专门论述这个问题的专著(Sansone & Harackiewicz,2000),以及一系列文献评述和若干不同结果的元分析(meta-analysis)文章。

文本框 6.2　损害内在动机

　　有关外部考虑因素是通过什么方式损害内在动机的研究,最初都聚焦在奖励作为激励因素的用途上,并且主要从人的归因推理的角度对其破坏效果进行解释。实际上,早期针对这种损害作用有一个专用术语**过度理由效应**(overjustification effect),又名德西效应。人们在一定程度上意识到自己"被贿赂"从事某项特定行为时,很可能会做出以下推断,即认为是因为没人认为他们会自愿从事这种行为,所以贿赂才被认为是必要的。也就是说,具有从事某项行为的机会,并不是去从事这项行为的充分理由,因此必须增加额外的激励。顺着这样的论证思路,便得出了这样的推论:具有过度理由的行为是令人生厌的,或至少在缺少外部激励的情况下是不值得去做的。这样一种推断将损害所有自发行为的内在动机。

　　随着研究成果的不断积累,大家对这一点逐渐明确起来:内在动机受到损害,不仅发生在人们被提供奖酬条件的时候,也发生在由于任意外部因素的存在而让他们将从事某项行为的理由归因到外部压力而非内在动机的时候,还包括人们意识到其行为是被要求的、将接受评估或被迫与他人进行比较,或者处于在某个时间期限里必须完成任务的压力之下的时候(Kohn, 1993; Lepper, 1983)。因此,损害内在动机的元凶并非奖励的采用,而是事先将奖励作为激励手段,并在接下来的操作中让学生相信,他们从事有奖酬的行为只是因为他们要赢得最终奖励的做法,而不是因为这些行为本身有价值,或能够产生符合最大利益的结果。

　　1993年,平特里奇、马克斯和波伊尔(Pintrich, Marx & Boyle)指出,学生常常处在多种激励因素或多元目标都在发挥作用的环境当中。例如,他们可能对于某个话题或活动具有内在兴趣,也可能认为学习内容是有价值的(对未来职业生涯规划很重要),甚至也许会认为有必要让自己的学习表现满足某些绩效标准,以便得到能让人接受的成绩。对于教师而言,重要的事情是要认识到,上述这些以及其他以这种方式发挥作用的动机影响,都应当鼓励学生把要做的事情"想通"而不仅仅是"做完了事"。

有一点很显然，提出有关奖励的合理使用的问题，就需要关注奖励的性质、奖励引入和施行的方式，以及在学生中产生的结果等。奖励可以是口头的或有形的，可大可小，可显著也可不显著。可以只是参与某项活动就给予奖励（参与依据，engagement-dependent），也可以在完成某项活动后再给予奖励（完成依据，completion-dependent），或者不仅要完成还要达到某些标准才给予奖励（绩效依据，performance-dependent）。在考虑奖励效果时，还应当联系以下几个方面：奖励对于学生努力或表现方面产生的直接作用，学生对于活动在态度上的变化（如发现活动有趣），以及未来机会出现时他们自觉从事该项活动的内在动机的变化。

1996 年，艾森伯格和卡梅隆（Eisenberger & Cameron）根据上述各种区分，对当时已有的研究进行了元分析，并得出结论。他们认为，口头奖励对激发动机具有积极作用，但有形奖励有时却具有消极作用（只要参加活动就能获得奖励，而不管参与活动的质量或绩效水平如何的情况下是这样；学生提前知情而对奖励有所预期的情况下也会如此）。他们声称，人们臆测的奖励所产生的危害有言过其实之嫌，并且建议采用口头奖励和以绩效为依据的有形奖励。

随后，他们又发表了另一个元分析研究成果（Eisenberger, Pierce & Cameron, 1999）并对研究结果进行了以下阐释：
- 奖励将提升人的自我决定认知，因为奖励意味着奖励的提供者并不能控制可能接受奖励的那个人，后者是自愿接受邀请实施任务的；
- 奖励对于内在动机其他方面的影响大多是积极的或无利害可言的；它们的影响如何，大多取决于绩效要求的性质。如果标准比较含糊或者定得较低，就表明奖励的提供者并不太在意相关任务，但如果标准定得明确而且很高，就意味着奖励的提供者非常关注相关任务，或者认为它非常重要；
- 没有理由在意对无关紧要任务采用的奖励。但对于举足轻重的任务而言，重要的是要将奖励的施行与对特定（最好具有挑战性）的绩效标准的满足联系起来。

艾森伯格、卡梅隆（Eisenberger, Cameron）及其持行为主义观点的同事们代表了争论的一方，认为人们对于奖励损害内在动机的关注，几乎已成为一种

错误的警告。争论的另一方以德西、雷安、雷帕(Deci, Ryan & Lepper)和其他一些专注于内在动机研究的学者为代表,认为上述元分析的结果具有误导性,原因在于研究者在选择研究内容时欠妥,将一些本该单独对待的研究合并到一起,并且没有对枯燥的任务与有趣的任务进行区分(Deci, Koestner & Ryan, 1999b; Lepper, Henderlong & Gingras, 1999)。

为有力地支持自己的观点,德西、科斯特纳和雷安(Deci, Koestner & Ryan)于1999年公布了他们从截至当时最大的元分析研究中得到的一些发现。这些发现表明,能预见的有形奖励会对内在动机产生损害作用,不管这些奖励是依据是否参与任务(engagement-contingent)、是否完成任务(completion-contingent)还是依据是否取得成绩(performance-contingent)设置的。事实上,奖励有害效应的最大值,在奖励大小是绩效水平直接函数的情况下才会被观察到,而这恰恰是最为常用的奖励体系,其中就包括学校的成绩评定体系。

奖励对于学生在此后从事有趣任务的内在动机具有很强的负面效应,但对从事非有趣任务的内在动机却并无影响。当口头奖励(积极反馈或表扬)有较强的信息性时,可以提升内在动机;而当其主要体现为控制性质时,则会降低内在动机。口头奖励的积极效应大多体现在大学生中,而有形奖励的损害效应则主要体现在儿童中。

上述学者的结论是,尽管奖励能够控制行为,但具有破坏人们承担激发自我动机和规范自我的责任的可能性;采用口头奖励的时候,假如是以信息方式而非管控方式表达出来,就会非常有效;假如偶尔或出其不意地使用有形奖励(不提前告知,也不将其作为达到某些特定绩效水平的有条件强化物),就可能不会有什么危害;要让奖励更具信息性,就要在给予奖励时减少专断性或压制性的语言;采用奖励是为了认可良好表现,而不是作为控制行为的强化物;奖励是为学生决定如何去完成任务提供选择机会,所以要强调任务的有趣或具有挑战性的方面,而不是将其当作必须完成的工作。

2001年,卡梅隆、班可和皮尔斯(Cameron, Banko & Pierce)发表了另一部元分析著作。同年,德西、科斯特纳和雷安(Deci, Koestner & Ryan)也出版了一部回溯整个争论情况的专著。尽管他们继续在有分歧的若干问题上(尤其是有关物质奖励的问题)争执不休,但实际上他们之间的共同点已多于分歧点。2004 年,一篇从行为主义角度对这场论争所做的回顾文章中,小艾金、埃克特、洛维特和利托(Akin-Little,Eckert,Lovett and Little)为之增加了一个有趣的条件。他们指出,在奖励大小取决于绩效水平高低的绩效条件奖励情境之下,只要获得奖励比最高奖励少就意味着失败(或至少不那么成功),于是这时的奖励会让人感觉更像是惩罚。因此,他们的结论是,问题不在于奖励成功的表现,而在于不能将目标准确地调校到与学生个体的现有绩效能力相适应(即不考虑标准的个性化,而以同一个标准作为奖励依据)。

卡梅隆、皮尔斯、班可(Cameron,Pierce & Banko)等人在 2003 年和 2005 年进行的实验室研究表明,对在填字游戏中成绩不错的大学生给予的外部(金钱)奖励,提升了他们在以后闲暇时间继续玩这种游戏的内在动机。然而,以上实验结果是在人为的、个性化的、低风险的情境中得到的,不太可能在教室里出现。同时,一项针对 4、5 年级学生的更接近实际情况的研究发现,在奖励期间,完成依据和绩效依据的奖励都提高了学生在解决数学问题方面的表现水平,但在之后没有奖励的情况下,却会降低他们的绩效和内在的动机水平(Oliver & Williams,2006)。上述研究者都是行为主义者,他们期望奖励具有正面效果。但是他们承认,自己的研究发现显示的是一种过度理由效应。

2002 年,侯福特、科斯特纳、乔赛内特、纳特尔-维维尔和雷克斯(Houlfort,Koestner,Joussenet,Nantel-Vivier & Lekes)等人引入了一种更进一步的区分定义方式,以便对那些看起来相互冲突的研究发现进行梳理。他们指出,德西和雷安是通过询问人们在某个情境中是否感到压力来测量人的自主性,艾森伯格及同事则是通过询问人们在选择做某件事情时是否感到自由来测量自主性,而不是由实验人员要求他们做某事以换取相应奖励。在两项有关绩效条件奖励效果(结果达到标准即可获奖 5 美元)的新研究中,侯福特等对自主性的两个方面都进行了测量。他们发现,绩效条件奖励提高了人的能力认知(perception of completion,挣到 5 美元就意味着很好地完成了任务),但对于自主性的情感方面具有消极影响(人们会感到有压力),对于自主性的决策方面则并无任何影响(人们感觉自己完全有拒绝领奖的自由)。这一实验结果支持了艾森伯格和卡梅隆(Eisenberger and Cameron)的观点,即绩效条件奖励能够提升能力认知,并有助于(至少不会损害)自主认知形成(是否接受参与奖励活动的邀请完全取决于个人)。不过,实验结果也同样支持德西和雷安(Deci and Ryan)有关奖励让当事人感到有压力时会损害其自主认知的观点。近年的研究显示,当人们为赢得奖励而被迫努力完成任务之后,会产生筋疲力尽、应对能力下降的感觉。但只要他们是受自发动机驱使去完成这一任务,就不会发生上述情况(Muraven, Rosman & Gagné, 2007)。

1999年雷安(Ryan)等人把以上争论由特定情境扩展到人的普遍气质当中。他们报告称,假如人的重要目标和抱负都偏内在(如相互关心、帮助他人、身体健康、自我接纳)而非偏外在(金钱、名声、社交魅力)的话,他们对于自己的人生在总体上会更加满意。雷安和德西声称(2000),当今文化已经变得具有很强的奖励导向,因此使我们远离了自己的兴趣和对挑战的向往,只盯着狭隘而功利的东西。他们还补充说,长此以往,忽略重要需求,一心追逐奖励会被看作是无奈且使人疏远的事情,相应付出的代价则是我们的幸福。

关于奖励运用的结论

有关奖励的争论非常活跃,与之相关的研究也具有相当丰富的内容。如今我们认识到,问题远比最初看起来的要复杂得多。我认为,研究内在动机的学者们增加人们对奖励过度或奖励不当的关注的做法是正确的。在课堂上,采取以下方式对学生进行奖励是比较困难的:(1)将他们个人的学习努力考虑进来;(2)避免向学生传递这样的信息:他们是为了获得奖励(而不是为了学习)而从事活动。尽管如此,我仍然相信行为主义者关于奖励能够在班级中被有效运用的观点是正确的。教师面临的动机问题,主要是使学生持续不懈地努力学习(不管他们认为活动有趣与否),而不只是让他们保持对有兴趣的任务的内在动机。也就是说,激发学生的动机主要在于培养有意识的行为调节,而不是维持已有的内在动机。

那些只要阅读一定数量的书籍就提供免费比萨或其他奖励的企业赞助计划又如何呢?这些计划由于违背了动机理论和识字规律的重要原则而受到批评(Fawson & Moore, 1999; Kohn, 1993)。然而,一项针对大学生是否在童年时代参加过阅读活动("Book it!")的研究表明,参与与否与大学生的阅读兴趣并没有关联,即使家长用金钱鼓励也是如此(Flora & Flora, 1999)。因此,对此项计划会损害儿童内在阅读动机的担心并无事实依据。另一方面,这项耗资数百万美元执行(与推广)的计划也没有产生积极的效果。

显然,这样的研究发现是可以预料到的。1997年,麦奎兰(McQuillan)在对十项包含有激励措施的阅读促进计划进行研究后,发现其中五项有些许积极的效果,而另外五项则完全没有效果。但在所有积极效果中,没有一项可明确归因于激励措施。于是,麦奎兰得出结论,认为在激励措施与阅读态度、成就或习惯之间,并不存在明确的因果关系。

1997年,冈博里尔和马里内克(Gambrell & Marinak)研究了"起跑计划"(Running Start)产生的积极效应。该计划在2年级班级里配备60—80本高质量的儿童文学读物(由教师挑选),要求学生从中选择21本进行阅读或者听读。参加该项目的家庭成员或高年级学生可读书给1年级学生听,或听他们读书。如果在10周内完成这一任务,就可以收藏这21本书中的1本作为奖励。相对控制组而言,参加这项计划的1年级学生的阅读动机有所提高。这可能是因为:他们面临一个具有挑战性的目标,同时又被赋予如何实现目标的选择机会;他们从重要他人那里得到了很多鼓励和支持;奖励的东西(收藏1本书)与他们积极行为相联系,而不是人为地把奖励与某种物质绑定到一起(比如糖果或比萨之类)。

2008年,马里内克和冈博里尔在后来的一项研究中,要求3年级学生从6本书中挑选1本进行阅读,然后给出学校图书馆是否应该购买该书的意见。在这一活动中,学生要么得不到任何奖励或得到1本书作为奖励,要么代币奖励(碰碰球、糖果盒、手环或钥匙链之类)。然后,学生们得到阅读另一本书或玩一次数学游戏、拼图游戏的机会。在后一活动中,得到代币奖励的学生组所反映出的内在阅读动机水平,比所有其他组别都要低。

有效奖励的关键在于支持学生的学习动机,不要让他们认为参与活动只是为了赢得奖励。例如,如果参加阅读计划就能得到奖励,或只要读够100本书就奖给非常丰厚的奖品,学生们就可能因此把阅读当作一件苦差事,并认为只要同意读书就理应得到奖励。而假如学生们受邀做以下事情,效果可能会更积极一些。如依据主题挑选图书或说明挑书的理由;或读完书后写一份读书报告,说明主题是如何体现出来的;或在班级里作一次简短的演讲(之后有提问和回答环节)。2009年,马里内克和冈博里尔回顾了他们自己以及其他人有关"阅读奖励"的争论所做的理论贡献,得出了如下结论:让学生参加真实的识字活动,比以奖励方式培养学生的阅读兴趣更为重要。这种办法与其他让学生因出色成绩获得公众认可的方法非常相似,如组织科学展览活动,让学生向感兴趣的观众展示他们的项目等。

总之,外部奖励并不必然会破坏内在动机,甚至它们还可以通过一定方式的运用促进内在动机的形成(Covington, 2000; Gehlback & Roeser, 2002; Lepper & Henderlong, 2000)。方式之一是在任务完成后提供之前未告知的奖励,以表明奖励是对获奖人所做努力的赞赏,或对其所获成就的认可,而不只是施行、兑现之前承诺的激励措施。另外还有一些方式,都需要把奖励作为一种信息性的反馈,而不是一种控制的机制。这样做也有助于更加强调精神奖励而非物质奖励,是以鼓励学生看重自己所取得成绩的方式进行奖励。下面一节将对这些原则进行详细解释。

奖励学生的策略

大多数教师都想对学生值得表扬的努力及其取得的成绩给予奖励。他们发现,在与学生建立良好关系、鼓励和支持他们努力学习的过程中,这样做是一件水到渠成的事情。2009年,霍夫曼、哈福、潘特森和聂特菲尔德(Hoffmann, Huff, Patterson & Nietfeld)发现,他们调查的所有86位小学教师都使用过奖励方式,尽管在奖励类型、频率和目的上存在很大差异;口头奖励(表扬)和有形奖励(奖品)是最为常见的形式,表扬多用来奖励成绩,奖品多用来表彰良好行为。多数教师都非正式地使用过奖励,既不将其系统地与特定行为进行绑定,也没有把它作为正式的强化系统或代币奖励方法的一个组成部分。

教师们常用的奖励方式,包括物质奖励(金钱、奖品、小装饰品、日用品)、活动奖励和特权奖励(玩游戏、使用特殊设备或从事自选活动的机会);成绩、奖项和认可(荣誉榜、张榜展示优秀作业);表扬和社会奖赏;教师的奖励(特殊关照、个性化互动、享有同教师一起去某地或做某件事情的机会)。

假如你喜欢上述方式中的一种或几种,不必担心会损害学生的内在动机。

内在动机和外在动机是相互独立的,因此在一定情形下,学生的内外在动机水平可能会都高或都低,而不会一方高另一方低(Lepper & HenderLong,2000)。**奖励是能够以支持或至少不损害内在动机的方式使用的,但学会掌握奖励时机和如何有效进行奖励至关重要。**

何时奖励

与提高绩效的质量相比,奖励对提高努力的程度或持久度更为有效。奖励对于学习的支持作用,在有清晰目标以及明确执行策略的情况下,比在目标模棱两可或学生必须去发现(发明)新的策略(而不是仅仅启动熟悉的策略)的情况下会更为有效。因此,使用奖励的时候,其效果应呈现如下特点:**常规任务比新任务更好;具体的有计划的学习任务比偶然的学习或发现活动更好;在关注任务结果的稳定表现或数量的情况下使用,比在关注任务结果的创造性、艺术性或技艺的情况下使用更好。**

对于那些要求大量训练和实践的技能(如算术运算、视唱练耳、打字录入、拼写、罚球投篮等),为达到绩效提高水平所提供的奖励,比为一项研究或示范项目提供奖励更好一些。至于要求死记硬背的学习上的低级任务,由于没有其他的激励途径,因此更需要奖励来激发学生持续努力的动机(当然,还有一个基本的策略,就是尽量不要让学生面对死记硬背之类的枯燥而令人厌恶的活动)。

有些教师希望,将奖励作为重要的激励措施,用来激发学生的动机,促使他们今后能自觉地继续做老师希望他们独立做的事情。比如观看教育电视节目、读有品质的书籍、参与公民事务或社区改善活动等。这样的想法是不明智的。然而,如果活动初期的趣味性较差,或活动价值在投入时间足够长并达到一定掌握水平之后才能显现,那么奖励可能还是有所助益的。

对学生而言,只有相信付出一定努力就有机会获得奖励的,奖励才能发挥激发动机的作用。传统的成绩评定体系和学校的其他一些常见做法(如多个级别的荣誉),一般都是违背这一原则的。请记住,如果希望提出面向整个班级(而不仅仅是优秀生)的激励措施,那么教师需要确保所有学生都拥有平等的(或至少是合理的)获取奖励的机会。这也许就要求订立师生的绩效契约,或采取不那么正式的使成功标准个性化的方法。

例如，1993—1994年，麦克艾维和雷尤曼（MacIver & Reuman）详细描述了一项激励计划。在这一计划中，学生们既可以因为保持高水平的表现获得奖励，也可因差强人意的表现取得进步而获得奖励。在每周进行的一项重要考试、项目或作业中，他们都要努力突破自己当前的"基准分"，并根据取得的"进步分"而得到奖励。凡考试或作业得满分或比"基准分"高出9分以上的学生，可在这周赢得该学科30分的加分；凡考试或作业比满分差5分，或超出"基准分"5—9分的学生，可赢得20分的加分；凡超出"基准分"4分以内的学生，可赢得10分的加分；而低于"基准分"4分以上的学生，则不能获得任何加分。

1992年，米德格雷和乌尔丹（Midgley & Urdan）提出了关于教师在奖励学生时应重视的几种成就。他们认为，首先，要更认可学生成就的质量而非数量，尤其要优先认可学生活动是否具有挑战性或者能否增长其能力（即便他们犯了错误）。其次，要优先认可他们采用不同或非常规的方式解决问题而取得的成绩。以上列举的优先项目，为教师提供了其班级最重视什么的有力信息。

采用多元化标准，就是要容许教师认可个体的差异，而不是对所有学生采取相同的标准，从而对他们进行直接的比较。然而，教师还是应当确保自己认可的是真实成就（根据对学生的合理期望），并且是对学业领域的认可，尽管老师也想为学生在不同领域（如运动、文明公民之类）中的表现给予认可

如何奖励

奖励的施行，应当为学生提供信息性反馈，并促使他们对不断增长的知识和能力感到自豪，而不仅仅是让他们惦记奖励本身。假如教师事前将奖励作为刺激物，那么就应当向学生强调你的主要教学目标，以便设定评分标准。要规定对掌握重要观点和技能（或显示出在掌握水平上有进步）的学生进行奖励，而不仅仅因为他们参与活动或者交来作业就给予奖励，对作业没有达标需要重做等情形也需做出相关规定。

有关奖励学生的其他指导原则，包含在下面有关表扬的内容里。应当强调的是，表扬应为学生提供信息性的反馈，而不是体现对行为的控制。有关表扬的大多数原则，同样适用于其他的奖励形式，尤其对教师施行奖励时应当对学生讲些什么具有启发作用。

有效地表扬学生

大多数教师喜欢表扬学生,大多数学生也喜欢接受表扬,至少当表扬作为针对成就的一种自然真实的反应,而非刻意操纵行为的部分手段时是如此(Burnett,2001)。表扬被广泛推荐来奖励学生,尽管它并非总能发挥奖励的效能(Brophy,1981;Delin & Baumeister,1994)。有些教师的表扬甚至不是对某种具体成就的奖励,比如教师有意与一位孤僻学生建立良好关系时用到的"表扬"("约翰,我喜欢你的新衬衫。")。

即便教师有意识地将表扬当作一种奖励,学生们却未必领情(Larrivee,2002)因而并不太珍惜这种表扬,得到表扬时也不会感觉受到特别奖励(Ware,1978)。而且,许多学生喜欢私底下得到表扬,对当着其他同学得到的表扬不甚感冒(Caffyn,1989),也不愿教师在公开场合对他们的成绩予以肯定(Dresel,Martschinke & Kopp,2009;Exline,Single,Lober & Geyer,2004)。

学生们也许会认为与大家分别出来一件丢脸的事情,或者因为自己的整洁、准时、遵守纪律之类的优点是令人尴尬的事,或将因为不值一提的进步受到表扬得到同学的关注而感觉不舒服。如果一位教师说,"苏茜坐得直直的,做好了听讲的准备,我喜欢她那样",可能会让苏茜感到难堪。如果苏茜多想,她甚至会认为老师不是真想表扬而是想暗示其他同学,还可能疏远她与同学的关系。

看看以下两段话,思考与此相关的两种情形。

"约翰,我真喜欢你的故事,尤其是故事里那架能把花生酱转化为能量的机器。我想请你过会儿给大家读一下。还有,你把那架机器的样子画出来,怎么样?……玛丽,你的作业做得很好。我特别喜欢你的作业,写得非常干净整洁——标题居中,字迹清晰,所有字都仔细地写在横线上——这么好的作业要保持啊!"

在上例中,教师表扬约翰的作业时,关注的焦点是内容,指出了这份作业的显著进步,因此可能得到学生认可。通过把大家的注意力吸引到约翰所写故事的一个特殊细节上,显示出教师用心了解了故事的内容,并对其具有的创造性非常欣赏。相反,教师对玛丽的表扬,关注重点是作业格式和整洁度,并非实际内容或写作的创造性。对于玛丽所写的故事,教师没有提及任何一点特别之处,甚至没有提到哪怕一丁点儿内容。尽管这样的表扬也是教师发自内心的,但它却可能引起玛丽的疑惑:兴许老师并不喜欢她写的故事,或者老师并不看好她的写作能力。

即使受表扬的学生和其他同学认为教师的公开表扬就是表扬且领受了这种表扬,公开表扬仍然可能是有问题的。那些渴望得到老师关注的学生,可能会开始为了得到这样的表扬而极力表现自己;而那些认为自己才值得老师表扬的学生,则可能开始感觉自己受到了老师的冷落(Ollendick & Shapiro,1984)。

表扬应当具有实质内容和体现赞赏态度而非控制性(Kast & Connor, 1988)。这一原则说起来容易,做起来却并非易事。正如科恩(1993:102)所评述的那样:"……一项正面评判最值得注意的方面,并不在于它是正面的,而在于它是一种评判。"因此,在进行表扬的时候,措辞应当是信息反馈沟通式的,而不是评价性的。有效的表扬要表达对学生努力的欣赏,或对他们取得成绩的赞扬。在进行表扬的时候,要把大家的注意力集中于他们的努力或取得的成绩,而不是他们取悦教师的角色。这样做有助于学生学会将他们的**努力**归因于自己的动机,而不是外部的激励,把成功归因于自己的能力和努力而不是外部支持。教师可以将这样的表扬,作为某个学习单元或系列活动接近尾声时,对学生们已学到东西进行"祝贺"的一部分内容。

有效的表扬是真心的。1981年,布洛菲和埃维森(Brophy & Evertson)发现,教师在表扬他们喜欢的学生时很自然可信,讲话时往往面带微笑,所表扬的内容也是真实的。这些教师也经常表扬自己不喜欢的学生,但在表扬时一般不那么自然、热情,且往往表扬表面的一些东西或行为,而不是成就。

有些教师会通过表扬一些很微不足道的表现,好意地鼓励那些后进学生(Nafpaktitis,Mayer & Butterworth,1985;Natriello & Dornbusch,1985;Pajares & Graham,1998)。然而,这样的做法往往适得其反,因为它损害了教师的可信度,会让学生感到迷惑、沮丧(假如他们觉察到自己受到的待遇与其他同学不同的话)。例如,那些注意到自己常因很小的一点成绩(如回答了一个很普通的问题或完成了一件很容易的任务)而得到表扬的学生,就可能推测老师对他们的能力或潜能没有太多的信心(Miller & Hom,1997;Thompson,1997)。学生一般更喜欢教师在私下悄悄给予的表扬,而不太喜欢公开大声的表扬;他们也喜欢因为自己的学业成绩或良好行为表现而受到表扬(Burnett,2001;Elwell & Tiberio,1994;Sharp,1985)。

即便对学生具有重大意义的成就进行表扬,教师也最好把重点放在学生为之付出的努力和心血。这一成就所代表的知识和能力上的收获,以及最值得提及的成就的特征,而不要把成就说成是学生拥有的智力或天资的证据(如"哇,这件事你真擅长啊!")。后一种表扬的问题在于它可能为将来埋下隐患,使学生逐渐习惯于用成功来作为他们在某一领域(如数学)具有很高天赋的证据,同时也把失败当作自己没有天赋的证据。这会让他们极易产生习得性无助的思想(Kamins & Dweck,1999;Mueller & Dweck,1998)。

学生需要信息性反馈来支持他们的学习努力,但他们不需要过于**密集的表扬**。教师表扬的频次与学生成就之间的相关性相当低,在相互影响的方向上也比较混乱,这不由得让人想到最有办法的教师都吝于表扬的原因(Brophy & Good,1986)。在决定何时表扬、如何表扬学生的时候,请将这一点牢记于心。有关有效表扬的其他原则如下所列,同时参见表6.1。

1. 简单、直接地表扬,声音自然,不过分热情、不夸张;
2. 用直截了当的陈述句表扬(如"我以前从没有这样想过。"),而不是用惊叹句("哇!")或者反问句("怎么会这么棒呀?")。后者显得居高临下,与其说是奖励,不如说更像在有意让人难堪。
3. 要具体指出受到表扬的特定成就,认可所有值得一提的努力、用心和坚持("很好!你完全靠自己弄明白了,我喜欢你坚持钻研不轻言放弃的做法",而不仅仅是说一声"干得好")。让其他人注意到受表扬者学到的新技能或取得进步的证据(如"我注意到你在作文里已经学会使用各种不同的隐喻,现在读起来更有趣了。")。
4. 在表扬学生时采用多种多样的措辞。一些分量很重的措词被过度使用后,听起来会显得很不真诚,让人觉得教师对表扬的成就并不是真正关心。
5. 把口头表扬与表达赞许的非口头沟通结合起来。当教师带着微笑,饱含欣赏之情和温暖之意地说出"干得不错!"时,带给学生的远不止普通的奖励。
6. 避免模糊不清的表达,以免让学生觉得自己是因为服从而非学习优秀而受到表扬(如"今天你真的很棒!")表扬时应当更明确一些(如"我很喜欢你在读课文时的表现力,你让比利与泰勒先生之间的对话显得身临其境。")。

表 6.1　有效表扬的指导原则

有效表扬	无效表扬
1. 依据条件进行的表扬	1. 随意、无序的表扬
2. 具体指出成就的特别之处	2. 只停留在对整体进行正面评价
3. 表现出自发性、多样性和可靠性,让人明确感到对学生成就的关注	3. 表现得很平淡,让人觉得是一种缺乏关注的做作反应
4. 达到特定绩效标准(也可以包括努力的标准)才奖励	4. 只要参与就奖励,不考虑表现过程或结果
5. 为学生提供有关能力或成就所具价值方面的信息	5. 根本不提供任何信息,或只给学生在同伴中所处相对地位的信息
6. 引导学生更加看重他们与任务相关的行为,并积极思考解决问题的方法	6. 引导学生将自己与他人进行比较,并思考在竞争中获胜的办法
7. 将学生自己的已有成绩作为描述学生当前成绩的基础	7. 将同学的成绩作为描述学生当前成绩的基础
8. 表扬中认可值得一提的努力或针对非常困难任务(对学生本人而言)所取得的成功	8. 表扬中根本不提学生所付出的努力或者其成绩所具有的意义
9. 将成功归因于学生的努力和能力,言外之意是学生将来有望取得相似的成功	9. 将成功归因于学生的能力,或者归因于像运气或任务难度(较容易)这些外部因素
10. 促进内部归因(让学生相信,他们之所以为完成任务付出努力,是因为他们自己享受完成任务的过程,或者想要提高与任务相关的技能)	10. 促进外部归因(让学生相信,他们之所以为完成任务付出努力,是因为一些外在原因,如取悦老师、在竞争中取胜、赢得奖励等)
11. 引导将学生将注意力集中到他们自己与任务相关的行为上	11. 使学生将注意力集中到老师身上,教师作为一种操纵学生的外在权威的形象出现
12. 任务完成后,培养学生对与任务相关的行为持欣赏态度并给予积极归因	12. 介入到任务进行的过程中,分散学生投入在与任务相关行为上的注意力

资料来源:Brophy,J.(1981).教师表扬:功能分析。《教育研究评论》,51,5—32

7. **通常情况下,在私下场合对学生进行表扬。**这会让学生深切感觉到表扬是真心的,同时避免出现教师本希望将受表扬学生树为榜样但往往适得其反的问题。

1985 年,沃德柯斯基在他的"3S—3P"原则里,概括了许多与上述一致的原则:表扬(或其他奖励)应当真诚(Sincere)、具体(Specific)、充分(Sufficient,指对成就描述的切合程度),并且以受表扬者喜欢(Preferred)的态度,对其真正值得表扬(Praiseworthy)的成就进行不言过其实(Properly)的夸奖。

2002 年,亨德隆和雷帕(Henderlong & Lepper)完成了一项有关表扬研究的元分析,由此得出如下结论:表扬可以提高内在动机水平,增强毅力(当被认为是真诚的表扬时);能够鼓励学生进行适应性的绩效归因,促进学生的自主性;能够为学生提供有关能力情况的信息(基本不进行社会比较),传达符合学生现实情况的标准和期望。

充分利用现有的外部奖励:让学生关注学习的工具性价值

让学生意识到自然存在的用于鼓励掌握学习内容或技能的外部激励因素,往往是有可能的。一个好的课程体系,能够引导学生取得相应的学习成果,这些成果将会丰富他们的人生,使其在社会中充分发挥潜能。至少从理论上讲,让学生认真参与到任何学习活动中并成功完成它们,进而取得活动计划产生的成果,是符合他们最大利益的。

然而,学校活动在对学生具有直接和明显的人生应用潜力的程度上,却是千差万别的。部分知识和技能可以被运用到学生当前的生活中,或明显是将来才需要的"人生技能"。像这样的掌握结果可以成为激励学生学习的强大动力。因此,无论何时,教师一旦发现有这样做的机会,便应帮助学生积极评价一项活动所锻炼的知识和技能,让他们明白学会这些知识和技能,不仅可以满足当前的需要,还可能成为他们在未来社会发展的"通行证",为将来的职业成功或人生的其他成功做好准备。在这里,教师可以讲一些自己的人生经历,或者学生们知道著名的人物(如学生景仰的公众人物或杰出校友)的趣闻逸事。

不过,让学生关注所学知识或技能在人生中的应用价值的策略用得不多,其效果也不甚理想。许多教师不常用正面词汇来强调知识在生活中的应用价值,却往往对不好好学习可能会导致的负面后果大讲特讲,包括说一些让学生觉得难堪的话(如"你不想让人认为你无知吧!"),或者对未来学生的学业或职业一些负面的预言(如"你永远甭想离开6年级","连基本的数学题都不会做,将来你怎么找工作"等)。有的教师虽然用不同方法给予学生正面的影响,但无意中将社会描绘成险恶的环境(如"学会算术,商人才不能少找你钱","学会阅读,将来签合同才不会被欺骗"等)。

教师在帮助学生看重他们所学东西的潜在应用价值时,应当更加积极一些。日常生活中,经常会用到基本的识字能力和数学技能,如购物、上银行、驾驶、看产品说明书、付账单、写商务信函、做家庭日常开支预算或度假预算等,无不需要它们。而科学知识对于有效应对日常生活中的各种挑战,或在紧急情况下做出正确判断也非常有用。历史知识和社会课知识,可以为学生在将来做出正确的个人、社会和公共决策奠定良好基础。总之,学好学校里讲授的知识、原则和技能,可以为人们在将来做出明智决定做好准备,可以节省时间、避免困扰、减少成本,甚至可以拯救生命。同时,它们还能够使人们懂得珍惜并充分利用好社会提供的各种机会,使自己的生活变得更丰富美好。

帮助学生认识所学知识与校外生活之间的联系,可以使他们**逐步将学习活动看成是提高能力的难得机会**。更为重要的是,要帮助学生认识到学校是社会为了他们的利益而建立的。从这一角度,教师应当向学生说明,我们在美国视作理所当然的教育机会,或许在其他国家是少数人才拥有的特权。不过,这样做的时候切忌说教,不要让学生产生负罪感。要提高他们对于"受教育是一种机会"的意识,强化"自觉努力学习符合他们的最大利益"的观念,而不仅仅是表现好来取悦老师或家长的一种义务。

竞争:强劲而问题重重的外部激励

竞争是班级活动的兴奋剂,不管是奖品还是获胜的满足感都会让学生感到兴奋不已。竞争可以是个人之间的(学生两两竞争或者个人与其他人进行竞争),也可以是集体之间的(学生被分成若干小组进行竞争,或班级与其他班级进行竞争)。尽管竞争在许多教师和学生中颇受欢迎,但大多数的动机理论学者却反对使用竞争的方法,或对其作为激发动机的策略设置了大量限制条件。他们提出了如下几条理由:

第一,课堂活动已经将学生卷入到可能在公众面前失败的冒险活动,并且学校的成绩评定体系中也已经包含大量的竞争因素,为什么还要引入其他的竞争因素呢?

第二,竞争比奖励更加受到学生的重视,也更易分散他们的精力。1981年,艾默斯和艾默斯(Ames & Ames)发现,独立学习的学生参照自己以往表现来评价自己的进步时,会注意到自己在知识和技能方面有所发展并为之感到高兴。相反,在竞争环境下学习的学生则会非常关注输赢,而对于学习的内容却反倒不那么关心了。

第三,当学生参与到具有强制性、由权威人物制定规则、结果具有高风险的竞争时,与其说竞争能够激发动机,倒不如说是一种高压手段。

第四,适于采用奖励的条件同样也适用于竞争。竞争更适合在完成日常任务时采用,要求发现或创造性的任务则不适采用竞争的方法。只有在所有人都拥有良好获胜机会(至少是平等机会)的情况下,竞争才是有效的。为确保这一点,有必要采取集体竞争(各组在能力结构上基本平衡)的方式,或者在机会均等体系中的个人竞赛方式。在后一种方式中,每个人只与自己的过去相比较,而不与其他同学论高下。

第五,竞争会产生输家也会产生赢家,但通常是输家多于赢家。无论是个人还是集体,在竞争中遭遇失败(即使没有明确的理由),作为输家的心理都会悄悄滋生。个人失败可能会一时感觉难堪,而持续失败的人丧失自信、自尊和对学校好感的时间则可能更长(Chan & Lam, 2008; Epstein & Harackiewicz, 1992; Moriarty, Douglas, Punck & Hattie, 1995; Reeve & Deci, 1996)。集体的失败可能会使得成员之间互相贬低,并将原因归咎于对竞争失败负有责任的人(Ames, 1984; Johnson & Johnson, 1985)。

结合考虑上述原因,作为教师的你在引入竞争作为激发动机策略时,恐怕就当三思而行了。如果你在考虑这样做,就要做到:保证所有学生都具有同等的获胜机会，主要以努力程度（也许再加上一点点的幸运）而非能力水平作为决定胜负的依据，更多关注学习而不是输赢，对于竞争的结果更多地给予肯定（胜者得到祝贺，输者也不会被批评或讥讽；明确认定所有人的成绩都是班级的整体成绩，而不仅仅是胜者个人的成绩），以便最大限度地降低采取竞争策略的风险。

在传统上，竞争大都围绕考试成绩展开。然而，完全可以通过像作文比赛、辩论赛或模拟竞赛之类的活动，将竞争因素融入到日常教学中(Keller, 1983)。事实上，辩论赛虽然鼓励学生形成对立立场（而不是寻求一致观点）但假如辩论内容具有建设性的话，不仅有利于激发学生的动机，也会对他们的学习有所帮助(Johnson & Johnson, 2009)。

有不少方式可以降低竞争针对个人的性质(Johnson & Johnson, 1999)。例如，教师可以将班级划分为若干小组，并要求每个小组根据一定的标准开展演讲比赛。接下来，整个班级汇总各组的标准，并采用它们来对学生的演讲进行评判。最后，各小组据此概括出所有演讲初稿的最佳特征，进而形成能够代表本班最佳观点的演讲。

学生小组学习的方法

一种既能发挥竞争激发动机的潜在作用，同时又能避免其大部分不利影响的方式，就是采用让学生既竞争又合作的小组学习的方法。这些方法的特征是，学习小组既是一个提供标准、用分数记录每个学生表现的机会均等的竞争系统，同时又是一个为成员汇总成绩超过其他小组后提供集体奖励的激励系统(Slavin, 1995)。

TGT 方法。最初的学生小组学习方法被称为"小组游戏比赛法"(Teams-Games-Tournament，简称 TGT)。在采用 TGT 方法时，学生们被不均衡地分 4—5 人一组的小组，一起互助掌握学习内容，一起准备与其他小组展开竞争。教师先向学生提供学习材料，然后组员们开始一起做练习题。他们围绕学习材料进行讨论和相互辅导，并彼此测试学习掌握的情况。这样的合作学习会持续一周时间，整个过程都在为周五举行的比赛进行准备。

比赛开始前，学生们每三人一组被安排就座。三个学生来自不同的小组，但成绩水平相当。他们开始游戏，主要形式是抢答印在纸上编有序号的问题。这些内容是本周讲授的知识，且在各自的小组学习会上已经演练过。一名学生抽出一张印有号码的卡片，并尝试回答与号码对应的问题。如果回答正确，或成功挑战和纠正了其他两个学生答案的话，他就能获得一定的分数。稍后，这些分数会累计成为每个小组的总分。老师会准备一份简报，宣布获胜的小组，也通常会公布个人获得高分的情况。在进行下一环节的比赛前，老师可能会将某些参赛小组重新编排，尽可能保证比赛各方力量均衡。这样做的结果是，即便小组成员保持不变，也可以确保所有学生在比赛开始时获得了为本组赢得积分的平等机会，因为他们的竞对手与自己的水平是相当的。

　　STAD方法。学生小组成就区分法（Student Teams-Achievement Divisions，简称STAD法）是TGT法的简化版。在采用这种方法时，同样也要进行不均衡分组，采取的合作学习步骤也与TGT法相同，但用小测验取代游戏和比赛。根据小组学生与以前的平均成绩相比提高的幅度将测验分数换算成小组比赛积分。

　　TGT法和STAD法都是将合作学习与小组竞赛结合在一起，并通过为小组颁奖对个人一段时间的表现进行褒奖。尽管如此，二者仍有不同。STAD法弱化了竞争的个人性质。采用这种方法时，学生不是坐在比赛桌旁面对面地进行较量，而是每个人自己尽全力争取好的测验成绩。这种方法是对TGT法的改进，因为它更易于操作，并能够降低竞争的显著性。

　　Jigsaw Ⅱ法。第二代切块拼接法（Jigsaw Ⅱ）是最早的切块拼接法（详见第7章）的改良版，是将竞争因素与合作因素结合在一起的合作学习法。这种方法能够保证学生之间的互动，因为每一个小组成员都分别占有自己独有的信息，并必须通过交流传递给他人，因此他们需要相互学习。学生们开始时先阅读一段文字（如历史教材或名人自传的一章），获取一些基本信息。然后，为了形成研究材料，每位小组成员会被分配一个单独的主题进行研究。来自不同小组但研究相同主题的学生形成"专家小组"，一起讨论他们所负责的主题，然后再回到各自的小组，把在"专家小组"里从其他人那里学到的东西教给自己同组的同学。

　　除了自己专门研究的主题外，每个学生都要依靠同学获得不包含在基本文字内容中的其他信息。小组成员不仅有责任掌握所研究主题的相关材料，还有责任把它们有效地教给同组同学。一周结束后，学生们要接受一次测验，将每个人的分数加总后成为小组成绩，在班级通讯上公布。不过，尽管Jigsaw Ⅱ法具有激发学生动机的潜在作用，但许多教师却持怀疑态度，担心学生学到不全面或不准确的知识内容，因为学生之间的教学肯定不如老师有效，并且也没有相应的教材支撑他们进行自学(Battista, 2001; Stein, 2001)。

TAI法。小组帮助下的个性化教学法(Team-Assisted Individualization, 简称TAI)是个性化数学教学法的改版，后者吸引了STAD法里的合作学习，以及小组间进行竞争、只奖励集体的做法。TAI法整合了教师的直接教学(同类学生组成小组由教师直接授课)、运用程序化教材的跟进练习以及有利于学生自习管理的学生小组学习法。

学生小组学习法采用以小组分数为基础、奖励集体的办法，因此一直对学生成绩提高起着积极的作用。相比只有一两个学生发挥作用而其他学生扮演被动角色的方法而言，强调每个成员对同组同学负有义务的小组学习法带来了更好的成绩。而最好的成果则来自于将集体目标与个人义务紧密结合的方法(Shepperd & Taylor, 1999; Slavin, 1995)。

需要注意的是，学生小组学习法所具有的促进学生成绩提高的优势，应归因于它所具有的奖励集体且个人对集体负有义务的特征，而不应归因于其具有的竞争特征。在集体奖励以每个小组成员的累积表现作为依据的情况下，没有证据表明小组竞赛比其他合作学习方法具有更大的优势。除了采用直接的竞赛方法(如TGT和STAD两种方法)外，通过给小组颁发达到预设标准的证书(与其他小组的表现无关)，以及采用任务专门化方法激发学生动机，让他们去鼓励自己的同组同学等方法，也已经取得了良好效果。因此，学生小组学习法在提高成绩方面的效果虽然主要体现在动机方面，但重要的是，这种动机不是打败其他小组赢得竞争的动机，而是帮助自己的同组同学达到个人目标并进而使整个小组取得好成绩的动机。

同其他合作学习的类型一样，学生小组学习法还产生了除成绩以外的积极成果。它可以促进组员之间的友谊和社会交往，也会带来情感方面的一些积极影响，如学生自尊和学习自信心提高，对班级和同学的喜爱程度增加等。

小结

外部动机策略在某些情况下可能是有效的,但教师不应过于倚重它们。假如你的学生太过专注于奖励或比赛,就不可能花太多心思在他们应当学习的内容上,也不会太多地在意学习内容本身的价值。当学生认为他们是在为自己学习,而不是为了取悦某个权威人物、获得奖励或者逃避惩罚时,学习的质量和最终取得的成绩就可能会更好一些(Deci & Ryan,1985;Flink et al.,1992;Lepper,1983;Sweet,Guthrie & Ng,1998)。因此,教师应当只将外部动机策略应用于以下方面:提示学生关于学习内容的实用价值;提出基于客观事实的表扬或奖励,以对学生在学习上付出的努力和取得的成绩表示欣赏。

假如教师采用奖励和其他外部激励,应以鼓励学生投身于其制定的教学目标为宗旨,这样他们才能带着获取活动给予他们的知识和技能(并且这样做还能得到外部奖励)的目的性,参与到学习活动中来。这样,就可能产生出一种可以与内在动机达到的效果相提并论的学习动机形式,或至少有利于满足教师的目的。在一定程度上讲,如果学生把注意力主要放在获取奖励而非实现学习目标上,结果可能会差强人意。

如果学生认为完成学习任务的主要目的是获得奖励,他们就很可能把精力集中于表现的最低标准,而不想高质量地完成任务。他们可能会写刚好300字的"300字短文",或只阅读作业里他们回答问题所需的课文里的那几部分。可通过以下方法尽量减少上述危险:(1)较少使用外部动机方法;(2)权衡采用这些方法的合适时机;(3)按照表6.1所示的原则使用外部动机方法和施行奖励。

本章概要

本书共用五章对动机的价值方面进行探讨,主要研究的是人们从事活动的理由以及他们希望从中获取的好处。本章是这五章内容的第1章,集中描述了能够为激发参与活动的动机提供外部激励的各种策略。这些策略并不试图提高学生所赋予一项活动的价值,而是将成功完成该项活动与他们非常看重的结果的产生联系起来。

本章讨论了三种提供外部动机的一般策略：(1)因良好表现奖励学生；(2)让学生关注学习的工具性价值；(3)不时构建竞争的适当形式。上述讨论强调要以与其他动机原则相兼容的方式采用这些外部激励，而不是将它们融入到班级管理的行为控制方法之中。

外部动机的激励方法更适合用来提高学生努力的程度，而不适合提高学生表现的质量或创造性；更适合激发学生在要求遵循清晰策略达到明确目标的任务上稳定表现的动机，而不适合用来完成更开放、多头绪、更复杂的任务。假如教师事前告知奖励内容以建立一个激励系统的话，就应当确保该系统能够激发学生的动机，使他们专注于教学目标的实现(而不仅仅是获得奖励)，并确保每一名学生都有平等的(或至少是合理的)赢得奖励的机会。当教师在提出表扬或颁发奖励时，应当帮助学生欣赏他们自己取得的成绩并引以为傲，不管从班级的角度还是个人的角度出发都是如此。教师日常对学生个人进行的表扬应当在私下进行，并应当表现出赞赏之情和言之有物，而不能以此作为控制手段，并体现出表6.1所示的其他特征。

只要有合适的时机，就要将学生的注意力引向那些自然存在的能够帮助他们掌握学习内容或技能的外部激励因素。总体来说，在教师日常教学内容中融入示范化和社会化的因素，以帮助学生认可一个事实，即建立学校的宗旨是帮助他们适应当前的生活，并准备迎接未来的生活。课程的设计目的也是如此。

竞争为外部动机提供了另一种潜在途径，但它比奖励的作用更加显著，更易让学生分心。而且，如果班级活动已经包含有可能在众人面前落败分数比较的风险，那么竞争无疑增加了这其中的风险。所以，假如教师要采用竞争方法，就应当弱化其个人性质，让学生主要关注学习的目标。要做到这一点，就需要采取将竞争与合作学习相结合的那些方法，其中包括能够促进学生成绩提高、增进情感交流，且已经产生良好的社交和动机成果的小组学习法。

外部动机的策略只要不被过分强调，就可以成为本书其他章节所论述的其他策略的重要补充。教师在使用这些策略时，应当将学生的主要关注点放在学习内容而非奖励之上。外部动机策略可以起到保持和支持内在动机的作用，但要避免它成为一种激励机制，让学生误认为参与活动只是为了取悦教师或赢得奖励,以及诸如此类的解读。

思考题

1. 在阅读本章之前,你持有与访谈对象有关奖励有效性一样的观点吗?现在你又怎么认为呢?
2. 用自己的话说一说:外部奖励会在什么情况下、如何降低内在动机?又会在什么情况下、如何补充或支持内在动机?
3. 你会采用表扬或外部奖励来激发学生的动机吗?如是,什么情况下可这样做、如何做?如不是,为什么?
4. 你会要求或鼓励学生参加科学展览会、作文竞赛或类似的比赛吗?为什么会?为什么不会?
5. 你会鼓励学生参加以比萨为奖品的阅读活动吗?为什么会?为什么不会?
6. 假如你最出色的学生再次非常棒地完成了一项作业,跟他说什么比较合适?说什么可能不太合适?
7. 一位平时学习吃力的学生做对了68%的考试题,这是他缓慢而稳定进步的过程中取得的成绩,但班级的平均正确率是84%。在这种情况下,你对他讲什么比较合适?说什么却不太合适?
8. 为什么激发学生动机大都着力于改进既有规章,而不是着力于保持学生已有的内在动机?
9. 为什么奖励的发放方式比奖励本身更加重要?
10. 假如你打算采用奖励办法,那么你计划如何确保所有学生都具有平等的(或至少是合理的)获得奖励的机会?
11. 想一想你可能在什么情况下表扬学生。逐一想清楚后,请写出一些你认为合适或不合适这些情况的表扬语句。
12. 联系你正在教或可能要教的课程,就每一课设计一种可以帮助学生把教学内容应用于校外生活的方法,并写出你将如何把教学内容的生活应用潜力传达给你的学生。
13. 部分理论学者认为竞争对所有人都无益,甚至对获胜者也是如此。这一结论正确吗？为什么正确？为什么不正确？
14. 你会采用竞争的办法吗？如果是，何时采用、如何采用？为降低竞争的个人性，保证所有学生都有平等的获胜机会，你会采取哪些措施？

参考文献

Akin-Little, K. A., Eckert, T., Lovett, B., & Little, S. (2004). Extrinsic reinforcement in the classroom: Bribery or best practice. *School Psychology Review*, 33, 344-362.

Ames, C. (1984). Competitive, cooperative, and individualistic goal structures: A cognitive-motivational analysis. In R. Ames & C. Ames (Eds.), *Research on motivation in education. Volume 1: Student motivation* (pp. 177-208). New York: Academic Press.

Ames, C., & Ames, R. (1981). Competitive versus individualistic goal structures: The salience of past performance information for causal attributions and affect. *Journal of Educational Psychology*, 73, 411-418.

Barrett, M., & Boggiano, A. (1988). Fostering extrinsic orientations: Use of reward strategies to motivate children. *Journal of Social and Clinical Psychology*, 6, 293-309.

Battista, M. (2001). A research-based perspective on teaching school geometry. In J. Brophy (Ed.), *Subject-specific instructional methods and activities* (pp. 145-185). New York: Elsevier Science.

Boggiano, A., Barrett, M., Weiher, A., McClelland, G., & Lusk, C. (1987). Use of the maximal operant procedure to motivate children's intrinsic interest. *Journal of Personality and Social Psychology*, 53, 866-879.

Brophy, J. (1981). Teacher praise: A functional analysis. *Review of Educational Research*, 51, 5-32.

Brophy, J., & Evertson, C. (1981). *Student characteristics and teaching*. New York: Longman.

Brophy, J., & Good, T. (1986). Teacher behavior and student achievement. In M. Wittrock (Ed.), *Handbook of research on teaching* (3rd ed., pp. 328-375). New York: Macmillan.

Burnett, P. (2001). Elementary students' preferences for teacher praise. *Journal of Classroom Interaction*, 36, 16-23.

Caffyn, R. (1989). Attitudes of British secondary school teachers and pupils to rewards and punishments. *Educational Research*, 31, 210-220.

Cameron, J., Banko, K., & Pierce, W. (2001). Pervasive negative effects of rewards on intrinsic motivation: The myth continues. *Behavior Analyst*, 24, 1 - 44.

Cameron, J., Pierce, W. D., Banko, K., & Gear, A. (2005). Achievement-based rewards and intrinsic motivation: A test of cognitive mediators. *Journal of Educational Psychology*, 97, 641 - 655.

Chan, J., & Lam, S. (2008). Effects of competition on students' self-efficacy in vicarious learning. *British Journal of Educational Psychology*, 78, 95 - 108.

Condry, J., 8; Chambers, J. (1978). Intrinsic motivation and the process of learning. In M. Lepper & D. Greene (Eds.), *The hidden costs of reward: New perspectives on the psychology of human motivation* (pp. 61 - 84). Hillsdale, NJ: Erlbaum.

Covington, M. (2000). Intrinsic versus extrinsic motivation in schools: A reconciliation. *Current Directions in Psychological Science*, 9, 22 - 25.

Deci, E., Koestner, R., & Ryan, R. (1999a). A meta-analytic review of experiments examining the effects of extrinsic rewards on intrinsic motivation. *Psychological Bulletin*, 125, 627 - 668.

Deci, E., Koestner, R., & Ryan, R. (1999b). The undermining effect is a reality after all—extrinsic rewards, task interest, and self-determination. *Psychological Bulletin*, 125, 692 - 700.

Deci, E., Koestner, R., & Ryan, R. (2001). Extrinsic rewards and intrinsic motivation in education: Reconsidered once again. *Review of Educational Research*, 71, 1 - 27.

Deci, E., & Ryan, R. (1985). *Intrinsic motivation and self-determination in human behavior*. New York: Plenum.

Delin, C., & Baumeister, R. (1994). Praise: More than just social reinforcement. *Journal for the Theory of Social Behaviour*, 24, 219 - 241.

Dresel, M., Martschinke, S., & Kopp, B. (2009, April). *Elementary school teachers' feedback practices, perceived classroom goal structures, and students' personal achievement goals*. Paper presented at the annual meeting of the American Educational Research Association, San Diego.

Eccles, J. (2009). Who am I and what am I going to do with my life? Personal and collective identities as motivators of action. *Educational Psychologist*, 44, 78 - 89.

Eisenberger, R., & Cameron, J. (1996). The detrimental effects of reward: Myth or reality? *American Psychologist*, 51, 1153 - 1166.

Eisenberger, R., Pierce, W. D., & Cameron, J. (1999). Effects of reward on intrinsic motivation: Negative, neutral, and positive. *Psychological Bulletin*, 125, 677 - 691.

Elwell, W., & Tiberio, J. (1994). Teacher praise. *Journal of Instructional Psychology*, 21, 322 - 328.

Epstein, J., & Harackiewicz, J. (1992). Winning is not enough: The effects of competition and achievement orientation on intrinsic interest. *Personality and Social Psychology Bulletin*, 18, 128–138.

Exline, J., Single, P., Lobel, M., & Geyer, A. (2004). Glowing praise and the envious gaze: Social dilemmas surrounding the public recognition of achievement. *Basic and Applied Social Psychology*, 26, 119–130.

Farley, D., & Rosario, H. (2008). A critique of monetary educational incentives for elementary and middle school students in New York City public schools. Retrieved July 9, 2008, from http://www.tcrecord.org, ID #15257

Fawson, P., & Moore, S. (1999). Reading incentive programs: Beliefs and practices. *Reading Psychology*, 20, 325–340.

Flink, C, Boggiano, A., Main, D., Barrett, M., & Katz, P. (1992). Children's achievement-related behaviors: The role of extrinsic and intrinsic motivational orientations. In A. Boggiano & T. Pittman (Eds.), *Achievement and motivation: A social-developmental perspective* (pp. 189–214). Cambridge, UK: Cambridge University Press.

Flora, S., & Flora, D. (1999). Effects of extrinsic reinforcement for reading during childhood on reported reading habits of college students. *Psychological Record*, 49, 3–14.

Gambrell, L., & Marinak, B. (1997). Incentives and intrinsic motivation to read. In J. Guthrie & A. Wigfield (Eds.), *Reading engagement: Motivating readers through integrated instruction* (pp. 205–217). Newark, DE: International Reading Association.

Gehlbach, EL, & Roeser, R. (2002). The middle way to motivating middle school students: Avoiding false dichotomies. *Middle School Journal*, 33, 39–46.

Good, T., & Brophy, J. (2008). *Looking in classrooms* (10th ed.). Boston: Allyn 8; Bacon. Heckhausen, H. (1991). *Motivation and action* (2nd ed.). New York: Springer-Verlag.

Henderlong, J., & Lepper, M. (2002). The effects of praise on children's intrinsic motivation: A review and synthesis. *Psychological Bulletin*, 128, 774–795.

Hoffmann, K., Huff, J., Patterson, A., & Nietfeld, J. (2009). Elementary teachers' use and perceptions of rewards in the classroom. *Teaching and Teacher Education*, 25, 843–849.

Houlfort, N., Koestner, R., Joussenet, M., Nantel-Vivier, A., & Lekes, N. (2002). The impact of performance-contingent rewards on perceived autonomy and competence. *Motivation and Emotion*, 26, 279–295.

Johnson, D., & Johnson, R. (1999). *Learning together and alone: Cooperative, competitive, and individualistic learning* (5th ed.). Boston: Allyn & Bacon.

Johnson, D., & Johnson, R. (1985). Motivational processes in cooperative, competitive, and individualistic learning situations. In C. Ames & R. Ames (Eds.), *Research on motivation in education. Volume 2: The classroom milieu* (pp. 249–286). Orlando, FL: Academic Press.

Johnson, D., & Johnson, R. (2009). Energizing learning: The instructional power of conflict. *Educational Researcher*, 38, 37–51.

Kamins, M., & Dweck, C. (1999). Person versus process praise and criticism: Implications for contingent self-worth and coping. *Developmental Psychology*, 35, 835–847.

Kast, A., & Connor, K. (1988). Sex and age differences in response to informational and controlling feedback. *Personality and Social Psychology Bulletin*, 14, 514–523.

Keller, J. (1983). Motivational design of instruction. In C. Reigeluth (Ed.), *Instructional-design theories and models: An overview of their current status* (pp. 383–434). Hillsdale, NJ: Erlbaum.

Kohn, A. (1993). *Punished by rewards: The trouble with gold stars, incentive plans, A's, praise, and other bribes*. Boston: Houghton Mifflin.

Larrivee, B. (2002). The potential perils of praise in a democratic interactive classroom. *Action in Teacher Education*, 23(4), 77–88.

Lepper, M. (1983). Extrinsic reward and intrinsic motivation: Implications for the classroom. In J. Levine & M. Wang (Eds.), *Teacher and student perceptions: Implications for learning* (pp. 281–317). Hillsdale, NJ: Erlbaum.

Lepper, M., & Greene, D. (Eds.). (1978). *The hidden costs of reward: New perspectives on the psychology of human motivation*. Hillsdale, NJ: Erlbaum.

Lepper, M., & Henderlong, J. (2000). Turning "play" into "work" and "work" into "play." In C. Sansone & J. Harackiewicz (Eds.), *Intrinsic and extrinsic motivation: the search for optimal motivation and performance* (pp. 257–307). San Diego: Academic Press.

Lepper, M., Henderlong, J., & Gingras, I. (1999). Understanding the effects of extrinsic rewards on intrinsic motivation-uses and abuses of meta-analysis. *Psychological Bulletin*, 125, 669–676.

MacIver, D., & Reuman, D. (1993/94). Giving their best: Grading and recognition practices that motivate students to work hard. *American Educator*, 17(4), 24–31.

Marinak, B., & Gambrell, L. (2008). Intrinsic motivation and rewards: What sustains young children's engagement with text? *Literacy research and instruction*, 47, 9–26.

Marinak, B., & Gambrell, L. (2009, April 7). Rewarding reading?: Perhaps authenticity is the answer. Teachers College Record. Retrieved from http://www.tcrecord.org.

ID Number:15608.

McQuillan,J. (1997). The effects of incentives on reading. *Reading Research and Instruction*,36,111 – 125.

Midgley,C., & Urdan,T. (1992). The transition to middle level schools:Making it a good experience for all students. *Middle School Journal*,24,5 – 14.

Miller,A., & Horn,H. (1997). Conceptions of ability and the interpretation of praise, blame,and material rewards. *Journal of Experimental Education*,65,163 – 177.

Moriarty,B.,Douglas,G.,Punch,K., & Hattie,J. (1995). The importance of self-efficacy as a mediating variable between learning environments and achievement. *British Journal of Educational Psychology*,65,73 – 84.

Mueller,C., & Dweck,C. (1998). Praise for intelligence can undermine children's motivation and performance. *Journal of Personality and Social Psychology*,75,33 – 52.

Muraven,M.,Rosman,H., & Gagne,M. (2007). Lack of autonomy and self-control: Performance contingent rewards lead to greater depletion. *Motivation and Emotion*,31,322 – 330.

Nafpaktitis,M.,Mayer,G., & Butterworth,T. (1985). Natural rates of teacher approval and disapproval and their relation to student behavior in intermediate school classrooms. *Journal of Educational Psychology*,77,362 – 367.

Natriello,G., & Dornbusch,S. (1985). *Teacher evaluative standards and student effort*. New York:Longman. Nichols,S., & Berliner,D. (2008). Why has high-stakes testing so easily slipped into contemporary American life? *Phi Delta Kappan*,89,672 – 676.

Oliver,R., & Williams,R. (2006). Performance patterns of high,medium,and low performers during and following a reward versus non-reward contingency phase. *School Psychology Quarterly*,15121,119 – 147.

Ollendick,T., & Shapiro,E. (1984). An examination of vicarious reinforcement processes in children. *Journal of Experimental Child Psychology*,37,78 – 91.

Pajares,F., & Graham,L. (1998). Formalist thinking and language arts instruction: Teachers' and students'beliefs about truth and caring in the teaching conversation. *Teaching and Teacher Education*,14,855 – 870.

Pierce,W. D.,Cameron,J.,Banko,K., & So,S. (2003). Positive effects of rewards and performance standards on intrinsic motivation. *Psychological Record*,53,561 – 579.

Pintrich,P.,Marx,R., & Boyle,R. (1993). Beyond cold conceptual change:The role of motivational beliefs and classroom contextual factors in the process of conceptual change. *Review of Educational Research*,63,167 – 199.

Reeve, J., & Deci, E. (1996). Elements of the competitive situation that affect intrinsic motivation. *Personality and Social Psychology Bulletin*, 22, 24 – 33.

Ryan, R., Chirkov, V., Little, T, Sheldon, K., Timoshina, E., & Deci, E. (1999). The American dream in-Russia: Extrinsic aspirations and well-being in two cultures. *Personality and Social Psychology Bulletin*, 25, 1509 – 1524.

Ryan, R., & Deci, E. (2000). When rewards compete with nature: The undermining of intrinsic motivation and self-regulation. In C. Sansone & J. Harackiewicz (Eds.), *Intrinsic and extrinsic motivation: The search for optimal motivation and performance* (pp. 13 – 54). San Diego, CA: Academic Press.

Sansone, C., & Harackiewicz, J. (2000). *Intrinsic and extrinsic motivation: The search for optimal motivation and performance*. San Diego, CA: Academic Press.

Sharp, P. (1985). Behaviour modification in the secondary school: A survey of students' attitudes to rewards and praise. *Behavioral Approaches with Children*, 9, 109 – 112.

Shepperd, J., & Taylor, K. (1999). Social loafing and expectancy-value theory. *Personality and Social Psychology Bulletin*, 25, 1147 – 1158.

Slavin, R. (1995). *Cooperative learning: Theory, research, and practice* (2nd ed.) Boston: Allyn & Bacon.

Stein, M. (2001). Teaching and learning mathematics: How instruction can foster the knowing and understanding of number. In. J. Brophy (Ed.), *Subject-specific instructional methods and activities* (Vol. 8, pp. 111 – 143). New York: Elsevier Science.

Stipek, D. (1996). Motivation and instruction. In D. Berliner & R. Calfee (Eds.), *Handbook of educational psychology* (pp. 85 – 113). New York: Macmillan.

Stipek, D. (2002). *Motivation to learn: Integrating theory and practice* (4th ed.). Boston: Allyn & Bacon.

Sweet, A., Guthrie, J., & Ng, M. (1998). Teacher perceptions and student reading motivation. *Journal of Educational Psychology*, 90, 210 – 223.

Thompson, T. (1997). Do we need to train teachers how to administer praise? Self-worth theory says we do. *Learning and Instruction*, 7, 49 – 63.

Ware, B. (1978). What rewards do students want? *Phi Delta Kappan*, 59, 355 – 356.

Wigfield, A., & Eccles, J. (2000). Expectancy-value theory and achievement motivation. *Contemporary Educational Psychology*, 25, 68 – 81. Wlodkowski, R. (1985). *Enhancing adult motivation to learn*. San Francisco: Jossey-Bass.

第 7 章
内在动机的自我决定理论：满足学生的自主需要、胜任需要及关联需要

我们可以通过外在限制和控制规范孩子的行为，这一点毫无疑问。但问题在于，这是否能体现我们所代表的文化特征，反映我们作为教育者孜孜以求的学校教育氛围和教育目标。

与之相对的另外一种观点更为复杂也更为精妙，它将学习动机视为发展性议题，认为虽然学习可以完全受外部控制和驱动（即外在调节），教育的目标却在于发展学习中的自律。这就代表了知识获取过程中从他律性到自主性的转变，以及从依赖他人产生外在学习动机，到对成就和学习过程本身的内在满足感的转变。（Ryan, Connell & Grolnick, 1992, 第168页）

联系学生的既有内在动机

第6章描述的外在动机策略意在刺激学生积极参与课堂活动，因为顺利完成这些活动将使他们获得有价值的奖励。当动机完全来自于外部时，活动本身对于学生而言并无价值，他们只是想以活动作为工具来获取他们看重的奖励。与之相反，当学生能够看到（或能够学着去看到）活动本身的价值时，内在动机策略便能发挥作用。内在动机策略的基础是教师应侧重那些让学生感到有趣、能享受其中的活动，这样学生便乐于参与这些活动，无须任何外部激励了。

将教师日常的激励学生动机策略都建立在联系他们既有内在动机的原则是不切实际的，具体原因在第1章中已经说明。然而，教师可以使用以下三套一

般性策略,来加强内在动机在学生课堂体验中所发挥的作用:(1)针对学生的自主需要、胜任需要和关联需要,采用相应的课堂管理和教学风格;(2)设计让学生感觉享受、能体会其内在价值的学习活动;(3)对其他学习活动的安排进行调整,增加对学生具有吸引力的活动特征。以上策略中的第一种将在本章进行讨论,其他两种将在第8章予以阐述,并辅以关于策略应用的教师观点。

内在动机的概念

有些内在动机研究侧重于学生参与活动过程中的**情感性质**,即学生享受活动、获得乐趣的程度。这类内在动机在游戏或娱乐性活动(而非学习活动)中表现得更为典型。还有一些内在动机研究侧重**认知因素**,即学生认为参与活动能够实现自我、充实自我和提升能力的程度,或能带来多少价值与意义。若认知因素处在主导地位,那么内在动机就类似于第9章所定义的学习动机。

大多数内在动机理论者并未直接区分动机的情感/趣味因素和认知/学习因素。他们多关注控制问题,强调若要形成内在动机,那么从主观体验上来讲,行为必须源于自我决定。本章开始的引文也反映了对于自我决定的强调。

不久前,内在动机理论者还倾向于将内在动机和外在动机描述为互不相容的对立方,并告诫教师切勿使用外在动机策略,以免伤害学生的内在动机。直到最近,这种简单的二元对立倾向才有所减弱,并让位于这样的观点:随着动机以多种形式从纯粹的外在动机(外部控制)到纯粹的内在动机(自主决定)转变时,学生的相对自主性会不断提高。目前,大多数内在动机理论者都承认外在动机可以用来辅助其他动机策略,且不会削弱学生的内在动机。尽管如此,他们还是认为,在教学中,内在动机策略优于外在动机策略。2008年,格威、雷特尔和钱诺(Guay, Ratelle & Chanal)通过整合几项研究发现,与外在动机驱动的学习相比,自我决定状态下的学习质量会更高。教师们也倾向于认同这一观点(Sweet, Guthrie & Ng, 1998)。

最初,内在动机概念的提出是为了在以下两种观点中寻求平衡:一是人们的行为受所感受到的需求的驱使;二是人们参与某些活动是因为人们想参加,并不是因为感受到了参与的需要(Collier, 1994)。1962年,亚伯拉罕·马斯洛（Abraham Maslow）指出，当低层次需要得到满足时，人们便开始表达自我实现的需要，包括创造性的自我表达、好奇心的满足及其他似乎受内在动机驱使的探索型或技能拓展型活动。

1959年，罗伯特·怀特（Robert White）指出，我们经常会出于胜任动机而采取行动，即我们希望有效应对环境，并能掌控周边的事物。这一动机在激发关注、探索、思考、游戏等活动的同时，也促使我们寻求新的挑战而不是坐观其变。而应对挑战的过程和经历亦正是内在动机被激发的过程。

当代内在动机理论者是根据自我决定主观意识的存在而非外部刺激和压力的缺失来定义内在动机的（Condry & Stokker, 1992）。即是说，假如我们有自我决定的感觉，那么在达成实际目的时，我们所受到的便是自我决定的驱动，即便有外部刺激存在或我们的行为受到各种限制时也是如此。举一个极端的例子。假设有一个被判处终生监禁永无假释可能的杀人犯，尽管身陷囹圄，依然可以对自己能够控制的那部分生活行使自主权。他可能会选择充分利用当前环境，比如保持健康、发展友谊，以及参加教育性和娱乐性活动（并且他在做的过程中能感受到自我决定），而不是陷入长期的愤怒和抑郁。

与此相似，有关内在动机理论的其他观点，也很重视人的主观体验。比如，塞岑特米霍伊（Csikszentmilhalyi, 1993）在讨论心流体验时，强调活动挑战与当前能力相匹配时，人们在参与活动当中所获得的沉浸体验（见第1章）。埃克布兰德（Eckblad, 1981）在定义受外在动机驱动的活动时，对参与活动者的手段和目的进行明确区分。反之，当人们受内在动机驱使参与活动时，则不会把活动本身视为实现某种目标的手段。此时，他们意识不到手段与目的的区分，意识不到自我，不会去追求与正在进行的活动无关的某个目标。

德西和雷安的自我决定理论

爱德华·德西（Edward Deci）和理查德·雷安（Richard Ryan）提出的自我决定理论包含了上述大多数观点。该理论引发了教育领域中关于动机价值方面的大量研究。德西和雷安认为，要对目标导向性行为以及一般意义上的心理发展和心理状态有一个全面的理解，就有必要对人们的重要心理需要进行研究,正是这些需要给予了人们实现目标的心理潜能,并影响着人们的自律活动。他们总结出三种心理需要——自主需要、胜任需要和关联需要,认为这三种需要对于目标导向性活动有着普遍、根本和深远的影响。如果这些需要得以满足,那么人们的动机便具有自主性,即人们对目标的追求反映了其兴趣所在或价值判断,且与自我意识紧密相关。反之,如果这些需要不能得以满足,人们的动机便要受更多的外在控制,其目标追求就缺乏自我决定性(Deci & Ryan,2008;Heppner 等人,2008;Vansteenkiste,Lens & Deci,2006)。

以上三项基本需要的满足,是人们参与活动时具有自我决定性的必要条件。当人们无须担忧这些需要能否被满足时,他们可以做任何觉得有趣或重要的事情,比如读书、演奏音乐。然而,如果基本需要的满足受挫,人们的行为便不太可能来自我决定。此时,人们可能不再关注内在动机导向的事务,而把注意力转向基本需要的满足。如果这些需要不易得到满足的话,他们就会在内心形成防御,或是追求这些需要的替代物(如财富、名誉或知名度)。长此以往,他们的正直品德、活力和健康便会受到消极影响(Ryan,Huta & Deci,2008)。

受内在动机驱动的行为完全是出于兴趣,无须外部刺激、承诺或胁迫。这类行为在主观体验上讲完全受自我决定,源于人们的自我意识。而受外在动机驱动的行为则被视为获得另外某种结果的工具。这类行为不会自发产生,须在外在刺激或其他外部压力下才能产生。

逐渐趋近于内在动机的外部调节层级

德西和雷安在阐述自我决定理论时,加入了外在动机发展分析。他们通过分析界定了外在动机的不同子类型,并解释了受外在动机驱动的行为如何通过内化和整合的发展性过程转化为自我决定行为。内化是指将外部的既有规范或价值观转化为内在接受的理念。整合是指被内化了的规范和价值观融合为自我组成部分的过程。

通过吸收外部价值观,并将其重组形成个体认同的价值观,内化能使我们在树立起这些价值观时,感受到自我决定性。当内化过程发挥最佳作用时,我们能够认同这些价值观,并将它们吸收整合成为自我的一部分。此时我们完全接受它们,视为己出。然而,内化也会受到一些先见的影响,导致有些价值观依然被视为外在价值观,无法被内化,或只有部分被内化。对此,德西和雷安提出了四种外部调节类型,它们由外部控制逐步转向自主性的自我规范,按顺序形成一个连续统一体。

外在调节(external regulation):我们的行为受外在奖励、压力或限制的管控。当学生上课或完成作业仅仅是因为这样做会得到奖励、不这样做就会受到惩罚时,学生便是受到外在调节。

内摄调节(introjected regulation):我们做出某种行为是因为我们自己认为应该这样做,不这样做会产生内疚感。这种行为倾向已经被内化,原因是我们已经学会去做出那些他人所期待的行为,而不需要外在刺激。然而,我们这样做只是对外部压力进行应对,而非出于自我意识。当学生上课和完成作业主要是因为不想得低分以及不想让父母失望时,便是受到内摄调节。

认同调节(identified regulation):个体自身能够意识到某项规范或价值观对于自身的重要性和价值。当学生上课和完成作业是因为他们认为这些活动对于上大学或在某个特定领域就业等自己选择的目标来说很重要时,便是受到认同调节。

整合调节(integrated regulation):这是自我决定程度最高的外在动机形式,表现为个体将认同的价值观和规范整合、融入统一的自我意识。在此过程中,不同价值观以及相应行为倾向之间的任何冲突(比如,既想做好学生又想当摇滚音乐家)都通过一切必要的调节得以消解,最终达到各价值观之间的和谐共存。

在某个特定情境下,人们可以没有动机,也可以有外在动机或内在动机。当动机缺失时,我们不会尝试做出某种特定行为,或追求某个特定目标。即便是在他人期待我们做出某种目标导向性行为的情况下,我们也会试图逃避,因为我们并不认为这种行为有价值,或是不相信我们能够成功实施这种行为。而当我们在受到动机驱使而做某件事时,这种动机可以是外在动机(自我决定程度不一),也可以是内在动机(完全由自我决定)。

在诸多外在动机激励的活动中,处于动机连续统一体底端的外在调节和内摄调节因在外部压力的影响下产生,而被认为是**受控动机**形式。相反,处于上层的认同调节和整合调节则是出于自身原因(且我们认为这些原因都很重要),在自愿的基础上产生。由于认同调节和整合调节受自我决定,它们和内部调节一起被归为自主动机形式。尽管如此,这两种调节仍被人们视为外在动机形式,因为人们将它们当作实现其他目标的手段。而对于内在动机驱动的行为,其行为本身便是目的,我们实施这一行为只是因为我们觉得有趣或是享受。

1995年,佩雷蒂尔(Pelletier)等人开发出运动动机量表,并以不同的项目代表以上不同调节类型。该量表包含外部调节中的三个层级的调节类型(和大多数外部调节量表类似,它也没有区分,认同调节和整合调节)。除此之外,它对内在动机的三种子类型进行了区分。2003年,斯坦德吉、杜达和恩托曼尼斯(Standage, Duda & Ntoumamis)在对该量表进行调整后,邀请学生根据自身参与体育活动的原因,对下列项目符合自身情况的程度进行打分:

- 求知的内在动机("发现新技巧/技术的乐趣")
- 成就导向的内在动机("提升自身能力时获得的自我满足感")
- 体验刺激的内在动机("真正投入活动时的兴奋感")
- 认同调节("因为这是我在其他方面发展自我的最佳选择之一")
- 内摄调节("我必须参加体育活动,因为这样才能对得起自己")
- 外在调节("向他人显示我擅长体育")
- 无动机("以前我参加体育活动时都有很好的理由,但现在我不知道自己为什么必须参加")

综上,自我决定理论已从只关注内在动机扩展到关注不同形式的外部调节,这就大大增强了自我决定论在课堂中的可应用性。根据第1章中所描述的学校教育本质,教师面临的主要动机问题并不是建立起学生的内在动机,而是帮助学生理解学校学习活动的价值,并由此将外在调节或内摄调节(受控动机)转化为认同调节或整合调节(自主性动机)。这一点在下面的研究结果中也有所体现。

1999年,洛希尔和科斯特纳(Losier & Koestner)发现,大学生在就跟进政治竞选活动和即将到来的选举投票进行讨论时,出于认同动机("为了我的自身利益")而非内在动机("为了参与其中所获得的乐趣")的学生更有可能理解选举与自身的相关性及重要性,因而会积极搜寻信息,并在选举日进行投票。研究者进而得出这样的结论:对于那些具有社会价值但不一定有趣的活动(比如选举投票)而言,认同(而非内在动机)才是成功调节行为的关键。我想补充的是,大部分学习活动也是如此。

1999年,诺维奇(Norwich)通过收集关于学生自报的努力学习原因的数据,发现学生的认同原因与内在原因紧密相关,而与内摄原因反差鲜明。这就意味着,尽管认同调节被归为外在动机形式,但与内摄调节相比,它与内在动机有着更多的相似之处(至少反映在学生的想法上是这样)。

其他研究表明,自我决定论提出的不同动机形式之间呈现出一种特定的关系模式,每一种形式都与其相邻形式的关联度最高,且所有形式都排列在从无动机、到外部动机、再到内在动机的连续统一体上。比如,外在调节与无动机、内摄调节之间的关联度最高,而整合调节则与认同调节、内在动机之间的关联度最高。这些发现有力地支持了自我决定论的研究假设,即不同的动机形式按自我决定程度的高低组,成一个连续统一体(Guay,Ratelle & Chanal,2008;Otis,Grouzet & Pelletier,2005)。

尽管参加某项具体活动的动机可能较为具体,但所有动机形式都可应用于像教育领域一样广泛的各种活动领域。2005年,奥提斯(Otis)等人在一项针对法裔加拿大学生的研究中证明了这一点。这项研究从学生8年级开始一直跟进到10年级。每年,学生都被问及"你为什么上学?"这个问题,并需要根据自己的情况在几个选项中进行选择。这些选项分别代表了以下动机形式:求知的内在动机(比如,在学习新事物时我能体会到快乐与满足),认同调节(比如,教育能帮助我为自己选择的未来职业做出更好的准备),内摄调节(比如,向自己证明我很聪明),外在调节(比如,将来能有更高的薪酬),以及无动机(比如,我不知道为什么要上学,坦率地讲对于上学这件事我一点儿都不在乎)。

8年级的学生往往倾向于选择反映认同调节的选项(平均分为4.42分,总分5分),其次是外在调节(4.21分)、内在动机(3.72分)和内摄调节(3.52分)。很少有学生会选择代表无动机的选项(1.48分)。到了10年级,他们依然不会选择无动机选项(1.50分),但他们在其他选项的选择上却反映出学习动机的整体下降。他们仍倾向于选择认同调节选项,其次是外在调节、内在动机和内摄调节,但平均分都有所下降,分别是4.02分、3.98分、3.15分和2.82分。总体来看,在从8年级到10年级的三年中,学生上学的目的更多是为了未来职业准备或获得高薪工作,而非学习新事物或追求兴趣过程中的快乐和满足。

这些发现进一步表明,十二学年制基础教育的价值主要体现在重要(从属于认同调节)、但并不一定有趣(从属于内在动机)的学习活动中。这一点在后来的研究中也得到了强化。研究对象同样是法裔加拿大高中生(Ratelle, Guay, Vallerand, Larose & Senécal, 2007),并使用了相同的数据收集方法,但在此基础上将学生划分成三组。第一组学生(6%)自主动机水平低,受控动机和无动机处于中高水平;第二组学生(46%)无动机水平低,受控动机和自主动机处于中等水平;第三组学生(48%)无动机水平低,自主动机和受控动机处于高水平。值得注意的是,在被调查的所有高中生中,仅有6%的学生拥有中高水平的自主动机,但同时均伴有中高水平的受控动机。研究中没有发现任何一个小组以自主动机为主要动机模式,内在动机就更不用说了。

一项在另一座城市进行的跟进研究得出了相似但更令人沮丧的结论。该研究同样区分出三个小组,但所占的百分比分别是7%、59%和33%。也就是说,和第一个样本相比,第二个高中生样本中的学生对体现自主动机的说法的认同程度更低。

然而,一项以大学生为研究对象的类似研究却得出了迥异的结果。在此项研究中,39%的学生有着高水平的自主动机和受控动机,25%的学生有着中低水平的自主动机和受控动机,36%的学生有着高水平的自主动机和低水平的受控动机。此外,从整体样本来看,受调查的大学生更倾向于选择反映自主动机(内在动机、认同调节)而非受控动机(内摄调节、外在动机)的选项。由此可见,在大学里,学生受自主动机驱动的情况更为普遍,学生自愿选择上课,且在决定学什么和怎样学时具有更大的自主性;而在高中里,大多数学生则没有什么选择,都必须出勤,且学生进行自我选择的机会很有限(Ratelle et al., 2007)。

有研究者在东亚地区针对新加坡的7年级学生(Liu, Wang, Tan, Koh & Ee, 2008)和韩国的大学生(Lee, 2005)进行了类似研究,结果显示这两组学生表现出的动机特征与上述大学生的动机情况类似,而与加拿大高中生的动机情况相差较大。显然,和其他教育阶段相比,高中学习环境对于学生的控制最强。

自主动机的基础:自主、胜任和关联

人们在多大程度上能够整合文化价值观及规则并将其融合为自我的一部

分,取决于人们参与相关活动时基本心理需要的满足程度。对于自身从属社会群体的价值观和规则,人们自然而然会对其加以内化,然而如果能感觉到自身与其他社会成员的关联,并认为自己能够胜任他人期待的行为,这一内化过程就会变得更加顺畅。也就是说,我们需要理解具体规则背后蕴含的意义及合理性,并知晓履行规则所需要的能力。支持关联和胜任需要的满足,也许有助于促进价值观或规则的部分内化,然而要使内化过程进一步上升至整合,我们还需要支持自主需要的满足。过多的外部压力、控制或评估都有可能阻碍这一进程(雷安和德西,2006)。

当社会环境能满足人们的自主需要、胜任需要和关联需要时,就能促进自主动机的产生。在这样的环境下,人们能感觉到与他人的关联,能有效发挥自身作用,并在过此程中感受到个体主动权。当教师能支持这些需要的满足,且课堂环境也能起到推助作用时,学生就会具有自我决定感,产生自主动机;反之,学生就会感到受控制、有压力。

乍一看,自主需要和关联需要似乎是矛盾的。举个例子,如果教师要求学生做他们不会自发选择去做的事情,但学生想要取悦老师的愿望(这也是学生关联需要的一部分)就会促使他们接受教师的安排,而放弃自己的想法(Buunk & Nauta,2000;Carver & Scheier,2000)。然而,自主感的决定性特征在于学生主观意识中自我决定感的存在,而非外部刺激或压力的存在。1996年,霍金斯、科斯特纳和邓肯(Hodgins,Koestner & Duncan)指出,当自主需要表现为倾向于感受到对自身行为的自我决定感时(而非倾向于在不受他人影响的情况下做出独立行为),事实上就促进了个体与他人之间的关联,以及对社会体验的正面认知。正是在这个意义上,自我决定理论者明确区分了自主和独立,指出人们可能自主但不独立,也可以在被迫、违背个人意愿的情况下独立(Ryan & Deci,2006)。

无论场景和活动如何变化(不管是教室里发生的学习活动,体育馆中进行的训练或体育活动,或是实验室进行的游戏活动),学生的反馈都表明,三项基本需要的满足与积极、正面的结果紧密相关。这些结果包括更强的内在动机、更多的满足感或快乐、更优异的表现以及更强的重复体验的愿望(Edmunds,Ntoumanis & Duda,2007;Filak & Sheldon,2008;Krapp,2005;Legault,

Green-Demers & Pelletier,2006;Ntoumanis,2005;Reinboth,Duda & Ntoumanis,2004;Ryan,Rigby & Przybylski,2006;Shih,2008;Skinner,Furrer,Marchand & Kindermann,2008;Standage,Duda & Ntoumanis,2005;Vansteenkiste et al.,2006)。在另外一项实验研究中,需要的满足受到了人为的操控,但也得出了相似的结果(Sheldon & Filak,2008)。

虽然自我决定论学者不再仅仅关注内在动机,而将关注点扩展到外部调节的几种类型,但他们对于内在动机的强调一直都没有停止。作为动机(自主动机/受控动机)质量概念化的补充,他们开始研究学生重视的目标所包含的内容,且在研究中多将内在目标(关注成长、社会关系、社群或健康)和外在目标(关注财富、名誉、形象或权力)进行对比。与关注外在目标的人相比,关注内在目标的人表现出更多的亲社会行为,心理健康水平更高且具有更强的稳定性(Ryan et al.,2008;Vansteenkiste et al.,2006)。

在将以上研究运用于课堂时,研究者采用了一种被称为"目标框架构建"(goal framing)的技术。在几项试验中,自我决定论研究者给两组学生安排了相同的学习活动,但是在设定活动目标时,一组基于内在目标框架的构建,而另一组则基于外在目标框架的构建。以下面的例子为例:

- 学习有关达米恩神父基金会的知识。学生可以学到如何帮助肺结核病人的知识(内在目标框架),或者可以帮助学生为基金会募集很多资金并因此受到他人的赞赏(外在目标框架;Vansteenkiste,Timmermans,Lens,Soenens, & Vanden Broeck,2008)。
- 学习有关废物回收的知识。这样,学生就可以在将来教育自己的后代为清洁健康的环境做一份贡献(内在目标框架),或者可以通过回收废弃材料在未来的工作中节省开支(外在目标框架;Vansteenkiste,Simons,J.,Lens,W.,Sheldon,K., & Deci,2004a)。
- 学习有关商业沟通技巧的知识。它有助于学生的个人发展(内在目标框架),或者可以增加学生在未来获得高薪职位的机会(外在目标框架;范斯迪恩奇斯特等,2004)。
- 学习打牌技巧。它可以被用来与朋友一起娱乐,或在学完后的相关测试里帮助我们(实验研究者)评估测试材料中题干说明的清晰程度(内在目标框架);也可以使学生在随后的测试中表现优异,因为该测试能很好地衡量人们的学习技能(外在目标框架;Schaffner & Schiefele,2007)。

上述研究显示,与受外在目标框架影响的学生相比,受内在目标框架影响的学生表现出更强的兴趣和自主的动机、更强的毅力、更少的焦虑,有时也伴有更优的表现。然而要注意的是,在内在目标框架下所强调的目标大多属于认知性目标,并符合学生作为亲社会个体的身份表达,即他们希望能对他人以及整个世界有所帮助。这和大多数内在动机研究中所强调的愉悦和享受等情感目标有着很大的差异。

1994年,在给教师提出的建议中,德西和雷安强调,以鼓励学生发挥自主性的方式对学生进行社会化和指导,以使学生产生内在学习动机。他们发现以下三种因素有助于增强学生在课堂情景下的自我决定感:

1. 为学生提供有意义的合理性解释,帮助学生理解每项学习活动背后的目的及其对于个人的重要性;
2. 当有必要要求学生去做一些他们不想做的事情时,对他们的想法表示认可(告诉他们你知道他们的想法,花时间解释为什么还是要求他们这样做);
3. 以强调自由选择而非控制的方式进行课堂管理和教学。

鉴于我们不可能完全实现激发学生内在动机的目标,而且外在动机是不可避免的。德西和雷安(Deci & Ryan)推崇能产生自主动机形式的教学方式,而非外部调节的受控动机形式。本章下面章节中所呈现的他们的观点,与第4章谈到的引导学生设定学习性目标而非绩效性目标的原则,在很大程度上具有重合性。

回应学生的自主需要

顾名思义,自我决定理论尤为重视人们在活动参与中的自我决定感(和受控感相对)。研究表明,自主动机能使人们在追求目标时付出更多的努力、经历较少的心理冲突、有更为成功的表现(当活动要求创造性、应变能力以及处理复杂问题的能力时尤为如此),并能体会到一种幸福感(Koestner,2008;

Ryan & Deci,2006)。自我决定论学者特别强调满足学生自主需要的重要性,并通过引用文献说明,大多数教师都有控制学生的倾向,而如果他们能够支持学生自主需要的满足,就会获得更好的教学效果(Assor,Kaplan & Roth,2002;Bozack,Vega,McCaslin & Good,2008;Reeve,2009;Wiley,Good & McCaslin,2008)。教师可以在课堂中给学生提供自主和选择的机会,并将自身显性控制行为降至最低限度,以此增强学生的自我决定感。

鼓励学生成为自主学习者

学生动机的自主性形式与积极因素相关,而受控性动机形式则相反。例如,雷安和康奈尔(Ryan & Connell,1989)发现,受外在调节影响的学生对学习不感兴趣、看不到学习的价值、也不会付出努力,且在遭遇失败时倾向于逃避责任,并归咎于老师或者学校。相比之下,受内摄调节影响的学生会比较用功,但也表现更多的焦虑和自责情绪。这种焦虑和自责在遭受失败时表现得更为显著。与这两类学生相比,受认同调节影响的学生更加努力,对学习更感兴趣,更能感受到学习的乐趣,且能以更加积极的态度应对失败。最后,受内在动机驱动的学生表现出最高程度的兴趣、乐趣、自信以及努力。

针对不同国家不同年级的一项后续研究也得出了类似的结论(Conroy & Coatsworth,2007;Hayamizu,1997;Ryan & LaGuardia,1999;Sheldon & Elliot,1998;Sheldon & Kasser,1998;Shih,2008;Standage,Duda & Ntoumanis,2003;Taylor & Ntoumanis,2007;Tsai,Kunter,Lüdtke,Trautwein & Ryan,2008;Wong,2000;Yamauchi & Tanaka,1998)。此外,还有一些研究对上述结果进行了拓展,将学生的学习等级、考试分数(Conti,2001;Grolnick & Ryan,1989;Miserandino,1996)以及升学/辍学情况(Hardré & Reeve,2003;Vallerand,Fortier & Guay,1997)等其他维度也纳入其中。然而,也有研究指出内在动机和自主性认知只限于在活动参与的情感方面发挥积极作用,并不一定能带来更优的学业表现(Garcia & Pintrich,1996)。

德西、雷安及其同事针对如何在教学中支持学生的自主性发挥进行了研究。1981年,德西、施瓦茨、谢恩曼和雷安(Deci,Schwartz,Sheinman & Ryan)在研究中,要求教师就应对学生可能出现问题(比如不交作业、举止不当)的不同方式的合理性进行评分。自主支持型教师赞成从儿童的视角出发,询问出现问题的原因并进行相应处理;而控制型教师则倾向于使用奖惩手段、社会性比较、外在表扬、外部施压或某些非正常手段。在学年末,研究人员对这些教师班上的学生进行了动机评估。他们发现,自主支持型教师所在班级的学生表现出更强的好奇心、对挑战的渴望,以及其他掌握性动机特征;而控制型教师班上的学生则表现出较少的掌握性动机特征,对自身能力缺乏信心,自我价值感也较低。其他的研究者还发现,前者班上的学生同时表现出更多积极动机模式的特征(Adie, Duda & Ntoumanis, 2008; Assor, Kaplan, Kanat-Maymon & Roth, 2005; Black & Deci, 2000; Conroy & Coatsworth, 2007; Guay, Boggiano & Vallerand, 2001; Noels, Clement & Pelletier, 1999; Ommundsen & Kvalo, 2007; Pelletier, Fortier, Vallerand & Briere, 2002; Reeve & Jang, 2006; Ryan & Grolnick, 1986; Taylor & Ntoumanis, 2007; Tsai et al., 2008; Valas & Sovik, 1994),以及更优异的成绩和考试分数(Black & Deci, 2000; Jang, 2008; Soenens & Vansteenkiste, 2005; Vansteenkiste et al., 2004a, b; Vansteenkiste et al., 2005)。

通过总结前人提出的自主支持型教师与控制型教师典型行为指标,里夫和江(Reeve & Jang)在2006年指出,其中大多数指标与学生在课堂中感受到的自主感或受控感紧密相关。**自主支持型教师**具有以下行为:花时间听学生说(而非对学生说)、询问学生的需求、花时间让学生按照自己的方式学习、花时间让学生讨论(而非教师讲)、邀请学生坐到离学习材料较近的位置、给学生提出建议或指引时给出合理性解释、把表扬作为一种信息回馈而非后效奖励①(contingent reward)、鼓励学生、当学生卡在难题上时为其提供线索或指示、积极回应学生的问题,以及与学生交流自己的想法(尤其是在学生面临艰难挑战时表达出对他们情感上的理解)。而**控制型教师**则有以下行为:独自占有学习材料、直接告诉或者提示答案或解法(不留时间给学生自己去寻找答案)、下达指示或命令、使用"必须"或"应该"等字眼,以及提出一些带有控制性的问题(形式上看是问题,实则为指令)。从本质上来看,自主支持型教师会为

---

① 管理学术语,指领导者向下属说明期望,交易承诺后根据下属的绩效进行奖励。——译者注

学生提供思考问题、解决问题的机会,并以相对间接的方式为他们提供支持;相比之下,控制型教师则对学生掌控过度,往往用十分详细的指令指导学生按部就班学习或解决问题。

除了多项关联研究,自我决定论学者还进行了一些实验研究,以检验在教学中使用自主支持型指令(特别是在给出指令的同时提供合理性解释)所带来的效果。研究表明,自主支持型指令能对学生的动机和活动参与产生积极作用,有时还能促进学生的学习(Jang,2008;Koestner et al.,2006;Reeve,Jang,Garrell,Jeon & Barch,2004)。

有些研究者表示,我们对"支持自主"的界定过于狭隘,比如将支持自主简单等同于给学生提供选择,而不考虑选择对于学生的意义(Assor et al.,2002)。还有研究者告诫教师,不能将支持自主视为最终目的,而是应将其置于为学生提供学业支持和帮助(这也是教师的责任所在)的大背景之下。2004年,斯迪凡诺、佩仁舍维奇、迪-辛提欧和特纳(Stefanou,Perencevich,Dicintio & Turner)将支持自主的策略分为三类:组织策略、程序策略和认知策略。组织策略是指学生有机会选择小组成员或安排座位,参与制定并实施课堂守则及作业评估程序,以及设定作业上交期限。程序策略指学生有机会选择课堂活动所使用的材料,选择证明自身能力的方式,以个性化方式展示作业,讨论自己的需求,以及处理学习材料。认知策略指学生有机会讨论解决问题的策略,或找出解决问题的多种途径,向同学解释解决方案的合理性以共享专业知识和技能,有充足的时间来做决定,(在辅助充分的条件下)独立解决问题,再评估自身的错误并加以改正,获得信息性反馈,设定个人目标或是将任务与自身兴趣建立关联,自由辩论以及提问和表达观点。研究者认为,三种形式的自主支持在学生个体与教学的相关性上递增:从给学生提供有意义的选择机会来看,组织性自主支持提供的机会最少,而认知性自主支持提供的机会最多。

总而言之,自主支持型教师理解学生的观点,支持学生的主动性,为学生创造选择的机会,鼓励学生而非设定要求或给出指令,且允许学生用自己的方式做事情,因而能促进学生自我决定感的产生。同时,自主支持型教师鼓励学生提问,允许学生表达消极情绪,提供合理性解释来帮助学生理解活动的目的与价值,激发学生产生兴趣,并支持学生树立自信。通过这些方式,教师能促进价值观和规则的内化过程。从本质上来说,自主支持更关注如何沟通传达期望,而非期望的数量多少和程度高低。

允许学生选择

给学生选择活动、行使自主权的机会,让他们可以选择以不同的方式完成教学要求。比如,布置读书报告、作文和研究项目时允许他们自己选择主题,发言形式可以面对教师或是面对全班同学,可以用对话形式做读书报告,或是和同学合作做人物介绍访谈。在学生全权做主的情况下,学生做出的选择可能会出现不可取的情况,此时教师可以为学生提供一系列的选择方案,或帮助学生根据兴趣和阅读水平做出合理选择(Starnes & Paris, 2000; Worthy, Patterson, Salas, Prater & Turner, 2002)。在给学生提供可选方案时,要考虑学生的兴趣爱好(见文本框 7.1)。

很多教学目标涉及技能和策略的形成,而非信息的获得。此种情况下,各种信息资源、教学材料或多媒体都可以成为实现学习目标的有用手段。教师也可以向学生征求建议,让他们提一些自己没有考虑到但可以同意作为补充选项的方式。通过这种多样化选择,学生就有机会为管理自己的学习负起责任,并在此过程中体会到自我决定感。

给学生提供自主和选择的机会时应面向全体学生,而不是仅限于优等生。有些教师经常给优等生提供自主和选择的机会,但却对后进生管得太多太细。很多时候,后进生在学习上确实需要更明确的安排以及更多的辅助,然而他们同样也需要有机会去体验学习中的自我调整和自我决定感(Weinstein, 2002)。

文本框 7.1　联系学生的兴趣

学生会对某些知识领域(如拓荒者的生活或恐龙)产生持久的兴趣,也会喜欢打基础的学习活动(比如特定体裁的文学作品阅读、诗歌创作、表演或模仿、实验以及研究等)。关于兴趣为什么会朝着特定模式发展的具体原因,我们尚不明确。大多数理论家推定,当孩子接触到某个领域的知识或某种活动,并产生某种程度上的自我认同感或感觉某种重要需求得到满足时,就会重视

(续前页)

> 它们并进而产生兴趣。随着兴趣得以建立、发展,一系列的后续行为就会被激发,并能在行为实施的过程中经历塞岑特米霍伊(Csikszentmihalyi)提出的"心流体验"(1993)。在人们追求兴趣的过程中,某一特定领域的知识和能力得到发展,因而人们倾向于选择与兴趣相关的活动,且所选活动的挑战程度与当前知识和能力水平相匹配。
>
> 如果根据教学目标上述做法可行,也可以联系学生的兴趣。教师会发现把课程和学生的兴趣相结合,或至少可以向学生指出课程与他们兴趣之间的关联很有价值。教师还可以给学生提供不同的选择方案,让他们在进行阅读、研究和写作的同时能兼顾自己的兴趣。有研究者对兴趣在学习中发挥的作用进行过研究,发现如果学生对某个领域的知识感兴趣或投入时间精力时,他们就能保持更持久的专注力,并能对信息进行更深层次的加工(Alexander, Kulikowich & Jetton, 1994; Renninger, Hidi & Krapp, 1992; Schiefele, 1991)。

有种方法可以为全体学生带来选择的机会,那就是设立学习中心。在那里,学生可以独立学习,也可以和同伴合作完成各种项目。这些项目中有些可能是必做的,因为它们对于单元目标的实现至关重要,而其他一些则是选做项目。后者通常是一些拓展性活动,且设置这些项目的原因是大多数学生都觉得它们很有趣、有意思(还有别的原因,但至少一部分原因是如此)。

以语言艺术或社会研究中心为例,中心可设置与教师当前所教内容相关的儿童文学读物专栏,内容仅限于能作为单元主题知识扩充的资源(如拓荒者的生活或美国内战),但书籍体裁多样、阅读难度各异。教师可以要求学生就其中一本或几本书谈谈读后感(可以写出来也可以说出来),但具体选哪本书由学生自己定。同时,至少在读书报告的内容和结构上,也给学生提供自主选择的机会(必要时提供指导)。

2001年,雷诺兹和希蒙斯(Reynolds & Symons)在研究中,让3年级学生参与一项在书籍中查寻信息的活动。在活动中,有些学生可以自行选定三本书,而另外一些则须使用随机分配的书。在查找信息时,前者比后者能够使用更有效的搜索策略,查寻的速度也更快。

在莫罗(Morrow)(1992,1993)设计的关于写作和阅读赏析的项目中,学生被给予很大的自主性和选择权。他们每周都会到一个读写中心参加几次项目活动,每人被分到与当前学习内容相关的5—8本自然科学和社会科学图书,包括图画书、诗歌、知识性书籍、杂志、传记以及小说及非小说类书籍。中心还设有可供学生在学习项目中使用的六种操作材料:

- 毡布故事贴板(用标签纸或图画纸剪出书中的人物角色并贴在毡布板上,在讲故事时用来作演示);
- 故事录音带(学生一边看故事书,一边戴着耳机听与书配套的录音带);
- 滚屏电影(使用观影设备逐图观看图画故事书中的场景);
- 故事道具(在复述故事时要用到的道具材料,比如《金发小女孩与三只熊的故事》会用到三个毛绒玩具熊、三只碗和一个金发洋娃娃);
- 木偶(在复述故事时要用到的各种木偶);
- 粉笔等(在朗读或讲述故事时,边讲边在黑板或纸上把故事画出来)。

学生可以在进行以下活动时使用以上材料或其他材料:阅读书籍、杂志或者报纸;讲故事给朋友听;听别人讲故事;边听磁带边看书;使用毡布故事贴板,把从故事书上剪下来的角色贴在上面;使用滚屏电影;创作故事;把读过的故事画出来;写一个故事,并装订成书;把自己读过或自己写的故事在毡板上表现出来或灌制录音带;写一个故事,并用木偶进行表演;在日志上记录活动;登记借书后带回家阅读;或选择其他的活动,并根据任务卡片上的指引完成活动。

对于以上活动,学生可以选择独立完成或是和同伴一起完成。在活动的选择和完成方式上,他们大多数人都不依赖老师。然而,教师还是应该鼓励他们选择既包括阅读也包括写作的活动或没有参加过的活动,与没有搭伴过的同学合作,并承担一些重要的活动,做到善始善终,坚持把活动完成,而不是虎头蛇尾、浅尝辄止。

和传统课堂(往往局限于传统课堂活动)下的学生相比,参与这个项目的学生对阅读和写作表现出更大的兴趣。同时,在阅读理解、口语和书面表达的测试中,也有更出色的表现。值得注意的是,这种方法不仅满足了学生的自主需要,同时也满足了他们的关联需要,因为他们可以自己选择同伴进行合作。

将这种方法稍作调整便可运用于任何科目：根据学生的兴趣爱好进行分组，并允许他们做一些与教学内容相关且有意义的研究项目。

回应学生的胜任需要

对于与自己当前知识和能力水平相匹配的活动，人们往往能够很享受并沉浸其中。这类活动因涉及的挑战程度适中，而使人们得以通过参与活动发展胜任力（Elliot et al., 2000）。这一原则也可以在课堂情境下加以运用。

首先，确保设计的学习活动与学生的知识和能力水平相匹配。这一点应被视为前提条件。必要时，使用第3章至第5章中提出的策略，帮助学生认识、理解挑战适度的重要性。对于挑战适度的部分活动，学生会觉得特别享受，沉浸程度也更高，原因是它们为学生提供了满足自身胜任需要的好机会。比如以下活动：(1)让学生有机会做出积极回应并得到即时反馈的活动；(2)融入了游戏，让多数学生觉得享受的活动；(3)能让学生获得工作满足感的活动。

注重让学生有机会做出积极回应并获得即时反馈的活动

积极回应。学生往往偏好那些能让他们做出积极回应的活动，即能让他们与教师或其他同学互动、摆弄材料或是做一些除了听或读以外的其他事情。常规的背诵、到黑板上做题或坐在自己座位上进行的活动，所能提供给学生的积极回应机会是非常有限的。因此，应该经常给学生安排一些项目、实验、讨论、角色扮演和模仿、上机学习、教育游戏，以及其他创意性活动，而不局限于单调的课堂问答模式。

即便是在传统的教学模式下，教师也可以做到不拘泥于事实性问题，创造机会让学生更积极地参与课堂活动，比如激发学生开展讨论或辩论、分析前因后果、对假定情景进行推定，或创造性地思考问题。学生确实需要掌握基本事实、概念和定义，但同时也需要经常有机会去应用、分析、整合或评估自身掌握知识的水平以及理解水平。

与此同时，还要避免过多使用仅有单个正确答案的封闭性问题。引导学生讨论故事或课文章节时，教师可以让学生谈谈他们认为最有趣或最重要的方面及其原因(Sansone & Morgan, 1992)。经常给学生机会陈述观点,做出预测,提供行动依据,提出解决问题的方法,或进行其他形式的发散式思维活动。

读写教学应包括戏剧作品阅读、散文和诗歌写作;数学教学应包括实际问题的解决和应用机会;自然科学教学应包括实验和其他相关活动;社会科学教学应包括辩论、研究项目和模仿练习;而艺术、音乐和体育教学,则应给学生提供机会,让他们在真实活动运用场景中使用当前培养的技能,而不仅是脱离实际进行单一的技能练习。以上这些活动会让学生觉得,学校学习是要动手的。

比起被动的学习形式,学生更喜欢主动的学习形式。例如,1994年,库珀和麦克因泰尔(Cooper & McIntyre)针对11—12岁的学生进行了访谈。受访学生认为有效的教学方法能促使他们积极思考、参与实践活动,从而积极参与课堂。比如进行以下教学活动:教师讲故事(虽是一项听的活动,但学生认为有趣)、戏剧和角色扮演、视觉刺激(照片、图像、表格和视频等)、全班讨论和小组讨论,以及通过头脑风暴、解题或制作小组作品的方式与同学进行合作。

即时反馈。那些最有可能给学生带来愉悦和心流体验的活动,能够让他们做出积极回应,并获得能够指导他们后续行为的即时反馈。电脑游戏以及其他电玩之所以受欢迎,即时反馈是一个重要原因(Malone & Lepper, 1987)。很多教育游戏和计算机学习系统也都具有自动反馈的功能。

教师在引导全班或某个小组学习课文,或在教室来回走动查看学生独立学习进展时,都可以给学生提供即时反馈。如果教师不能马上给予学生反馈(比如你正在教某个小组),也可以安排学生自行对答案、根据指导检查作业、向助教(或成人志愿者、指定的学生帮手)咨询,以及同伴讨论和小组讨论等,以此帮助学生获得反馈。

虽然从实现学习目的的角度上来讲,即时反馈有时并非必要,但它却能强化某项活动给学生带来的心理影响。大多数学生在首次学习新内容时,都会急于获得即时反馈并做出回应。如果让他们返回去重新学习"已经学过的"内容,就不会有那么大的兴致了。

将游戏特点融入学习活动

对于很多学习和应用活动,在设计时都可以将游戏或娱乐特点融入其中

(Keller,1983;Lepper & Cordova,1992;Malone & Lepper,1987)。只要发挥一点想象力,教师就可以将普通的作业变成"考验学生"的挑战、谜题或智力题。这类活动有些具有明确的目标,但要求学生经过解决问题、避开陷阱或克服阻碍后达成目标。比如为一个理科或工科问题提供可能的解决方案,或是将冗长的数学步骤化繁为简。还有一些活动挑战学生通过识别目标本身去"发现问题",进而找出达成目标的方法。许多"探索与发现"活动就属于这种类型。

1975年,麦肯兹(McKenzie)描述了将悬念引入社会学科和理科的三种方法。

方法一:为引导学生发现某一概念或规律,向他们展示一组看似毫无关联的现象,然后告诉他们这些现象其实存在相似性,并要求他们去发现相似之处,最终他们就能得出概念的定义或规律。比如向学生们展示以下图片:边疆拓荒者、莱特兄弟及飞机、努力融入一所种族隔离学校中的非洲裔学生以及宇航员,然后问:"图片中的人物都是*先驱者*,你能指出他们的共同之处吗?"

方法二:向学生提供一系列的线索,比如手工制品、对某一历史事件的不同叙述,以及其他准备好的故事资料,继而要求学生扮演侦探(或考古学家、历史学家)的角色重现该事件。方法二是方法一的变体。

方法三:向学生呈现看似容易预测的场景,然后让他们猜想可能发生的结果。在他们做出预测后,展示意料之外的结果,随后让他们解释意外出现的原因。举个例子:在介绍重力概念时,向学生演示一组物体同时降落的情形,进而证明小而轻的物体(如硬币)和重而大的物体(如棒球)同时落地(这与大多数学生的预期恰恰相反)。

有些游戏类活动还包含悬念或暗藏信息,直到活动完成后才会被揭晓(如空格填满以后,暗藏的信息或谜题答案就会显现出来)。还有一类活动带有随机性,可能涉及的问题难度各异,因而活动表现具有不确定性(比如涉及话题广泛、题目难度水平不一的知识性游戏,以抽纸牌或掷骰子的方式给选手分配问题。打破砂锅问到底①就是一个典型例子)。

科韦因顿(Covington,1992)描述了一类能促使学生进行合作学习和高层次思考的游戏和模拟场景,它们需要学生去解释一些令人费解的现象(比如,

---

① 一种问答游戏。——译者注

为什么鸟类每年都能迁徙数千英里,而后又返回原来的地方),或寻找技术难题的解决方案(比如,怎样在不伤害周边健康组织的情况下,使用 X 射线杀死癌细胞)。在设计此类活动时,如果能注意让学生有机会运用学校课程中所讲授的知识原理,它们就能同时具有很高的教学价值和激励价值。

值得注意的是,大多数游戏类活动都能给学生带来智力挑战,不管是独立完成还是需要小组合作完成的活动。这说明类似游戏的特性不仅存在于游戏或竞赛当中。此外,与竞争性游戏相比,这里所描述的游戏特性与学习目标衔接得更为紧密,并能更有效地激发学生的学习动力,原因是竞争性游戏强调回答记忆性问题的速度,而非需要深度思考的知识整合和知识的应用。

来自有关工作特点研究的观点

工业心理学家对影响工人对工作满意度的工作条件和工作特点进行了研究(Parker & Wall, 1998; War, 2007)。研究中的很多发现与本章提到的"设计能使学生产生内在动机(如自主性、能引起教师即时反馈的积极回应、同伴合作)的任务"这一原则存在交叉之处。令人满意的工作所具有的三个特征在教育研究中受到的关注度还不够:技能多样性、任务认同和任务重要性(Hackman & Oldham, 1980; Millette & Gagné, 2008)。而这三个特征全都能够用来设计满足学生胜任需要的活动。

技能种类(skill variety),指完成一项活动需要使用的多种技能。工人往往喜欢包含多样化任务、能有机会使用多种技能的工作,而非机械重复相同任务的工作。学生也是如此。

1993—1994 年,阿勒曼和布洛菲(Alleman and Brophy)对一些大学生进行了访谈,请他们回忆中小学阶段社会科学课程中的学习活动,然后对学生回答的活动产生的认知结果和情感影响进行编码。当学生认为某项活动曾带来有趣的学习体验或能使他们体会其中涉及人物的情感时,就被编码为理想的情感结果;当学生认为某些活动毫无意义(如学习州鸟的相关知识),或枯燥无味、重复单调时(如按部就班的课堂活动,或诸如阅读课文章节回答问题的作业),就被编码为负面评价。

当学生的描述为以下情况时,他们频频表现出正面的情感结果,从没有出现过负面评价:(1)包含多样化信息和活动的主题单元(如拓荒者的生活、巴西等);(2)实地考察;(3)讨论和辩论活动;(4)露天表演或角色扮演活动。对于模拟、研究项目、建设项目以及讲座、发言等活动,他们虽然没有那么高的热情,但总体反应还比较积极。相比之下,学生抱怨较多的是枯燥重复的课堂作业,尤其是需要独自安静完成的作业。

任务认同(task identity),指从头到尾完成一项完整工作的机会。当一项工作能让工人创造出实实在在且自己能认同的产品时,他们就会更享受这份工作,而那些不能产生有形劳动成果的工作则不行。学生对于学习活动的态度很可能与此类似。也就是说,相比大型项目中的某一部分任务,学生可能更喜欢那些具有自身意义或完整性的任务,因为完成此类任务时他们能体验满足感。理想状况下,任务的完成能带来学生可使用或可展示的成品(如地图、表格或其他插图;论文或报告;比例模型;其他非重复完成的作业或练习题)。

激发学生的动机具有一定的挑战性,因为在学校里,知识学习往往缺乏实际的场景(Bruner,1966;Lepper & Henderlong,2002)。抽象的原理和技能在现实条件下有着广泛的应用,但学校的教学场景却与实际应用环境相差甚远。此外,学校里学的很多知识都是模块化的,即知识被分成了不同部分,分别教授给学生。实际应用环境的缺失以及模块化教学所带来的一个严重后果,就是学生在学校学习中获得内在动机的可能性被削弱了。而通过模拟社会情境、设计真实情境活动,教师可以重获这种可能性。

通过研究家庭和工作情境下开展的学习,学者们认为,将理论与实践,以及将知识与学习方法、实践应用相割裂是错误的(Lave & Wenger,1991;Rogoff,Turkanis & Bartlett,2001)。他们认为学习都涉及具体的**情境**,也就是说,知识适用于所应用的环境、目的和任务(这也是最初知识得以建构的原因)。如果我们想要学生通过学以致用获得、积累知识,就需要让学生在知识获得的自然情境下学习,并使用与该环境相适应的方法和任务。从这个意义上讲,学校教育的理想模式应是在职培训,即经验丰富的导师带新手或学徒。

将学校学习情境转变为现实中的社会情境会受到一定的限制。这一点显而易见。但情景式学习这一概念依然可以应用于学校教学。也就是说,在选择和计划课程内容时,应注意其潜在应用,并在教授课程的过程中强调这些应用。

此外，应尽可能多地让学生通过参与真实情境任务（authentic tasks）来学习。**真实情境任务**需要学生将当前学习的知识应用于真实生活中（可应用性也正是设置课程时纳入该知识点的初衷）。如果无法让学生在真实生活中应用所学知识，也至少应该让他们在模拟场景下加以应用。

关于哪一类活动能够激发学生的内在学习动机，有关任务认同（作为令人满意的工作的一项特征）的理论和研究，以及教育领域中的情景式学习以及有关真实情境任务的理论和研究都持有相似观点。它们都强调学生所学知识和技能应用于真实生活的重要性，尤其注重能够带来某种结果或成品、能让学生颇有成就感的应用性活动。

任务重要性（task significance），指工作对他人带来的影响，既包括对当下工作环境的即时影响，也包括对其他环境的潜在影响。它与教育者所持有的真实情境任务的观点，以及教授学校科目时应关注知识在社会生活中实际应用的原则一脉相承。给学生安排学习活动时，把活动安排成发展、应用重要知识和观点的机会，以此加深学生对于活动重要性的认识。此外，有必要不时加入一些具有特殊意义的活动，比如服务型学习活动、学生主导的评估会议（学生将学习档案展示给家长），或将自然科学或社会科学项目的最终成果体现为针对社区所提供的某种服务，以及成功说服当地政府实行某些政策或采取某些行动等。

回应学生的关联需要

将课堂建成第2章中描述的学习社群，就能帮助教师有效地满足学生的关联需求。做一个支持型教师，给予学生人性化的关怀，帮助他们在学业上取得成功（Furrer & Skinner，2003）。同时，教导学生在学习社群中发挥自身作为社群成员的作用，学会在课堂或讨论中认真倾听、思考、作出回应，并在结对或小组学习活动中为同伴提供支持。

在这种合作氛围下，学生只要在行动中践行学习社群的价值观，就能同时取悦教师和其他同学，他们的关联需求也因此得到满足。"我们是一起的，既要自己学习又要帮助别人学习"。这种观念的盛行，能够带来满足自主需求、胜任需求和关联需求的各种行为之间的统一。这样一来，通过提问和回答问题、合作完成任务,以及参与其他日常学习活动,学生就可以同时满足这三种需求。而在竞争或不友善的氛围中,不可能出现行动的协调,学生的关联需求可能得不到满足,或者即使满足了,也是建立在牺牲学生自主感或自我概念基础之上的。

为学生提供频繁的同伴合作机会

在人际环境良好积极且合作风气盛行的课堂情境下,学生可以与同伴在学习活动中相互合作。在此过程中,内在动机可能会得到加强。为了培养这种课堂环境,教师可以安排一些诸如讨论、辩论、角色扮演和模仿之类的活动。此外,教师还可以对实践与应用性活动进行调整,把以往学生单独作业的形式转变为结对或小组合作,让他们互相辅导、讨论并解决问题,或集体完成一份报告、展品及其他小组成果。合作型学习活动能够激发学生的学习动力,因其能满足学生的关联需求,同时还因其能让学生融入知识的社会构建,所以有可能促进学生的学习。

注重纯合作性学习模式

第 6 章中描述的小组学习方法能使学生在小组成员之间进行合作,但同时也会涉及不同小组之间的竞争,以及对于考试和备考的关注。在这个意义上,小组学习方法主要是一种外部动机激励。然而,其他一些结对或小组学习的方法则具有纯合作性质,因而可能加强学生的内在动机。这些方法中最著名的是共同学习模式、小组调查模式和拼图模式。

共同学习模式(learning together):由戴维·约翰逊(David Johnson)和(Roger Johnson)提出(Johnson & Johnson, 1999; Johnson, Johnson, Holubec & Roy, 1984)。在这一模式下,学生每 4—5 人组成一组,共同形成一个小组成果。共同学习模式具有以下四个重要特征:

1. **积极的相互依赖**。小组成员间相互依赖,共同完成一件成功的小组作品。积极的相互依赖通过以下方式得以建立:制定共同目标(目标的相互依赖性),进行任务分工(任务的相互依赖性),分配材料、资源和信息(资源的相互依赖性),给成员安排独特各异的角色(角色的相互依赖性),以及发放小组奖励(奖励的相互依赖性)。

2. **成员间的面对面互动**。较之那些可以由组员独自完成的活动,共同学习模式倾向于设计组员之间需要大量互动交流的活动。
3. **个人责任制**。共同学习模式需要建立起一套机制,以确保每个小组成员都有明确的责任目标,并接受必要的评估、反馈以及帮助指导。
4. **给予学生适当的人际或小组技能指导**。只是把学生攒在一起并告诉他们要进行小组合作是不行的。教师还需对学生进行技巧上的指导,比如提问和回答技巧、如何确保每位成员都积极参与并获得尊重,以及分配任务和组织合作的具体做法等。

小组调查模式(group investigation):由施洛莫·夏朗(Shlomo Sharan)及其以色列同事共同提出(Sharan & Sharan,1976;Sharan et al.,1984)。在这一模式下,学生每2—6人自愿组成一组进行合作性探询、小组讨论、做计划以及实施项目。每个小组从全班共同学习的单元中选择一个主题,然后将这一主题分割成不同的任务,继而开展活动共同准备小组报告。最后,每个小组以发言或展示的形式向全班汇报小组成果,并接受成果质量评估。

拼图模式(Jigsaw):由阿朗森、布莱尼、斯蒂芬、赛克斯和斯纳普(Aronson,Blaney,Stephan,Sikes & Snapp,1978)提出。在这一模式下,任务的分配能让每名小组成员掌握各自独有的信息并发挥特定作用,从而确保个体积极参与、融入团队合作。当每名小组成员都完成各自的任务时,小组作品才能圆满完成,正如拼图一样,需将每一块拼起来才能组成完整的图形。例如,创作传记所需的信息可以分成几部分:早年生活、最初成就、重大挫折、晚年生活,以及传记人物人生阶段发生的世界大事。可以让小组中的每名成员掌握各部分相关信息,并负责完成传记中的一个部分,其他成员则分别负责其他部分。不同小组中负责同一部分的成员可以组成"专家组",一起讨论他们负责的那一部分。然后他们回到各自的"常规组",向本组其他成员轮流介绍自己负责的部分。如果学生想要了解除自己负责部分以外的其他部分的信息,就必须认真听取同伴的介绍。这样一来,他们就有动力为其他组员提供支持,并表现出兴趣。最后,由他们各自准备传记或参加相关材料的小测验。

罗伯特·斯莱文(Robert Slavin,1995)在对以上模式进行调整的基础上,提出了"拼图模式Ⅱ(Jigsaw Ⅱ)"。在该模式下,教师不需要为每个学生提供特定材料。开始时,所有学生都阅读同一份叙述性材料,然后给每个小组成员分配各自的主题并进行深入探讨。这种调整其实也可以应用于最初的拼图模式。如果只是进行以上调整而不带入第 2 代拼图模式具有的组间竞争特征(见第 6 章),那么拼图模式 II 仅仅是简化了原有的拼图模式,仍保留了纯粹的合作性质。

还有一种差异化小组成员角色的方法,规定每位成员的特定责任,以确保整个小组有效运作。比如,让一位小组成员负责监督轮流次序和参与情况,第二位负责所有书面记录,第三位找出共同点与分歧,第四位则负责要求其他成员为其论点提供论证、论据支撑(Johnson & Johnson,1999)。

小组合作学习方法是对学生关联需求的回应,促进学生之间的友谊和亲社会型互动。尽管学生在成就、性别、种族、民族以及是否存在生理缺陷等方面情况各异,也可能会实现这一目标。它还能给学生带来其他方面的积极影响,如帮助学生提升自尊与学习信心、让学生喜欢班级和同学、感受到同学对自己的喜爱,以及培养学生的同情心和社会合作意识等(Johnson & Johnson,2009;Miller & Hertz-Larzarowitz,1992;Slavin,1995)。对于学习吃力的学生而言,这种方法尤其具有激励作用。当他们意识到自己的努力对于整个小组的成功不可或缺时,这种激励作用更为显著(Weber & Hertel,2007)。

在使用小组合作学习方法时,应特别注意以下几个条件:第一,尽管大多数学生喜欢与同伴进行合作,还是会有一些学生喜欢独立完成任务。某些情况下,教师也许有合理理由要求这些学生与同伴合作,然而如果你使用合作学习模式纯粹是为了增强学生的内在动机的话,就应该允许这些学生独立行事。第二,当小组成员相互沟通分配角色出现分歧,或发现某些成员不能履行其责任时,他们可能会分心,不能专注于学习目标。第三,虽然合作模式有助于激发学生内在动机,但却不能保证教学目标的实现。要确保学生在合作模式下取得理想的学习成果,就要使教师分配的任务与其计划使用的合作学习模式相适应,同时帮助学生做好有效合作的准备,并观察监督小组间的互动,在必要时进行干预(Gillies,2003;Herrenkohl & Guerra,1998;McCaslin & Good,1996)。

结对/同伴(pairs/partners)。有些合作学习模式要求学生结成对,成为学习同伴(Fuchs et al., 2000; King, 1999; Zajac & Hartup, 1997)。比如说，许多语言艺术类课程需要学生结对合作，互相听对方朗读或拼写，并给出改正意见，或朗读对方的作文并给予评价。此外，很多老师也会让学生结成对，相互批改对方的数学作业并提出反馈（日常学习同伴）、在做科学实验时互相帮助（实验室同伴），或合作完成家庭作业（家庭作业同伴）。在非正式场合下，教师也可以鼓励学生向同班同学求助。当然，这需要制定一定的规则，比如提供帮助的同学不能仅是简单地提供答案，还要点拨一下思路或适当地给予解释，使受到帮助的学生以后能依靠自己的努力取得进步，最终实现学习目标(Antil, Jenkins, Wayne & Vadasy, 1998; McManus & Gettinger, 1996)。

为帮助学生在同伴间建立相互依存关系并鼓励学生进行有效合作，已经有很多方法和技巧应运而生。其中有一种叫做剧本式合作法(scripted cooperation)(Dansereau, 1988; O'Donnell, 1996; O'Donnell & Dansereau, 1992)，即应用于文本学习的一种方法。其步骤如下：首先，将文本分为若干部分，让结成对的两位同学阅读第一部分材料，然后将材料收走。两位同学中一位扮演"回忆者"的角色，将所能记住的全部信息讲述出来；另一位则扮演"倾听/监听"的角色，仔细倾听并试图找出对方回忆中的错误和疏漏。其次，双方相互交换意见，探讨怎样理解、阐释信息才能使其便于记忆（比如使用类比或形象记忆）。最后，当双方都能顺利复述该部分大意时，进入下一个部分的学习，同时两人互换角色。就这样，每学习新的部分时互换角色，直至将所学材料完成。研究表明，剧本式合作法能让学生学得更多，它优于自主学习，以及涉及结对合作却未能使用角色互换、公开讲述、积极倾听以及共同探讨内容的理解和阐述等技巧的模式。

1996年斯莱文(Slavin)强调，小组目标往往需要与个体责任相结合，以确保学生帮助同伴或小组成员达成其个体目标。然而有些情况下不需要如此，比如：学生自发组成学习小组，意味着他们已经有动力互相帮助；使用的合作学习模式本身需要学生进行明确的角色分工，因而能确保学生互相帮助；或实施的学习活动需要高层次思维能力并涉及多种观点的权衡，而非使用单一的方法就能解决某个难题或结束某种争论（这种情况下，通过有声思维的方式互相分享观点，所有的同学都能获益）。

自我决定理论:前景展望

在早期发展阶段,自我决定理论在课堂情境下的应用潜能看起来似乎有限,因为它的关注点在于内在动机。然而,随着自我决定理论将包括从外在调节、内摄调节、认同调节到整合调节在内的外部调节方式纳入其中,逐渐认识到学生乐于追求学习目标往往是因为他们能够看到这些目标的重要性,即使实现目标的过程并不能给他们带来内在乐趣或享受。此外,自我决定理论还开启了新的研究方向,即研究社会化如何影响学生的动机,特别是通过帮助学生尊重社会规范价值(也包括尊重人们对学习学校课程的期望)的方式来达到这种目的。

在此背景下,德西和雷安也转而强调,认识动机之动态发展的关键,并不在于认清是内在动机还是外在动机,而在于认清学生在多大程度上把奖励或特定情境的其他外部激励特征看作是信息性还是控制性的。

三种基本需求

然而,自我决定理论也不乏其批评者(Buunk & Nauta, 2000; Carver & Scheier, 2000)。有反对者将矛头直指将自主需求、胜任需求和关联需求作为三种基本需求的合理性。他们提出,这三种基本需求应加以扩展,比如将自我保护需求、安全需求、自尊需求或自我实现需求等纳入其中。对此,德西和雷安于2000年做出了回应和澄清,指明他们的理论重点关注心理需求(即在研究心理健康影响因素时,假定研究对象生理健康状态良好),且自尊需求和自我实现需求已经隐含在胜任需求之内(将胜任需求与自主需求和关联需求联系在一起考虑时更是如此)。此外,鉴于先前的需求理论在试图增加需求数量时往往遭遇逻辑循环,在增加需求数量时也存有顾虑,除非有强有力的证据证明需要这样做。

这种顾虑是可以理解的。到目前为止,有大量研究结果支持将自主需求、胜任需求和关联需求作为基本需求。只有这三种需求得以满足,人们才会有健康的心理状态,进而受内在动机激发追求各种目标的实现。此外,这三种基本需求似乎适用于各种文化,包括在动机其他方面存在对比鲜明的文化

(Hagger, Chatzisarantis, Barkoukis, Wang & Baranowski, 2005; Levesque, Zuehlke, Stanek & Ryan, 2004; Vansteenkiste et al., 2005)。

2001年,谢尔顿、艾略特、吉姆和卡塞尔(Sheldon, Elliot, Kim & Kasser)在研究中,让美国和韩国大学生回想最近生活中最令人满意的事,并对自己在此事件中的感觉打分。研究者在打分选项中的感觉描述所使用的描述语要反映以下十种潜在需求的满足:自尊需求、关联需求、自主需求、胜任需求、愉悦/刺激需求、生理健康需求、自我实现需求、安全需求、人气/影响力需求以及金钱/奢侈品需求。以上排序基于其在美国学生回答中出现的频次。这意味着美国学生特别容易把令人满意的体验与自尊需求、关联需求、自主需求或胜任需求的满足相关联。韩国学生做出的反应也与此相类似,只是他们把关联需求(而非自尊需求)放在了首位(这也是集体主义社会和个人主义社会之间差异的反映——详见第11章)。

以上数据能够支持马斯洛(Maslow, 1962)列举的基本需求(尽管不符合他提出的需求层级),但更有力地支持了德西和雷安提出的自主需求、胜任需求和关联需求作为普遍基本需求的观点。然而,这些数据同时也表明,自尊需求或许应该被视为一项独立的基本需求,而不仅是作为胜任需求的延伸。

关于心理健康的研究,也可以为德西与雷安提出的三种主要需求的基本性质提供佐证。2000年,雷斯、谢尔顿、甘博、罗斯可和雷安(Reis, Sheldon, Gable, Roscoe & Ryan)在研究中,要求大学生坚持写两周日记,记录他们的社会活动、相关心情和需求满足的情况。日记中所体现的日常情绪波动与自主需求、胜任需求和关联需求的满足程度密切相关。同样,在1998年,谢尔顿和艾略特也询问了大学生们在未来几周内要实现的个人目标(比如加强运动或化学作业至少得B)。在这之后,他们再次联系这些大学生,以了解他们为达成目标所付出努力的程度以及取得的成效。结果显示,自主性动机(内在动机或认同调节)能够导向目标的实现,而控制性动机(外在调节或内摄调节)则不能。如果学生觉得某项活动有趣、重要或者享受,他们就会非常关注该活动目标的实现;而如果学生认为达成某项目标主要是受制于他人(如家长或教师)或其他事物(一种"应该怎样怎样"的感觉,它和未来可能遭遇的羞耻、罪疚或焦虑相关)的强迫,他们投入目标的努力就会有所减少。2002年,科斯特纳、雷克斯、鲍尔斯和契可因(Koestner, Lekes, Powers & Chicoine)所做的另一项研究也得出了类似的结论。

选择的价值

最近几项研究显示，有必要对提供选择的价值进行限定(Katz & Assor, 2007; Patall, Cooper & Robinson, 2008)。第一，给学生提供自主选择阅读材料或其他学习任务的机会，虽然可以提升学生完成任务过程中的愉悦感、自信心与控制感，但这些情感方面的益处并不能带来学生认知方面的收获。也就是说，有选择机会的学生跟没有选择机会的学生相比，在学习效果的指标上并没有什么差异(Flowerday & Schraw, 2003; Schraw, Flowerday & Reisetter, 1998; Tafarodi, Milne & Smith, 1999)。更广泛地说，虽然选择与活动参与中的情感因素呈正相关，比如能激发内在动机、提升满意度以及降低焦虑情绪，但它在策略选择、主要观点记忆或进行推理等认知方面却影响甚微，在很多情况下甚至没有任何影响(Schraw et al., 1998)。选择有时甚至不能激发内在动机，尤其当可供选择的选项类似或所有选项均没有什么特别吸引力时，更是如此(d'Ailly, 2002; Flowerday, Schraw & Stevens, 2004; Reeve, Nix & Hamm, 2003)。

第二，教师为学生提供的选择机会，应该能使学生在自主性动机下(内在动机或认同调节)参与活动。2002年，阿瑟(Assor)及其同事在研究中发现，以色列三到8年级的学生能够区分教师提升自主性的三种行为(促进关联、允许批评性意见以及提供选择)和教师压制自主性的三种行为(压制批评、干预学生以及强制学生做无意义的事)。在教师的以上行为中，促进关联和压制批评对学生学习中的情感因素和认知参与影响最大。为学生提供学习活动中频繁的选择机会却没有收效的原因在于，学生看不到这些选择与他们个人目标及兴趣之间的关联。阿瑟及其同事强调，一方面要确保选择本身具有价值(如真实情境活动)，另一方面要帮助学生认识这种价值进而理解活动的重要性，正如他们在文章标题中所说，"提供选择固然好，但促进关联更加重要"(Assor, 2002: 261)。

第三，选择的数量和种类应与学生当前能够做出合理选择的能力相适应。如果学生不确定哪种选择对自己最有利(Koh, 2006)，或认为某些选择威胁到了自身需求的满足(Katz & Assor, 2007)，那么选择就会失去吸引力，甚至引发焦虑情绪。施瓦茨(Schwartz,2000)认为,如果发挥自主性、自我决定以及选择的机会过多,反而会让学生感觉到自由被限制了。这就意味着在特定情境下,选择的数量存在一个最佳值,而并非"越多越好"。

艾扬格和雷帕(Iyengar & Lepper)在2000年做过的三项研究,也证实了以上结论。在研究中,他们给人们提供广泛的选择(24或30个)或数量有限的选择(6个)。每个案例中,选择机会多的人最初会表现出更高的满意度,但后续数据却表明,选择机会有限的人在后期的满意度更高一些。

以上三项研究中,有两项是关于果酱或巧克力的选择。在这两项研究中,当人们只有6种选择时更有可能进行购买,且购买后更有可能表现出对自身选择的满意感。第三项研究在大学课堂中进行。老师让学生写一篇两页的文章(该任务能让学生获得额外学分),学生有机会从6个或30个选题中选择文章题目。研究结果显示,面临6种选择的学生更有可能完成任务,且文章的质量也较高。所以,过多的选择在最初可能具有吸引力,但却会削弱人们后期的满意度和动机。其他研究人员也指出,一个有限的最佳选择数量比选择过少或过多都更好(Shah & Wolford,2007)。

第四点与文化相关。1999年,艾扬格和雷帕指出,对于独立性较强的人们(如大多数美国人)而言,自主选择的机会能使他们的动机(及表现)达到最优化;而对于相互依赖性较高的人们(如大多数东亚人),只有在有他们看重的圈内成员为其做出选择时,其动机(及表现)才能达到最优化。2008年,包和拉姆(Bao & Lam)也得出类似的研究结果,只不过他们研究的对象是与母亲或教师(为学生做出选择的人)关系密切的学生。

其他问题

2000年,卡维尔和施莱尔(Carver & Scheier)指出,许多能够带来内在回报的活动根本不包含胜任需求的维度。有时人们即使并不擅长某项活动,也能感受到其内在回报(比如人们可能并不擅长某项体育活动,但会因为喜欢而经常参与这一活动)。与此类似,人们也会独自参与受内在动机激发的活动,比如有些学生并不特别看重与同伴进行互动、一起完成作业的机会(Isaac, Sansone & Smith,1999;Sansone & Smith,2002)。这与关联需求无关。

有批评人士认为,自主需求和关联需求在某些情境下必然产生冲突。德西和雷安对此做出了回应。他们认为,动机属于主观体验,满足自主需求是一种自我决定意识的体验,并不必然意味着脱离外界影响、完全独立行事。这一解答从理论层面来看非常巧妙,但却使其理论脱离了政策制定者和大众最为关心的现实议题(他们关注的是怎样才能让学生努力学习,并最终在考试中取得优异成绩)。不应把动机和表现混为一谈,这一点当然重要。然而更为重要的是,我们在为教师提供建议和指导时,还应关注学生的学习方面(而不仅仅是动机方面)。

在笔者所教授的动机课上,学生也有与此相关的担心:在激励学生行为和控制学生行为两者之间划出明确界限,将会限制人们关于动机原则可应用性或其效力的认知。举例说来,面对诸多待办事项时,人们往往会首先应对迫于外部原因必须要做的事,其次才是受内在动机驱动、可做可不做的事。几位东亚学生指出,他们国家的学生受到外部压力的控制非常严重(至少在参加决定未来人生的高风险考试前是如此),以至于"动机"一词很难被用来解释他们的行为,而动机原则也很难被用来改变他们的行为。即使他们开始激发内在动机想要做点别的事情,恐怕也拿不出这个时间。

在有关内外在动机的文献与目标理论相关文献之间,存在着很多相似之处。内在动机理论家强调,外部压力驱使人们专注于以最少的努力获得奖励;而目标理论家则强调,绩效压力驱使人们专注于如何维护自身能够胜任的形象。在这两种情况下,原本应当用于使学习质量或效果最大化的资源,都被转移到了其他目标上。此外,内部调节(如掌握性动机)与学习情境中的心理状态相关,而认同调节(一种外部调节,如结果目标或绩效趋向性动机)与成就水平相关(Burton, Lydon, D'Alessandro & Koestner, 2006)。

自我决定理论与目标理论也存在很多相似之处。2006年,德西和雷安对此表示认同。斯坦德吉、杜达和恩托曼尼斯(Standage, Duda & Ntoumanis)也通过2003年的实证研究证实了这一点。尽管自我决定理论以价值相关议题为特色,且强调内在动机,而目标理论以期望相关议题为特色,且强调成就动机,但两种理论对于最优课堂环境都有着类似的描述(都倡导内在动机和学习性目标)。同时,二者都通过运用几个核心概念取得了不小的成果,特别是预测了动机变量并对变量之间的关系作出了解释。然而,当把关注点转向动机变量与学习变量之间的关系,特别是考虑到两种理论皆关注长期学校学习而非短期学习(比如发生在实验室中的短期学习)时,它们能够产生的影响是相对较小的。

本章概要

近年来,动机理论已经不再把内在动机和外在动机描述成两相对立,而是认识到当个体的动机模式从纯粹的外在动机向纯粹的内在动机转变时,其相对自主性会相对提高。此外,认为外在动机策略必然削弱内在动机的观点也随之有所变化,取而代之的认识是:外在策略如果使用得当,可以成为内在策略的补充。但尽管如此,大多数动机理论家依然认为,内在策略更可取,因为它可以带来更高质量的任务参与,培养学生对某一主题或活动的持久内在兴趣。

内在动机的定义重点关注个体对于自身行为的自我决定认知,它给教师的建议也强调鼓励学生维持或发展这一认知。而自我决定理论则强调应该采取能满足学生自主需求、胜任需求和关联需求的策略。

要满足学生的自主需求,教师可以鼓励学生成为自主学习者,并为其提供频繁的选择机会。建立学习中心就是一种将自主和选择机会纳入学生日常课堂体验的方式。

要满足学生的胜任需求,教师可以采取以下方式:确保学习活动与学生当前知识和能力水平相适应,注重给学生提供机会做出积极反应且获得即时反馈的活动,将游戏特点融入学习活动,以及注重真实情境活动和现实应用活动(这些活动具有技能多样性、任务认同、任务重要性特征以及能增加活动趣味性的其他特征)。

要满足学生的关联需求,最主要是把课堂建成第2章中描述的学习社群。此外,教师还可以为学生提供频繁的相互合作的机会,尤其是要采用纯小组合作学习模式(共同学习模式、小组调查模式和拼图模式),或是让学生结对合作。

与目标理论相同的是,自我决定理论通过运用几个核心概念,成功整合了诸多动机研究成果。然而,它更适用于理解学校活动参与的情感方面而非认知方面。它很好地预测了动机变量,并对变量之间的关系作出了解释。但在解释动机变量与学习结果之间的关系时,则略逊一筹。鉴于此,自我决定理论更适用于激发认同调节而非内在动机。

思考题

1. 如何区分内在动机与学习动机?
2. 为什么内在动机理论家强调,自主性意识是一种主观感受,与外部压力和约束无关?
3. 在认同调节的驱动下,我们会做自认为重要的事情,但是德西和雷安却将此视为外在动机而非内在动机。为什么?
4. 为什么某些体验被认为是发自于内在(比如,责任感以及未来可能发生的相关羞耻感或负疚感),但却被解释为独立于自我意识之外?
5. 如果一个重要他人(比如老师)要求我们去做我们自己不会选择的事情,我们的自主需求和关联需求也不一定会互相冲突,为什么?
6. 从为学生提供自主性支持的角度评估你当前的教学方法,还有哪些方法可以帮助你更好地支持学生的自主性?
7. 鉴于将提供选择作为一种激励技巧存在一定的限定条件,你会在何时、以何种方式为学生提供选择机会?
8. 为什么理想的自主性支持要经由"转移责任"逐步过渡到"授予自主"(也就是说要保持适当程度的计划与控制),而不是完全消除计划与控制?
9. 如果让学生独自决定,学生往往会做出不好的选择。这样的话,教师是应该限制学生的选择,还是在学生选择时为其提供辅助和支持,或是让学生自己吸取教训?有没有其他办法?
10. 对于那些让学生有机会做出积极反应并获得及时反馈的活动,你觉得它们的吸引力在哪里?你能找到哪些方法将更多的此类活动融入教学当中?
11. 为什么技能多样性、任务认同和任务重要性特征能够增加学习活动的吸引力?你能找到哪些方法将更多具备这些特征的活动融入教学之中?

12. 本章中描述的合作学习模式与第 6 章中描述的模式相比,主要的不同点是什么?为什么作者倾向于纯合作模式?
13. 合作学习模式很受欢迎自然有其原因,但它也存在过度使用和使用不当的问题。哪些情况下教师主导的教学模式比同学合作的独立学习模式更适合?哪些情况下给学生安排独立完成的任务比合作性任务更合适?
14. 本章结尾部分提到了自我决定理论与目标理论的相似之处,那么两者有何差异?这些差异是否对教学具有完全相反的意义?

参考文献

Adie, J., Duda, J., & Ntoumanis, N. (2008). Autonomy support, basic need satisfaction and the optimal functioning of adult male and female sport participants: A test of basic needs theory. *Motivation and Emotion*, 32, 189-199.

Alexander, P., Kulikowich, J., & Jetton, T. (1994). The role of subject-matter knowledge and interest in the processing of linear and nonlinear text. *Review of Educational Research*, 64, 201-252.

Alleman, J., & Brophy, J. (1993-1994). Teaching that lasts: College students' reports of learning activities experienced in elementary school social studies. *Social Science Record*, 30(2), 36-48; 3i(1), 42-46.

Antil, L., Jenkins, J., Wayne, S., & Vadasy, P. (1998). Cooperative learning: Prevalence, conceptualizations, and the relation between research and practice. *American Educational Research Journal*, 35, 419-454.

Aronson, E., Blaney, N., Stephan, C, Sikes, J., & Snapp, M. (1978). *The Jigsaw classroom*. Beverly Hills, CA: Sage.

Assor, A., Kaplan, H., Kanat-Maymon, Y., & Roth, G. (2005). Directly controlling teacher behaviors as predictors of poor motivation and engagement in girls and boys: The role of anger and anxiety. *Learning and Instruction*, 15, 397-413.

Assor, A., Kaplan, H., & Roth, G. (2002). Choice is good, but relevance is excellent: Autonomy-enhancing and suppressing teacher behaviours predicting students' engagement in schoolwork. *British Journal of Educational Psychology*, 72, 261-278.

Bao, X., & Lam, S. (2008). Who makes the choice? Rethinking the role of autonomy and relatedness in Chinese children's motivation. *Child Development*, 79, 269-283.

Black, A., & Deci, E. (2000). The effects of instructors'autonomy support and students'autonomous motivation on learning organic chemistry: A self-determination theory perspective. *Science Education*, 84, 740-756.

Bozack, A., Vega, R., McCaslin, M., & Good, T. (2008). Teacher support of student autonomy in comprehensive school reform classrooms. *Teachers College Record*, 110, 2389-2407.

Bruner, J. (1966). *The culture of education*. Cambridge. MA: Harvard University Press.

Burton, K., Lydon, J., D'Alessandro, D., & Koestner, R. (2006). The differential effects of intrinsic and identified motivation on well-being and performance: Prospective, experimental, and implicit approaches to self-determination theory. *Journal of Personality and Social Psychology*, 91, 750-762.

Buunk, B., & Nauta, A. (2000). Why intraindividual needs are not enough: Human motivation is primarily social. *Psychological Inquiry*, 11, 279-283.

Carver, C, & Scheier, M. (2000). Autonomy and self-regulation. *Psychological Inquiry*, 11, 284-291.

Collier, G. (1994). *Social origins of mental ability*. New York: Wiley.

Condry, J., & Stokker, L. (1992). Overview of special issue on intrinsic motivation. *Motivation and Emotion*, 16, 157-164.

Conroy, D., & Coatsworth, J. D. (2007). Coaching behaviors associated with changes in fear of failure: Changes in self-talk and need satisfaction as potential mechanisms. *Journal of Personality*, 75, 383-419.

Conti, R. (2001). College goals: Do self-determined and carefully considered goals predict intrinsic motivation, academic performance, and adjustment during the first semester? *Social Psychology of Education*, 4, 189-211.

Cooper, P., & McIntyre, D. (1994). Patterns of interaction between teachers'and students'classroom thinking, and their implications for the provision of learning opportunities. *Teaching and Teacher Education*, 10, 633-646.

Covington, M. (1992). *Making the grade*. Cambridge, UK: Cambridge University Press.

Csikszentmihalyi, M. (1993). *The evolving self: A psychology for the third millennium*. New York: HarperCollins.

d'Ailly, H. (2002, April). A distinctive cultural and gender difference in children's interest and effort in learning: The impact of choice and testing. Paper presented at the annual meeting of the American Educational Research Association, New Orleans.

Dansereau, D. (1988). Cooperative learning strategies. In C. Weinstein, E. Goetz, & P. Alexander (Eds.), *Learning and study strategies: Issues in assessment, instruc-

tion, *and evaluation* (pp. 103 – 120). San Diego, CA: Academic Press.

Deci, E., & Ryan, R. (1994). Promoting self-determined education. *Scandinavian Journal of Educational Research*, 38, 3 – 14.

Deci, E., & Ryan, R. (2000). The "what" and the "why" of goal pursuits: Human needs and the self-determination of behavior. *Psychological Inquiry*, 11, 227 – 268.

Deci, E., & Ryan, R. (2008). Facilitating optimal motivation and psychological well-being across life's domains. *Canadian Psychology*, 49, 14 – 23.

Deci, E., Schwartz, A., Sheinman, L., & Ryan, R. (1981). An instrument to assess adults' orientations toward control versus autonomy with children: Reflections on intrinsic motivation and perceived competence. *Journal of Educational Psychology*, 73, 642 – 650.

Eckblad, G. (1981). Scheme theory: *A conceptual framework for cognitive-motivational processes*. New York: Academic Press.

Edmunds, J., Ntoumanis, N., & Duda, J. (2007). Testing a self-determination theory-based teaching style intervention in the exercise domain. *European Journal of Social Psychology*, 38, 375 – 388.

Elliot, A., Faler, J., McGregor, H., Campbell, W., Sedikides, C, & Harackiewicz, J. (2000). Competence valuation as a strategic intrinsic motivation process. *Personality and Social Psychology Bulletin*, 26, 780 – 794.

Filak, V., & Sheldon, K. (2008). Teacher support, student motivation, student need-satisfaction and college teacher-course evaluations: Testing a sequential path model. *Educational Psychology*, 28, 711 – 724.

Flowerday, T, & Schraw, G. (2003). The effect of choice on cognitive and affective engagement. *Journal of Educational Research*, 96, 207 – 215.

Flowerday, T., Schraw, G., & Stevens, J. (2004). The role of choice and interest in reader engagement. *Journal of Experimental Education*, 72, 93 – 114.

Fuchs, L., Fuchs, D., Kazden, S., Karns, K., Calhoon, M., Hamlett, C, & Hewlett, S. (2000). Effects of workgroup structure and size on student productivity during collaborative work on complex tasks. *Elementary School Journal*, 100, 183 – 212.

Furrer, C, & Skinner, E. (2003). Sense of relatedness as a factor in children's academic engagement and performance. *Journal of Educational Psychology*, 95, 148 – 162.

Garcia, T., & Pintrich, P. (1996). The effects of autonomy on motivation and performance in the college classroom. *Contemporary Educational Psychology*, 21, 477 – 486.

Gillies, R. (2003). The behaviors, interactions, and perceptions of junior high school students during small-group learning. *Journal of Educational Psychology*, 95, 137 – 147.

Grolnick, W., & Ryan, R. (1989). Parent styles associated with children's self-regulation and competence in school. *Journal of Educational Psychology*, 81, 143-154.

Guay, F., Boggiano, A., & Vallerand, R. (2001). Autonomy support, intrinsic motivation, and perceived competence: Conceptual and empirical linkages. *Personality and Social Psychology Bulletin*, 27, 643-650.

Guay, F., Ratelle, C, & Chanal, J. (2008). Optimal learning in optimal contexts: The role of self-determination in education. *Canadian Psychology*, 49, 233-240.

Hackman, J. R., & Oldham, G. (1980). *Work redesign*. Reading, MA: Addison-Wesley.

Hagger, M., Chatzisarantis, N., Barkoukis, V., Wang, C. K. J., & Baranowski, J. (2005). Perceived autonomy support in physical education and leisure-time physical activity: A cross-cultural evaluation of the trans-contextual model. *Journal of Educational Psychology*, 97, 376-390.

Hardre, P., & Reeve, J. (2003). A motivational model of rural students' intentions to persist in, versus drop out, of high school. *Journal of Educational Psychology*, 95, 347-356.

Hayamizu, T. (1997). Between intrinsic and extrinsic motivation: Examination of reasons for academic study based on the theory of internalization. *Japanese Psychological Research*, 39, 98-108.

Heppner, W., Kernis, M., Nezlek, J., Foster, J., Lakey, C, & Goldman, B. (2008). Within-person relationships among daily self-esteem, need satisfaction, and authenticity. *Psychological Science*, 19, 1140-1145.

Herrenkohl, L. & Guerra, M. (1998). Participant structures, scientific discourse, and student engagement in fourth grade. *Cognition and Instruction*, 16, 431-473.

Hodgins, H., Koestner, R., & Duncan, N. (1996). On the compatibility of autonomy and relatedness. *Personality and Social Psychology Bulletin*, 22, 227-237.

Isaac, J., Sansone, C, & Smith, J. (1999). Other people as a source of interest in an activity. *Journal of Experimental Social Psychology*, 35, 239-265.

Iyengar, S., & Lepper, M. (1999). Rethinking the value of choice: A cultural perspective on intrinsic motivation. *Journal of Personality and Social Psychology*, 76, 349-366.

Iyengar, S., & Lepper, M. (2000). When choice is demotivating: Can one desire too much of a good thing? *Journal of Personality and Social Psychology*, 79, 995-1006.

Jang, H. (2008). Supporting students' motivation, engagement, and learning during an uninteresting activity. *Journal of Educational Psychology*, 100, 798-811.

Johnson, D., & Johnson, R. (1999). *Learning together and alone: Cooperative, competitive, and individualistic learning* (5th ed.). Boston: Allyn & Bacon.

Johnson, D., & Johnson, R. (2009). An educational psychology success story: Social interdependence theory and cooperative learning. *Educational Researcher*, 38, 365 – 379.

Johnson, D., Johnson, R., Holubec, E., & Roy, P. (1984). *Circles of learning: Cooperation in the classroom*. Alexandria, VA: Association for Supervision and Curriculum Development.

Katz, I., & Assor, A. (2007). When choice motivates and when it does not. *Educational Psychology Review*, 19, 429 – 442.

Keller, J. (1983). Motivational design of instruction. In C. Reigeluth (Ed.), *Instructional-design theories and models: An overview of their current status* (pp. 383 – 434). Hillsdale, NJ: Erlbaum.

King, A. (1999). Discourse patterns for mediating peer learning. In A. O'Donnell & A. King (Eds.), *Cognitive perspectives on peer learning* (pp. 87 – 115). Mahwah, NJ: Erlbaum.

Koestner, R. (2008). Reaching one's personal goals: A motivational perspective focused on autonomy. *Canadian Psychology*, 49, 60 – 67.

Koestner, R., Horberg, E., Gaudreau, P., Powers, T, Di Dio, P., Bryan, C, Jochum, R., & Salter, N. (2006). Bolstering implementation plans for the long haul: The benefits of simultaneously boosting self-concordance or self-efficacy. *Personality and Social Psychology Bulletin*, 32, 1547 – 1558.

Koestner, R., Lekes, N., Powers, T, & Chicoine, E. (2002). Attaining personal goals: Self-concordance plus implementation intentions equals success. *Journal of Personality and Social Psychology*, 83, 231 – 244.

Krapp, A. (2005). Basic needs and the development of interest and intrinsic motivational orientations. *Learning and Instruction*, 15, 381 – 395.

Lave, J., & Wenger, E. (1991). *Situated learning: Legitimate peripheral participation*. Cambridge, UK: Cambridge University Press.

Lee, E. (2005). The relationship of motivation and flow experience to academic procrastination in university students. *Journal of Genetic Psychology*, 166, 5 – 14.

Legault, L., Green-Demers, I., & Pelletier, L. (2006). Why do high school students lack motivation in the classroom? Toward an understanding of academic amotivation and the role of social support. *Journal of Educational Psychology*, 98, 567 – 582.

Lepper, M., & Cordova, D. (1992). A desire to be taught: Instructional consequences of intrinsic motivation. *Motivation and Emotion*, 16, 187 – 208.

Lepper, M., & Henderlong, J. (2002). Turning "play" into "work" and "work" into "play." In C Sansone & J. Harackiewicz (Eds.), *Intrinsic and extrinsic motivation: the search for optimal motivation and performance* (pp. 257 – 307). San Diego,CA:Academic Press.

Levesque,C,Zuehlke,A. N.,Stanek,L.,& Ryan,R. (2004). Autonomy and competence in German and American university students: A comparative study based on self-determination theory. *Journal of Educational Psychology*, 96, 68 – 84.

Liu,W.,Wang,C. K. J.,Tan,O.,Koh,C.,& Ee,J. (2008). A self-determination approach to understanding students'motivation in project work. *Learning and Individual Differences*, 19, 139 – 145.

Losier,G,& Koestner,R. (1999). Intrinsic versus identified regulation in distinct political campaigns:The consequences of following politics for pleasure versus personal meaningfulness. *Personality and Social Psychology Bulletin*, 25, 287 – 298.

Malone,T,& Lepper,M. (1987). Making learning fun:A taxonomy of intrinsic motivation for learning. In R. Snow & M. Farr (Eds.),Aptitude,learning,and instruction: HI. *Conative and affective process analysis* (pp. 223 – 253). Hillsdale,NJ:Erlbaum.

Maslow,A. (1962). *Toward a psychology of being*. Princeton,NJ:VanNostrand.

McCaslin,M.,& Good,T. (1996). *Listening in classrooms*. New York:HarperCollins.

McKenzie,G. (1975). Some myths and methods on motivation social study. *The Social Studies*, 66, 24 – 28.

McManus,S.,& Gettinger,M. (1996). Teacher and student evaluations of cooperative learning and observed interactive behaviors. *Journal of Educational Research*, 90, 13 – 22.

Miller,N.,& Hertz-Lazarowitz,R. (Eds.). (1992). *Interaction in cooperative groups:The theoretical anatomy of group learning*. New York:Cambridge University Press.

Millette,V.,& Gagne,M. (2008). Designing volunteers'tasks to maximize motivation, satisfaction and performance:The impact of job characteristics on volunteer engagement. *Motivation and Emotion*, 32, 11 – 22.

Miserandino,M. (1996). Children who do well in school:Individual differences in perceived competence and autonomy in above-average children. *Journal of Educational Psychology*, 88, 203 – 214.

Morrow,L. (1992). The impact of a literature-based program on literacy achievement,use of literature,and attitudes of children from minority backgrounds. *Reading Research Quarterly*, 27, 250 – 275.

Morrow,L. (1993). *Developing literacy in the early years:Helping children read and write*. Boston:Allyn & Bacon.

Noels,K.,Clement,R.,& Pelletier,L. (1999). Perceptions of teachers'communicative style and students'intrinsic and extrinsic motivation. *Modern Language Journal*,

83, 23 – 34.

Norwich, B. (1999). Pupils' reasons for learning and behaving and for not learning and behaving in English and maths lessons in a secondary school. *British Journal of Educational Psychology*, 69, 547 – 569.

Ntoumanis, N. (2005). A prospective study of participation in optional school physical education using a self-determination theory framework. *Journal of Educational Psychology*, 97, 444 – 453.

O'Donnell, A. (1996). Effects of explicit incentives on scripted and unscripted cooperation. *Journal of Educational Psychology*, 88, 74 – 86.

O'Donnell, A., & Dansereau, D. (1992). Scripted cooperation in student dyads: A method for analyzing and enhancing academic learning and performance. In N. Miller & R. Hertz-Lazarowitz (Eds.), *Interaction in cooperative groups: The theoretical anatomy of group learning* (pp. 121 – 140). New York: Cambridge University Press.

Ommundsen, Y., & Kvalo, S. (2007). Autonomy-mastery, supportive or performance focused? Different teacher behaviours and pupils' outcomes in physical education. *Scandinavian Journal of Educational Research*, 51, 385 – 413.

Otis, N., Grouzet, F., & Pelletier, L. (2005). Latent motivational change in an academic setting: A 3-year longitudinal study. *Journal of Educational Psychology*, 97, 170 – 183.

Parker, S., & Wall, T. (1998). *Job and work design*. London: Sage.

Patall, E., Cooper, H., & Robinson, J. (2008). The effects of choice on intrinsic motivation and related outcomes: A meta-analysis of research findings. *Psychological Bulletin*, 134, 270 – 300.

Pelletier, L., Fortier, M., Vallerand, R., & Briere, N. (2002). Associations among perceived autonomy support, focus of self-regulation, and persistence: A prospective study. *Motivation and Emotion*, 25, 279 – 306.

Pelletier, L., Fortier, M., Vallerand, R., Tuson, K., Briere, N., & Blais, M. (1995). Toward a new measure of intrinsic motivation, extrinsic motivation, and amotivation in sports: The Sport Motivation Scale (SMS). *Journal of Sport and Exercise Psychology*, 17, 33 – 53.

Ratelle, C., Guay, F., Vallerand, R., Larose, S., & Senecal, C. (2007). Autonomous, controlled, and amotivated types of academic motivation: A person-oriented analysis. *Journal of Educational Psychology*, 99, 734 – 746.

Reeve, J. (2009). Why teachers adopt a controlling motivational style toward students and how they can become more autonomy supportive. *Educational Psychologist*, 44, 159 – 175.

Reeve,J.,& Jang,H.(2006). What teachers say and do to support students'autonomy during a learning activity. *Journal of Educational Psychology*,98,209-218.

Reeve,J.,Jang,H.,Carrell,D.,Jeon,S.,& Barch,J.(2004). Enhancing students'engagement by increasing teachers'autonomy support. *Motivation and Emotion*,28,147-169.

Reeve,J.,Nix,G.,& Hamm,D.(2003). Testing models of the experience of self-determination in intrinsic motivation and the conundrum of choice. *Journal of Educational Psychology*,95(2),375-392.

Reinboth,M.,Duda,J.,& Ntoumanis,N.(2004). Dimensions of coaching behavior,need satisfaction,and the psychological and physical welfare of young athletes. *Motivation and Emotion*,28,297-313.

Reis,H.,Sheldon,K.,Gable,S.,Roscoe,J.,& Ryan,R.(2000). Daily well-being: The role of autonomy,competence,and relatedness. *Personality and Social Psychology Bulletin*,26,419-435.

Renninger,K.,Hidi,S.,& Krapp,A.(Eds.).(1992). *The role of interest in learning and development*. Hillsdale,NJ:Erlbaum.

Reynolds,R L.,& Symons,S.(2001). Motivational variables and children's text search. *Journal of Educational Psychology*,93,14-22.

Rogoff,B.,Turkanis,C,& Bartlett,L.(2001). *Learning together: Children and adults in a school community*. New York:Oxford University Press.

Ryan,R,,& Connell,J.(1989). Perceived locus of causality and internalization:Examining reasons for acting in two domains. *Journal of Personality and Social Psychology*,57,749-761.

Ryan,R.,Connell,J.,& Grolnick,W.(1992). When achievement is not intrinsically motivated:A theory of internalization and self-regulation in school. In A. Boggiano & T. Pittman (Eds.),*Achievement and motivation: A social-developmental perspective* (pp. 167-188). Cambridge,UK:Cambridge University Press.

Ryan,R.,& Deci,E.(2006). Self-regulation and the problem of human autonomy:Does psychology need choice,self-determination,and will? *Journal of Personality*,74,1557-1585.

Ryan,R.,& Grolnick,W.(1986). Origins and pawns in the classroom:Self-report and projective assessments of individual differences in children's perceptions. *Journal of Personality and Social Psychology*,50,550-558.

Ryan,R.,Huta, V.,& Deci, E.(2008). Living well: A self-determination theory perspective on eudaimonia. *Journal of Happiness Studies*,9,139-170.

Ryan,R.,& LaGuardia,J.(1999). Achievement motivation within a pressured society:

Intrinsic and extrinsic motivations to learn and the politics of school reform. In T. Urdan (Ed.), *The role of context* (*Advances in motivation and achievement series*, Vol. 11, pp. 45 – 85). Stamford, CT: JAI Press.

Ryan, R., Rigby, C. S., & Przybylski, A. (2006). The motivational pull of video games: A self-determination theory approach. *Motivation and Emotion*, *30*, 347 – 363.

Sansone, C, & Morgan, C. (1992). Intrinsic motivation and education: Competence in context. *Motivation and Emotion*, *16*, 249 – 270.

Sansone, C, & Smith, J. (2002). Interest and self-regulation: The relation between having to and wanting to. In C. Sansone & J. Harackiewicz (Eds.), *Intrinsic and extrinsic motivation: The search for optimal motivation and performance* (pp. 341 – 372). San Diego, CA: Academic Press.

Schaffner, E., & Schiefele, U. (2007). The effect of experimental manipulation of student motivation on the situational representation of text. *Learning and Instruction*, *17*, 755 – 772.

Schiefele, U. (1991). Interest, learning, and motivation. *Educational Psychologist*, *26*, 299 – 323.

Schraw, G., Flowerday, T., & Reisetter, M. (1998). The role of choice in reader engagement. *Journal of Educational Psychology*, *90*, 705 – 714.

Schwartz, B. (2000). Self-determination: The tyranny of freedom. *American Psychologist*, *55*, 79 – 88.

Shah, A., & Wolford, G. (2007). Buying behavior as a function of parametric variation of number of choices. *Psychological Science*, *18*, 369 – 370.

Sharan, S., Kussel, P., Hertz-Lazarowitz, R., Bejarano, Y., Raviv, S., & Sharan, Y. (1984). *Cooperative learning in the classroom: Research in desegregated schools*. Hillsdale, NJ: Erlbaum.

Sharan, S., & Sharan, Y. (1976). *Small-group teaching*. Englewood Cliffs, NJ: Educational Technology Publications.

Sheldon, K., & Elliot, A. (1998). Not all personal goals are personal: Comparing autonomous and controlled reasons for goals as predictors of effort and attainment. *Personality and Social Psychology Bulletin*, *24*, 546 – 557.

Sheldon, K., Elliot, A., Kim, Y., & Kasser, T. (2001). What is satisfying about satisfying events? Testing 10 candidate psychological needs. *Journal of Personality and Social Psychology*, *80*, 325 – 339.

Sheldon, K., & Filak, V. (2008). Manipulating autonomy, competence, and relatedness support in a game-learning context: New evidence that all three needs matter.

British Journal of Social Psychology, 47, 267-283.

Sheldon, K., & Kasser, T. (1998). Pursuing personal goals: Skills enable progress but not all progress is beneficial. *Personality and Social Psychology Bulletin*, 24, 1319-1331.

Shih, S. (2008). The relation of self-determination and achievement goals to Taiwanese eighth graders' behavioral and emotional engagement in schoolwork. *Elementary School Journal*, 108, 313-334.

Skinner, E., Furrer, C, Marchand, G., & Kindermann, T. (2008). Engagement and disaffection in the classroom: Part of a larger motivational dynamic? *Journal of Educational Psychology*, 100, 765-781.

Slavin, R. (1995). *Cooperative learning: Theory, research, and practice* (2nd ed.). Boston: Allyn & Bacon.

Slavin, R. (1996). Research on cooperative learning and achievement: What we know, what we need to know. *Contemporary Educational Psychology*, 21, 43-69.

Soenens, B., & Vansteenskiste, M. (2005). Antecedents and outcomes of self-determination in three life domains: The role of parents' and teachers' autonomy support. *Journal of Youth and Adolescence*, 34, 589-604.

Standage, M., Duda, J., & Ntoumanis, N. (2003). A model of contextual motivation in physical education: Using constructs from self-determination and achievement goal theories to predict physical activity intentions. *Journal of Educational Psychology*, 95, 97-110.

Standage, M., Duda, J., & Ntoumanis, N. (2005). A test of self-determination theory in school physical education. *British Journal of Educational Psychology*, 75, 411-433.

Starnes, B., & Paris, C. (2000). *Choosing to learn*. Phi Delta Kappan, 81, 392-397.

Stefanou, C, Perencevich, K., Di Cintio, M., & Turner, J. (2004). Supporting autonomy in the classroom: Ways teachers encourage student decision making and ownership. *Educational Psychologist*, 39, 97-110.

Sweet, A., Guthrie, J., & Ng, M. (1998). Teacher perceptions and student reading motivation. *Journal of Educational Psychology*, 90, 210-223.

Tafarodi, R., Milne, A., & Smith, A. (1999). The confidence of choice: Evidence for an augmentation effect on self-perceived performance. *Personality and Social Psychology Bulletin*, 25, 1405-1416.

Taylor, I., & Ntoumanis, N. (2007). Teacher motivational strategies and student self-determination in physical education. *Journal of Educational Psychology*, 99, 747-760.

Tsai, Y., Kunter, M., Liidtke, O., Trautwein, U, & Ryan, R. (2008). What makes lessons interesting? The role of situational and individual factors in three school subjects. *Journal of Educational Psychology*, *100*, 460 - 472.

Valas, H., & Sovik, N. (1994). Variables affecting students' intrinsic motivation for school mathematics: Two empirical studies based on Deci and Ryan's theory on motivation. *Learning and Instruction*, *3*, 281 - 298.

Vallerand, R., Fortier, M., & Guay, F. (1997). Self-determination and persistence in a real-life setting: Toward a motivational model of high school drop out. *Journal of Personality and Social Psychology*, *72*, 1161 - 1176.

Vansteenkiste, M., Lens, W., & Deci, E. (2006). Intrinsic versus extrinsic goal contents in self-determination theory: Another look at the quality of academic motivation. *Educational Psychologist*, *41*, 19 - 31.

Vansteenkiste, M., Simons, J., Lens, W., Sheldon, K., & Deci, E. (2004a). Motivating learning, performance, and persistence: The synergistic effects of intrinsic goal contents and autonomy supportive contexts. *Journal of Personality and Social Psychology*, *87*, 246 - 260.

Vansteenkiste, M., Simons, J., Lens, W., Soenens, B., & Matos, L. (2005a). Examining the impact of extrinsic versus intrinsic goal framing and internally controlling versus autonomy-supportive communication style upon early adolescents' academic achievement. *Child Development*, *76*, 483 - 501.

Vansteenkiste, M., Simons, J., Lens, W., Soenens, B., Matos, L., & Lacante, M. (2004b). Less is sometimes more: Goal content matters. *Journal of Educational Psychology*, *96*, 755 - 764.

Vansteenkiste, M., Timmermans, T., Lens, W., Soenens, B., & Van den Broeck, A. (2008). Does extrinsic goal framing enhance extrinsic goal-oriented individuals' learning and performance? An experimental test of the match perspective versus self-determination theory. *Journal of Educational Psychology*, *100*, 387 - 397.

Vansteenkiste, M., Zhou, M., Lens, W., & Soenens, B. (2005b). Experiences of autonomy and control among Chinese learners: Vitalizing or immobilizing? *Journal of Educational Psychology*, *97*, 468 - 483.

Warr, P. (2007). *Work, happiness, and unhappiness*. Mahwah, NJ: Erlbaum.

Weber, B., & Hertel, G. (2007). Motivation gains of inferior group members: A meta-analytical review. *Journal of Personality and Social Psychology*, *93*, 973 - 993.

Weinstein, R. (2002). *Reaching higher: The power of expectations in schooling*. Cambridge, MA: Harvard University Press.

White, R. (1959). Motivation reconsidered: The concept of competence. *Psychological Review*, *66*, 297 - 333.

Wiley, C., Good, T., & McCaslin, M. (2008). Comprehensive school reform instructional practices throughout a school year: The role of subject matter, grade level, and time of year. *Teachers College Record*, *110*, 2361–2388.

Wong, M. (2000). The relations among causality orientations, academic experience, academic performance, and academic commitment. *Personality and Social Psychology Bulletin*, *26*, 315–326.

Worthy, J., Patterson, E., Salas, R., Prater, S., & Turner, M. (2002). "More than just reading": The human factor in reaching resistant readers. *Reading Research and Instruction*, *41*, 177–202.

Yamauchi, H., & Tanaka, K. (1998). Relations of autonomy, self-referenced beliefs and self-regulated learning among Japanese children. *Psychological Reports*, *82*, 803–816.

Zajac, R., & Hartup, W. (1997). Friends as coworkers: Research review. *Elementary School Journal*, *98*(1), 3–13.

第8章
支持学生内在动机的其他方式

　　本书第7章回顾了自我决定理论,并提出了通过满足自主需要、胜任需要和关联需要,来支持学生内在动机的观点。本章所呈现的是从其他方面——尤其是有关兴趣和好奇心的理论、教师在自己经验基础上提出的建议等,提炼总结出来的有关支持学生内在动机的观点。

　　在2002年雷宁格和西迪(Renninger & Hidi)有关兴趣的研究中,有一个7年级学生山姆的例子。山姆兴趣广泛,而且绝大多数科目都成绩优秀。当被问及最喜欢的科目时,他写道:

　　"有几门课我很喜欢,它们是阅读、数学、历史、科学、运动、木工、艺术和音乐。之所以喜欢阅读课,是因为阅读可以让我在没有视觉形象的情况下,在心里得到一个故事的画面;喜欢数学课,是因为我非常擅长它,而且我也很喜欢难题带给我的挑战;我还喜欢历史课,因为我喜欢学习有关过去生活的知识,很可能我们可以从中汲取一些教训;我喜欢科学课,是因为我喜欢了解世界万物是如何运转的;我喜欢运动课,是因为我喜欢让能量迸发出来的感觉,而且我也很擅长运动;喜欢木工课,因为我喜欢建造东西;喜欢艺术课,是因为我喜欢用手劳动,用陶泥塑造各种形状的东西;喜欢音乐课,是因为我喜欢演奏所有的乐器,我也喜欢学习世界上风格迥异的各类音乐"。(原书第185页)

有关兴趣的理论和研究

　　学习者有兴趣,就意味着他能够对某节课、某段课文或者正在进行的某个学习活动集中注意力,原因是他看重其内容或过程,或者对其具有积极的情感回应。一些研究著述的作者把兴趣当作是内在动机的一种形式,但其他人却认为它并不是,因为事实上兴趣只指向特定的内容或活动。**有趣的活动可以为学习者提供投入其中的形式以及做出回应的机会。他们能够从中发现激励因素,并愿意从事相应的活动**(Ainley,2006;Schraw & Lehman,2001;Silvia,2008)。

针对活动的内在兴趣可能来源于以下方面:
- 以遗传为基础的气质或倾向(如具有高唤醒度的人更可能偏爱主动追求,而低唤醒度的人则更可能选择默默喜欢);
- 对象本身有趣、好玩;
- 与自身的计划相关或有利于自身计划的实现;
- 具有自我实现的潜力(让人自我感觉强大、富有创造性);
- 富有意义,让人有满足感(能够让人体验新知,由于获得对知识的新的洞见或新的综合而感到满足);
- 认同或自我投射(能够让人将自己投射到某个情境当中,比如通过认同故事、模拟场景或历史教材中的中心人物来做到这一点);
- 对自我的认同/同化(通过与一项活动的接触,使人想要投身其中,想对此活动有更多的了解等)。

1999年,贝尔金(Bergin)对有关影响兴趣或相关状态的因素(如注意力、好奇心、参与度等)的相关文献进行分析,总结了影响持续性兴趣的若干因素,包括:在任务或情境中的归属感(因为它折射出文化价值、个人身份和社会支持);与某人的情感联系;发展或证明能力的机会;与某个目标有关联或有助益;增长相关领域知识的机会。能够吸引注意力(或至少可以引起暂时兴趣)的情境因素包括:能够参与并亲身体验的活动;能够认识自己所想与实际情况之间差异的情境;新奇因素;分享食物或社会交往的机会;作者在文本中的可见性;观察因能力或开展兴趣活动而获奖的榜样的机会;做游戏或智力测试的机会;与公认的有趣话题相关联的主题(如动物或人类生活、伤害或死亡、性、丑闻等);包含奇幻元素的某些活动;幽默;叙述形式的口头或书面报告。

大多数研究者对**个人兴趣**(individual interest)与**情境兴趣**(situational interest)进行了区分。所谓**个人兴趣**(也称作话题兴趣),指的是一旦有机会就会专注于特定内容或活动的一种长期倾向。所谓**情境兴趣**,是在某一时刻被触发的兴趣。它能够引起注意并激发我们的动机,从而让我们去关注它,继而产生进一步探索它的兴趣。情境兴趣可能在短时间里消失(就像我们想弄清奇怪的声音从哪里来,然后发现不过是风吹到某些东西上发出的声响),也可能成为更持久的研究与学习的基础(比如我们偶然看到艾尔伯特·爱因斯坦的一则趣闻,就可能产生阅读其传记的动机,进而激发对核物理的更为持久的兴趣)。

个人兴趣

通过使课程适应学生的个人兴趣来充分利用其既有动机的策略,在有关兴趣与成就关系的研究中得到了支持。研究者们认为,一种方法是为学生追求自己的兴趣提供活动机会,另一种方法是利用稳定的个人兴趣(比如对体育运动的兴趣),创设解决数学问题、完成写作作业或进行其他技能养成活动的场景(Renninger & Hidi, 2002)。学生在符合个人兴趣的领域中学习时,会表现出较高的注意力。他们聚精会神、坚持不懈,具有掌握取向,状态积极,能迅速地理解教材,并在接下来的考试中取得不错的成绩(Ainley, Corrigan & Richardson, 2005; Durik & Matarazzo, 2009; Durik, Vida & Eccles, 2006; Guthrie et al., 2007; Harackiewicz, Durik, Barron, Linnenbrink-Garcia & Tauer, 2008; Inoue, 2007; Katz, Assor, Kanat-Maymon & Bereby-Meyer, 2006; Krapp, 2002; Renninger, 2009)。对存在诵读困难的学生而言,某些能引起强烈个人兴趣的话题,往往可以为他们提供坚持学习相关内容的动机,并在此过程中形成更为有效的阅读技能(Fink, 1998)。

学生在他们个人感兴趣的领域,通常具有比其他领域更广泛更有序的既有知识,使得他们更容易在这些领域汲取消化新的信息。然而,这种兴趣并不会必然导致他们完成课程目标。例如本章开头提到的7年级学生山姆,他说喜欢阅读课是因为可以让他脑中浮现故事情节的画面。在学校的阅读活动中,要求学生理解故事内容,并将个人反应与其关联起来,这时山姆的个人兴趣会对他很有帮助;但要求对文章的文体特点进行分析时,这种个人兴趣便不能为他提供太多的动机了。此时,山姆可能需要在教师帮助下形成适合自己的学习目标,并保持对学习方法调整的关注(Linnenbrink & Pintrich, 2000)。

情境兴趣

其他一些动机策略为了达到激发情境兴趣的目的，要求巧妙地控制学习内容或活动。与个人兴趣相比，情境兴趣更多地受到教师的控制。激发情境兴趣能够促进学生的学习，还往往会导致学生个人兴趣的形成（Schraw, Flowerday & Lehman, 2001）。

2006年，西迪和雷宁格（Hidi & Renninger）提出了兴趣发展的四阶段模型：

1. **情境关注被触发**（Triggered Situational Intent）。情境关注是由某段课文、某个教学状态或学习环境的特征所触发的。
2. **情境关注被保持下来**（Maintained Situational Intent）。由于任务有意义、个人介入程度高、得到社会支持或其他一些有利保持活动参与度的因素，这种情境兴趣被保持下来。
3. **个人兴趣产生**（Emerging Individual Interest）。学习者珍惜再次参与到所喜爱的活动中的机会，并开始围绕活动提出问题，或者自觉地以其他方式调整自己在活动中的参与程度时，个人兴趣便开始产生。
4. **个人兴趣日臻成熟**（Well-Developed Individual Interest）。假如学习者在这个领域的活动受到鼓励，并且自己进展到更深入更富创造性的参与程度，萌芽状态的个人兴趣便会发展成为成熟稳定的个人兴趣。

兴趣的形成不一定必然经过这四个阶段（事实上，针对特定领域的成熟稳定的个人兴趣并不常见）。在每一个阶段，兴趣（假如它的确发生）要通过**触发**才会形成：互动或环境能促进与内容相关的不确定性、惊异性、新奇性、复杂性或者不一致性，并导致学习者思维的重组。在早期阶段，兴趣发展可能受到班级里小组活动，或对个人具有意义的某个情境的触发；在后期阶段，兴趣的触发因素还可能包括内容的支架化（通过老师提出问题或布置作业实现），或者学习者本人产生的满足好奇心的问题等。情境兴趣通常主要是感性的，但个人兴趣在形成的过程中却往往会具有越来越明显的认知特征（Renninger, 2009; Renninger, Bachrach & Posey, 2008）。

课文（texts）。对学生情境兴趣的激发，主要以课文阅读作为重点。要这样做，就要先找到与阅读者兴趣相关联的课文内容，或找到能够使课文对学生更有趣的途径。在对学习内容进行操纵时，主要关注课文的三个方面：连贯性、生动性以及引人入胜的细节(Schraw & Lehman,2001)。

连贯性(coherence)。连贯性会影响读者认识课文主要观点的能力。学生不仅可以从思路清晰的课文里学到更多的东西，而且也会认为它们比那些不那么连贯的课文更有趣味。

生动性(vividness)。生动性指的是那些由于出人意料、引人怀疑或其他迷人之处而特别让人关注的段落。相比不那么生动的部分，生动的课文段落容易让人感觉它们更有趣一些，也更加难忘。

引人入胜的细节(seductive details)。尽管细节对文章主题并不那么重要，但却因为涉及像性、死亡、浪漫、诡计之类备受争议的敏感话题而让人感兴趣。它们可能会被读者牢记不忘，并因此影响到他们对文章重要内容的记忆(Harp & Mayer,1998)。因此，任何在教学中用来"提味"的细节，都应当有利于（或至少不干扰）学习目标的达成。

除了连贯性、生动性和引人入胜的细节外，课文中还有一些方面也能够激发学生的兴趣，包括形象化描写、读者认同的人物形象、煽情或刺激的情节、似曾相识易引起联想的内容，或与读者个人目标具有的某种相关性等(Schraw,1997)。

兴趣通常伴随着一些情绪反应，而这些情绪反应并不总是积极的。比如，读者可能会对凶残杀手或血腥屠杀的内容非常感兴趣，即使文章可能使人感到恐惧或厌恶(Ainley,Corrigan & Richardson,2005)。

1999年，韦德、巴克斯顿和凯雷(Wade,Buxton & Kelly)邀请一些大学生阅读说明文，然后讲出他们认为文章有趣的地方。韦德等人由此发现，兴趣与以下因素存在关联：出其不意的、重要的、新的或有价值的信息；与既有知识有关联的内容；形象化的描述语言；作者使用比较和类比带来的各种关联。而造成学生兴趣不高的主要原因，则是课文连贯性不高或词汇艰涩，使阅读难以顺利完成。在这一研究中，兴趣与课文总体价值以及连贯性的关联紧密性，再次超过了散落在各段落中"夺人眼球"却被此孤立的描写。因此，没有必要用引人入胜的细节来为课文增添情趣，相反，将学生认为重要的新信息连贯地呈现出来更为重要。

活动。学习者也许会对活动的过程感兴趣,而这与他们对于活动内容的潜在兴趣并无关系。假如学生的兴趣尚未表现出来,教师可以通过鼓励他们树立远大目标、强化任务参与策略,以及让活动更有趣来激发他们的兴趣。例如,可以通过以下方式使按模板抄写书信的任务变得更加有趣:在学生之间或者学生与他的朋友之间展开竞赛,比比谁最先完成;提高书写的美观性;学生改变流程;或者对不同问题进行归类排序(Bergin,1999;Hidi,2002;Jang,2008;Sansone & Thoman,2006;Schraw & Lehman,2001)。上述任务的变体有助于提高兴趣,所以只要它们有利于学习者朝着学习目标不断进步,就应该受到鼓励。

2001年,陈、达斯特和潘格拉兹(Chen,Darst & Pangrazi)对体育课中情境兴趣的活动方面进行了详细研究。他们请学生按程度对活动进行排序:最让他们感到新奇的(新奇性,由高到低),最使他们体验愉悦的(即刻愉悦性,由高到低),在探索活动中最能激发好奇心或兴趣的(探索意向,由高到低),对注意力要求最高的(注意力要求,由高到低),以及复杂性和难度最高的(挑战性,由高到低)。研究表明,兴趣首先与即刻愉悦性相关,其次与新奇性和探索意向相关。注意力要求与兴趣没有明确的相关性,挑战性则与兴趣无关。学生不太可能认为富有挑战性的活动是令人愉快或有趣的。

2003年,法福曼(Pfaffman)请一些高中学生想想他们最喜欢的课程,按重要性由高到低的顺序,对喜欢一门课的理由进行排序。结果,与学习相关的理由(学习策略与方法,阅读本科目的内容,学习有关日期、地点、人物或事物的内容)与创造性相关的理由(可以见到自己的劳动成果,能够直抒己见,能够创造新颖、不寻常的东西),或者与心流体验相关的理由(能够战胜新挑战,拥有清晰的目标与反馈,能够以事情本身为行事的目的)等被排在靠前的位置。而与社会相关的理由(被人喜欢、集体归属感、对话的需要)和外在理由(赢得社会声望、在竞赛中获胜、超过他人)则被排在很靠后的位置。简言之,学生特别喜欢那些能中发现内在奖励(intrinsically rewarding)的课。1999年,科韦因顿(Covington)对有关大学生最看重课程哪些方面的研究,也得出了相似的结论。

2001年,阿斯克尔-威廉姆斯和洛森(Askell-Williams & Lawson)在一项

研究中,请初中学生列出他们认为有趣的课所具有的特征。学生们列出能满足自主需要、胜任需要和关联需要的若干特征,同时还提到诸如动手活动、实验、与外部世界相关的学习等特征。这些活动容许他们设计或制作东西,能够运用想象力,具有创造性,或能够做不同类型的事情。

技术。长期以来,技术被看作是能够在学习活动中激发学生情境兴趣的"突出"因素。近些年来,教师们利用技术所具有的激发动机的特性,尤其是利用能够提供支持学习的内容或活动的众多网站,来激发学生动机。这样的机会已经大大增加了。在所有科目中,特别是科学课和社会研究课,已经出现了适合1至12年级的以技术为基础的教学模型、单元和课程,其中许多明显包含了激发动机的若干原则。它们中的绝大多数都要求学生投入到提出问题、解决问题的活动中,相互合作,并用Web2.0应用技术,创建编辑网页、制发评论帖子(比如有个项目要求学生先进行研究,然后就某个历史主题创建他们自己的维基网页)。有关这些创新性做法的研究表明,它们一般都能提高学生对于学习活动的兴趣和参与度,同时往往引起学生对于某个话题更持久的个人兴趣的形成,并相应提高学习成绩(Boll, Hammond & Ferster, 2008; Brand, Collver & Kasarda, 2008; Harmer & Kates, 2007; Heafner & Friedman, 2008; Ioannou, Brown, Hannifin & Boyer, 2009; Mistler-Jackson & Songer, 2008; Oliver, 2008; Wang & Reeves, 2006)。

让活动适应学生的兴趣

为了让活动适应学生兴趣,并在一定程度上支持教学目标的达成,教师可以精心选择有利于提高学生兴趣的阅读作业,并设计课堂展示。1988年,西迪和拜尔德(Hidi & Baird)发现,通过插入内容(能体现激发动机原则的内容)对说明文主要观点进行详细阐述,学生的兴趣会得到提高:(1)**人物认同**(文中人物是学生能够认识的,如学生正在学习的知识得益于这些人的发明或发现);(2)**具有新奇性**(内容由于新颖或不寻常而有趣);(3)**符合生活主题**(可应用到学生校外生活,或与后者有其他联系);(4)**活动水平**(内容包含丰富的活动或具有强烈的情感)。

1997年,米恩斯、乔纳森和德威尔(Means,Jonassen & Dwyer)通过精心准备能够在课本内容与学生的生活建立起联系的材料,提高了学生对于教材的兴趣,学习效果也明显增强。可以通过要求他们选择一定的角度或抱有某个特定目的去阅读,从而提高学生对于教材内容关联性的认识(Narvaez,van den Broek & Ruiz,1999;Schraw & Dennison,1994)。

文本框8.1 为使教材更有趣所做的尝试

大家一度相信,通过将教材修订改编为以趣味取胜的杂志写作风格,可以提高教材的趣味性,使其更容易被理解。这种方法的重点在于,通过添加围绕人物(而非事件)的生动轶事和细节而使内容更具戏剧性。同时,它还包括让文字更加引人入胜,减少被动语句和空洞词藻,增加描绘难忘景象的色彩绚丽的文字,使用有力、生动的动词,以及增加俗语隐喻等。有关这类改编教材的早期试验曾经被广泛看好。

然而,经过一段时间后,人们逐渐发现,杂志写作风格的教材并不能提高教学内容的有趣性,并且即便做到了这一点,也会影响学生对课文要点的学习。杂志写作风格会降低教材各段落之间的连贯性,使学生很难认识并记住重要观点之间的联系。同时,插进来的轶事趣闻也往往被证明具有更多的"引诱性"而非"教育性"使得学生以牺牲重要内容为代价,而对那些花边内容津津乐道。最终人们渐渐认识到,将围绕重要观点的相互关联的信息建构成网络架构的教材,才可能实现学习动机与学习效果的最佳结合(Britton,VanDusen,Gulgoz & Glynn,1989;Duffy et al., 1989;Garner,Alexander,Gillingham,Kulikowich & Brown,1991;Graves et al., 1991;McKeown & Beck,1994;Wade,Alexander,Schraw & Kulikowich,1995)。

上述发现可能也适用于由教师或通过教学媒体所做展示的内容及组织方式。其中一个较大的原则是,出于激发学生动机而对内容进行的加工或润色,如果有助于他们认识并记住重要观点的话,可能效果还是不错的;但如果将学生的注意力引向了无关紧要的枝节,就另当别论了。同样,为了激发动机对学生活动所做的趣味加工,也应当以支持学生完成教师的教学目标为前提,而不应成为分散他们注意力的"响铃鸣哨"。

在运用各种示例或活动可完成教学目标的情况下，可以融入一些学生觉得有趣的内容或他们认为好玩的活动。可以将时下在新闻报道或年轻人文化中占据重要位置的人物、潮流和事件，加入到日常讲课内容当中，作为对他们所学概念的应用。例如，一位历史教师告诉他的学生，古代史教材中提到的"约柜"(Ark of the Covenant)与电影《夺宝奇兵》(Raiders of the Lost Ark)中的"约柜"是一回事。同样，地理老师在讲解地理坐标(经度和纬度)时，也可以告诉学生，掌握了这一知识，就会很容易找到泰坦尼克号沉没残骸的所在位置，以此来激发他们的学习兴趣。他可以告诉学生，尽管泰坦尼克号静静地躺在远离海岸的大洋深处，但探险者仍然可以运用地理坐标准确地将其定位。

另一个将兴趣融入到活动的方式，就是**鼓励学生针对某个话题提出问题并进行评论**。有关的问题和评论可以创造出"即兴施教时刻"(teachable moment)，它们既反映出提问题、做评论的学生的兴趣所在，同时又带来让其他学生分享这一兴趣的好机会。

无论是从教学的角度还是从激发动机的角度，在讲课内容和作业中**包含发散性问题**，以及为学生提供表达意见、做出评价或以其他方式对教学内容做出个人回应的机会，都是不无益处的。例如，一位历史教师在对有关基督徒与狮子、角斗士与罗马圆形体育场的暴力血腥故事进行回顾之后，问他的学生：文明人怎么能从这些残忍行为中获得愉悦呢？这一提问引发学生们的热烈讨论。经过讨论，学生们会对运动界以及当下社会中的暴力现象提出了自己的看法，并认识到享受愉悦与过度沉溺之间的差别。同样还是这位教师，在对雅典与斯巴达的社会生活进行一番描述之后问学生：你们更愿意在二者中的哪个城市生活？为什么？这个问题再一次引发热烈讨论。学生们在讨论中会涉及这两种城邦在现代国家中的相应类型：一种以牺牲国民生活质量为代价壮大军事力量，另一种则保持多方面发展的并行不悖。

利用传统学习活动提高学生的内在动机潜能

我们可以对传统的学校学习活动进行调整或改进，提高其激发学生内在动机的潜力。通过调整，可以从四个方面提高内在动机水平：(1)挑战(通过调整难度水平,使任务具有最佳的挑战性);(2)好奇心(包含众多能够激发学生好奇心的元素);(3)控制(提供机会或另辟蹊径鼓励学生体验自我决定感);(4)想象(为活动增添有趣的元素,用滑稽的布景、形象鲜明的人物,引导学生进入一个奇幻世界,使他们乐于参与其中)(Malone & Lepper,1987;Wang & Reeves,2006)。有关挑战和控制的内容,已经在本书第7章讨论过,有关鼓励好奇心和让活动具有吸引力的策略,将在以下各部分进行论述。

引发好奇或悬念

要激发学生的好奇心,就要促使他们对重要观点产生持续兴趣。围绕重要观点的是广泛的知识体系,否则,学生就可能关注一些虽引人入胜却并不重要的细枝末节,或者一旦最初的好奇心得到满足,便会对重要观点、内容失去兴趣(Friedlander,1965;Loewenstein,1994;Reio,2008)。

1996年,科韦因顿(Covington)和提尔(Teel)提出了激发学生好奇心的两个策略:提问和探谜。**提问**可以用来激发学生对于某个即将谈论话题的好奇心,如"我们马上就要开始学习有关法国的内容,关于这个国家你们有什么问题吗?";或者在对新知识有初步了解之后,重新点燃他们的求知欲,如"关于法国,除了教科书里提到的内容外,你们还想知道些什么呢?"。**探谜**的过程则包含要求学生将阅读中感觉自相矛盾、令人惊诧的地方提出来,供大家一起讨论。

一些教师会将激发好奇心的技巧融入到**常规教学**中。例如,一位数学老师上课前,常常在黑板上出一道有趣的题目,但会用一张悬挂下来的地图将其遮住。学生们很快就对他卷起地图"允许"他们看题目的时刻充满期待。当他这样做时,通常能够吸引他们的全部注意力。另外一位老师则把一些教具藏在讲桌上的一个大箱子里,准备为学生做有趣的演示。每当她打开这个箱子的时候,学生们的眼光也都集中到她的身上。

1983年,加莫斯和加莫斯(Karmos & Karmos)描述了一位数学教师讲课的情形。这位教师上课时,经常以"昨晚我走进家里的地下室,发现……"作为开场白。第一次,他告诉学生他发现了一棵树,树枝的数量每小时翻一番,然后他利用这一"发现"作为基础,引申出若干有趣的数学问题。他"在地下室发现的"的那些东西还包括短吻鳄和柴油火车。于是,只要他说"昨晚我走进家里的地下室",学生就知道会听到一个荒诞的说法,接下来就会有有趣的问题。

能够引起学生好奇心的话题或活动,不一定非得是新的。我们往往可以就一个熟悉话题的某些方面产生好奇,尤其当我们意识到已有观点似乎并不完善、相互矛盾而感觉怀疑或迷惑的时候,这就会促使我们想要获得新的信息,以弥补和修正我们思维当中的缺陷或偏差(Abdi,2005;Berlyne,1960)。

教师可以通过提出一系列的问题,或进行一定的设计安排,让学生感到有必要澄清一些模棱两可的地方或得到更多信息,从而激发学生的好奇心或设置悬念。例如,在学生阅读有关俄罗斯的教学内容之前,教师可以询问学生是否知道俄罗斯本土横跨多少个时区,或美国是如何得到阿拉斯加的。对绝大多数学生来说,发现一个国家竟然横跨十一个时区,或美国竟然是从俄罗斯购买阿拉斯加的,是一件非常难以置信的事情。

学生们对于这样的事实是否感到有趣,在很大程度上取决于老师激发其对这些事实的好奇心的程度,以及在多大程度上为其提供思考新内容与既有知识或观点相关性的背景。这个例子进一步说明了我们曾经提到过的两个重点:兴趣存在于人的身上,而非话题或活动当中;在特定环境下形成的动机,是人与人、人与活动以及人与更大的社会背景相互作用的结果。

教师可以通过以下途径激发学生对于某个话题的好奇心,并鼓励他们对其产生兴趣:(1)让他们猜想或预测将要学习的内容;(2)提出一些只要他们成功完成活动就能回答的问题;(3)适时地让他们明白,要达到一些重要的目标,他们既有的知识是不够的,因为这些知识本身存在前后矛盾、与新知识不一致以及比较零散的情况,但他们可以围绕某些一般原则或核心观点将它们有序地组织起来(Malone & Lepper,1987;Yell,Scheurman & Reynolds,2004)。

1983年,凯勒(Keller)注意到,激发好奇心的一种方式,是在教师为学生引入学习活动时,将他们置于一种活跃的信息加工或问题解决状态。可以在学生参与到学习活动后,向他们提出有趣的问题或者难题让他们解答。例如,教师可以把一杯装有冰水的玻璃杯放到学生的面前,让他们观察玻璃杯外面开始出现的水珠,并要求他们解释原因,从而引出"冷凝"的概念。如果有必要,教师还可以抛出若干貌似合理的可能性,启发学生们进一步思考("水是从玻璃杯渗出来的吗?")。

1996年，里夫(Reeve)提出了激发好奇心的五个策略：设置悬念、猜测与反馈、发挥学生的认知感、争论、矛盾。

设置悬念策略是让学生关注一些相互冲突的猜测或没有确定答案的问题。教师可以让学生思考诸如导致南北战争的原因、为什么恐龙会灭绝之类的问题，这些问题答案很多且相互冲突，可以使他们产生一种思想交锋的状态。而学生们——尤其是那些习惯于说"告诉我答案就好"的学生，就能够学着去体验自己为具有挑战的学术问题找寻答案的满足感。

猜测与反馈策略，可以通过对学生预先测试以引入某个话题，或要求他们先回答与先前知识相关的一些专门问题，再引导他们进入某个话题的情境。要求他们回答的问题应当与重要观点相关联，且应该是较难正确回答（比如，美国哪个州最靠北：科罗拉多、堪萨斯还是内布拉斯加？）。没有被学生猜对的知识可以激起他们的好奇心，进而愿意学习更多有关这个话题的知识。

在学生已经拥有较为丰富的预备知识的情况下，**发挥学生认知感**的策略是比较适用的。例如，大多数初中学生已经对美国地图和地理知识比较熟悉了，如果他们表现出对相关课程的厌倦或不屑时，不妨给他们提出这样的问题，如"你们能说出围绕大湖区的八个州的名字吗？"，以此来重新唤起他们的学习兴趣。因为他们中的大多数人可能知道多数州名，但往往不能全部说出。

争论策略则包括引出多个相左的意见，然后邀请学生通过不断的讨论加以厘清。在此过程中，学生可能会意识到通过查询参考资料或开展其他研究来获取进一步信息的必要性。

矛盾策略要在学生已消化一部分信息并得出一个结论之后才被使用。在这种情况下，教师要向学生介绍与结论矛盾的信息，使学生认识到事情远比他们想的更复杂，从而激励他们去完善对这方面知识的理解。例如，教师可以先告诉学生钠和氯化物是有毒物质，然后指出当二者合成氯化钠后，就成了餐桌上最常见的调味品——盐。或者，在让学生了解"人类处在进化阶梯的最顶端"的知识后，教师可以指出，昆虫的数量比任何物种的数量都多，它们的重量加起来超过所有哺乳动物重量的总和。

利用富有吸引力的奇幻元素为学习活动增色

对于利用富有吸引力的奇幻元素为学习活动增色的问题，马克·雷帕

(Mark Lepper)和他的同事们已做过相应研究(Lepper & Cordova,1992; Lepper & Hodell,1989)。其中一项研究是关于讲授笛卡尔坐标的数学课。在不对学习活动做任何虚构处理的情况下,教师要求学生找到位于 11×11 笛卡尔网格(其横轴标记为±5)所有交叉点下方的"隐藏点"。按照教师的设想,学生们要通过猜测位置找到这个点。每次猜错后,学生会得到书面和视觉的反馈(教师用一个箭头标注出隐藏点实际位置相对于学生所猜位置的所在方向);而最终猜对时,他们会得到老师的祝贺。

而在经过虚构处理的同样的学习活动中,学生们会受到教师的邀请,去帮助一位童话人物找到埋藏在荒岛上的财宝。当学生猜对时,代表某种财宝(如象牙梳、银杯、生锈的锚等)的小图标就会伴随着夸张的音效出现在屏幕上。

在另一项研究中,学生们使用计算机制图程序做以下工作:(1)将屏幕上的一些物体用线条连起来;(2)走出一系列迷宫;(3)设计若干几何图形。没有经过虚构处理的学习活动,只是简单地要求学生画出线条和图形;而经过虚构处理的学习活动,虽是让学生画同样的线条和图形,但这些任务却是在以下 3 种童话情境中完成的:让学生充当寻找宝藏的海盗,或抓捕罪犯的侦探,或在宇宙空间寻找新行星的宇航员。

科多瓦和雷帕(Cordova & Lepper,1996)、艾扬格和雷帕(Iyengar & Lepper,1999)都证实了将学习活动的童话元素个性化所具有的价值。他们容许小学生在学习活动中,对从教学的角度来看无关紧要或不太重要的方面做出他们的选择(比如,让他们命名宇宙飞船,或选择几位朋友来操作飞船)。由于被给予了这些个性化的选择权,因此,在这样的学习活动中,学生们既学到了更多东西,同时也表现出更大的兴趣。

个性化成功运用的另一个案例,出现在 1996 年德-索萨和奥克赫尔(de Sousa & Oakhill)的研究报告中。他们要求八 9 岁的儿童学习教科书上的课文段落,并要求他们从中发现一些问题,如是否违背既有知识、是否存在内在不一致的情况,以及有没有无意义的废话等。对部分儿童,只要求他们对这段文字进行编辑修改;而对于其他人,则要求他们假扮侦探从这段文字中寻找问题。结果,"侦探们"认为这项任务更有趣一些,同时在发现问题方面也做得更好一些。

1995年,山克和克里雷(Schank & Cleary)开发了集模拟实践学习、偶然学习、反思学习、案例学习和探究学习于一体、经过精心设计的计算机化学习方式。例如,一个语言学习程序将学生们带入系列场景,要求他们在其中使用正在学习的语言(如,乘飞机到达某个国家,过海关,寻找交通工具,以及旅馆登记入住等)。每一步,学生都与出现在视频片段当中的模拟人物进行互动,并对他们所说的话加以回应。一旦沟通成功,就可以进入到下一个场景;如果沟通不成功,该程序就会为学生们提供获得帮助的机会,并让他们重返那个场景。

偶然学习的计算机程序,通过让学生进行模拟的驾车旅行,对他们进行美国地理和地图识图的教学。学生们会在一开始看到一张美国地图,点击某个州后,再聚焦到某个城市。这样学生们就能沿着州际高速公路网,开始从一个城市到另一个城市旅行了。当到达某个选定的目的地后,学生们可以看到当地的特色体育项目、电影、音乐视频、游乐园、历史影视素材等。在这一过程中,学生们会逐渐熟悉美国的各个州,并学会使用地图规划行程。

采用案例法讲授生物学原理的程序,会邀请学生以某种方式对现有的一种动物进行改造,再"创生"出他们自己的动物。学生们先从动物及其潜在变种清单中选择存在的多种可能性,然后通过回答问题探究"创生"动物的衍生物。例如,如他们选择了一条长翅膀的鱼,该程序会要求他们回答:对一条鱼来说飞行能力为何有用?这一能力何时可以派上用场?这种用途可能存在的局限性是什么?在这一过程中,学生们可以观看到与上述问题相关的录像资料。

名为《新闻播报》(Broadcast News)的精细化模拟活动,让不同组别的高中学生通过对最近一天真实新闻来源的挖掘,制作他们自己的时事新闻节目。学生们按照实际的电视新闻制作程序,采用录像设备,对新闻故事进行策划、撰写和编辑;对新闻播报应包含的内容进行头条非头条的前后排序;然后以"直播录像"的形式将所有新闻汇总在一起。

有关对传统学习活动进行改进的研究表明,学生更喜欢经过改进的版本,且学习效果往往更好。不仅如此,上述效果还不仅限于儿童。2000年,莫里诺和梅耶(Moreno & Mayer)分别以第三人称为叙述语言,和以更个性化的第一或第二人称为叙述语言，为大学生讲授多媒体科学课。以第三人称方式叙述的导言是这样的："本程序的内容是关于存活在不同行星上的植物类型，要求给每一个星球设计一种合适的植物，目标是学习何种类型的根茎叶可以让植物在对应环境中生存下来。在整个程序内容中会提供一些小提示。"以个性化方式改进过的导言是："你将开始一次奇妙的旅程。在旅程中，你将访问不同的星球。你需要为每一个星球设计一种适宜在那里生长的植物。你的任务是学习何种类型的根茎叶可以让你的植物在相应环境中生存下来。在整个过程中，我会通过各种小提示，为你提供指导帮助。"阅读到后一段话的学生，学习到的内容更全面彻底，并能够更成功地加以运用。以自指语言叙述的个性化呈现方式有利于鼓励学生精读教学内容，而传统呈现方式则让学生在学习过程较少投入自己的认知努力。

个性化呈现教学内容所具有的效果，在一些使用极简单技术的大学生那里得到了证明。在一项研究中，学生通过多媒体教育游戏学习有关植物生存机制的内容，游戏里屏幕上的人物分别用个性化和非个性化方式对他们讲话，内容完全相同，唯一的区别是：采用个性化方式讲话时，游戏中的人物用第一或第二人称，而不是第三人称(Moreno & Mayer, 2004)。

在另一项研究中，个性化的处理就更少了。学生们被分成两个组，通过配有解说词的动画片学习有关人的呼吸系统如何工作的内容。两个组看到的解说词都有 100 个单词，但不同的是，个性化版本的解说词在 12 处用到了你(you)，而非个性化版本在这些地方使用的则是定冠词"the"。如，"……在吸气的过程中，(你的)膈膜向下移动，为(你的)肺制造更大的空间，空气进入到(你的)鼻腔或口腔，进而通过(你的)咽喉和支气管进入到(你)细小的肺泡中……" Mayer, Fennell, Farmer & Campbell, 2004)。显然，在上述研究中，体验到个性化呈现方式的学生的成绩，要比未体验到个性化呈现方式的学生更高。

奇幻元素为学习活动增添了兴趣价值，因为它们让学生与童话人物亲密接触、感受情感反应、间接地体验他们不可能在现实生活里置身其中的情境。充满奇趣的环境可以唤起人们关于物质环境或社会环境的精神意象（这种意象并不实际存在），于是产生出由已知内容与陌生内容联系中逐渐生发出来的认知优势。奇幻元素特别有用的地方还在于，它们为学习新的技能提供了极有帮助的隐喻(如,用"族"隐喻数学中"集"的概念),或者为运用技能的真实环境提供隐喻(模拟经营一个柠檬水小摊)。

然而,1992年,雷帕和科多瓦(Lepper & Cordova)却告诫大家,以激发动机为目的的虚构策略并不总是具有积极的效果。只有在通过虚构呈现的内容将学生注意力吸引到学习活动计划讲授的重要观点或过程上,并且学生们为了顺利完成学习活动而必须学习这些内容时,这种策略才能取得最佳效果。如果虚构的内容对学习并不产生支持作用,那么就只能提高学生内在学习动机中的情感方面,并不能有助于产生理想学习效果的内在动机的认知方面发生作用。与传统方式相比,学生在同样活动中所学到的东西不会更多,甚至还可能更少(Sansone & Smith,2000;Lepper & Henderlong,2000)。

其实,增添奇幻色彩的虚构,不必像上述例子那般复杂。1987年安南德和罗斯(Anand & Ross)指出,通过融入学生本人或者他们认识的人或事(老师、朋友或他们喜欢的食物等),把分数学习问题个性化,既能调动学生的学习动机,又能取得理想的学习效果。教师可以将奇幻或想象元素引入到日常教学中,由此帮助学生深切体验教学内容所涉及的事件,产生情感上的共鸣。例如,在学习诗歌或小说的过程中,教师可以鼓励学生就作者的写作动机进行辩论,或让他们了解作者的生平。而在学习科学、数学原理或方法时,教师可以帮助学生了解当时生活中需要解决的实际问题,或者让他们认识促进这些知识或技能发展的发现者的个人动机。

另外,教师还可以开展**角色扮演**或**模拟活动**,让学生扮演真实的或虚构的角色,或以直接的、个性化的方式处理学习内容。例如,在教授历史课时,教师不仅可以安排学生阅读历史书的内容,还可以安排他们扮成哥伦布的船员,再现他们在海上航行30天后相互争论的情景;或者让学生扮演美、英、俄的首脑,再现他们在雅尔塔会议上的情景。通过扮演和再现,让学生充分理解特定人物或角色代表的态度和观点,并通过与持反对态度和观点的其他人的辩论或谈判,培养学生的社会观点采择能力。

又如,为戏剧化再现保密投票的重要意义,教师可以让学生模拟极权主义国家可能出现的选举场景:如果谁不想为候选名单中的唯一人选投票,而是想写上其他人名字的话,他就必须从选举监督人(即执政党官员)那里拿到铅笔。

再如，为证明装配流水线所具有的高效率，教师可以组织部分学生到制作三明治或资料袋的流水线车间参观体验。

这种模拟方法似乎既具有激发学生学习动机的作用，同时也具有教育的作用(Gehlbach et al.，2008；Lay & Smarick，2006；Pace, Bishel, Beck, Holquist & Makowski，1990)。

在社会研究学习尤其是经济学的学习中，精细化模拟方式已经得到了很好的发展。例如，科里尔斯基(Kourilsky)在1983年设计的"迷你社会"课程，通过让7—12岁儿童参与经济活动(事毕要写总结报告)，教给他们重点关于经济，其次关于政府、职业、消费者及价值观的内容。该课程模拟的是民主社会中市场经济的运行状况。学生们在班级中创建一个"迷你社会"，这个社会拥有自己的名称、旗帜、货币体系、公务员，以及公民凭借良好表现或成就赚取报酬的雏形机制(同时也是让货币进入流通环节的途径)。他们进而还会创建并经营企业，这些企业通过提供商品或服务赚取"迷你社会"的货币。在此过程中，学生们与同伴合作规划和经营企业，针对税收、政府服务和其他政策问题进行投票，同时还会就社会的经济和政府相关问题进行分析研究和决策。

一项广受欢迎的针对中学生的经济模拟活动，通过邀请学生建立自己的证券投资组合，让他们了解投资的原则。学生们先自己选择一组投资项目，投入一定数量的资金，然后对这一投资组合进行"管理"，包括适时调整投资组合使其更加合理、不断更新记账簿等。模拟投资定期受到师生追踪监测，每隔一段时间就进行一次讨论，于是学生们就能认识到，假如他们投入真金白银会发生怎样的情况，并且试着判定为什么部分投资的结果会优于其他投资。

模拟活动并不仅仅限于全幕戏剧、角色扮演、模拟游戏和其他主流形式。在日常教学中，还可以融入模拟特点不是那么明显的练习。教师可以通过提问，如"假如你是故事中的主角(或美国总统、无家可归的人等)，当这件事情发生时，你会怎么想、会采取什么样的行动"，让学生直接将自己置于虚构或非虚构的情境当中。在讲解某一数学步骤时，教师可以让学生找出用这一步骤可以解决的日常生活问题。在讲到极权主义社会时，教师可以让学生想象并谈论，在一个由政府掌握社会所有财产的国度里寻找住房会是什么情况；或在政府控制所有媒体的国家，要想获得有关世界大事的准确信息又会怎样。于是，关于极权社会的清晰内容呼之欲出。学生们把有关某个国家、民族或文化的报告写成游记或报纸新闻,在决定其中包含什么内容、怎样加以表现时,教师要求他们要始终牢记自己的写作目的和为谁而写(即文章的读者)。这种奇幻或模拟的活动,不会花费太多的时间,也不需要进行特别的准备,但它们却能够激发学生与教学内容发生更为个人化的关联,对其产生更大的兴趣。

体现多重原则共同作用的教学方法

若干广义的教育哲学(进步主义教育、发现学习、开放教育、Foxfire 教学法和整体语言教学法),融合了能够联系学生已有内在动机的,或旨在设计具有激发内在动机作用的教学活动的诸多原则。这些原则还在将动机原则融入课程与教学的诸多模式中受到重视。第 4 章中所提到的"靶"(TARGET)计划是其中一个例子,还包括进行语言艺术教学的激励识读法(motivated literacy approach),以及针对社会研究教学和科学教学的项目学习法(project-based learning approach)这两种方法。

激励识读法

朱丽安妮·特纳(Julianne Turner)分别在 1993 年和 1995 年对识字教学初期使用的激励识读法进行了论述,认为这种方法应当更加强调开放型任务而非封闭型任务。重视封闭型任务(closed task)的教师在讲授识字课程时,非常注重由教师主导技能训练课,并布置大量的课堂作业。学生们单独进行学习,绞尽脑汁地为那些闭合式问题提供正确的答案。与此相对照,喜欢采用激励识读法的教师则会强调更开放的学习任务。开放型任务(open task)包括互动性-构建化任务(interactive-constructive task)、同伴阅读(partner reading)、作文(composition)和普通读物阅读(tradebook reading)等。互动性-构建化任务是指学生通过操纵各种材料达到某种结果(比如在游戏中),或是通过组织语言重新创作一首童谣;同伴阅读是两名学生一起口头阅读同一个故事;作文是学生们自选题目进行写作;普通读物阅读指学生阅读自己选定的普通读物。

开放型任务容许学生决定他们要使用什么样的信息,以及自己决定怎么利用这些信息来解决一些重大问题。这种任务具有与内在动机紧密相关的诸多特征:挑战与自我促进、自主性、追求个人兴趣以及社会协作。教师重视开放型任务,可以使学生更多地参与识读活动,其具体表现是阅读策略被更多地采用、学习更具有持久性、学习目标更多地被实现。以下是一些有关开放型任务的事例。

有几位教师从"橡树板"(oaktag board)上复制故事或童谣,把句子划分为一个个的词语,然后再让学生根据这些词语重新组句。它要求学生运用包括制定方案、默读、信息解码、记录大小写字母和标点、排序以及寻迹理解等在内的策略。即使对于最优秀的读者,这个活动也具有一定的挑战性,当然它也适用于较低层次的读者。其间,学生们大多会尝试许多办法。每组好一个句子,他们还往往再读一遍句子,看是否对其感到满意。

有教师设计了支持教学目标的许多活动,然后让学生从中进行选择。一间教室被布置成大红狗克利福德生日会的庆祝现场,并保持一周时间(Bridwell,1988)。活动中给予学生多种选择:他们可以摘抄书中描写派对的内容,可以写班级里同时进行的另一个派对的情况,可以起草派对邀请函,可以列出派对需要物品的清单,可以画出并标记送给大红狗的礼物,也可以再阅读关于大红狗克利福德的另外一些书。在活动进行过程中,学生们创造了许多表现爱心关怀的计划性和原创性作品,并碰撞出关于如何完成好任务的智慧对话。特纳把这一现象部分归结为以下原因:由于学生们拥有了选择活动的机会,所以他们找到了自己最感兴趣的东西。

还有几位教师让学生与他们自己选定的伙伴一起,对学习活动进行选择并排序。教师帮助每一对学生仔细研究他们的选择,就如何规划和监督学习做出决定,评估他们的成果,指出他们在将来应该特别留意的事情。

有一些教师通过让学生自己挑选阅读书籍,将学习活动与个人兴趣充分联系起来。这样做可以激发学生在朗读时段的参与积极性,而且使他们在阅读有难度的课文时能够坚持下来。同样,教师在要求学生写作文时,也常常允许他们去发现并选择对自己意义重大的题目。例如,一个班级里的所有学生都写有关蝴蝶的作文,但内容却非常不同,既有讨论生命周期的,也有以虚拟手法写作的荒诞内容。

在这些活动中,学生们往往是两两一组或几人一组,有利于激起他们彼此的好奇心,共享兴趣,树立起供其他同学模仿竞争的专家榜样。与只允许单一方法或唯一答案的封闭型任务相比,开放型任务更有助于鼓励学生之间的相互协作。

1999年,米勒和米斯(Miller & Meece)在一项有关3年级学生的研究中也发现,开放型和具有挑战性的任务更受学生欢迎。学生们报告说,他们在努力完成高挑战性任务时,感觉有创造性,有积极的情感体验和满足感;而在完成低挑战性任务时,却感觉很乏味,也不能全身心地投入到富有成效的思考当中。

1993年,安德曼(Anderman)提出了写作教学中激发学生动机的方法。在这项研究中,他们要求3、4年级的学生每天花一点时间写日志,题目由学生自己确定,任何题目皆可。在每周的反馈环节,学生们要在老师和其他同学面前朗读自己的日志。经过一段时间后,学生们不但写作能力得以提高,而且还有了坚持写日志的持续愿望。

项目学习法

1991年,菲利斯·布鲁曼菲尔德(Phyllis Blumenfeld)及其同事对项目学习法进行了描述。在他们看来,项目学习法是一种集利用学生内在动机的若干原则于一体的综合性方法。这种方法要求让学生投入到这样的项目中:相对长期、以问题为重点、将来自若干领域的概念加以整合的有意义的教学单元。学生们经过提出和提炼问题、观点交锋、做出预判、设计方案或实验、搜集和分析数据、得出结论、与其他人交流观点、发现并提出新问题,以及产出作品等一系列过程,寻求找到解决真实问题的办法。

项目学习法中的项目具有两个基本的构成要件:一个能够组织和驱动活动的疑问或问题、活动最终产品可以解决之前的问题。最终产品是学生们对问题的解决方案,以某种可以被共享和被批评的形式(如模型、报告、录像带或计算机程序)呈现。来自其他人的反馈可以让学生反省,同时拓展他们的新知识。如有必要还可以修订他们的产品。项目学习法集合了以下动机特征:任务千变万化且都包含新奇元素;问题是真实的且具有挑战性;学生们要面对做什么及如何做的选择；他们在执行任务的过程中要与同伴进行协作；他们的工作会以产出最终产品作为结束。

上述动机特征并不能确保以下几点：学生们能获得他们所需要的信息；能够生成并检验其答案；能够对其发现进行详细评估。于是，教师有必要确保以下几点：学生拥有顺利完成项目所必需的学科知识和研究能力；学生在执行项目的过程中学到重要观点和重要技能；学生们认为项目是真实的、自己创造的产品是有价值的。

1991年，霍华德·加德纳（Howard Gardner）提出了一项有关重构12年级制学校教育的激进方案。他主张，学生应当将他们的大部分时间用来进行项目学习。项目可以由任何科目内容发展而来，尽管它们特别适合科学课和社会研究课程。1991年，布鲁曼菲尔德（Blumenfeld）等人提出了通过若干项目设计方式使激发动机效果最大化的建议，其中包括采用当时刚刚出现的新技术，要求学生能够运用计算机数据库来组织研究，或在形成产品时利用计算机设计、视频技术和其他创新手段。2000年，辛格、马克斯、克拉希克和钱伯斯（Singer，Marx，Krajcik and Chambers）总结了他们在几所初中采用项目学习法的经历，得出了项目设计以及支架化学生作业（以确保他们在较为理想的协同探究环境中开展学习活动）的若干原则。有关为小学各年级所开发项目的例子，详见以下网址：www.project-approach.com。

教师基于经验的动机策略

当教师被要求描述他们在激发学生动机方面采取的策略时，大都会讲一些基于经验的策略。这些策略与本章及前一章所叙述的内在动机策略非常类似。例如，弗劳尔戴伊和切罗（Flowerday & Schraw）在2000年对36位教师进行的访谈中，所有受访人都勾选了研究者提供的全部选项。他们相信，选择增加就会带来兴趣、参与和学习收获的增多，如果学生对学校活动并未表现出太多动机尤其如此。同时，他们还认为选择的出现提升了学生对于活动的主人翁意识，由此也就提高了他们学习的动机水平。针对学生在自己进行选择的过程中也许成效不高这一点，研究者们为教师提出了两项策略建议：(1)为学生提供一份既紧贴教学目标又可能有吸引力的活动菜单;(2)通过帮助学生对诸如任务是否有意思、是否能够完成任务等问题进行思考,对他们的选择决策提供支持。

1994年,诺伦和尼科尔斯(Nolen & Nicholls)对教师不同的激发动机策略进行了研究。他们发现,这些教师都喜欢鼓励合作学习,为学生提供激励型任务,给予选择机会,把学生的成就归结为他们的思想和兴趣(如"我注意到那些促使你认真思考的问题是多么让你乐在其中"),以此来取代表扬、公布个别学生的超凡表现或使用外部奖励。

1995年,胡茨坦(Hootstein)访谈了多位8年级教师,内容是他们在激发学生学习美国史课程时所采用的策略。教师们提到使用最多的十项策略有:让学生在历史场景模拟中扮演角色(83%),开展能够导致学生产出作品的项目(60%),用做游戏的方式复习备考(44%),将历史与当前事件或学生的生活进行关联(44%),提出引发思考的问题(33%),邀请社区嘉宾讲演(33%),播放历史视频资料和电影(28%),合作学习活动(28%)以及小型的动手体验(28%)。

胡茨坦还向一些8年级学生展示了上述策略,询问他们哪一项是激发学习动机最有效的策略。调查结果是,历史角色扮演是最常被提到的一项,接下来是小组讨论,将历史与当今事件或学生兴趣相关联,通过玩笑、故事、趣闻注入幽默因素等。在这里,胡茨坦还有一个意外收获,那就是并不一定需要技术、游戏或各种各样小花样,才能让学生们喜欢上学习。如果老师能够让他们对学习材料感到有趣,即便学习形式相对被动也能让他们乐此不疲。

1996年,扎霍里克(Zahorik)在一项研究中,要求教师围绕以下问题写一篇小论文:(1)带给学生一次好的学习经历的因素有哪些;(2)描述一下自己曾采用过的很有趣的活动;(3)他们是如何创造趣味的;(4)他们发现哪些与学科相关的事实和概念是学生感兴趣的。教师们提交的小论文再次强调了内在动机激发策略,虽然他们也提到自己所起的限制作用,以及自己所发挥的不可小视的影响力。

激发学习兴趣的策略集中在以下八个方面。

所有教师都提到了"做中学"活动(hand-on activities)。具体做法包括数学教学中使用花纹块,玩各种各样的游戏,模拟、角色扮演和戏剧,开展类似科学育苗的活动,用西班牙语制作电视广告,解决口香糖含糖量的测定等问题或难题。

65%的教师提到了**教学内容的个性化**。从教师的反馈中可看出有三种形式:将教学内容与学生的先前知识、经验或兴趣相联系(如在开始讲授有关天气的内容时,让学生们进行讨论,讲讲他们有关龙卷风的经验);让学生自己总结出将要学习的相关内容,须常常通过师生共同策划做到这一点;从将要学习的课程中挑选可能感兴趣的内容(如吸引人的小说,西班牙语中有关女性婚后改姓的规则)。

还有65%的教师提到**学生信任**,即对学生的智力、品格和自豪感表示尊重的**教学手段**。这些手段通过对话、报告、辩论和展示作品,让学生分享观点和经验;让学生自己做决定并充分发挥其创造力;通过规划设计教学单元、选择等活动,培养学生对于班级活动的主人翁意识。

55%的教师提到了**小组任务**。在这些活动中,各小组的学生须与其他组员一道合作完成任务,比如证明水的蒸发和凝结的科学演示。

其他激发学习动机的策略还包括:采用**多样化的教学材料**(29%)、**教师的教学热情高**(28%)、有利学生适应校外生活或能够产出一件有用产品的**实践活动**(17%),以及采用**多样化的活动形式**(11%)。在谈到多样化时,教师们特别提到一些以非典型方式出现的教学材料、资源或活动,比如野外考察、客座嘉宾演讲、手工艺品和动物。而教师讲授充满热情的事例,包括幽默、重视教学的有趣性,向学生讲述个人经历,作为普通一员参与小组活动表现得很兴奋,以及向学生传达出明确的目的性、方向感,有条有理等,都不失为激励动机的好方法。一位教师穿上裙装,扮演一故事人物;另一位教师则向学生们讲述她最近在西班牙的旅行。实践活动包括:做手工(其成果可以当作礼物),制作一本供他人阅读的书,学习如何看菜单,计划前往国家公园的旅行方案,以及进行有关避孕的话题讨论等。

而那些**不利激发学生动机应当避免的活动**,教师们提到了**久坐活动**(sedentary activities),如讲解、引导、复习、阅读课本、做作业、记笔记等;**不当任务活动**(太难或太宽泛,太容易或太烦琐);被认为在校外生活中毫无用处的**虚构任务活动**;**学生不信任的活动**(在学生本应拥有选择权的领域却由教师单方面采取行动);**教师表现得无精打采的活动**(教师缺乏热情,表现得满不在乎、没有乐趣、不投入)。

令人失望的是,对于让学生接触本身有趣的教学内容这个部分,教师们基本没有谈到。他们更关注的是话题而非观点,常常会在其中添加有趣的元素,却没有帮助学生形成对内容本身的喜爱之情。他们报告说,学生对以下类别的话题感兴趣:有关**人类**(任何与人或文化相关的事物,如骷髅、食物、家庭、疾病、宠物、武器、假日、性、死亡、暴力、金钱);**当下话题**(如电视、毒品、时尚、音乐、帮派、购物中心和粗话等在学生中流行的时下话题);有关**自然界**(与物质世界和生物世界相关的话题,如恐龙、长颈鹿、海洋、生态、狼群和天气);有关**实用性**(实际或有用的话题,如安全、消费主义、地图识读、股票市场或电脑)。

在访谈中,即便有些教师提到了教学内容,但他们的回答也只涉及有限的几个观点或一些特定的事实(如凡·高割下自己的耳朵)。也有部分教师(尤其是中学教师)提到了一些具有广泛运用性的观点,如不需要从其他国家获取资源的国家是不存在的,植物和动物存在共生关系,西班牙语中的被动语态可用来转移对某人的责备等。

扎霍里克表达了对"做中学"活动常常被当作目的而非手段的担忧,所以至少有1/3的此类活动似乎没能取得重要的学习成果。例如,5年级社会研究课有关20世纪50年代的单元教学包含了以下内容:要求演唱"猫王"埃尔维斯·普雷斯利(Elvis Presley)的歌曲,扮演埃尔维斯,撰写推测埃尔维斯是否活着的文章,对埃尔维斯的电影展开批评等。"做中学"活动除非包含能够使学生深入思考重要观点的"思中学"(minds-on)的特征,否则就不会产生重要的学习效果(Duckworth,Easley,Hawkins & Henriques,1990;Flick,1993;Loucks-Horsley et al.,1990;Roth,1992)。

使学习活动具有"思中学"特点的关键在于,要让学生接触到对整个教学内容的框架起稳固作用、体现主要的教学目标、为真实运用提供基础的核心观点。为支持意义学习(significant learning),内在动机需要包含与学习动机相关联的认知/学习方面,而不仅仅是只需包含与兴趣或娱乐相关联的情感/趣味方面。

1995年,米德尔顿(Middleton)对初中数学课堂中师生有关动机的意见进行了研究。他发现,在讨论动机时,尽管成绩好的学生强调价值(他们希望活动有趣)、成绩差的学生强调控制(他们希望活动能够让自己轻松掌握),但是两组学生都同样既强调动机的可预期,同时又强调它的价值。

教师关于"什么让学生产生学习数学的内在动机"的观点,会影响他们的学生有关动机的观点。例如,一位教师认为让自己的学生学会运用知识解决现实生活中的问题至为关键,故而他的学生就可能会认为,运用活动要比其他数学活动更为有趣;而另一位教师相信学生做作业时很容易最有可能被激发学习动机,事实上这也是她的学生表达的观点。上述研究表明,教师不仅可以对学生的动机做出反应,而且还可以塑造他们的动机取向。

1993年,米切尔(Mitchell)强调了同样的观点。米切尔遵循的是最早由约翰·杜威提出的应将抓住学生兴趣与保持学生兴趣二者加以区分的观点。米切尔针对中学数学课堂进行的研究表明,诸如给学生出脑筋急转弯或智力测验题目、让他们在计算机上学习、分小组完成任务之类的做法,在抓住学生对数学活动的最初兴趣方面非常有效,但却并不能保持他们的兴趣,而持续的兴趣才能实现有意义的学习。后者与**富有意义的内容重点**(所谓富有意义,指学生懂得此内容并能够运用到校外生活中去),以及**让学生充分参与的教学方法**(学生能够将他们的大部分时间投入到活跃的学习活动和知识运用活动中,而不仅仅是观看和聆听)等,对保持学生的兴趣更有效。在大学层面进行的后续研究也发现,有利于"保持"兴趣的因素相比有利于"抓住"兴趣的因素,更能够预测大学生对于某个学科的持续兴趣(Harackiewicz, Barron, Tauer, Carter & Elliot, 2000; Harackiewicz et al., 2008),尽管对那些最初兴趣不高的学习者来说,能"抓住"其兴趣参与到学习活动中,也显得十分必要(Durik & Harackiewicz, 2007)。

小结

学校教育应当尽可能地让教师和学生都感到乐趣无穷。因此,要想通过多种多样的活动实现教学目标,教师都应重视让学生能够从中获得奖励的那些活动,而应避免让学生感到乏味或反感的活动。然而却要谨记:**教师在通过**

激发内在动机策略促进教学方面有两个非常重要的限制。

首先,**教师采用这些策略的机会是有限的**。教师教授的是整个课程,并非只是其中能够吸引学生的几个部分。即便在学习活动让学生感觉乐在其中的情况下,仍需要学生的专注和努力。

其次,尽管激发内在动机策略可以提升学生对于课堂活动的喜爱水平,但它们却仍不能直接激励他们去实现活动的学习目标。因此,即使在教师能够采用激发内在动机策略的情况下,也需要补充一些激励学生学习动机的策略(参见第9章)。否则,学生也许会非常喜欢教师提供的活动,但却不能从中获得他们应当学到的知识和能力。

学生要想通过学习活动形成学习的动机、目标和策略,既取决于活动本身,也取决于教师呈现活动内容及对其支架化的方式。在此,请记住一点:我们在讨论内在动机时所用的俗语起了误导作用。在描述某个话题或任务时,我们常说它们具有"内在趣味性",说学生"为了它们本身的原因"而参与到活动中中。上述语言表达暗含这样的意思,即动机存在于活动当中,而不是存在于人身上。而实际上,**内在动机产生于人自身,根本就不内置于话题或任务之中**。当我们的内在动机受到激发时,我们所做的一切并非是为了事情本身,而是为了我们自己,因为这样做可以让我们受到鼓舞、获得满足。

仅是被学习成绩或其他外部奖励激发动机的学生,在为考试做准备时,他们会做到备考所需要做的一切,但考完后就会忘掉他们学到的大多数东西。作为其内在动机基础的如果主要是情感方面的东西(比如他们喜欢这项活动)而非认知方面的东西(如他们认为这项活动有趣、有意义或者能够学到知识增长能力)的话,他们也可能学不到教师想让他们学到的东西。所以说,作为教师非常重要的一点是,要**激发学生的学习动机**,也即是说,要寻求让学生有目的性地学习,为他们的学习活动设定目标,并采用认知策略使他们实现这些目标。

本章概要

本章论述了支持学生内在动机(它们是比满足学生自主、成就和关联需要更高的动机)的策略,作为对第7章内容的补充。这类策略大多以有关兴趣的理论和研究作为基础。这些理论和研究认为，学生与特定内容范畴或学习活动之间存在一种认知和情感的关系。通过将学生的个人兴趣结合到课程当中，并且提供让学生在实现课程目标的同时探索自己感兴趣东西的活动选择权，教师就可以挖掘出隐藏在学生稳定的个人兴趣之下的潜在动机。此外，通过唤起好奇心、提出问题、设置悬念、采取其他使内容更加有趣的活动，或者开展学生更加喜爱的活动，教师还可以激发学生的情境兴趣。

其他方法还包括使活动与学生的兴趣相适应，或为提高活动激发学生内在动机的潜力，对活动进行虚构化处理。如把传统活动重塑为奇幻形式，让学生一边扮演各种奇幻人物角色，一边完成以目标为导向的各种任务。许多计算机游戏和学习程序就采用了这种方法。简单一些的做法是，教师在课程内容里融入戏剧、模仿、角色扮演和其他趣味元素，使日常活动对于学生而言更加贴近个体，有更多的情感投入其中。

围绕"让学生参与以激发内在动机为宗旨的学习活动"这一主题，广义的教育哲学已经建立起来。近年来，将动机原则融入课程和教学的更具体化的教学模式已开发出来，包括本书第4章论及的"TARGET"计划，以及本章涉及的激励识读及项目学习模式等。

研究表明，教师们都非常重视内在动机激发策略，但有时在实施这些策略时，却并没有让学生接触到核心观点。"做中学"活动并不能保证学生能够做到"思中学"。

为了让学校尽可能成为学生喜爱的地方，应当重视使学生感觉有收获的那些活动，而尽量避免让他们感觉枯燥或反感的活动。但这样做的前提是着眼于整个课程体系，保证学生能够实现教学目标。因为即使受到内在动机驱使而学习的学生，如果他们的动机主要是以喜欢热闹或有趣为取向而非以认知或学习为取向的话，也照样不能实现学习（教学）目标。所以说，即使教师能够采用内动机激发策略，仍然需要采用本书第9章即将论述的激发学习动机的策略。

思考题

1.在考虑选择可能用于授课或作业的材料时，你如何将那些不仅有趣而且有助于实现教学目标的文章,与那些以引人入胜的细节取胜却没有什么课程价值的文章加以区分?
2. 为什么说个人对某个话题的兴趣并不一定就能导致课程目标的实现?
3. 回想一下你在课程实施过程中的多个方面,包括基本的识读和教学技能、语言表达和讨论技能、提问、解决问题、做出决策。要让学生在感觉有趣、乐在其中的情境中培养他们的上述能力,你打算用哪些办法?
4. 你怎样鼓励学生提出问题,并围绕课程中各种话题发表看法?
5. 你认为为激发动机而对活动所进行的虚构处理是一种很划算的外力介入吗?如果是,你会在什么情况下使用这种方法?如何使用?如果不是,为什么?
6. 你如何在教学中更频繁地使用悬念,以激发学生的好奇心?能否将其中一些办法整合起来成为一种惯例呢?
7. 当你将学生带入学习活动时,是否就意味着要让他们进入到一种信息加工或解决问题的模式呢?怎样才能做到这一点?
8. 在学习活动中,你知道在哪些地方采用角色扮演、模仿、戏剧或历史再现等方法能更有成效呢?
9. 如何通过从业者智慧与动机理论的比较,发现激发学生学习动机(尤其是在抓住兴趣与保持兴趣差异方面)的有用观点?
10. 当受到内在动机驱动时,我们学习或做事就不是为了学习和事情本身,而是为了我们自己。为什么说认识到这一点很重要呢?

参考文献

Abdi, S. W. (2005). *Motivating elementary & middle school students with selected physical science activities*. Boston: Pearson.

Ainley, M. (2006). Connecting with learning: Motivation, affect, and cognition in interest processes. *Educational Psychology Review*, 18, 391-405.

Ainley, M., Corrigan, M., & Richardson, N. (2005). Students, tasks, and emotions: Identifying the contribution of emotions to students' reading of popular culture and popular science texts. *Learning and Instruction*, 15, 433-447.

Anand, R., & Ross, S. (1987). A computer-based strategy for personalizing verbal problems in teaching mathematics. *Educational Communication and Technology Journal*, 35, 151 – 162.

Anderman, E. (1993). *The zone of proximal development as a context for motivation.* Educational Resource Information Center (ERIC) Document No. Ed 374 631.

Askell-Williams, H., & Lawson, M. (2001). Mapping students' perceptions of interesting class lessons. *Social Psychology of Education*, 5, 127 – 147.

Bergin, D. (1999). Influences on classroom interest. *Educational Psychologist*, 34, 87 – 98.

Berlyne, D. (1960). *Conflict, arousal, and curiosity.* New York: McGraw-Hill.

Blumenfeld, R., Soloway, E., Marx, R., Krajcik, J., Guzdial, M., & Palincsar, A. (1991). Motivating project-based learning: Sustaining the doing, supporting the learning. *Educational Psychologist*, 26, 369 – 398.

Boll, G., Hammond, T., & Ferster, B. (2008). Developing Web 2.0 tools for support of historical inquiry in social studies. *Computers in the Schools*, 25, 275 – 287.

Brand, B., Collver, M., & Kasarda, M. (2008). Motivating students with robotics. *Science Teacher*, 75(4), 44 – 49.

Bridwell, N. (1988). *Clifford's birthday party.* New York: Scholastic.

Britton, B., vanDusen, L., Gulgoz, S., & Glynn, S. (1989). Instructional texts rewritten by five expert teams: Revision and retention improvement. *Journal of Educational Psychology*, 81, 226 – 239.

Chen, A., Darst, P., & Pangrazi, R. (2001). An examination of situational interest and its sources. *British Journal of Educational Psychology*, 71, 383 – 400.

Cordova, D., & Lepper, M. (1996). Intrinsic motivation and the process of learning: Beneficial effects of contextualization, personalization, and choice. *Journal of Educational Psychology*, 88, 715 – 730.

Covington, M. (1999). Caring about learning: The nature and nurturing of subject-matter appreciation. *Educational Psychologist*, 34, 127 – 136.

Covington, M., & Teel, K. (1996). *Overcoming student failure: Changing motives and incentives for learning.* Washington, DC: American Psychological Association.

deSousa, I., & Oakhill, J. (1996). Do levels of interest have an effect on children's comprehension-monitoring performance? *British Journal of Educational Psychology*, 66, 471 – 482.

Duckworth, E., Easley, J., Hawkins, D., & Henriques, A. (1990). *Science education: A minds-on approach for the elementary years.* Hillsdale, NJ: Erlbaum.

Duffy, T., Higgins, L., Mehlenbacher, B., Cochran, C., Wallis, D., Hill, C., et al., (1989).

Models for the design of instructional text. *Reading Research Quarterly*, 24, 434–456.

Durik, A., & Harackiewicz, J. (2007). Different strokes for different folks: How individual interest moderates the effects of situational factors on task interest. *Journal of Educational Psychology*, 99, 597–610.

Durik, A., & Matarazzo, K. (2009). Revved up or turned off? How domain knowledge changes the relationship between perceived task complexity and task interest. *Learning and Individual Differences*, 19, 155–159.

Durik, A., Vida, M., & Eccles, J. (2006). Task values and ability beliefs as predictors of high school literacy choices: A developmental analysis. *Journal of Educational Psychology*, 98, 382–393.

Fink, R. (1998). Literacy development in successful men and women with dyslexia. *Annals of Dyslexia*, 48, 311–342.

Flick, L. (1993). The meanings of hands-on science. *Journal of Science Teacher Education*, 4, 1–8.

Flowerday, T., & Schraw, G. (2000). Teacher beliefs about instructional choice: A phenomenological study. *Journal of Educational Psychology*, 92, 634–645.

Friedlander, B. (1965). A psychologist's second thoughts on concepts, curiosity, and discovery in teaching and learning. *Harvard Educational Review*, 35, 18–38.

Gardner, H. (1991). *The unschooled mind: How children think and how schools should teach*. New York: Basic Books.

Garner, R., Alexander, P., Gillingham, M., Kulikowich, J., & Brown, R. (1991). Interest and learning from text. *American Educational Research Journal*, 28, 643–659.

Gehlbach, A., Brown, S., Ioannou, A., Boyer, M., Hudson, N, Niv-Solomon, A., et al. (2008). Increasing interest in social studies: Social perspective taking and self-efficacy in stimulating simulations. *Contemporary Educational Psychology*, 33, 894–914.

Graves, M., Prenn, M., Earle, J., Thompson, M., Johnson, V., & Slater, W. (1991). Improving instructional text: Some lessons learned. *Reading Research Quarterly*, 26, 111–121.

Guthrie, J., Hoa, A. L., Wigfield, A., Tonks, S., Humenick, N, & Littles, E. (2007). Reading motivation and reading comprehension growth in the later elementary years. *Contemporary Educational Psychology*, 32, 282–313.

Harackiewicz, J., Barron, K., Tauer, J., Carter, S., & Elliot, A. (2000). Short-term and long-term consequences of achievement goals in college: Predicting continued interest and performance over time. *Journal of Educational Psychology*, 92, 316–330.

Harackiewicz, J., Durik, A., Barron, K., Linnenbrink-Garcia, L., & Tauer, J. (2008). The role of achievement goals in the development of interest: Reciprocal relations between achievement goals, interest, and performance. *Journal of Educational Psychology*, 100, 105 – 122.

Harmer, A., & Kates, W. (2007). Designing for learner engagement in middle school science: Technology, inquiry, & the hierarchies of engagement. *Computers in the Schools*, 24, 105 – 124.

Harp, S., & Mayer, R. (1998). How seductive details do their damage: A theory of cognitive interest in science learning. *Journal of Educational Psychology*, 90, 414 – 434.

Heafner, T., & Friedman, A. (2008). Wikis and constructivism in secondary social studies: Fostering a deep understanding. *Computers in the Schools*, 25, 288 – 302.

Hidi, S. (2002). An interest researcher's perspective: The effects of extrinsic and intrinsic factors on motivation. In C. Sansone & J. Harackiewicz (Eds.), *Intrinsic and extrinsic motivation: The search for optimal motivation and performance* (pp. 309 – 339). San Diego, CA: Academic Press.

Hidi, S., & Baird, W. (1988). Strategies for increasing text-based interest and students' recall of expository texts. *Reading Research Quarterly*, 23, 465 – 483.

Hidi, S., & Renninger, K. A. (2006). The four-phase model of interest development. *Educational Psychologist*, 41, 111 – 127.

Hootstein, H. (1995). Motivational strategies of middle school social studies teachers. *Social Education*, 59, 23 – 26.

Inoue, N. (2007). Why face a challenge?: The reason behind intrinsically motivated students' spontaneous choice of challenging tasks. *Learning and Individual Differences*, 17, 251 – 259.

Ioannou, A., Brown, S., Hannifin, R., & Boyer, M. (2009). Can multimedia make kids care about social studies? The GlobalEd problem-based learning simulation. *Computers in the Schools*, 26, 63 – 81.

Iyengar, S., & Lepper, M. (1999). Rethinking the role of choice: A cultural perspective on intrinsic motivation. *Journal of Personality and Social Psychology*, 76, 349 – 366.

Jang, H. (2008). Supporting students' motivation, engagement, and learning during an uninteresting activity. *Journal of Educational Psychology*, 100, 798 – 811.

Karmos, J., & Karmos, A. (1983). A closer look at classroom boredom. *Action in Teacher Education*, 5, 49 – 55.

Katz, I., Assor, A., Kanat-Maymon, Y., & Bereby-Meyer, Y. (2006). Interest as a motivational resource: Feedback and gender matter, but interest makes the difference. *Social Psychology of Education*, 9, 27 – 42.

Keller, J. (1983). Motivational design of instruction. In C. Reigeluth (Ed.), *Instructional-design theories and models: An overview of their current status* (pp. 383 – 434). Hillsdale, NJ: Erlbaum.

Kourilsky, M. (1983). *Mini-Society: Experiencing real-world economics in the elementary school classroom.* Menlo Park, CA: Addison-Wesley.

Krapp, A. (2002). An educational-psychological theory of interest and its relation to SDT. In E. Deci & R. Ryan (Eds.), *Handbook of self-determination research* (pp. 405 – 427). Rochester, NY: University of Rochester Press.

Lay, J., & Smarick, K. (2006). Simulating a senate office: The impact on student knowledge and attitudes. *Journal of Political Science Education*, 2, 131 – 146.

Lepper, M., & Cordova, D. (1992). A desire to be taught: Instructional consequences of intrinsic motivation. *Motivation and Emotion*, 16, 187 – 208.

Lepper, M., & Henderlong, J. (2000). Turning "play" into "work" and "work" into "play": Twenty-five years of research on intrinsic versus extrinsic motivation. In C. Sansone & J. Harackiewicz (Eds.), *Intrinsic and extrinsic motivation: The search for optimal motivation and performance* (pp. 257 – 307). San Diego, CA: Academic Press.

Lepper, M., & Hodell, M. (1989). *Intrinsic motivation in the classroom.* In C. Ames & R. Ames (Eds.), *Research on motivation in education. Volume 3: Goals and cognitions* (pp. 73 – 105). San Diego, CA: Academic Press.

Linnenbrink, E., & Pintrich, P. (2000). Multiple pathways to learning and achievement: The role of goal orientation in fostering adaptive motivation, affect, and cognition. In C. Sansone & J. Harackiewicz (Eds.), *Intrinsic and extrinsic motivation: The search for optimal motivation and performance* (pp. 196 – 230). San Diego, CA: Academic Press.

Loucks-Horsley, S., Capitan, R., Carlson, M., Kuerbis, P., Clark, R., Melle, G., et al. (1990). *Elementary school science for the '90s.* Alexandria, VA: Association for Supervision and Curriculum Development.

Loewenstein, G. (1994). The psychology of curiosity: A review and reinterpretation. *Psychological Bulletin*, 116, 75 – 98.

Malone, T., & Lepper, M. (1987). Making learning fun: A taxonomy of intrinsic motivation for learning. In R. Snow & M. Farr (Eds.), *Aptitude, learning, and instruction: III. Conative and affective process analysis* (pp. 223 – 253). Hillsdale, NJ: Erlbaum.

Mayer, R., Fennell, S., Farmer, L., & Campbell, J. (2004). A personalization effect in multimedia learning: Students learn better when words are in conversational style rather than formal style. *Journal of Educational Psychology*, 96, 389 – 395.

McKeown, M., & Beck, I. (1994). Making sense of accounts of history: Why young students don't and how they might. In G. Leinhardt, I. Beck, & C. Stainton (Eds.), *Teaching and learning in history* (pp. 1-26). Hillsdale, NJ: Erlbaum.

Means, T., Jonassen, D., & Dwyer, F. (1997). Enhancing relevance: Embedded ARCS strategies vs. purpose. *Educational Technology Research and Development*, 45, 5-17.

Middleton, J. (1995). A study of intrinsic motivation in the mathematics classroom: A personal constructs approach. *Journal for Research in Mathematics Education*, 26, 254-279.

Miller, S., & Meece, J. (1999). Third graders' motivational preferences for reading and writing tasks. *Elementary School Journal*, 100, 19-35.

Mistier-Jackson, M., & Songer, N. (2000). Student motivation and internet technology: Are students empowed to learn science? *Journal of Research in Science Teaching*, 37, 459-479.

Mitchell, M. (1993). Situational interest: Its multifaceted structure in the secondary school mathematics classroom. *Journal of Educational Psychology*, 85, 424-436.

Moreno, R., & Mayer, R. (2000). Engaging students in active learning: The case for personalized multimedia messages. *Journal of Educational Psychology*, 92, 724-733.

Moreno, R., & Mayer, R. (2004). Personalized messages that promote science learning in virtual environments. *Journal of Educational Psychology*, 96, 165-173.

Narvaez, D., van den Broek, P., & Ruiz, A. (1999). The influence of reading purpose on inference generation and comprehension in reading. *Journal of Educational Psychology*, 91, 488-496.

Nolen, S., & Nicholls, J. (1994). A place to begin (again) in research on student motivation: Teachers' beliefs. *Teaching and Teacher Education*, 10, 57-69.

Oliver, R. (2008). Engaging first year students using a Web-supported inquiry-based learning setting. *Higher Education*, 55, 285-301.

Pace, D., Bishel, B., Beck, R., Holquist, P., & Makowski, G. (1990). Structure and spontaneity: Pedagogical tensions in the construction of a simulation of the Cuban missile crisis. *History Teacher*, 24 (1), 53-65.

Pfaffman, J. (2003, April). *What makes hobbies motivating and their relationship to education*. Paper presented at the annual meeting of the American Educational Research Association, Chicago.

Reeve, J. (1996). *Motivating others: Nurturing inner motivational resources*. Boston: Allyn & Bacon.

Reio, Jr., T. (2008). Curiosity and primary source materials: Making history come alive.

In D. Mclnerney & A. Liem (Eds.), *Teaching and learning: International best practice* (pp. 169–190). Greenwich, CT: Information Age.

Renninger, K. A. (2009). Interest and identity development in instruction: An inductive model. *Educational Psychologist*, 44, 105–118.

Renninger, K. A., Bachrach, J., & Posey, S. (2008). Learner interest and achievement motivation. In M. Maehr, S. Karabenick, & T. Urdan (Eds.), *Social psychological perspectives* (Advances in motivation and achievement series, Vol. 15, pp. 461–491). Bingley, UK: Emerald.

Renninger, K. A., & Hidi, S. (2002). Student interest and achievement: Developmental issues raised by a case study. In A. Wigfield & J. Eccles (Eds.), *Development of achievement motivation* (pp. 173–195). San Diego, CA: Academic Press.

Roth, K. (1992). Science education: It's not enough to "do" or "relate." In M. Pearsall (Ed.), *Scope, sequence, and coordination of secondary school science: Relevant research* (Vol. 2, pp. 151–164). Washington, DC: National.

Science Teachers Association. Sansone, C., & Smith, J. (2000). Interest and self-regulation: The relation between having to and wanting to. In C. Sansone & J. Harackiewicz (Eds.), *Intrinsic and extrinsic motivation: The search for optimal motivation and performance* (pp. 341–372). San Diego, CA: Academic Press.

Sansone, C., & Thoman, D. (2006). Maintaining activity engagement: Individual differences in the processes of self-regulating motivation. *Journal of Personality*, 74, 1697–1720.

Schank, R., & Cleary, C. (1995). *Engines for education*. Hillsdale, NJ: Erlbaum.

Schraw, G. (1997). Situational interest in literary text. *Contemporary Educational Psychology*, 22, 436–456.

Schraw, G., & Dennison, R. (1994). The effect of reader purpose on interest and recall. *Journal of Reading Behavior*, 26, 1–18.

Schraw, G., Flowerday, T., & Lehman, S. (2001). Increasing situational interest in the classroom. *Educational Psychology Review*, 13, 211–224.

Schraw, G., & Lehman, S. (2001). Situational interest: A review of the literature and directions for future research. *Educational Psychology Review*, 13, 23–52.

Silvia, P. (2008). Interest-the curious emotion. *Current Directions in Psychological Science*, 17, 57–60.

Singer, J., Marx, R., Krajcik, J., & Chambers, J. (2000). Constructing extended inquiry projects: Curriculum materials for science education reform. *Educational Psychologist*, 35, 165–178.

Turner, J. (1993). A motivational perspective on literacy instruction. In D. Leu & C. Kinzer (Eds.), *Examining central issues in literacy research, theory, and practice: Forty-second Yearbook of the National Reading Conference* (pp. 153–161). Chicago: National Reading Conference, Inc.

Turner, J. (1995). The influence of classroom contexts on young children's motivation for literacy. *Reading Research Quarterly, 30*, 410–441.

Wade, S., Alexander, P., Schraw, G., & Kulikowich, J. (1995). The perils of criticism: Response to Goetz and Sadowski. *Reading Research Quarterly, 30*, 512–515.

Wade, S., Buxton, W., & Kelly, M. (1999). Using think-alouds to examine reader-text interest. Reading Research Quarterly, 34, 195–216.

Wang, S., & Reeves, T. (2006). The effects of a Web-based learning environment on student motivation in a high school earth science course. *Education Technology Research and Development, 54*, 597–621.

Yell, M., Scheurman, G., & Reynolds, K. (2004). The anticipation guide: Motivating students to find out about history. *Social Education, 68*, 361–363.

Zahorik, J. (1996). Elementary and secondary teachers' reports of how they make learning interesting. *Elementary School Journal, 96*, 551–564.

第 9 章
激发学生的学习动机

简言之,内在动机无法为一般意义上的学生在校学习(尤其是涉及预先设定课程时)提供稳定、充分的动机来源基础。内在动机会促使教师产生重即时满足感、轻活动价值的一般性倾向。与一些心理学家的观点相反,拥有内在动机的学生无法长期持续地保有内在动机。他们可能对课程的某些方面感兴趣,而对其他方面没有兴趣;有时候能够潜心学习,有时候则不能。也就是说,纯粹依赖内在动机的学生可能会忽略很大一部分课业。

然而,并不是大多数学生都会这样。好学校的普通学生一般都会好好学,即使所学学科并不能激起其强烈的内在动机,即使相关的奖励较少,惩罚也不重。如此说来,学生努力的源泉在哪里呢?……愚以为是学生对课程设计者有关什么是理想课程和有价值课程的理念的认同。(Nisan,1992:129—130)

学习动机

我十分赞同莫迪凯·尼桑(Mordecai Nisan)的观点,这也是为什么我更加重视学习动机而非内在动机的原因。具有学习动机的学生往往认为学习活动有意义、有价值,并能为之付出努力以获得预期益处。学习动机主要是一种认知反应,涉及对活动的认识、理解活动所形成的知识、掌握由活动促进的相关技能;而内在动机则主要是学生对某一活动的情感反应。兴趣取向的玩耍或随性探索,不同于受到激励的专注学习。如果学生将某种活动情境视为游戏,那么他们通常不会激活相关学习图式来系统性地提取这一活动体验的精要,并将其进行"组织和归档",以备日后应用。

遗憾的是,我们对于价值概念的定义往往限制了其在学习情境中的应用:通常关注效用价值(例如,参与某项活动的目的在于获得实现个人职业目标所需的技能或证书),而较少强调体验和感受(如获得新见解的满足、对内容或技能的审美理解,或是提升生活品质方面的认识)。与此同时,兴趣和内在动机的定义则往往关注情感方面(例如乐趣、快乐或享受),而很少注意认知方面(例如专注、满足和自我实现)。

学校教育多涉及认知层面,即抽象概念和语言编码的信息。要取得学业进步,学生需要发展并使用**生成性学习策略**(generative learning strategies, Weinstein & Mayer, 1986)。也就是说,学生需要积极加工信息,并将其与当前已有知识建立联系,确保能够理解该信息,如此等。因此,激励学生学习不仅要使学生认识到所学内容的价值,而且要为他们提供学习方法方面的指导。

即使是在学生认为某项活动内容无趣、过程痛苦的情况下,教师也可以激励学生在参与该活动的过程中学有所获。学生也许不能选择参与怎样的活动,但可以选择充分利用该活动所提供的学习机会(见文本框9.1)。从本质上讲,具有学习动机意味着能够采取学习性目标和相应策略;它与外在动机和内在动机并无直接联系。

相关的动机概念

学习动机与目标理论家所描述的"学习"或"掌握"取向存在着诸多交叠。但学习动机是一个更为宽泛的概念,不仅适用于涉及具体目标的成就情境,还适用于校内外存在潜在学习机会的其他情境。

同时,学习动机与马歇尔(Marshall, 1994)所描述的学习取向也有交叉之处。**学习取向性课堂**强调学习目的和问题解决策略。教师在设计课程、布置作业时,是以学生能够学有所获作为出发点,且强调学生理解的重要性,而非只是给出"正确答案"、完成练习。而**任务取向性课堂**中的学生,只是将作业视为需要完成的任务。他们通常不理解学习活动的目的,且在参与活动时仅使用浅层信息加工和记忆策略；而教师会经常提及"任务"以及完成"任务"的必要性，其课程关注的重点在于练习和答案。相比之下，学习取向性老师则多会安排开放式真实情境任务。

佩妮·奥德法瑟(Penny Oldfather)将**持续性学习冲动**(the continuing impulse to learn)描述成持久的学习投入，具有积极参与、好奇心显著和追求深层理解的特点，远远不止于特定情境下对某话题和活动的兴趣。培养这种冲动需要营造一种课堂文化，可以使身处其中的学生把学校学习与自身联系起来(Oldfather & West, 1999)。

也有其他研究者提出了一些具有类似特征的学习动机概念。2006年，弗拉姆和开普兰(Flum & Kaplan)就提出了探索性取向学习动机的概念，并将其描述为：积极地寻找和加工信息，以产生和自身相关的意义——尤其是与自身身份和未来计划的关联。2004年，雷宁格、萨松和史密斯(Renninger, Sansone & Smith)对热爱学习者的特征进行了描述：重视学习内容和学习活动、具备掌握性取向，且拥有发展充分的个人兴趣。尼桑提出应注重培养学生对学习目标的向往感(Nisan, 1992)或价值感(Nisan & Shalif, 2006)，从而使其重视所学内容。

文本框9.1　义务感学习动机

内在动机与学习动机通常同时存在且相辅相成。然而，它们也可以独立于另外一方而存在。1996年，李和布洛菲对学生拥有的不同动机(内在动机和学习动机)组合模式进行了描述。他们通过观察科学课上的6年级学生，对其学习科学的动机进行了描述。

在学习科学方面拥有内在动机的学生，既表现出对学科的内在兴趣，又表现出了学习的动机。以詹森为例，他喜欢提问、好奇心强，并积极构建自己的科学知识。他能对课堂内容进行拓展，将其与前期知识和自身经历相结合。他认真听讲，并会指出课程单元或教师讲解中的错误、模糊不清或需要进一步解释的地方。有时，他还会提出质疑或进行辩论，直至他说服老师或被老师说服。在课堂讨论中，他经常提出补充以及新颖的观点，并在小组活动中表现出领导力。如果有多余的时间，他会帮助其他同学，检查并完善活动练习册中的

(续前页)

答案,或为满足自己的好奇心和兴趣不断深入探究学科内容。他还会汇报自己的课外科学活动经历,例如在家中按着电视科学节目的演示,在回形针上制作糖结晶。

其他学生则表现出想要达成理解科学知识的目标,但并没有像詹森这类学生一样表现出内在动机或自我驱动。以萨拉为例,她的认知参与局限于课程内容和老师布置的任务。她能意识到不同概念之间的冲突,并试图修正错误观点、形成科学概念。当在课堂上遇到听不懂的地方时,她会坦率承认并请老师进一步讲解。她经常主动回答问题,并能认真完成作业。显然,她拥有学习科学的动力,也愿意投入时间和精力,并采取所需的学习策略。但是,她和与她有着相似动机模式的学生,却没有表现出对科学的内在兴趣和参与科学学习活动的愉悦。与之相反的是,他们似乎是受一种义不容辞的义务感所驱动。

当学生具有内在动机但缺乏学习动机时,会出现表现前后不一的情况。尼尔就属于这种情况。有些情况下,他会表现出浓厚的兴趣和主动性;而另外一些情况下,他却不够专注、不愿参与。在采访中,他解释说,先前的活动很有意思(例如水蒸发和冷凝的实验),但不喜欢后面的活动(例如写实验报告)。因此,尼尔参与活动的质量取决于他的兴趣(内在动机)。他缺乏独立于兴趣之外的对某一科学主题或活动的持久性学习动机。

最后,还有一些学生没有学习理科的任何动机。金姆就是一个例子。在课上,她经常不注意听讲,且总是想法设法地以尽可能少的精力完成学习内容。她很少主动回答问题,在被老师叫到时,她不是答不好就是说"不知道"。在小组活动中,她的互动主要基于社交层面而非学习层面。她一般倾向于直接接受其他学生的想法,并将答案抄下来,而不是自己开动脑筋弄懂老师所讲的内容。她还会空着一些题目不作答。她与逃避任务的学生(以及一名抵制任务的学生)一样既缺乏内在动机,又缺乏学习动机。

1994 年,托基尔德森、诺伦和弗尼尔(Thorkildsen, Nolen & Fournier)访谈了部分 7—12 岁的学生,请他们在众多激励学生学习动机的教师做法中,选取自己认为合理的做法。一组学生偏好的教师做法,能够让学生感觉到材料有趣、有挑战性且具有内在意义,因而能激发学生去理解新观点的愿望。这组学

（续前页）

> 生的回答既反映了内在动机，又反映了学习动机。第二组学生偏好的教师做法，重在鼓励学生勤奋学习，从而获得良好的教育。这些学生把接受教育当成一种义务，因而拥有学习动机，但缺乏内在动机。第三组学生则喜欢外在激励体制，因其会对他们的努力或成就给予奖励。这组学生既没有内在动机，也没有学习动机，尽管他们也表达了学习的意愿，但目的却是为了获取外部奖励。

也有研究者提及学生参与，意指学生在学习活动中的"思想沉浸"，其特点是深层专注、理解增长，以及不达目的誓不罢休的毅力（Reed & Schallert，1993）。要提高学生课堂参与度，须鼓励学生提问，引导学生就问题解决策略进行讨论，避免死记硬背、生搬硬套。教师在对学生提出挑战，引导其进行深层思考、冒知识风险的同时，也需要向学生提供理解所学内容所需的支架化帮助和鼓励（Turner et al., 1998）。

当提及求知欲和兴趣时，有些研究者也描述了与学习动机类似的子类别概念。1980年，金奇（Kintsch）将对文本的兴趣划分为情感兴趣和认知兴趣。**情感兴趣**指最初注意到文本特点时的感情唤起，而**认知兴趣**主要是对文本内容的智力反应。要刺激学生的认知兴趣，可以鼓励学生制定自己的学习目标，以有意义的方式发展自己的兴趣，并在这一过程中体验自我决定感（Alexander, 1997）。

也有研究者已经开始对传统上强调的主要适用于娱乐活动的情感形式的内在动机，和主要适用于学习活动的认知形式的内在动机进行区分。2004年雷斯（Reiss）认为，内在动机理论家关于人们受内在动机驱使而从事某行为仅是因为觉得享受的观点是错误的。他指出，人们经常会参与一些通常意义上来讲并不有趣或令人愉悦的活动。这些活动可能需要付出辛勤的努力，甚至可能会将人们置于焦虑或危险之中（例如登山）。而人们参与学习活动通常不是因为学习令人快乐，而是因为它能满足16项基本欲求中的一个或几个（包括好奇心或求知欲）。

2005年，沃特曼（Waterman）对快乐的两种形式进行了区分，认为它们分别源自享乐型活动和实现型活动。享乐型快乐可以通过简单的参与而获得，不需要从事艰辛、为实现目标而进行的一系列活动。享乐型活动包括在餐馆就餐、看电视或逛街等。而**实现型**快乐源自为实现目标付出的不断努力，尤其是挑战自我发挥潜力的活动。实现型活动包括攀岩、作曲、舞台表演、编写计算机代码等。

实现型快乐常见的形式有心流体验和自我表达。心流体验发生在人们全身心沉浸于活动之中时，要获得这种体验需具备技能水平和挑战程度之间的平衡。当个体经历自我实现（尤其是在与个体身份相关的活动中，人们能够展示本性或真我）时，就能体验自我表达感。实现型快乐的这两种形式都在相对专注的状态下发生，且与高峰体验有关，超越了更加普遍但激励程度较低的兴趣（Schwartz & Waterman, 2006; Waterman, 2005）。有些活动仅能带来享乐型快乐，而有些活动（包括有意义的学习活动）则既可以带来享乐型快乐，又可以带来实现型快乐。

与享乐形式的动机相比，认知形式的动机与学校的学习动机联系更为密切，也与更为广泛的人们主观经历的丰富性和附加值有着密切的关系。通常，好奇心重、求知欲强，以及具备实现型学习动机的人，对于生活有着更高的满足感和幸福感（Kashdan & Steger, 2007; Ryan, Huta & Deci, 2006; Steger, Kashdan & Oishi, 2008; Waterman, Schwartz & Conti, 2008）。因此，认知形式的动机值得理论界和研究界引起关注。

让学生愿意学习

1992年，布鲁曼菲尔德、普罗和梅根多拉（Blumenfeld, Puro & Mergendoller）提出了有关动机参与和认知参与相结合的学生学习动机的概念。以5、6年级的科学课为例，在有些课堂上，学生学习动机较弱，教师关注的是背诵、测试和分数。而在另一些课堂上，学生的学习动机较强，教师强调的是思想和理念，重视向学生展示科学与日常生活的密切联系进而阐释科学的价值，并结合自身经历表达自己对科学的热情。同时，通过举例子、联系学生的个人经历或当前时事，这些教师把概念性的材料变得更加具体、有趣。他们还会安排多样化的任务，鼓励学生进行小组合作。

学生学习动机强的课堂具备四个要素：

1. **学习机会**（Opportunities）。教师的（1）课程讲解围绕中等难度的具体概念,不超出学生当前的理解能力;(2)通过讲授、演示、讨论和作业阐释主要观点;(3)讲解概念时使用具体例子说明科学原理,并将学生不熟悉的信息和已有知识联系起来;(4)建立新信息与已学内容之间的关联,并通过分析异同进一步阐释新观点之间的联系;(5)对教科书进行拓展性分析,不照本宣科;(6)提出深层思考问题,启发学生思维;(7)让学生总结、比较相关概念,并对所学知识加以运用。上述方法为学生提供了诸多学习机会,且在必要时为他们利用好这些机会提供帮助。

2. **敦促**(Press)。教师要让自己就对课堂参与的预期,向学生提出什么问题,对学生的回答如何做出点评等问题进行全面的思考。(1)教师要求学生说明并解释自己的答案;(2)给出提示、用不同的方式问、在学生不确定时将问题切割成若干个小部分,在学生理解不透彻时进行追问;(3)确保学生能够理解而不只是步骤正确;(4)鼓励所有学生回答问题,比如要求学生以举手的方式表明自己对某个问题赞成或反对态度,或对不同观点的优劣进行辩论(而不是让某个小组主导课堂);(5)对于练习册上只要求回答"是"或"不是"的问题进行补充提问,例如要求学生对给出的答案进行解释,或采用图表等其他方式进一步表达。教师要求学生积极思考听到或读到的内容,而不仅仅是被动接受或死记硬背。

3. **支持**(Support)。教师通过示范和提供支架为学生的理解提供支持。(1)教师示范思考过程、提出策略,在学生遇到困难时与学生一起解决问题(而不是简单地提供答案);(2)通过演示步骤、强调重点问题、提供例子或给予学生做计划的时间,简化操作性任务的解决步骤;(3)要求学生在各自的小组中做出自己的个人贡献,鼓励学生进行合作。也就是说,除了持续地敦促学生,教师还给予学生思考问题和学习方面所需的任何帮助。

4. **评估**(Evaluation)。教师在评估和问责体系中强调学生的理解和学习效果,而非是否完成了任务或给出正确答案。把学生所犯错误当成帮助学生检查思维过程的手段,并鼓励学生冒险。最后,允许表现不佳的学生重做任务或重考。

以上四个要素缺一不可、相辅相成。举个例子,有这样一名学生,他的动机很强，但认知参与程度低。他的老师在上课前，会通过笑话、夸张的视觉辅助、联系学生经历或展现自己激情的方法，激发学生的兴趣。然而，在接下来的时间里，这位教师却不能使用鼓励学生认知参与的教学方法。他过多依赖单纯的讲授，提出的问题只需学生重复阅读材料内容或换一种表达方式就可以回答。他没有让学生做出预测并给出解释，也不要求学生将讨论内容与已掌握的知识相联系，或总结所学内容进行延伸。他有时也会插入一些点评或问题，以使学生保持兴趣，但没有给学生提供将所学内容消化或应用的机会。

1992年，布鲁菲尔德（Blumenfeld）及其同事的研究认为**教师要想激励学生学习，需要做两件事情**：第一，让学生有东西可学，即向学生提供学习的机会，并激发学生认识学习的价值；第二，让学生愿意学习，这就需要教师要求学生思考所学内容，并为其学习提供必要的支持。上一段中所描述的教师在增强学生兴趣方面做得很好，但他不能不断地"让学生愿意学习"，不能要求学生思考所学内容，并为其学习提供必要的支持。

2002年，米德尔顿和米德格雷（Middleton & Midgley）在对中学数学课的研究中，进一步证明了"让学生愿意学习"的重要性。如果做到这一点，学生会有更高的自我效能感和自律性，更愿意在课上寻求帮助，同时，他们十分渴求对知识的理解。这种渴求使他们得以深入思考问题，而不是仅仅追求做好作业、考出好成绩。

为激发学习动机铺平道路：社会化

理解学习活动的价值

要使学生具备学习动机，对学校活动感兴趣并非必要前提，而认识学习活动的意义和价值却不可或缺。要使学生认识学习活动的意义和价值，教师应当确保课程内容和学习活动具有意义和价值；设计课程内容以及在为学生参与学习活动提供支架化时，教师还应让学生认识并理解学习的价值。

要做到以上两点，在设计课程内容时，应关注那些能够（至少存在潜在可能性)对学生产生关联意义,并在校外生活中能够加以应用的内容。我们一般认为,课程反映了人们关于年轻人所需学习的重要内容的一致看法,即它能够赋予年轻人在现代社会生存所需的知识、技能和性格特征。然而,现代课程却被描述为广而不深、重细节和事实罗列,缺乏强有力的思想观点和连贯的组织结构。即便部分内容具有较大的潜在价值的,也因教授方式过于抽象、低效,而无法使学生理解课程价值。按照学生是否能理解课程价值,课程内容可以分为五类:

1. 学生认识到并能理解其价值。
2. 课程设计者和教师能认识其价值,且可以通过适当的教授方式使学生理解其价值。
3. 课程设计者和教师能认识其价值,但这种价值超出学生当前的理解能力。
4. 存在潜在价值并能被学生理解(至少达到一定年级水平时),但当前课程设计者和教师无法清晰表述其价值,无法在课程教学材料中有效呈现其价值,或在教学中帮助学生理解其价值。
5. 缺乏重要价值(因而不在课程内容之列)。

我以为,当前学校课程中很多内容都缺乏存在的合理依据。我们经常听到这样的说法,认为学习本身就是最大的好处,但实际上该说法的前提是假定学习具有合理理由。我主张学生没有必要学习多数课程中的诸多专业词汇、不必要的细节信息或无关紧要的东西,也没有必要参与诸如按字母顺序排列各州首府这样的活动。我们需要将这些没有意义的内容从课程中删除。

同时,我还认为学校课程大多属于第 4 类,即存在潜在价值,但我们看不到将其列为课程内容的合理原因。我们需要重新发现并清晰表述其对于实际生活的应用意义,而后才能将其列为课程内容并教授给学生。

如果实施教学计划的目的是达成良好的"学生成果",那么教师应该设计能让学生理解的课程内容和真实情境活动,这样有助于学生在认识每项活动目的和目标的基础上进行学习。

以上以目标导向开发的课程应具有前后连贯的内容体系,围绕重要的思想观点展开。引入重要思想观点时要有一定的深度挖掘,使学生深入理解其含义及互相之间的关联,进而理解其重要性,并能探索其在课外生活中的应用。在学生学习这些观点时,应尽可能设计真实情境活动,让学生将所学内容应用于日常生活,这种内容的可应用性同时也是将其纳入课程内容的出发点所在。

假设课程内容和学习活动具有意义和价值,教师如何帮助学生理解这种价值?思考一下以下例子:

1. 给予两位背景相似的学生相同的学习机会(听/读一本故事书或历史书的某个片段;观看关于某个故事或历史事件的视频)。其结果是,其中一位学生对这一文学体裁或历史时代非常感兴趣,而另一位则没有兴趣。为什么会出现这样的结果?
2. 有位老师想在讲授《李尔王》(或美国宪法、光合作用)时,能够激发学生去认识、理解学习莎士比亚(或公民学、生物学)的重要性和价值,并愿意主动学习更多相关内容。

哪些动机概念或原则能帮助我们解释例1,或为例2中的老师提出好的建议?首先,激励学生学习应使学习情境具备两大特征:(1)与学生当前特征实现最佳匹配;(2)学习内容和学习活动与学生的个体身份和目标相关。

最佳匹配(动机最近发展区)

认知发展和学习模型一般都涉及最佳匹配原则:最佳教学活动具备程度适当的挑战性,对于学生而言既不太容易也不太困难。社会文化模型对这一原则进行了扩展,认为教师对于实现最佳匹配也发挥着作用,因为教师的干预(通过示范、培训和支架化)可以将学生自学起来很困难的那些活动转变为学生最近发展区内导师引导下的学习活动(Tharp & Gallimore,1988)。

类似的原则同样适用于动机领域。**动机最佳匹配原则**认为,学习活动须与学生之前的知识和经验相匹配,从而激发其学习兴趣。当学生足够熟悉某项活动,认为它是一种学习机会,并具有足够的吸引力激起其学习兴趣时,这项活动与该学生就得到了很好的匹配。而以下情况则不能匹配:学生对该活动过于熟悉以至于令其生厌(至少暂时如此),或是太过陌生以至于无法认识理解其潜在价值,又或者过往经历告诉他参加该活动一无所获。

最佳匹配原则也隐含着动机"最近发展区"的概念,即导师可以帮助学生认识他们靠自己不能理解(而且可能以后也无法理解)的学习机会的价值。能有效激励学生动机的教师不仅在认知层面上(学生能理解所学内容),而且在动机层面上(学生能够理解所学内容的价值,特别是在校外生活中的潜在应用)让学生觉得学校学习是有意义的。

阅读、写作、游泳或其他基本技能的学习对于几乎所有的人而言都具备有用性。然而,约翰·杜威(John Dewey)等人指出,学校教学内容大多来自真实问题解决情境所衍生出的实用知识,随着系统化成为某学科内容后,它就变得更加抽象,且与情境起源相分离(Hansen,2006)。因此,对于众多教学内容而言,尤其是涉及抽象化和高层次思维过程的内容,学习的理由并不十分明显。而学生也可能无法理解学习内容的价值,除非教师能够给学生提供支架帮助,帮助学生认识其价值。

简言之,在某一学习情境下,从动机角度来说,如果课程内容和学习活动能与学生当前特征相匹配,那么便可称其为有利于激发动机的最佳学习情境。这种匹配包括以下两种情况:(1)学生很熟悉课程内容和学习活动,并把它当成有价值的学习机会;(2)学生对课程内容和学习活动不是很熟悉或没有认识到价值,但该内容和活动却在学生的动机最近发展区内,教师如能对学生学习进行有效干预,学生便能认识其价值(见表9.1)。

认同/自我相关认识

对于同样的学习机会,不同学习者会作出不同反应。为了解释个体在兴趣和认识上的不同,我们需要一些概念来描述最佳匹配中涉及的"任务吸引力"或"有益的经历"。学习者至少会把学习机会与其个人目标联系起来,或者可以这样说,以更加个人化或更强烈的方式表达对于学习机会的反应。实际上他们会对自己说,"我就是适合它的人","我想参与","这正是适合我的",等等。

认同这一概念在此十分有用。人们不仅可以认同一个人或模型,还可以认同某一兴趣领域或某一类型的知识或技能(以下简称"学习领域";Barron,2006;Renninger,2009)。人们甚至可以认同一般意义上的学术价值,感觉自身从属于所在学术环境并重视学术成就(Walker,Greene & Mansell,2006)。

劳伦斯·科贝格(Lawrence Kohlberg,1966)在自己提出的性别角色认同理论中,重点阐释了认同这个概念:随着幼儿和儿童意识到自己的性别,他们就会产生探索并认同与自己性别相关事物(比如特定种类的衣服、玩具、技能或游戏活动)的动机。也就是说,男孩一般倾向于发展"男性"兴趣的偏好和动机,女孩则一般倾向于发展"女性"兴趣的偏好和动机(Martin & Ruble,2004)。

表 9.1 理论图解:认知和动机水平维度交叉矩阵,包括最近发展区(ZPD)

	超出动机 ZPD（尚无法理解）	动机 ZPD 以内（在干预下可以理解）	低于动机 ZPD（已经能够理解）
超出认知 ZPD（无法学习）	潜在学习目标超出学生当前的认知能力和动机水平,即使有干预也同样如此。	干预可以帮助学生理解潜在学习目标的价值,但无法使其克服当前认知能力的限制。	学生已经能够理解该学习领域的价值,但实现潜在学习目标超出学生当前认知能力,即使有干预也同样如此。
认知 ZPD 以内（通过干预可以学习）	干预可以帮助学生实现潜在学习目标,但是无法克服其在认识学习领域价值上理解能力的限制。	学习目标同时处于认知和动机 ZPD 以内,有效干预可以促使学生学习并理解该学习领域的价值。	学生已经能够理解该学习领域的价值,在有效干预下可以实现潜在学习目标。
低于认知 ZPD（已经学习完）	学生通过记忆和背诵已经实现了学习目标,但不能理解该学习领域的价值,即使有干预也同样如此。	学生通过记忆和背诵已经实现了学习目标,且在有效干预下可以学会理解该学习领域的价值。	学生已经能够理解该学习领域的价值,并在此基础上实现了学习目标,进行了有意义的学习。

注:ZPD=Zone of proximal development(最近发展区)

各种涉及**自我**的**概念**在此也很有用,包括理想的自我或可能的自我(Markus & Nurius,1986)。比如,阅读有启发意义的小说或历史书,发现其中能产生共鸣的小说人物或历史人物,就是一种让学生探索未来可能自我的方式(Alvermann & Heron,2001;Daisey & Josè-Kampfner,2002;Richardson & Eccles,2007)。随着孩子的发展,其自我概念变得清晰,进而形成表现在生活中各个领域的自我相关认识。这些自我相关认识放在特定学习领域和活动下,便能引导学生做出关于学习机会潜在价值的判断。

简言之,当学习机会处于学生动机最近发展区内,学生便有可能理解其价值。如果学生认为该学习机会与个人目标相关,那么他们理解这种价值的可能性就越大。如果学生还未能清晰认识这种自我相关性,那么教师就需要对其学习进行干预,鼓励学生发展自我相关性认识(Hannover,1998;Van Etten,Pressley,McInerney & Liem,2008)。

文本框 9.2　身份与自我概念

在日常用法中,"自我"(self)指的是人们对自身思想、情感和感觉的直接感受。而"自我概念"指的是人们对自身做出的完整认识。自我概念一词有一定的误导性,因为我们并没有一个关于自身的统一、完整的自我概念,具备的只是一些联系松散的关于自我的看法、认识和错觉(Baumeister,1997)。除了关于我们是谁、我们是怎样的人的想法,我们还存有关于自身的其他想法,比如我们可能成为谁、成为什么样的人("可能的自我"),理想中我们要成为谁、成为什么样的人("理想的自我"),以及我们应该是谁或应该是什么样的人("应然的自我")。当我们的自我认识和理想的自我产生差距时,就会出现低落情绪(悲伤、失望);当我们的自我认识和应然的自我产生差距时,就会产生不安情绪(焦虑、内疚)(Higgins,1987)。

"自尊"(self-esteem)是人们对自身的价值判断,是自我概念的评价性组成要素。当自我认识和理想的自我或应然的自我产生差距时,除了会产生上述负面情绪,还会威胁到自尊。这一影响带来的典型结果是人们付出加倍的努力(比如更努力的学习)。而当加倍努力不可行或无效时,人们就会启动防御机制(比如自我设障)(Zirkel,2000)。在学校背景下,自我概念的这些影响与成就情境下的成功和失败密切相关,因而也与动机的预期方面相关联。研究显示,能够导向表现水平改善的教师干预同样也能带来自尊的增强,而重点关注增强自尊的干预却不太可能带来表现水平的改善(Baumeister,Campbell,Krueger & Vohs,2003)。

动机的价值方面与自我概念的描述性特征之间的关联更为紧密,特别是人们自身关于个性、性格、价值、兴趣、偏好等方面的认识。如果我们认为某项学习活动符合我们的自我认识、理想的自我或应该的自我,我们就会争取参

（续前页）

与；如果我们认为学习活动和自身并不相关，我们就会觉得无所谓；而如果我们认为参与学习活动会使我们自身与期望中的自我形象相背离，我们则会选择避而远之（Eccles,2009；Hagger & Chatzisarantis,2006；McCaslin,2009）。

以上关联放在构成我们身份的核心自我概念上尤甚。在当代西方社会，人们一般倾向于找寻和探索自身的独特个性——即"发现自我"，构建相应的身份。有趣的是，并不是所有社会中的人们都是如此。过去是这样，现在也是这样。更为传统的集体社会对于独特个性特征的关注相对较少，而对人们在社会中担任的角色功能颇为强调。也就是说，人们的身份与他们的社会地位、家庭关系和职业密切联系（Baumeister,1997）。

而在当代西方社会，人们很少受到以上传统所赋角色和身份的限制。相反，人们关注于构建自身独特的身份，并在此过程中，形成相对一致且坚定的想法，即我是谁、我的信仰和价值观是什么，及其对人们日常行为的意义（包括对潜在学习活动的回应）。这意味着教师激励学生对学习机会投入时间精力时，应帮助学生认识到该学习机会与自我认识、理想的自我形象或应然的自我（如果必要的话）形象相一致。

教师需帮助学生构建学习动机图式并理解所学价值

要营造有利于激励学生动机的最佳学习情境，教师需要既注重课程，又注重教学。具有目标导向性的课程十分重要，因为只有具备充分的学习理由，且在真实情境活动下进行学习，学生才有可能理解学习的价值。教学同样也很重要，因为教师对学生的适当干预可以提高学生对学习活动目的和目标的认识，进而帮助学生构建图式，得以理解、应用所学（因而既能激发学生的学习动机，又能让学生掌握学习活动涉及的知识和技能）。表9.2阐述了学习目标、最近发展区、课程选择以及教师对学生的学习经历干预之间的关系。

我们在学校讲授的内容主要属于认知层面，而非感知或感觉运动层面，而且通常相对抽象与复杂。这在人文和社会科学中尤为明显。在学习过程中可能体验到的美感、其他形式的满足感以及把所学在校外生活的应用也是如此。我们只有把这些预期目标结果进一步融入教学目标，学生才有可能体会学习的满足感，并具备应用所学的潜力。这就是为什么我更喜欢讲"教学生理解、欣赏，并在生活中应用所学"，而不仅仅是"教学生理解所学科目"。

在此，我使用"欣赏"这个词是要提醒教师，学生不能仅仅理解所学内容，而且要理解所学内容的价值，因为他们能够认识到学习这些内容的充分理由。这不仅包括能在实际生活中应用，还包括增长见识、丰富认知或提高内心生活的品质。用"实际生活应用"这个词，我是想提醒教师，学生应该参与真实情境活动，把所学应用于校外实际生活。许多所谓的"应用练习"太假，不足以称为真实情境活动。甚至有些名义上的"真实情境活动"也与现实生活相去甚远，而且只有某些学科的专家才可能用得上。学生应用所学科目的大多数情况只是消费/应用学科知识，而不是在学科实践中产生知识。

表 9.2　理论图解：制定课程与教学计划，促进学生认知和动机学习

目标：确定最值得发展的领域知识、技能、态度、价值和一般性倾向。
ZPD 过滤器：确定学生认知最近发展区以内以及动机最近发展区以内或以下的潜在学习目标。
课程选择：根据最近发展区原则，选择能最优结合三个课程来源（社会需求、学生当前能力以及具有持久价值的知识）的内容，重点关注真实情境活动，为学生理解、欣赏并在生活中应用所学提供基础。
干预：通过示范、培训和支架化，帮助学生在理解所学的同时，认识到学习与自身相关，并能应用于校外生活的价值。

注：ZPD ＝ 最近发展区

理解、欣赏所学，并注重在生活中应用所学，不仅仅意味对某一主题感兴趣而已，其中还涉及认知策略、元认知控制要素与情感要素。这需要激活学生脑中的相关图式网络——即一系列见解、技能、价值观和一般倾向，使学生明白带着学习目标参与学习活动，并有意识地使用策略意味着什么。这整个联动的网络无法直接教给学生，尽管其中涉及的一些认知与技能要素是可以的。此外，可以通过示范，以及向学生传达学习动机相关的态度、观念、价值观、期望与一般倾向，来发展其中的价值和一般倾向要素。

与其他图式相似，动机学习图式在诸如"一般"对"具体情境"，"粗略、不确定"对"成熟、精细、协调"等维度有所区别。在加工信息和解决问题中，最容易快速获取的图式是具体领域、具体情境图式。这些图式可以使熟悉某领域的专家能够通过启用成熟、整合的图式来迅速探索新知识。相反,初学者必须摸索该领域的相关内容、重要暗示以及如何进展等方面的线索(见图 9.1 和图 9.2)。

图 9.1 人×学习动机情境模型

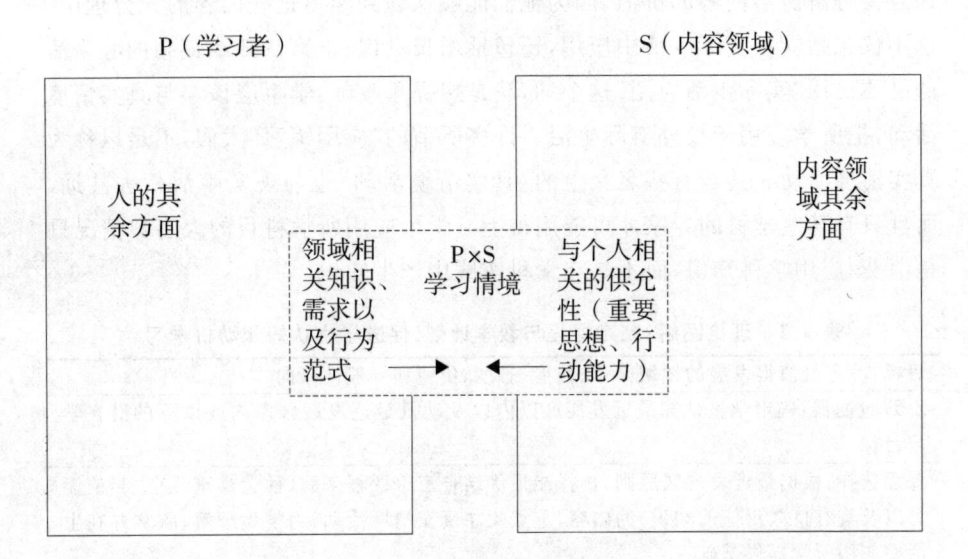

P(学习者)　　　　　　　　　　　S(内容领域)

| 人的其余方面 | 领域相关知识、需求以及行为范式 → | P×S 学习情境 | ← 与个人相关的供允性(重要思想、行动能力) | 内容领域其余方面 |

当人们在学习了解到行为领域(包括教学内容领域)所提供内容后,就会形成图式,探索这些内容(至少会探索他们重视的内容)。当他们启动领域相关图式(动机/目标/策略网络)来探索领域的教学相关内容时(重要思想、真实活动),就会产生有效的学习经历。获取有效的学习经历,有时只需要使用完善的图式来探索熟悉的内容,并产生常规性学习经历;有时却需要通过形成并完善新图式来探索新近发现的内容。在这些情况下,学习结果不仅包含在领域相关知识网络以及行为图式中的所学,而且还包含在"欣赏"领域所提供内容中所获得的东西。

这些原则同时适用于学习的激励方面与信息处理方面。不了解某一学习领域(或者被误导)的学生,不能特别理解这个领域(例如,学习戏剧),因为他们看不到这个领域的潜力。如果学生缺乏指导其加工信息的概念(例如:预示,《致命弱点》)和策略(例如:分析剧情发展,在此基础上进行预测,并注意角色的个人优缺点),他们就无法获得学习戏剧带来的许多见识和满足感。即使那些把喜剧当作故事来理解的人也可能找不到戏剧与自身的相关性,除非他们(学生们)能努力认同戏剧角色,并思考在相同情况下他们会怎样做。

此处的意思是:学生可能需要老师的支架化帮助,形成包括激励要素以及认知要素的图式网络,才能带着理解(不仅仅是学习)的目标参与某些学习活动,并获得一些满足感以及其他可能的益处。学生不需要许多的激励辅助,就能对学习基础体育运动和娱乐活动感兴趣。对于踢球、乒乓球、弹球或简单的电脑游戏,只需简短的观察示范,就足以让学生大概掌握该活动的性质,明白如何参与该活动,以及通过该活动能获得什么回报或满足。然而,让学生做好学习典型教学内容以及教学活动的准备,尤其是当该课程远超基本技能范畴时,则需要教师提供大量的辅助。如果老师不给学生提供充足的辅助,让他们理解到该领域的价值,并让他们以能获得满足感的方式进行探索,大部分学生在学习人文与社会科学高级知识时没有学习动机。

重视学校所学的潜在可能性取决于学校给予的内容对于学生的供允性。其中最显著的供允性是:(1)与教学内容紧密相关的重要思想所带来的见识与理解;(2)掌握并应用这些重要思想的活动所带来的信息加工、问题解决以及决策的机会。

强有力的思想观点可以扩展并丰富学生主观生活的品质,给他们提供分析自己观点和经历的视角、消化新要素的图式、推测的依据,以及认知与理解所遇对象和事件等的美学品质。这些思想及其相关的知识技能还赋予他们高效加工信息、解决问题并做出决策的工具。这些教育成果和那些通常与学期成就值及效用值相关的更具体的成果不同,它们更能够被应用到实际生活中的许多情境。

如果某一系列课程对学生具有重大价值,那是因为该课程的内容网络围绕构建的重要思想能为校外真实生活中的应用提供基础。这就意味着围绕重要思想和真实活动构建课程的必要性,因为这两大课程要素能够为学生提供他们最可能重视(其丰富满意度与赋能利益)的学习活动。

值得注意的是,以上观点并非再度呼吁提高课程和教学与学生的相关性。尽管它也肯定了将课程和教学与学生当前兴趣和日常生活相联系对激发学生动机的价值,但出发点却并不是学生,而是课程目的和目标。它主张弄清作为某特定内容系列结果的知识、技能、价值、一般倾向与欣赏性,然后问自己如何讲授这一系列内容,以鼓励学生实现特定结果的方式来支架化辅助学生的学习。从根本上说，这种观点集中于设计课程与教学，支架化学生拟实现的教学目标，而不仅仅局限于使课程和教学符合学生当前的兴趣和教学日程安排。此外，该观点强调既定目标成果还应包括学习动机方面的转变，即引导学生不仅学习到所需的知识和技能，还要理解到所学知识的价值。

图 9.2　学习者本身与学习者之间领域专业知识的发展

A. 以下展示了在个人发展生涯的某一时点，学生对领域所提供内容的认知以及对该领域内容的探索方式：

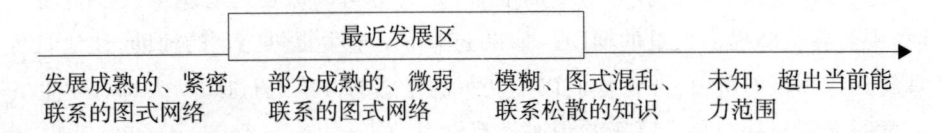

```
                        ┌─── 最近发展区 ───┐
────────────────────────────────────────────────────────────→
发展成熟的、紧密      部分成熟的、微弱      模糊、图式混乱、    未知，超出当前能
联系的图式网络        联系的图式网络        联系松散的知识      力范围
```

B. 以下对比显示了初学者和学习能手对某一领域所提供内容的认识以及对该领域内容的探索方式：

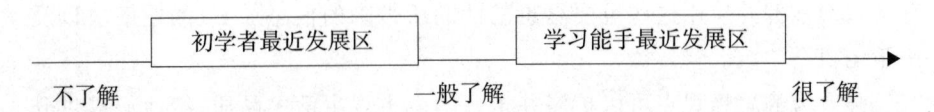

```
        ┌─初学者最近发展区─┐   ┌─学习能手最近发展区─┐
────────────────────────────────────────────────────────→
不了解                  一般了解                  很了解
```

知识可能是命题性的（什么）、过程性的（怎样）、也可能是条件性的（何时、何地、为什么）。在学校课程中，这三种类型尤其可能发展不均。理解学习价值的基础，在于何时、何地以及为什么使用过程性知识以及命题性知识，尤其是当它们服务于与自我相关的计划安排时。

C. 学习能手把更多的领域相关图式应用于领域学习情境中，而且他们认识到该领域还可以获取更多的可达到的潜在供允性：

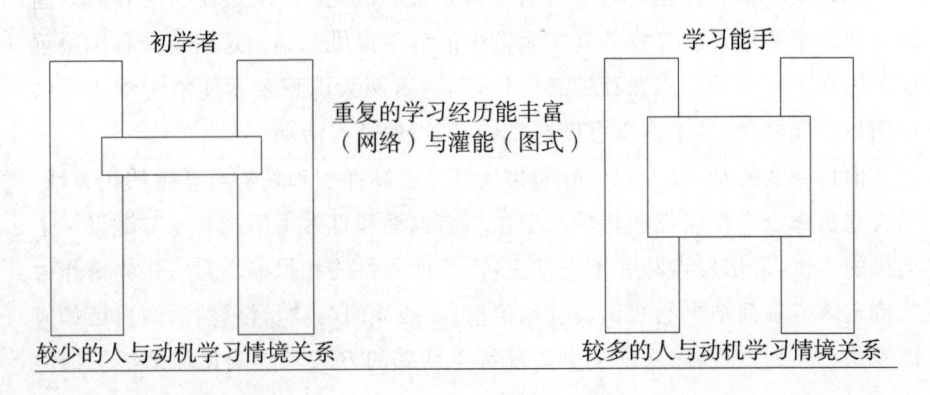

```
       初学者                                学习能手

   ┌─────────┐                          ┌─────────┐
   │         │                          │         │
   │         │    重复的学习经历能丰富    │         │
   ├─────────┤    （网络）与灌能（图式）  ├─────────┤
   │         │                          │         │
   │         │                          │         │
   └─────────┘                          └─────────┘
──────────────────────              ──────────────────────
较少的人与动机学习情境关系            较多的人与动机学习情境关系
```

欣赏性教学与"使学习有趣"以及类似的快乐学习方法有着很大的差异。该教学方法明确并要支架化教学的目的与目标，强调丰富与灌能（不是享乐）的结果。这种教学法在教学当中始终动脑关注内容（内容的加工、反应、应用等），但不一定包含动手的活动，关键是要确保学生体验到预期的好处以及满足感。

然而，这样做却可能面临挑战。因为目前流行的动机观点，并没有很好地代表学校教育所带来的诸多益处和满足感。一提到动机，我们通常是指乐趣、愉悦、享受或激动。但是，在获得与应用学校所学内容时的潜在激励经历，却并不包含生理的兴奋、基本情感的反应，或多感知超负荷的沉浸。相反，这些经历主要是认知性的（获得见解、建立联系等），即便最终可能非常吸引人、有高度价值，也最好用"丰富"（enrichment）与"灌能"（empowerment）等术语来形容，而不是用"愉悦"（pleasure）或"乐趣"（fun）等词来形容。表9.3围绕该内容领域中让学生更能获得益处与满足感的供允性，列出了习得并应用学校教学内容可能带来的益处和满足感。

总之，为说明如何才能在特定领域活动中让学生体会其价值或者感到有趣，我们需要一个叫做"**支架化欣赏**"（scaffolded appreciation）的概念。这一概念假定某领域的激励功能是由图式驱动的。当初学者能够认识到活动内容，并且一眼就"明白主要意思"时，可能只需要置身其中就可以迅速形成所需的图式。然而，对于不太透明的活动，尤其是**在学校所讲授的认知领域**，就需要有导师对初学者的活动参与进行支架化协助，为初学者提供一个"据点"或者切入点，从而**在该领域的活动经历中获取意义感与满足感**。导师在选择学生所要从事的活动以及支架化协助学生随后的活动参与时，都应以动机目标和学习目标为指导。

乍一看，这些观点似乎很新颖，但其实它们只是有关社会文化学习的业已成熟的原则方针在动机方面的应用，尤其当这种学习与图式的形成以及领域技能的发展相关时（Alexander, 2003; Kaplan & Maehr, 2007; Nolen & Ward, 2008）。年轻人通过社会化的影响力，获取了大部分与自我相关的态度、信念、期望以及行为倾向。父母、老师、同伴、社会机构和媒体不仅传达有关人们（一般概念的人们，以及按诸如男性/女性、儿童/青年/成年人等分类的人们）应该怎样行动的期望，而且传达他们应该怎么想以及怎么感受的期望。这包含了他们对于某个特定内容领域学习的本质所持的态度和观点（这些教学针对哪个群体？是否有趣或者值得学习？以及个人能够从中获得什么？）。

根据学习者既有经历的广泛度与性质，特定学生群体（例如高中生）可能对同一个未来的学习经历（例如即将学习的《李尔王》）抱有截然相反的观点。一些人可能会抱有消极的态度和观点（莎士比亚的作品很无聊、难懂、"不适合我"）。另一些人可能会持有积极的态度和观点（莎士比亚的作品故事情节很吸引人、角色性格丰富、对人类境遇有深刻见解，值得学习；《李尔王》是莎士比亚的杰作之一）。此外还有一些人可能没有强烈的明确态度，只有一些模糊的观点（莎士比亚应该是一位伟大的剧作家，但他的作品已经过时了，不知道我会不会喜欢这部剧作）。最后一类学生通过该单元的学习经历，综合老师和同学的观点以及自己阅读、讨论该剧时的快速反应，就可以形成更加明晰的态度和观点。

表 9.3　学校各教学内容领域所具有的潜在供允性、益处和满意度

A. 学校学习的潜在益处和满意度
丰富知识网络
由于获得新的或更成熟的图式而被灌能
专注于内容或活动
审美欣赏
可应用到生活以及个人计划安排中
厘清隐性知识
能更好地辨别个人愿望
澄清错误观念
丰富感知、分析和经历
形成假设和观点
理解意义，进行关联
新见识与顿悟体验
内容个性化并加以应用
认识到与先前知识、生活应用的关联，
自我实现，心流体验

B. 教学内容领域的供允性

更利于对价值的欣赏	不太利于对价值的欣赏
应用、分析、评估、整合/创造	知道、记住
联系紧密的知识网络	孤立的信息
真实应用	部分技能练习
积极加工、构建意义	被动接受

续表

学习重要思想	欣赏引人入胜的细节
重新构建知识网络,应用于持续的活动中	纯粹满足好奇心
变革性观点	惰性知识
有意义的持续要素(持续参与)/应用于生活中/主动学习	吸引要素(吸引初步参与,但不能坚持)
主题/个人自我兴趣	情境兴趣
有价值的最近目标	无目标、无价值目标或远期目标
认同调节、内在(学习)动机	外在动机、内摄调节
内在价值、个性化成就值或效用值形式	无认可的价值,外在形式的成就值或效用值
实现论(心流、自我表达)	享乐论(乐趣、享受)

示范、辅导和为激励学习动机提供支架化帮助

有许多理论可以用来帮助学生欣赏所学,并形成学习动机图式。但是,鉴于已描述了社会文化学习中获取的乐趣与图式,并探讨如何在最近发展区培养这些乐趣和图式,我将坚持使用社会文化术语,认为**教师是通过示范、辅导以及支架化协助,干预初学者并激励其学习动机的导师**。这些术语的意思通常集中在教与学的认知层面,但是也很容易扩展到动机层面。

示范(modeling)。教师和其他导师在教学过程中,可以通过社会化来培养学习动机。一个有力的社会化机制就是示范,尤其是涉及思维过程公开表达以为人们参与活动提供引导的认知示范。参与某学习活动(如阅读《李尔王》)的欣赏导向示范,不仅仅要把完成任务(回答有关剧情与性格的问题等)所需的策略表达出来,而且要说明享受该经历、从中获得审美乐趣的想法与感受(将作品的剧情和人物要素与现实生活中的要素进行联系,把自己想象成李尔王,思考自己如何应对困境等)。例如,1999 年,布兰克和怀特(Blank & White)描述一位老师在介绍《哈姆雷特》的时候,把以下问题抛给学生:"想象一下,你自己离家多年后回家,发现父亲已经去世,母亲在你父亲去世几周后嫁给了你父亲的弟弟。后来你发现了一些线索,使你认为叔叔可能就是杀死你父亲的真凶。在这种情况下,你会怎么做?"

除了示范以外,其他形式的社会化也有好处,例如有关激励学习动机的直接陈述,以及有意引起学生对学习领域产生积极态度、观点与期盼的评论等。

然而,这些方法仅仅告诉学生,如果他们探索该领域,就会获得有用的经历。认知模型把这些经历看起来与感觉起来的样子展示出来。好的认知模型应当不仅带来满足任务要求所需的策略,而且要带来审美体验、个人满足感、获得新见识的欢欣、重温旧知识的快乐,以及在激励学习中欣赏新内容、享受好处并获得乐趣时的其他感受。在学生获得所需的图式后,就可以开始预测、提升、体会通过利用这些教学领域所提供内容获得的好处和乐趣(Bryant & Veroff,2007;Gresalfi,Martin,Hand & Greeno,2009)。

辅导(coaching)。为指导学生完成任务,教师提出的课前准备要求、提示和线索,以及在学生完成任务后进行的反馈,能够告诉学生应该做什么、避免做什么。但是这样的辅导也能够让学生对活动产生热情,帮助学生体会到从活动中获得的满足感,促进学生对学习性质和进步的认识。**欣赏导向型辅导**帮助学生在学习时,从他们的见解中获得满足感,形成见解之间的联系,或者在学习所获得的见解中得到启示(如,通过引导学生对剧中人物的性格或动机的重要方面进行思考,夸赞学生对剧中人物所形成的认识,或邀请学生根据自己形成的认识预测该剧的结果,或让学生告诉我们莎士比亚有关人类境遇的看法等方式)。

支架化(scaffolding)。导师也要为形成初学者某一领域的专业技能提供支架化帮助,并随着其专业技能的提高,逐步把指导学习的责任移交给他们自己。"支架化"包括让学生重视该领域,并从该领域获取满足感(随着学生参与活动动机方面的掌握,逐步把激励管理的责任移交给学生)。

欣赏导向型支架化开始于:(1)首先,**选择合适的学习活动**;(2)接下来形成架构体系,告知学生活动的目标以及学生的可能预期;(3)通过陈述以及疑问的方式提供**辅导**,让学生关注教学经历所带来的好处与满足感(即帮助学生欣赏活动带来的益处);(4)通过反馈,鼓励学生重视自己所获取的专业知识。**欣赏导向型反馈**不仅仅要提供关于结果的知识,而且还要提供对学生的反应或者成绩的质性特征的评论。尤其是对那些可能反映出在未来会继续追求的兴趣和才能的特征,更需要对其可贵之处进行一番评论。在恰当的时候,也可以在进行最初反馈后,问问学生为什么选择一般方法,或者他们如何能够让目前所取得的成就更进一步提升或更加具体化。

这些支架化形式潜移默化地传递了一个概念:学生不仅在做有价值的事

情,而且这一过程是具有严肃的目的、代表知识技能的增长,并具有个性的审美品质的。表 9.4 说明,为学生学习提供支架化的过程中,欣赏导向型示范、辅导与反馈如何应对学习的动机层面和认知层面。

表 9.4　理论图解:为最佳学习的认知层面和动机层面提供支架化

认知层面	动机层面
	示范
为学生传授关键思想与示范策略,使他们学习这些思想并将之应用到真实情境中。	传达教学内容值得学习的理由,即何时及为什么会用到这些学习内容?当用到该内容时,看起来或感觉起来是什么样的(将个人在知识、艺术、技艺等方面发展的自我监督和欣赏用语言表述出来)?
	辅导
在学习过程中的每一步,引导学生关注重要方面;采用提问或提醒等手段,帮助学生完成该过程,并克服暂时的混淆或避免努力方向不对。	通过提高学生对所学领域以及自身在该领域专门知识与技能的发展的欣赏,为他们提供目标提醒和后续步骤的线索。
	反馈
及时就学生反应的正确性做出反馈;解释错误的原因,以及如何避免或纠正错误;进行自我监督和评估的能力建设。	通过反馈,让学生注意到自身知识或者技能的增长,预测与预防问题能力的提高,或顺利纠错能力的增强;让他们注意到自己的学习成果中的艺术或者技艺标志,或者表明个人在该领域独特风格的个性"签名"。

杜威与变革性体验

约翰·杜威的著作(John Dewey,1938,1958)激发了现代动机理论与研究方法。这些方法中,教师可以干预学生学习知识的过程,以便获取变革性体验。变革性体验是指当我们学习到知识并能以新方法看待世界某个方面时产生的体验,从中我们可以发现新意义,并珍惜该体验。例如,如果某人邂逅莫奈的画成为一次变革性体验,那么他就可能对世界有更丰富的感知。他可能会更加关注光线、阴影、颜色;总之,就是通过莫奈的视角看世界。新杜威动机理论家不仅认为与核心思想的碰撞也具有这种潜力,还研究出了设计变革性学习体验的方法(Girod,2000;Pugh & Girod,2007;Girod & Wong,2002;Girod,Rau & Schepige,2003;Wong et al.,2001)。

2002 年,普(Pugh)将这些思想运用在高中理科教学中,其方法的显著特征是示范与支架化。他先邀请学生谈论自己最喜欢的动物,然后开始讲有关适应与进化的动物学单元。然后,他分享了自己与野生动物相遇的一些经历,并播放了遇见驼鹿以及灰熊一家的视频短片。接下来他告诉学生,自己对动物很痴迷,并将在下一单元让大家更好地认识动物。他解释说,……每个动物……都能在某一特定环境中生存和发展。当你认识了动物怎么适应环境,就会发现每个动物都是一种神奇的造物(原书第 1108 页)。

为了激起学生在了解"适应"这个概念后,对"用激动人心的新方式看动物"这个事情的期盼,他提前做了铺垫,告诉学生他们将认识到北极熊就是一个行走的"温室",而普通的猫也是大自然的奇迹。他还补充说,每个动物的身体里都隐藏着一部历史记录,而进化就是让我们阅读到这一历史记录的透镜。

普在记录日常所观察到的动物适应的例子以及收集有关适应的问题时,常常会构建思维模型(例如,看见一群加拿大鹅时,他就会想它们黑色的头与白色的颈是否是为了适应环境)。他还用学生的鞋子作比喻,阐释形式、功能以及环境的相互关系,从而对他们在最初观察与谈论动物时所做的尝试进行支架化,随后再指导学生在查看动物照片与视频时,找到反映动物适应性的外貌与体态特征(例如,可使它们成为更加成功的掠食者或使其他掠食者更难抓到它们的特征)。他还鼓励学生注意并记录在课外观察到的动物适应迹象。分析表明,与使用案例方式教学的同类课相比,具有变革性体验的班级更充分地掌握了重要思想(适应与进化)。他们更频繁地谈论变革性体验,注重在课堂外加以应用,并对相关的变革性体验进行陈述。这些学生发现,那些关键概念既有趣味又有价值。

作为老师,你的潜在目标之一就是要让自己教的所有重要思想对学生产生变革性影响。如果心流体验是技能内在动机应用的最终表现形式,那么变革性体验就是思想内在动机应用的最终表现形式。

将学习动机社会化为一般性倾向

每个人都有着独特的动机体系,这一动机体系是在个体对于自身经历以及生活中重要他人社会化影响的反应当中形成的。教师就是学生个体生活中的"重要他人"。教师可以做的,不仅是设计与学生当前动机体系相适应的课堂活动,更重要的是可以通过社会化发展学生的学习动机,并影响其动机体系的形成。教师可以将学习动机社会化为一般性倾向,同时也可以在特定教学情境下,通过促成学习动机和当前存在的其他动机的相关性,激发学生学习动机的形成。

营造有利于学习动机社会化的环境,有以下三种一般性策略。这些策略的核心在于帮助学生理解,课堂主要是学习场所,且获得课堂上传授的知识和技能可以提高其生活品质(而不仅仅是提高分数)。

教师示范自身的学习动机

教师在与学生进行的所有互动中,要向学生展示你自身对于学习的兴趣。这种示范能鼓励学生认识学习作为自我实现活动的价值,认识学习可以带来个人的满足感和生活的丰富性。教师除了讲授教科书上的内容,还要让学生关注课堂所学在日常生活、当地环境或当前时事中的应用,与学生分享你是如何思考课堂知识的应用,并告诉他们受过良好教育的人是如何使用学校里学习的概念去理解、应对个体日常生活中经历的事情,以及如何看待其他地方发生的相关事件。

在这一过程中,教师不宜说教。要用你的个人经历向学生说明,如何利用文化知识在重要生活情境中进行有效的沟通和表达,如使用数学或科学知识来解决日常家庭工程问题或修理问题,或使用社会科学知识来理解旅途所见或理解重要新闻事件的意义。通过这种示范,帮助你的学生逐渐认识到,能够理解(甚至仅仅是发问、思考或预测)周围世界发生的事件,是一件既令人兴奋又令人满足的事情。

示范大多发生在日常教学中。示范可能是潜移默化的、间接的,但如果能持续表现出来，它将对学生的态度和观念产生累积影响。对学习好奇心和兴趣进行示范的一种重要方式，就是回答学生的提问。学生提出问题，通常说明学生对该话题感兴趣并进行了积极的思考，而不是仅仅被动接受。因此，要时刻准备回答学生的问题，并在回答时让学生感觉到教师对他们提出的问题很重视。例如，可以首先感谢学生的提问或对其提问提出表扬："拉托尼亚，你这个问题问得很好。波士顿人将茶叶倒入海中，这看起来的确很奇怪，不是吗？"然后回答该问题，或将问题抛给整个班级："各位同学，你们怎么看？波士顿人为什么将茶叶倒入海中，而不是带回家呢？"

对于那些无法给出现成答案的问题，教师也可以在回答过程中进行好奇心的示范："我从未考虑过这一问题。他们为什么不把茶叶带回家呢？他们肯定是早就决定不偷这些茶叶，而是将其倒入大海。这是为什么呢？"这时候，教师可以继续把想法说出来，或让全体同学提出自己的看法。如果没有学生准备好回答这个问题，教师可以提出一些解决该问题的策略。比如教师可以承诺回去查找答案，然后再向学生解答；或者采取更好的做法，就是让学生去图书馆或在互联网上查找答案，然后向全体同学汇报结果。

另外一种对学习好奇心和兴趣示范的方式，就是将自己课外生活的信息告诉学生。比如你读了一本书、一篇杂志文章或一篇报道，很感兴趣，就可以把它告诉学生。如果学生也感兴趣，就可以会阅读（最好让学生可以借阅到这些书籍、报刊）。另外，将有教育价值或文化价值的电视节目、博物馆展览或其他具有教育或文化价值的特殊活动的信息告知学生。

教师还可以通过在课堂里不经意间的评论，向学生示范自己对学习的好奇心和兴趣。这样的示范用不着反复絮叨，只要让学生知道教师定期阅读报纸（"我在报纸上读到……"）、看新闻（"昨晚，新闻上说……"），并且参加各种教育和文化活动，就可以达到目的。教师可以让学生知道自己认真对待并参加选举、了解最近的时事动态，或者以其他方式向学生表明自己是积极思考、渴求问题答案的。

例如，一位初中教师在安排学生阅读最新时事动态的作业中，运用了示范的方法。他首先告诉学生，自己定期阅读社论文章，对有些社论的观点，他是赞同或反对的，但这些观点总是会启发他自己的一些思考。接着，他就即将举行的一次峰会进行讨论。他说自己最开始时对该峰会持悲观态度,但通过阅读报纸、观看电视节目对其加深了解后,他变得乐观起来。从这里,他又引出有关美国和其他国家在峰会议题上立场的讨论。教师接下来说,尽管他在当天讨论的问题上表达了自己的立场,但是通常不会对班级课讨论涉及的问题发表意见,目的是鼓励学生进行独立思考,同时防止持不同观点的学生不敢发言。他的做法很可能使自己的学生对报道时事的报纸文章和电视节目产生更大的兴趣,并教给他们一种积极地有思考地看待这些新闻来源的模式。

向学生传递理想的预期和归因

在日常教学中,教师应定期向学生传达自己的态度、观念、预期和归因(有关学生行为原因的说明),从而使学生拥有和教师一样的学习热情。只要教师把学生当作渴望的学习者来对待,他们就可能成为如饥似渴的学习者。教师应告诉学生自己对他们的期望,即希望他们充满好奇心,渴望学习并理解所学内容,渴望将所学内容应用到日常生活中(Marshall,1987)。

这至少意味着,教师不能暗示学生不喜欢学习活动,或只为获得好的成绩才学习。更直接地讲,这意味着教师应将学生视为重视学习、努力学习并理解所学内容的有动力的主动学习者(Blumenfeld & Meece,1988)。

例如,一位小学教师这样告诉学生自己对他们的积极期望:她打算把他们培养成"社会学家"。她频繁地通过类似的以下评论来传达这一思想,如"由于你们是社会学家,所以你们应该认识到,将该区域描述为热带雨林意味着这里种植的庄稼应该是哪些种类",或"假设你们是社会学家,从这一信息中,你们能得出什么结论呢"。除了能够引导学生使用学科规范来处理证据并得出结论之外,这样的评论还能鼓励学生认同社会科学学科,并将其所学与课外生活联系起来。

下面再举一个教师教学生带余数除法的例子。

教师:如果将 18 个环分组,每组 3 个环,那么一共可以分成几组?

安东尼:6 组。

教师:6 组,回答正确。我们可以说,每组 3 个,一共 6 组,共计 18 个,对吧?好,现在假设我们拿走 1 个环,那么还剩几个环?(一些学生回答:17 个)17 个。

下面呢,我要请一名同学来将这 17 个环分组,每组 2 个环。一共有几组?

布伦达:8 组,外加余下的 1 个环。

教师:那么能不能把这个余下的环放入 8 组中的一组呢?(布伦达摇头)不能。所以,我们将环分成 8 组,每组 2 个,我们得到什么结果呢?

布伦达:剩下 1 个。

教师:剩下 1 个。好,在数学上这个剩余的东西叫做什么呢?

莱尔:余数。

教师:没错。所以,这个问题变得更加有趣了——因为,结果中有了一个余数。

这位教师在讲解带余数除法的过程中,社会化了学生对数学的态度。她以正面的方式向学生导入余数这一概念,激起了学生对这种除法的兴趣和信心。而其他教师在讲解类似新难题的时候,却可能使学生感到挫败或者懊恼("现在不知道怎么做了,是吧?","这道题是有余数的,所以更难了")。如果不断这样说,学生就会认为除法是复杂难学的。

尽量少地表现焦虑

当学生有明确的目标(但不是很紧张)能够专注某项活动、不担心自己的表现是否能够达到预期时,其学习动机才可能最大程度地得到发展。要做到这一点,教师应明确区分旨在促进学习的教学活动和旨在评估绩效的考试。多数课堂活动应设计成为一种学习体验,而不是绩效评估。

如果学习活动包括类似考试的内容(背诵题、练习),教师应将该活动描述为一次学生学习且应用所学知识的机会,而不是考查学生对知识掌握的机会。如果教师希望学生从事学习活动时能够表现出学习动机(这意味着他们愿意承担知识风险、愿意犯错误),就需要避免学生对自己的表现产生焦虑或过早的担忧。

最终,你还是要评估学生的表现并为其评分。但即使是在此时,重点还是应该放在学习而不是表现上,并鼓励学生正确看待评估。例如,教师可以说"让我们看一下取得了哪些进步,并从错误中吸取教训",而不应该说"让我们看看谁会谁不会"。如果有必要,还应补充说明。例如可以说"我们在这里的目的是学习,学习就免不了会犯错",并提醒学生不要嘲笑其他同学犯的错误。

在具体学习情境下激发学生的学习动机

采用上述三种一般策略能够激励学生形成作为一般性倾向的学习动机。而后,教师还可以在日常创设的学习情境中辅以下具体策略,以促进学生对一项活动的教学内容产生学习动机。这些策略可以分成三类:形成学生学习预期的策略、激发学生学习动机的策略、支架化学生学习努力的策略。

形成学生学习预期的策略

如果学生认为学习是有趣或重要的,他们便更有可能产生学习动机。教师可以培养学生对学习的预期,可以在导入学习活动的过程中充满热情,或在解释特别重要的问题的过程中,使用密切沟通的方式。

时刻充满热情

教师的暗示可以影响学生对学习活动的态度。如果教师充满热情地讲一个问题或安排作业,暗示着该内容是有趣、重要或值得学习的,那么学生就可能会持有相同态度(Bettencourt, Gillett, Gall & Hull, 1983; Kunter et al., 2008; Long & Hoy, 2006; Patrick, Turner, Meyer & Midgley, 2003; Turner et al., 2002)。

展现热情并不意味着教师要发表鼓舞士气的动员讲话或做出虚伪的表演,而是要发现认为某一主题有趣、有意义或重要的充分理由,之后向学生讲授该主题的时候,将这些理由知会学生。教师可以采用戏剧性的或强有力的推销术,但前提是要觉得使用这些技巧很自然,否则的话就应该低调但是诚恳地说明自己认为该主题有价值的原因,这样做同样是有效的(Cabello & Terrell, 1994)。对一个主题做出简要评论,说明它是发人深省的,或证明它是有趣、独特和不同于以前所讲的主题,同样是可以的。展现热情的主要目的,是使得学生重视某一主题或活动,而不是为了使他们高兴、愉悦或激动。

一位历史老师充满激情地向学生介绍道,地中海在中世纪时是世界的中心。这激起了学生很大的兴趣。当时地中海的海港是重要的贸易中心,而像英格兰这样的地方只是文明的前哨站。但随着新大陆的发现和新的贸易文化中心的出现,这一切都发生了变化。这位老师在讲解中,参考了地图,介绍了当时的主要交通方式、有关人们态度特性的描述,以及他们对于其他国家和贸易机会的了解。

另外一位老师充满激情地介绍了一些历史人物,将古以色列生动地呈现在学生面前。例如,他描述大卫是杀了巨人歌利亚的人、耶稣的祖先,亚布拉罕带领人民进入应许之地,所罗门是智者、圣殿的建造者,摩西传达上帝的十诫、带领人民离开荒芜之地。课程包括在地图上找出以色列、耶路撒冷和西奈半岛的位置,推测圣殿是否有可能在近代耶路撒冷重建(他指出,所罗门圣殿所在位置旁边是一个重要的清真寺)。教师在讲解上述事例时,可以将自己对该主题的个人兴趣和详细知识融入其中,激发学生的兴趣,启发他们提出问题、发表看法。

教师的激情拥有巨大的潜在力量,从下面一段话可见一斑。这段话说明了为什么有的老师令学生永难忘怀:

"最吸引学生的当属这些教师讲课时所特有的激情,而其他教师在讲同样内容时却似乎漫无目的、十分无聊。令人难忘的教师会激起学生更多的渴望,让他们对于选择的学习任务不是只有被认同或某种回报的预期。为什么菲利普斯老师对微分方程这么感兴趣?为什么佩特里老师对十字军那么感兴趣?有时,就是在遇到这样的老师后,学生才会重新思考探索某一知识领域的内在回报。"(Csikzentmihalyi,Rathunde & Whalen,1993:184—185)

(选择性地)表现强烈情绪

教师应学会利用时机、非语言表达和动作、暗示以及其他的语言技巧,来表现一定程度的强烈情绪,从而让学生认识到相关教学内容尤其重要,应给予高度重视。首先,教师可以表现激励情绪,直接说明该知识点的重要性(如"下面,我们开始学习如何求分数的倒数。请注意我所讲内容,理解何时求分数的倒数、为什么要求分数的倒数、如何求分数的倒数")。然后,教师讲解该知识点,此时可使用一些能反映强烈情绪、引起学生注意的技巧。如放慢语速分步骤讲解,在此过程中应强调一些关键词,使用不常用的抑扬顿挫语调或夸张的动作,从而使学生注意到关键点或步骤。每讲完一步,教师要扫视全体学生,看看他们是否已理解所讲的内容、是否感到疑惑(并给大家立即提问的机会)。除了语言以外,还可使用语调和动作来告诉学生,所讲内容是重要的,是应给予充分重视的,并询问大家是否有不懂的地方。

教师不能总表现强烈情绪,因为即使教师能够保持这种情绪,学生也会逐渐习以为常,从而使其失去效果。因此,要把强烈的情绪留到必要的时候使用,从而使其能够向学生传达"这一知识点特别重要,需要充分重视"这一信号。以下情形可以使用这种强烈的情绪:介绍新的重要术语或定义(尤其是学生可能混淆的术语和定义)时;演示操作流程时(如美术课上准备水彩、排球的发球或科学仪器的操作);问题解决技巧的示范,尤其是在说明任务要求时;以及旨在消除错误认识的教学时(因此需要让学生认识到,即使他们认为已经理解了,但他们所掌握的"知识"仍然可能是错误的)。在常规情境下,夸张的强烈情绪是不那么合适的。教师在讲解新的内容或复杂内容的时候,放慢语速并注意学生是否听懂或有问题,才是明智的。

激发学习动机的策略

无论是否有外在激励、内在兴趣或其他影响动机的因素发挥作用,教师都需要激励学生学习课程或活动旨在传授的内容。这就需要在引入和实施教学活动的过程中,要保证自己和学生都能以目标为导向,即传授的知识和技能应促进学生的理解、对价值的认识和在实践中的应用。

认识课程目标,有助于引导教与学。要时刻牢记每项教学活动旨在达到的主要学习目标,以及该目标是如何融入到整个课程设计中的。这将使教师能够做出良好的决策,决定侧重哪些内容、如何安排教学、从而使学生认识到该内容的价值,并能够在课内外对其加以应用。

同样,明确学习目标有助于学生把重点放在关键思想和应用之上,从而能够有目的地学习。如果学生能够认识到自己的学习目标,那么他们就更有可能监督自己的学习进步,在必要时寻求帮助,坚持不懈,直至把要学的内容弄懂。同样，如果教师讲课清晰易懂，那么学生就更有可能觉得所学内容有意义、有价值 (Mottet et al., 2008; Seidel, Rimmele & Prenzel, 2005)。

这一切的前提是，教师的课程和活动侧重于重点教学目标，且讲授方式应以促进学生达到预期结果为目标。教师应执行第2章中所概述的一些原则，即以目标为导向的规划、根据重点目标调整教学内容、围绕深入介绍的核心思想安排教学内容，以及侧重真实活动和任务。在使用上述方法创造的背景下，教师可以运用以下策略来激发学生在特定情境下的学习动机。

引发失调或认知冲突

如果学生对某一主题很熟悉，那么他们可能就会认为自己已经了解，以至在听讲或阅读材料时不认真、不动脑。为了避免这一问题，教师可以指出教学内容中出人意料的、不和谐的或看似矛盾的方面，让学生注意其中特别的或奇异的元素，或指出常规以外的特例，鼓励学生解开悖论背后的"谜团"。一位老师讲解有关中世纪的一个单元的时候，使用了上述一些原则。他告诉学生，学习的内容是"我们的祖先"，他们不认识字，并迫害与自己宗教信仰不同的人。然后，这位教师拿穆斯林和基督教做比较。他告诉学生，穆斯林教徒的祖先在数学、科学上都有很高的成就，并修建了图书馆，这与当时的多数基督教国王和贵族目不识丁形成了鲜明的对比。他的学生多数信仰基督教，这样就会使学生开始认同并欣赏中世纪穆斯林文化，而不是仅仅视其为基督教十字军的不共戴天的敌人。

一位教师采用"失调"(dissonance)来刺激学生对波斯帝国的好奇心。他向学生指出，被大流士征服的人们十分拥护大流士，然后让学生猜测这究竟是为什么。另外一位教师在介绍特洛伊战争的时候，告诉学生们将看到"一匹木马是如何让希腊人在与特洛伊人的一场重要战争中获胜的"。还有一位教师介绍有关罗马帝国覆灭的视频时指出，"当时导致罗马帝国衰亡的因素现在已经在美国出现了。你们在观看这段视频的时候，请注意对比当时的罗马和现在美国的情况。"

美国历史充满了教师能够用来展现失调的事件，对以前只接触过被美化的历史的那些学生来说尤其如此。例如，血泪之路、二战期间对日本人的拘留、中情局参与颠覆外国政府等,都让人大跌眼镜。如果这些事实不只是以历史的形式呈现,而是作为学生的讨论内容,即讨论这些事件是否在今天还会发生,或这些事情对政府政策可能产生哪些影响,就更加有意义了。

学校课程中有许多类似这样的"奇怪而真实"的现象,尤其是在数学和科学课上。教师如果能让学生注意到这些现象,那么学生就会问自己"怎么会这样呢?"否则,他们只会把这些材料当作需要学习的新信息,甚至不会注意到它们与此前学到的知识也许是矛盾的。

概念变化教学(conceptual change teaching)。有时,学生以往的学习中包含不少对于重要概念的错误理解。例如,科学课上有关植物的单元,通常都会强调植物由于光合作用而成为食物生产者。学生在开始时,对光合作用的过程知之甚少,但对人的食物却了解很多。他们知道:"食物是用来食用的东西","来自外部环境","有许多种类"。这一知识使得学生对"植物的食物"产生了扭曲的理解,以为"植物的食物"与"人类的食物"是类似的,因为"植物的唯一食物来源是由它们自己生产的(植物将太阳的光能与二氧化碳、水和矿物质进行结合,从而使光能转化成化学势能储存在食物中)",土壤和肥料(即使后者被称为"植物的食物")却没有被当作植物的食物或能量来源。

为了理解"植物的食物"这一概念,学生必须调整对于食物性质的概念,把重点放在其科学定义上(即"食物是新陈代谢的势能"),而不是根据以往的经验,将其类比为"人类食物"的概念。1982年,波斯纳、斯特莱克、休森和杰佐格(Posner, Strike, Hewson & Gertzog)指出,要想引导学生改变对某一概念的理解,必须满足四个条件:(1)必须使学生对当前概念产生不满;(2)新的概念必须易于学生理解;(3)最初看似合理;(4)似乎会产生丰硕成果。以上就是支撑我们熟知的**概念变化教学**的一些思想(Echevarria, 2003)。

1989年,安德森和罗夫(Anderson & Roth)采用概念变化教学,帮助初中生理解植物的食物生产。他们首先让学生对食物和植物的食物进行定义,然后回答问题。这使得教师能了解学生对这些概念的最初理解是什么样的,也能使学生更加注意这些概念。接下来,教师向学生解释定义食物的不同方法,包括其科学定义。然后提出问题(如"水是否是食物?果汁呢?维生素片呢?人只吃维生素片是否可以长存?为什么能?或者为什么不能?"),从而使学生认识对食物的全新定义是如何来解释日常现象的。他们还让学生写下自己的一些想法,例如植物是如何获取食物的、植物使用什么类型的食物,并要求学生将食物进入植物体内的过程以图形的方式表达出来。

随着学生对有关植物及食物生产的知识增多,他们开始频繁回顾以前的练习,就科学释义与学生既有知识进行对比。学生们对植物进行实验观察,讨论植物和动物之间的异同,比较在光合作用中植物所吸收的物质和生成的物质,比较人类所消耗的含有能量的物质和不含能量的物质。这些活动有助于学生将自己的思想与科学概念进行关联,运用新形成的概念来预测日常现象,并得出更加令人满意的解释。

凯斯琳·罗夫(Kathleen Roth,1996、2002)将概念变化教学模型运用于历史课教学,并指出这一方法可以运用到任何学科。关键的步骤包括:

1. 设置能吸引学生兴趣的问题让学生回答或者解决,然后让学生就该问题发表自己的观点(学生会发现,其他同学会有很多不同于自己的观点);
2. 让学生探索与问题相关的现象(最好通过实践经验让学生思考自己以前的观点是否正确),使其能够仔细思考自己的观点、收集新的证据,然后考虑自己最初的观点是否合理;
3. 一旦学生认识到需要新的观点,教师应给出科学解释,并鼓励学生将新的观点与以前的观点进行比较,并根据证据确定新的观点是否合理;
4. 让学生使用科学概念来解释现实世界中的一些问题;
5. 让学生思考自己的观点发生了怎样的变化,并探求新学的科学观点与其他观点之间的联系。

2002年,亚历山大、费伍斯、布尔和穆尔赫(Alexander,Fives,Buehl & Mulhern)将概念变化教学中的一些内容纳入初中科学课所使用的"说服教学"(teaching as persuasion)模型中。教学内容仍然是传统的有关伽利略对于天体运动的研究,结论仍然是地球围绕太阳转而不是太阳围绕地球转。但是课程以研究形式进行组织,从力图解决一个能够激发学生动机的问题入手,即"如果科学证据会导致混淆或骚乱,那么是否应避免公众接触到这些科学证据?"。在课程内容的设计上,将重点放在了尽管面临嘲笑和流放,仍不屈不挠地宣传这一科学发现的伽利略身上。课程设计了角色扮演,让学生们分别扮演彼此冲突的人物,包括伽利略、托勒密、哥白尼、教皇乌尔班八世或红衣主教贝拉明等。学生在读完一些材料后,写下自己的感想,并且重新评估自己最初对这一问题的看法。这一过程应该是连续的。与传统授课的班级相比,使用说服教学的班级学生对教学内容的理解更深,学习兴趣也更浓厚。

使抽象内容更加个性化、具体或熟悉

除非使定义、原则和抽象事物更加具体,否则它们对学生几乎没有什么意义。要使其具体化,一种方式就是将它与一些经历或轶事相联系,使学生了解这些抽象内容如何应用于他们感兴趣或可能认同的人物的生活。

例如,一位初中老师在介绍古代奴隶制的时候,将讲述的内容个性化,选择了有关斯巴达克斯的短文并大声朗读给学生听。在讲十字军东征时,他重点讲了儿童十字军东征,指出参加十字军的这些儿童"和你们年龄相仿甚至更小",而多数儿童在十字军东征以失败告终前便已战死。这位老师还将当代伊朗与其进行比较,告诉学生是当代伊朗的宗教狂热,使得许多青少年自愿卷入战争中。另外一位教师在介绍中世纪行会的时候,讲述的内容活灵活现。他告诉学生,如果他们生活在中世纪并想成为熟练工人的话,就必须在孩童时代离开家,并花七年时间在老师傅手下当学徒。老师在介绍完以上内容后,再看看学生会有什么反应。

通过演示或展示实物、图片、视频使抽象事物具体化。例如,学生在学习某一国家时,老师除了讲这个国家的物理特征和产品之外,还应介绍该国的人民和文化,让学生了解该国是什么样的,并想象在这个国家如何生活。还可以考虑向学生介绍一些以该国为背景,或描述这个国家典型家庭成员一天或一周生活的儿童读物。

使用学生熟悉的概念、事物或事例,要求学生将新知识或陌生的内容与已有知识进行联系(或类比)。例如,我见过一些老师在教学中建立过以下联系:

- 尼罗河洪水泛滥及其对埃及习俗的影响,与密西根河春涝及其对当地风俗的影响;
- 古代埃及的方尖碑与现代的华盛顿纪念碑;

- 最大的罗马竞技场的面积与三个现代圆顶足球场的面积；
- 发现班级中的学生(或某些名人)属于教学内容中古老民族或地区的后裔；
- 将学生的姓与行业联系起来(Smith,Tanner,Miller,Baker)；
- 气候与花卉培植以及乳牛养殖的相关性,荷兰人纷纷前往密西根霍兰地区的原因；
- 罗马农神节习俗与现代圣诞节习俗的相似性；
- 通过介绍当地属于兰辛市庄园的周围土地(兰辛市庄园受到"底特律国王"保护并向其纳税),向学生解释中世纪社会和政治体系的运作方式。

教师应把课本看作是讲课提纲,而不是全部课程内容。例如,我研究的一篇课文讲的是俄罗斯退出第一次世界大战的原因,文中只说"大革命来临,新政府建立"这句话无法使学生认识俄罗斯革命,并在头脑中形成相关事件的图像。为了使学生做到这一点,教师可在课文的基础上进行解释,说明共产党人和其他人士为什么以及如何组织对沙皇政权的政治抵抗和军事抵抗,并最终杀死或驱逐沙皇家族成员和重要官员,成立新政府。这种对课文的解释,让学生可以用自己的话对这一事件进行有意义的解释,因为他们可以将其与已有知识进行联系,并在头脑中形成事件的图像。这样,学生就可以积极地处理学习内容,而不是简单地死记硬背了。

上面的例子还说明了使内容对于学生更加具体和个性化的另外一种方法:通过讲故事(或至少以叙述方式进行表达)来达到戏剧化的效果。与论述或客观说明的方式相比,叙述方式能更好展现故事的某些主要特征,包括塑造中心人物、介绍实现目标的冲突或阻碍目标实现的剧情、铺垫成功或失败的结局及其对以后事件的影响。1990年,艾甘(Egan)在一篇文章中介绍了叙述对于发挥学生想象力的作用。他指出,8—15岁的学生对叙述这一方式十分敏感,尤其是他们在了解英雄人物为了某项伟大事业或匡扶正义而努力抗争的那些激励人奋进的戏剧化故事时。这种叙述性方法不仅可以于用语言艺术和历史学科,还可以用于数学和科学课程(比如讲述努力解开数学难题、破解科学谜团或做出重大发明的故事)。

教师可能需要调整课程,以确保组织课程时充分考虑到男女平等,以及与学生不同的民族和文化背景建立起适当的联系。如果让学生认为学校课程是关于"他们"的而不是"我们"的，那么他们就会感到被孤立，并且失去学习的兴趣(Alton-Lee, Nuthall & Patrick, 1993; Epstein, 2009)。因此，教师在上历史课的时候，除了介绍政治和军事事件以外，还要充分关注社会历史、女性的作用和普通老百姓的生活，并介绍有关它们的意义和影响的不同观点。同样地，教师介绍有关文学、传记、艺术、科学、社会和文化的材料时，也应充分关注女性和少数族裔的贡献(尤其是班级中学生所代表的少数族裔所做出的贡献)。

将与讲课内容相关的研究任务布置给学生的时候，应给予学生选择重点研究的传记主题、文献内容或历史事件的机会。这样，学生就可以研究他们感兴趣的内容。而学生感兴趣的原因，在一定程度上是因为这些内容所涉及的性别或文化身份问题，对其具有非常重要的意义。

引发任务兴趣或理解

教师可以通过向学生解释某主题或活动的价值，引发学生对主题的欣赏。如果该主题或活动与学生认为有趣或者重要的方面有联系，那么教师应指出这些联系。如果所教的知识或者技能可以应用于日常生活，那么教师应指出这些应用，尤其是那些可以使学生解决重要问题或实现重要目标的应用。此外，教师还可以告诉学生，他们可能会碰到活动中哪些新的或具有挑战性的方面。

有时，对于所学内容的重要价值，教师可以不直接告诉给学生，而是让学生回答问题或处理问题，而回答或处理问题用到需要所学内容，从而让学生自己发现所学内容的重要价值。这种方法最适用于数学、科学原理和流程等内容的讲授。数学和科学原理大都是人们在试图理解某些重要现象或解决某些现实问题过程中产生的副产品。在此之后，有关这些原理的其他应用就会不断增加。教师在引入和推导这些原理时，就可以利用这些应用。

艺术和人文学科的知识通常无法找到直接的现实应用，但是它们却有助于人们对人类有关自我认同和自我实现的境遇和进步形成的深刻见解。例如，无论是虚构的还是真实的故事，教师都可以通过讲故事，提到学生所认同的永恒困境或常见问题。这些故事之所以具有价值，不仅是因为它们可以为学生带来充满乐趣的文化知识，还因为它们可以带来案例研究和精神食粮，让学生面临诸如恐惧、愤怒、嫉妒、忠诚冲突、道德困境或者其他强烈感情的情境下,思考各种可选择的应对方式的利与弊。给学生讲这些故事的时候,要鼓励他们把自己放在主人公或其他重要角色的位置上,然后站在这一角度思考可以如何处理故事中的各种情况。在介绍艺术作品的时候,教师应帮助学生理解艺术家对主题的解读,以及帮助学生形成自己的解读,并思考自己如何进行艺术表达。

教师向学生介绍过去的人们或其他文化中人们的信息时,可以通过让学生认识这些人的经历与学生自己的地理和文化经历存在的反差,使这些信息对于学生更加有意义。例如,一位初中老师为了鼓励学生阅读古希腊法律制度方面的内容,告诉学生古希腊法律制度与西方当前的法律制度在许多方面十分相似,但要求的陪审员多达 501 人。这位老师鼓励学生学习希腊地图的时候,告诉学生,虽然希腊国内任何一个地方距离大海都不超过 40 英里,但弯弯曲曲的边境使它的海岸线长度超过了绝大多数国土面积比它大的国家。

1986 年,希凡和罗勒(Sivan & Roehler)对小组阅读教学中老师对活动的引入进行研究。他们发现,老师介绍活动的时候,如果强调该活动本身的价值或该活动所教的知识或技能的价值,那么学生从事该活动的时候,就会觉得该活动更有用,他们对于学习策略和进步的元认知意识也更强。1992 年,萨松、韦尔、哈普斯特尔和摩根(Sansone, Weir, Harpster & Morgan)以及 2002 年里夫、江、哈德里和奥姆拉(Reeve, Jang, Hardre & Omura)指出,教师在明确告知学生课本内容的价值后,也能够产生相似的益处。

1987 年,凯勒(Keller)提出提升学生对课程内容相关性或价值认识的六条策略:(1)将课程内容与学生已有的经历、技能和兴趣联系起来;(2)强调课程内容当前的价值(学生如何在当前的生活中使用该内容);(3)强调学习内容未来的用处;(4)将课程内容与学生的具体需求相联系;(5)给学生自主权和选择权,允许学生决定如何实现目标;(6)通过亲自示范课程内容的价值或让毕业生现身说法的方式来进行示范。

1995 年,弗里米尔和舒尔曼(Frymier & Shulman)提出了有助于学生认识学习相关性或价值的十二条策略,并让学生给出他们的老师使用上述这些策略的频率:

• 使用例子来说明学习内容与我有关;

- 通过解释来说明学习内容与我有关；
- 通过练习或解释来说明内容的重要性；
- 直接说明该内容怎样关系到我职业生涯的目标和日常生活；
- 将内容与其他方面的内容进行联系；
- 让我将内容应用于我的兴趣；
- 布置可将课程内容应用到我的职业兴趣的作业；
- 帮助我认识课程内容的重要性；
- 用教师自己的经历来引入或证明一个概念；
- 用学生的经历来证明或引入一个概念；
- 通过讨论来帮助我认识主题的相关性；
- 通过时事来应用某一主题。

研究表明，教师更多采用上述策略的时候，学生表现出更强的学习动机(Frymier,2002)。

弗里米尔还报告了几个做法却相似却未能产生明显效果的例子。她通过这些例子观察认识到，学生有着不同的需求、兴趣和个人目标，因此，教师试图强调某一学习活动相关性或重要性的努力，并不能说服所有的学生。此外，我还想补充一点，不同的学习活动，其潜在的给予性和应用性也不尽相同。因此，在多数学生看来一些学习活动是相关的、重要的（前提是老师运用合理策略使学生认识到这一点），而另一些学习活动可能就不具有太大的相关性或重要的目的性(Legault,Green-Demers & Pelletier,2006)。

2000年纽顿(Newton)指出，要帮助学生认识到学习内容的价值，通常需要老师把该内容放到宏观背景中，从而帮助学生看到所学内容与宏观背景的其他方面的联系。如果学生们孤立地学习该内容，则是看不到这种联系的。要做到这一点，教师可以提出一些相关问题，唤醒学生已有的相关知识，并在讲授前的铺垫部分告诉学生该内容可以满足的人类需求。例如在讲授基因单元的时候，教师可以与学生讨论，在奥地利遗传学家孟德尔之前有关遗传方面的观点，孟德尔的发现对我们认识遗传机制产生了哪些影响，以及他的发现怎样最终导致了植物杂交、克隆、人类基因组计划和其他基因知识在当前的应用。

引导学生形成自己的学习动机

教师可以通过让学生从自己的兴趣或看法出发,来思考有关主题或活动,使他们形成学习动机。例如,可以让学生提出自己希望获得答案的问题,或让他们讲出自己阅读过程中发现的令人惊讶的内容。这些技巧有助于让学生认识到,学习动机必须发自内心——学习动机是学习者的属性,而不是活动的属性。

1983年,奥提兹(Ortiz)向学生强调说,他们对于一篇课文的动机反应(感觉有趣或无聊)不是课文本身决定的,而是学生主观决定的。为了说明这一观点,她让学生做一些活动,例如想想如何使翻阅电话黄页变得有趣,阅读一篇课文然后分享它是否有意思的感觉,或觉得课文有意思(或没意思)时分析自己头脑中的想法。这些活动能使学生认识到自己必须主动产生兴趣,并掌握产生兴趣的一系列策略。

一种受欢迎的引导学生产生学习动机的方法是 **K-W-L 法**(Ogle,1986)。K-W-L 法通过让学生回忆相关背景知识,并进行有目的有成就感的学习来促进教学。K-W-L 法有以下几个步骤:首先,学生在开始学习某一主题的内容前,先写下他们已知(Know)(或认为自己已知)的内容以及他们想要(Want)学到的内容。也可以采用老师引导小组活动的形式,公开列举学生的回答。

下一步是在主题学习过程中进行的。老师在教学中,解决了学生已知(K)内容暴露出的错误理解,给出(或让学生自己找出)想学(W)内容的答案。

最后一步(也是学习过程的高潮),将学会(Learn)的内容写下来。此时,学生也对自己在前两个步骤中已知(K)和想学(W)的内容进行了回顾。如果他们发现自己已知知识有一部分并不正确的话,就会对早前写下的相关已知内容进行部分修改。

1998年,斯派斯和唐勒(Spires & Donley)指出,允许学生写下个人既有知识,可以鼓励学生建立有关学习内容与其兴趣和目的的相关性。他们建议在教学过程中,应让学生学会注意个人的反应、由课程内容联想到的事物,或该内容与其他知识或经历的联系。使用这种方法的学生,对所学课程材料的理解和态度,都相对好于未使用该方法的学生。

支架化学生学习努力的策略

除了动机策略外,还需要使用支架化策略进行补充,因为正如布鲁曼菲尔德(Blumenfeld,1992)及其同事指出的那样,激励学生的学习动机不仅要让学生有课上,而且还要让他们愿意上课。如果教师能向学生提供有价值的学习活动并让学生认识到该活动的价值,那么就有了良好的开端。但是,教师还需要继续努力,向学生提出问题或安排任务,从而使学生们批判性、创造性地思考他们所学的内容;将所学内容应用到调查研究、问题解决或决策等活动中,并获得反馈。在这一过程中,教师可以在学生努力的基础上为其提供补充和支架化协助,即向学生明确学习目标、提供先行组织元素、构建任务相关的思维和解题模型,以及帮助学生在学习的过程中具有元认知意识,能够掌控自己的学习策略。

明确学习目标并提供先行组织元素

如果有明确的学习目标且围绕关键概念进行组织,那么学习概要者将记住更多所学的东西。所以教师引入教学活动的时候,应明确学习目标,并用概要性语言提供先行组织元素,以解释教学内容。上述方法可以使学生注意到参与该学习能带来的好处,并使学生建立一套学习定势,以引导他们做出合适的反应(Lane,Newman & Bull,1988;Marshall,1987)。在这里,"学习目标"一词的语意范畴大于"行为目标"或"教学目标"。有利于学生形成学习动机的"学习目标"范畴更广,还包括学生应掌握的可以应用于日常生活中的额外能力(知识、见解、应对策略)的目标。

讲课或引入一项活动的时候,教师应使学生明白他们将要做什么、为什么要这么做。这似乎是很自然的。然而,却很少有教师会系统性地这样做(Urdan,2001)。例如,纽比(Newby,1991)对30位小学1年级教师进行了为期4个月的观察,获得了大量有关课堂对话和活动的描述记录,然后针对集中注意力、强调相关性、建立信心和给予奖惩等四条动机策略的数据进行分析。结果显示,这些教师平均每小时使用10.4条策略,但其中58%是给予奖惩策略,其余的大多(27%)为集中注意力策略。只有7.1%是建立信心策略,7.5%是相关性策略，即教师向学生解释该学习内容的价值或为什么要学习该内容。由此可见，这些老师向学生介绍学习目的或价值每小时不足一次。

1985年，安德森、布鲁贝克、阿尔曼-布鲁克斯和达菲（Anderson, Brubaker, Alleman-Brooks & Duffy）发现，1年级教师在布置作业的时候，通常只是讲步骤要求，而很少提及该作业的目的和意义。只有5%的老师会告诉学生做这次作业的目的，也只有1.5%的老师会明确地描述学生要采用的认知策略。这些教师布置的作业也通常是低水平、重复性的，且几乎不向学生解释通过该作业会学到什么以及它与其他学习内容之间的关系。老师只是关注作业是否完成，并不关注学生理解所学内容的程度。

一位学生做完作业后，自言自语地说："我不知道它的意义在哪儿，但是我完成了！"这句话很好地概括了上述结果。许多学生（尤其是后进生）并不理解应该如何完成作业。遇到不懂的内容，他们既不问老师，也不通过其他渠道寻求帮助，而是满足于随便填写答案，或者从选项中随便选一个。例如，在判断题中随意回答正确或错误；做填空题时连句子都不读，就从选项中选一个词随便填上。后进生往往关心是否完成作业，而不在意是否弄懂了学习内容。优秀生能很好地完成多数作业，而不太关注是否按时完成。但即使是优秀生，也基本不理解所布置作业的目的是什么。

其他研究人员也发现了上述结果。1984年，罗尔肯帕和贝肖恩（Rohrkemper & Bershon）对部分小学生进行询问，内容是他们做作业时脑子里在想什么。研究发现，在受访的49名学生中，有2名学生只关心作业是否完成，45名学生关心作业是否做对，只有2名学生说自己尽力去理解老师所讲的内容。

如果想要学生意识到学习活动的目标，并认识到学习活动对促进个人成长、提高生活品质的作用，我们就需要使学生注意到这些目标和作用。而教师在这方面做并不够。例如，格林（Green, 2002）就动机策略问题对两名教师做访谈，并对他们的课堂教学行为进行观察。这两位教师在描述对动机的看法时，都提到了预期方面（例如使学生感觉良好、自信地学习）和价值方面（例如吸引学生的兴趣，并使学生认识到学习活动的重要性）但在每位老师大约15小时的教学中，提到有用性或重要性的次数只有3次。他们激发学生动机的努力主要集中在预期方面，而且大多在教学过程中点评个别学生时进行，而不是在引入活动时针对整个班级进行。

我的一项研究也得出了相似的结果(见表 9.3)。不幸的是,多数教师——即便是在其他方面做得很好的老师,在导入活动的过程中仍不能很好地激发学生的学习动机。

设计帮助学生形成和应用核心思想观点的问题和活动

在向学生明确活动目的和目标并介绍有关内容后,教师可以向学生提问并展开一些活动,来帮助学生通过处理和运用该内容来理解该内容。提问和活动的重点放在能促进学生反思所学内容、深入讨论学习意义和影响的那些部分。偶尔可使用练习来巩固必须记住的内容,或通过背诵检查学生是否掌握了支撑学习内容的基本知识点,并对错误观点进行纠正。但是,教师的问题不应局限于仅仅考查学生是否理解所学内容,还应促进学生思考所学内容,将其与以前知识相联系并清晰表达,同时开始探索它的运用(Turner et al., 2002;Turner,Meyer,Midgley & Patrick,2003)。

问题类型。教师提出的问题一般不应是让学生快速地做一遍练习或给出具体的细节答案,而是要通过问题使学生关注所学内容。要促使学生积极处理所学内容,通过用自己的话复述内容并思考其意义和影响,把内容"变成自己的"。提问的基本理念是围绕核心思想构建一个完整的知识网络,而不是为了让学生死记硬背各种信息。

文本框 9.3　教师的任务引入

1983 年,布洛菲、罗尔肯帕、拉希德和戈德贝格尔(Brophy, Rohrkemper, Rashid & Goldberger)对教师在初中阅读课和数学课上的教学进行观察,研究教师向学生介绍任务时形成的预期,与学生开始从事该任务后表现出的明显的参与度之间的关系预测。正如他们所预料的那样,如果教师介绍任务时传达出消极预期(该任务会很无聊或学生可能不会喜欢该任务),那么学生就会表现出较低的参与度;如果教师介绍任务时传递出积极的预期,学生表现出的参与度也不是最高的。事实上,当教师不进行任务引入而直接开始教学时,学生表现出的参与度是最高的。

(续前页)

后来,布洛菲和科尔(Brophy & Kher,1986)对数据进行了分析。结果显示,这些教师对任务进行的积极引入之所以未对激发学生学习动机产生太大影响,是因为:(1)积极引入不够频繁;(2)积极引入太短或过于粗略,无法产生既定效果;(3)即使产生了一定效果,却被教师可能对形成学习动机不利的言论所抵消。在教师的任务引入中,只有三分之一包含有可能对学生动机产生积极影响的言论,而且这些言论大多偏短,如认为学生会喜欢该任务,或会把该任务完成得很好。在总共 100 小时的课堂观察中,只有 9 个任务引入包含了有关学习动机的实质性信息:

- 这些不是小学、高中或大学的词汇,而是日常生活词汇,是大家日常生活中都用得着的词汇。如果大家希望成为作家,或者喜欢阅读,那么就需要掌握这些词汇。
- 记住,最重要的不是第一个做完,而是要做正确。
- 我想你们会喜欢这本书的。这本书是别人推荐给我的,是一本很好的书。
- 这个故事十分特别。它使用了第一人称的写法,也就是说,说话人就是作者本人,书里的故事就是他本人的经历。故事中有一些相当有趣的词,请看板书。
- 这本书的故事比那些浅易读物里的故事更有趣。这些故事更具挑战性,词汇更难一些。阅读能力的提高需要不断练习,就像学打篮球一样。如果在比赛之外不练习投篮,那你投篮就不会太准。阅读也是一样,不练习就读不好。
- 请使用完整句子回答这些阅读理解题。所有这些故事都十分有趣,你们会喜欢的。
- 女孩子应该会喜欢这个故事的,因为这是一个有关女权主义的故事。男孩也会喜欢这个故事,因为它特别有趣。我希望大家一定要读这个故事。这是一个推理故事,你们会喜欢的。
- 百分数十分重要。银行在有息贷款等业务中,都要使用百分数。所以,大家必须特别注意。
- 在明年的数学课上,大家就要学到分数。大家在以后的工作生活中都会接触到分数。

（续前页）

注意到上述话语大多微不足道，而且内容有多空洞吗？这些过于空泛的说法，对于多数学生而言没有多大意义，不会留下深刻印象。而且多数言论有敷衍的意味，说明教师说这些话的时候只是走走形式，没有太多的激情和信念。另外，老师的话有很多是步骤上的要求以及对作业质量和进步程度的评价，没有对任务本身进行描述，或说明它可能给学生带来的好处。在他们的观察中，没有一位教师提到任务所具有的自我实现价值（即学生能够掌握的知识或技能可以给自己带来快乐或个人满足）。米德尔顿（Middleton，1995）对中学数学课的研究也得出了相同的结果。

另外，这些老师偶尔的几次积极引入所产生的效果，也会因以下说法的影响而大打折扣：

- 如果大家来这儿上过课，那么今天的课对你们来说就不在话下了。
- 如果大家能在十点以前完成作业，就可以出去自由活动了。
- 通过你们的分数，我就知道下周是否还要继续讲一周乘法。如果你们上课讲话，我就从你们的分数里扣掉10分。
- 这个练字作业就是要告诉大家，有时在生活中必须要做一些自己并不想做的事情。下一次遇到不喜欢做但又必须做的事情时，你们就想"这是生活的一部分"好了。
- 认真读这本书，否则我就给你们布置书面作业。
- 你们不会以为我布置的作业每次都像给婴儿布置作业那么简单吧？
- 大家今天很努力，所以我们提前放学。
- 做作业的时候要安静，否则我就再给你们加作业。
- 谁要再讲话，吃午饭时就必须做完第三页的作业。
- 我们要做的作业量不是很大，但是很耗时。
- 通过这个考试，我要看看谁是真正聪明的学生。

需要指出的是，本研究中所观察的教师都是有经验的教师，至少比一般教师优秀。但他们在引入学习活动的过程中，却很少把握机会来激发学生的学习动机。而且即使他们能把握机会进行积极任务引入，也往往过于简短、空泛，激励效果并不理想。他们还经常违反重要的动机原则，例如他们的奖惩引

(续前页)

> 发了外在学习压力。他们把学习任务说成无聊或没有意义的,甚至把任务当作对学生的处罚。为了避免出现这种情况,教师应尽可能一直监控自己的教学,一旦发现自己具有这种不良倾向,就要及时采取纠正措施。关于形成课堂教学意识的内容,详见古德和布洛菲(Good & Brophy,2008)。

教师讲述一个总问题的每个分问题时,应向学生提出一系列问题,从而帮助学生理解各个分问题之间的关系。对于不同的教学目标,这些问题应按着不同的顺序提出。例如,对于学生不熟悉的问题,教师可以先提出激起学生兴趣的问题,或帮助学生将该问题与以前经历联系起来,然后提出能引出关键思想的问题,最后提出需要学生思考或运用关键思想的问题。如果是学生以前就接触过的,希望学生能立即进入应用模式,则可以请学生提出不同的解题方法或解释原理,然后让全班对这些思想进行思考式讨论。

任何教师都无法设定好所有情况下的问题顺序并严格遵守,因为不可能完全预测到学生的所有回答。而且在任何情况下,这样做都是不明智的。大多教师都希望随着情境的变化调整自己的教学计划,能抓住"教学时机",即抓住学生提出或发表值得进一步探讨的问题或观点的时刻。尽管如此,目标导向型教学的一个重要特点,就是设计有目的的问题顺序,从而帮助学生对关键点形成正确理解。教师在讲述特定问题时,设计好的问题顺序要比未经仔细思考的随意的问题顺序,更有效率也更能引发思考。

提问技巧。良好的提问技巧可以使教师的问题更好地促进学生思考。首先,大多数提问要面向全体学生,而不是个别学生。这会促使所有学生而不是指定的个别学生思考问题。其次,在要求学生回答前,等待时间要充足,好让学生思考,并组织语言进行回答。教师可能需要向学生强调自己更关注的是他们的回答是否经过深思熟虑、质量是否高,而不是回答速度是否快,并且告诉学生不用急着回答问题。最后,要给多数同学回答机会,而不是总让几个同学回答多数问题。与被动听讲不参与讨论的学生相比,充分参与讨论的学生能学到更多内容。教师给所有同学回答的机会,会使所有同学都能够认真听讲并对自己的言行负责。

让学生进行基于内容的思考和回答相关问题,教师能够形成可以促进思想交流的讲课风格,即学生不仅对同学做出回应,还对老师进行回应;不仅对问题做出回应,还会对观点做出回应。迪伦(Dillon,1988、1990)指出,**教师的观点和问题一样,都可以有效地使学生在讨论中发表较长、较深刻的见解**。如果教师提出的问题被学生理解为是一种测试,而不是为了引出相关观点,那么教师提出的这些问题甚至可能不利于讨论的进行。教师组织课堂讨论,有时并不需要不断提问。教师可以保持沉默,让学生就同学的观点发表看法,如要求学生解释("请再多讲讲","也许你可以举一些例子")、提出间接问题("你为什么这么想呢")、总结和复述同学的话,或只是对讨论内容稍加补充,并鼓励学生发表更多的观点。

学生对教师的问题做出回答后,教师应把他们的回答记录下来(列在黑板上、图表里或投影屏幕上),但是不要立即对其回答做出评价。老师应继续等待,一旦有学生对其中一些回答表示支持或提出反对,也应该记录下来。这些讨论应遵守第2章所述的学习社群规范,让学生明白思考式讨论的目的是通过且学合作来加深自己的认识。学生们需要认真倾听、认真思考并回答问题,既要坚持己见,又要尊重他人。在表达自己的观点和就其他同学观点发表评论的过程中,学生应在相关证据和论点的基础上进行论述,而不要发表不利于团结和在其他方面不合适的言论。

发人深思的话语。纽曼恩(Newmann,1980)概括了能够激发学生思考的课堂话语:所有观察都应有理由的支撑(理由也应经过认真思考);花时间认真思考问题,而不是立即答抢或自动接受别人的观点;探索新问题的好奇心;接受问题的其他解决方案和原创解决方案的灵活性。根据对高中社会学科课堂的观察,纽曼恩提出了激发思考的六个关键指标:

1. 课堂话语长期集中于几个话题,而不是泛泛地讲很多话题。
2. 话语具有实质的一致性和连续性。
3. 让学生回答问题前,给学生充分的思考时间。
4. 教师要求学生解释或证明自己的观点,而不是不加区分地接受或赞同。
5. 老师要为学生树立一个善于思考的模范,包括对学生的观点和解题方案表现出兴趣,构建解题过程的模型而不仅仅是给出答案,承认弄清楚困难问题是有一定困难的。

6. 学生在互动过程中，产生原创、不落窠臼的观点。

表现出上述特点的班级要求更高，因为学生这些认为自己比其他班的学生更难教、对教师更有挑战性。然而，他们也认为自己比其他班的学生更加专注、表现出更大的学习兴趣。这再次证明，形成学习动机的关键是动脑思考重要观点。

1992年，纽曼恩(Newmann,)提出了一个有关学生参与的理论。该理论不仅考虑课堂思考的问题，还涉及学习活动真实性的问题。后来的调查指出，认为自己更多从事真实工作的学生，相应地也认为自己的参与度更高。这个关系在不同社会阶层、种族/民族、年级的学生中都有体现(Marks,2000)。

动脑学习。 麦克艾维、扬和沃什伯恩(MacIver, Young & Washburn, 2002)回顾了学校主要科目改革的文献，发现多数文献认为最佳的教学应该是积极、以意义为导向的教学。在什么使科学课吸引人且有价值的研究中，他们调查了初中学生在班级里获得以下机会的频率：(1)动脑学习的机会(包括提出假设来解释某一事件的发生、就某一科学问题发表看法、形成班级调查的问题或主题、向同伴或组员解释答案并确保其理解学习内容、讨论科学领域的职业生涯、写个人科学日记)；(2)设计、操作并解读实验的动手机会(包括做实验、记录实验结果、解释实验结果、解读数据、设计实验等)；(3)课外学习(读科学类文章、做报告、讨论科学新闻事件)。在一定程度上，动手机会与学生重视科学课且认为老师关心其感情和学习进步之间存在联系，而动脑学习和课外学习在这方面的影响更大。我想再次强调，课堂的动脑方面(而非动手方面)和学生学习动机的关系最大。

其他研究也得出了相似的结果。在研究方法上，无论是观察对学生动机影响效果不同的老师的授课，还是对学生认为老师的教学方法能够激励或挫伤自己的学习动机进行询问，其结果都一致表明：讲解重要思想的启发思想的**课堂话语**，以及能应用到现实生活中的**真实活动**，能够提高学生在学习上的参与度；而断断续续的背诵和课堂填空作业，是不利于提高参与度的(Certo, Cauley, Moxley & Chafin, 2008; Raphael, Pressley & Mohan, 2008)。

示范与任务相关的思路和问题解决过程

思考某一内容或应对某一任务所需的信息处理和解题策略，需要教师通过示范来变得显化并可以观察,否则大多数学生是无法明白这些策略的。教师的示范应说明在选择方法、需选择时做出的选择、检查个人进步情况、确定自己没有偏离正确轨道的时候所应具有的思路,还应包括没有良好开端或策略选择不当时如何恢复,从而在一开始没有做好的情况下制定成功的策略(Schunk & Hanson,1985)。

这种认知示范不仅是一种强大的教学工具,还告诉学生在学习动机驱动下有效完成一项任务的方式。也就是说,它可以使教师构建与学习动机相关的态度、观念和策略(通过信息处理和理性决策来寻找解决方案;犯错后不气馁、不放弃,而是从错误中汲取教训;并且不过于关注自我、担忧自我能力限制,而是专注于任务本身,以及具备完成任务的耐心、信心和恒心)。

引发元认知意识和学习策略控制

有了学习动机后,学生就会通过集中注意力、积极加工信息等方法,确保自己能理解老师所讲内容,并将新学内容与已有知识相结合,使自己能够记住并以有利于今后应用的方式对这些内容加以存储。如果学生具有元认知意识(有意识地选择恰当的策略、跟踪策略的有效性、发现并改正错误、在必要时使用新策略),更有可能有效进行上述活动。

教师可以通过构建并支架化学生的学习活动,来帮助学生时刻意识到自己的目标和策略决策。根据具体情况,这可能包括学习前的指导(强调学习的目的和目标)、学习中的提问和提示(帮助学生意识到在学习过程中所使用的方法)和学习后的总结(强调理解学生的成果)(Brophy & Alleman,1991;Jones & Idol,1990;Rosenshine & Guenther,1992)。

完整的学习活动可能包括以下几个阶段:

1. **引入**(告诉学生此次学习的目标,提示学生该活动涉及的已有知识以及学习策略)
2. **初期支架化**(如果必要,向学生说明并演示步骤,然后提出引发关键思想的问题,在确保学生明白该做什么后,再让学生自己开展学习活动)
3. **独立学习**(让学生独立地或与同学一起开展学习活动,但是教师要跟踪其进展,并在必要时予以干预)

4. **总结/反思/评估**(重申该活动的首要目标,并评估学生完成目标的程度)

以上关于操作的顺序说明一点:有效的学习活动不仅仅需要具体行动和时间投入,还需要对重要思想的认知参与。归纳式学习或发现式学习会随着不同阶段而展开,但是即使这类活动也需要最佳类型或数量的构建和支持,从而使其作用最大化。

1. **引入**。学生应了解学习活动的目标以及应如何达到这些目标。良好的学习活动引入至少要满足四个方面的功能:(1)激发学生对该活动的兴趣和对其价值的认识;(2)说明活动的目的和目标;(3)提示该活动涉及的已有知识和学习策略;(4)使学生了解自己要做什么,完成该活动后会取得什么成果,以及如何汇报或评估成果,从而达到建立学习定势的目的。说明目的和目标的时候,教师应侧重于重要思想的认知参与和情感参与,而不仅仅是较为狭隘的教学目标。提示已有知识的时候,教师可以让学生将该活动与以前的活动进行比较,让学生运用已有知识对未来的活动做出预测,向学生解释该活动在一系列活动中或更大范围里所处的地位,帮助学生在学习内容和他们的个人知识或经历间建立起联系。为了在讲解、看视频或电影的过程中引导学生的思维,教师可以分发包含有部分内容的大纲,再由学生自己填写未给出的部分;或提出一系列问题,让学生随着课程的推进而作答。

2. **初期支架化**。在基本由学生独立开展学习活动前,应向学生提供明确的说明和示范,确保其了解该活动的重要性及该做什么、怎么做。如果该活动需要教师对技能进行授,而不仅仅是提供提示,那么教师就要在支架化过程中,对这些技能进行明确说明,并对其策略应用进行示范。

3. **独立学习**。在放手让学生独立或合作开展学习活动后,教师应监督学生的表现,并在必要时提供额外的支持或对问题进行澄清,从而使学生厘清任务结构或简化任务、消除混淆或误解。或在学生犯错或运用策略不恰当的情况下,帮助学生诊断并制定修正策略。教师进行上述干预的时候,不能替学生完成任务或过度简化任务,使得学生不再参与实现活动目标所需的认知过程。相反,教师应在学生的最近发展区范围内给予支持,使学生能够在当前能力范围内尽可能地完成该任务,并使其朝着能够完全独立、成功完成该任务的方向努力。

学生需要得到反馈。但这种反馈不仅仅包含是否正确的信息,还应包括对犯错原因的分析以及如何提升自己表现的解释。教师在循环监督每个学生表现的过程中,应尽量给出即时反馈。

4. 总结/反思/评估。结束学习活动的时候,应让学生将活动与活动的目标目的进行联系,并提供给学生评估自我学习、纠正错误和吸取教训的机会。通常,教师应进行学习后的总结或者反思。这一阶段应重新强调学习目标和目的,反思完成目标的过程以及目标的完成程度,并就该学习活动在整个学习单元或课程中的地位再次提醒学生。

自律学习

1988年,罗尔肯帕和科诺(Rohrkemper & Corno)指出,学生在课堂学习中可采用的最高形式的认知参与是自律学习,即学生自己承担起激发学习动机并理解所学内容这一责任的主动学习。自律学习应是教师激发学生动机的最终目标。

要使学生形成自律学习,教师可以使用激发内在动机和学习动机的教学策略。在此背景下,教师还可以更直接地通过以下手段来促进自律学习:(1)明确目标、示范策略,或以其他方式确保学生的学习是有意义的和具有策略性的;(2)在学生不再需要学习支持的时候撤回这些支持,让学生在完成融汇所学并加以应用的任务时具有越来越大的自主性。

通过帮助学生理解所学内容(这有助于改善学生的学习态度)并将其总结、应用于自己选择的任务中,教师向学生传授学习技巧和策略,从而达到为学生赋能的目的。刚开始时,学生可能需要教师的干预,在教师的帮助下提高学习策略的意识并有意识地使用。但随着学生所学知识的增长,对使用教师指导策略的需要会逐渐减少,学生会逐渐具备学习能手的技能(例如,诊断学习问题的原因并立即找到最可能的解决方案,发现需较长时间才能完成的任务的捷径,不用有意识地决策就能自动使用某些策略等)。

小结

本书提出的动机策略具有很大的潜在影响,尤其在系统应用、使其互为补充的情况下更是如此。这就要求按第2章所述,将课堂建成学习社群,然后将动机元素注入到每个单元、每周和每日的学习计划中。各个单元应围绕核心观点进行组织,运用多种学习活动和形式。具体活动应具有适当的挑战性,同时教师应给予学生支架化帮助,以确保较好地处理学生动机的预期方面;活动本身、活动所涉及内容以及教师引入及支架化内容的方式,将三者结合则可以应对学生动机的价值方面。

本章提出的理念是,进行课堂活动和社交环境设计的时候,要创建福德(Ford,2002)所谓的动机保险(motivational insurance)。生活中最激励人的活动和经历,可以为人们同时追求、实现多种不同目标提供机会。以动机为出发点,最理想的课堂活动应使学生在实现教师教学目标的同时,也实现其个人和社会的目标。这就为避免不能激活任何相关目标可能性提供了动机保险。

本章概要

有关学习动机的各种概念(包括我自己提出的概念),都强调动机的认知因素,即当学生试图从课堂活动中获得预期学习成果时,所取得的在信息加工、意义构建、理解或掌握方面的进步。它包含了对核心观点动脑认知参与的涵义。从这个意义上讲,对某一主题有兴趣甚至动手参与这项活动,不一定能激发学生的学习动机。要想激发其学习动机,需要学生通过接触课程内容和学习活动,利用由此获得的学习机会,需要教师为他们的学习提供压力、支持,以及通过评估和问责体系进行追踪,以便在必要时为学生提供进行额外学习的机会。

作为学生生活中的"重要他人",教师可以对他们的动机进行社会化。为了使学生产生学习动机,教师应首先确保课程内容和学习活动是有意义、有价值的,然后在接下来讲授该内容并为学生参与学习活动提供支持的时候,确保学生能够认识并理解其价值。教师可在学生的最近发展区内(从动机和认知角度来看)开展教学,使学生认识到课程内容与自身的相关性,并能认同该内容。同时,教师还应使用示范、辅导和反馈等方式构建动机学习图式,从而为学生认同学习的价值提供支架化。

要使学生重视学习这一持久性情的社会化,使他们能认真、有目的地应对不同学习情境,共有三种一般性策略:在日常教学中示范学习动机;对待学生时,把他们看成渴求知识的学习者,从而传达教师对学生的期望及归因;在教学中注意避免使学生产生焦虑,以及将学生注意力从学习性目标转移到绩效性目标的做法。这三大策略可以被看作是将课堂构建成学习社群这一理念(见第2章)的具体阐释。

在采用上述策略后形成的氛围中,教师还可以采用更加具体的方法来激发学生在每天创设的特定情境中的学习动机。这包括影响学生学习预期的策略、激发学生学习动机的策略以及支架化学生学习的策略。

影响学生学习预期的策略有两种:(日常)表现的高昂热情和(选择性地)表现强烈情绪。教师应经常性地对课程和活动表现出激情。在这一过程中,教师还可以使用戏剧性或娱乐性手段,但关键是使学生重视该主题或活动。教师在讲解一些特别重要的内容时,应展现出一定程度的强烈情绪,从而使学生意识到要特别注意这个内容。

激发学生学习动机的策略旨在帮助学生专注于学习目标,并在认知上接触课程和活动要传达的关键思想。这些策略包括:讲课或导入活动的时候,引发失调或认知冲突;通过将抽象内容与个人体验相联系,从而使抽象内容更加个性化、具体或熟悉;引发任务兴趣或理解;引导学生形成自己的学习动机。

支架化学生学习的策略旨在帮助学生理解活动的目的和性质,然后(在需要的情况下)支架化其实现该目标的努力。支架化策略包括引入活动时说明学习目标并提供课程组织架构;对于学生不熟悉的任务,就任务相关问题解决过程和思路进行示范;引发元认知意识和学习策略控制。

若不将上述激发学生学习动机的策略涵盖在内,教学中的动机策略就是不完整的。即或学生有信心通过一定努力取得成功,或是他们意识到有获得奖励的机会,又或是他们因对某一主题感兴趣或享受相关过程而产生从事某一活动的动机,这些学生也不一定会拥有学习动机,除非教师通过使用本章所述的一些策略,来激发并支架化他们的学习努力。

思考题

1. 为什么作者更重视学习动机而不是内在动机?
2. 为什么不能直接传授学习动机的价值和素质方面?
3. "让学生有课上"以及"让学生愿意上课",分别是什么意思?
4. 教师应为学生参与学习活动提供支架化帮助,从而在动机的最近发展区内实现最佳匹配。这是什么意思?
5. 你的身份仅仅是你所在文化规定你所扮演角色的综合还是不仅如此?如果不仅如此,什么是你的身份?
6. 能够影响课堂上学习动机的几种"自我"有哪些?你如何能以支持学生的学习动机的方式,来影响或应对这些"自我"?
7. 解决学生自尊心问题的最好方式是什么?
8. 某些学科领域的专业人士将真实情境活动定义为:要求学生去做专业人员从事的事务、并采用他们所使用的专业术语和研究工具的活动。为什么作者更倾向于采用强调在现实生活中应用的那个定义?
9. 为什么说学生关于潜在学习机会可能会带来益处的认识,将会限制他们对于学习活动的选择?教师如何通过为学生提供理解上的支架化,帮助学生更好地认识学习机会?
10. 教师的示范除了关于此行为将导向成功或失败之外,还能够传达哪些关于行为功能性价值的信息?
11. 为什么明智、高效的教师也会表现出文本框 9.3 中描述的行为?
12. 教师如何为学生灌能,为他们提供自我实现的机会,并帮助他们利用好这些机会?
13. 你自己有过因为接触核心观点而改变人生的经历吗?你将如何阐释一些重要思想观点,为改变学生的人生铺平道路?
14. 作者建议我们通过意料之外的、不协调的、外来的或是相互矛盾的内容来建立失调。然而,这样做很可能没有效果或是过犹不及。基于你所教的三个主题,说出建立失调有哪些较好或较坏的方法?

15. 怎样将概念变化教学的原则运用到你的课程中?
16. 思考你当前的课程中,学生不爱参与的主题有哪些?你想用什么办法使这些主题材料变得具体化并对学生也具有个性化意义(比如分享你自己的轶事、示范、使用可视材料、例子、对比、故事或文化关联)?设计一个方案,以便下一次教这些主题时,能把这些方法都用起来。
17. 你怎样激发你的学生形成他们的学习动机,比如说对诗歌的学习动机?
18. 研究表明,在规划课程与教学时,只有关注动机的预期和价值方面,才能使课程和教学活动开展得统一、连贯且高效。除了这一点,在备课时你还应该注意什么?
19. 基于你所教的某一课或可能会教的一课,写下可能激发学生学习动机的课程引入以及一系列问题,使其能够引发有深度的话语,并围绕核心观点展开。
20. 让陌生的内容变得熟悉,以及让熟悉的内容变得陌生,是什么意思?
21. 写下几个你给学生提供的激励性反馈,特别是学生在完成无趣且不太重要的任务时。
22. 我们是否应该鼓励教师把他们的课堂变得好玩或其他?
23. 内在动机理论家可能会问:"与其采用各种手段让学生参与他们并不感兴趣的任务,不如改变任务来得简单和更加有效?"这个建议好不好?是在所有情况下都好还是有时候好?或是任何情况下都不好?

参考文献

Alexander, P. (1997). Knowledge-seeking and self-schema: A case for the motivational dimensions of exposition. *Educational Psychologist*, 32, 80–94.

Alexander, P. (2003). The development of expertise: The Journey from acclamation to proficiency. *Educational Researcher*, 32(8), 10–14.

Alexander, P., Fives, H., Buehl, M., & Mulhern, J. (2002). Teaching as persuasion.

Teaching and Teacher Education, *18*, 795 – 813.

Alton-Lee, A., Nuthall, G., & Patrick, J. (1993). Reframing classroom research: A lesson from the private world of children. *Harvard Educational Review*, *63*, 50 – 84.

Alvermann, D., & Heron, A. (2001). Literacy identity work: Playing to learn with popular media. *Journal of Adolescent and Adult Literacy*, *45*, 118 – 122.

Anderson, C., & Roth, K. (1989). Teaching for meaningful and self-regulated learning of science. In J. Brophy (Ed.), *Advances in research on teaching* (Vol. 1, pp. 265 – 309). Greenwich, CT: JAI.

Anderson, L., Brubaker, N., Alleman-Brooks, J., & Duffy, G. (1985). A qualitative study of seatwork in first-grade classrooms. *Elementary School Journal*, *86*, 123 – 140.

Barron, B. (2006). Interest and self-sustained learning as catalysts of development: A learning ecology perspective. *Human Development*, *49*, 193 – 224.

Baumeister, R. (1997). Identity, self-concept, and self-esteem: The self lost and found. In R. Hogan, J. Johnson, & S. Briggs (Eds.), *Handbook of personality psychology* (pp. 681 – 710). San Diego, CA: Academic Press.

Baumeister, R., Campbell, J., Krueger, J., & Vohs, K. (2003). Does high self-esteem cause better performance, interpersonal success, happiness, or healthier lifestyles? *Psychological Science in the Public Interest*, *4*, 1 – 44.

Bettencourt, E., Gillett, M., Gall, M., & Hull, R. (1983). Effects of teacher enthusiasm training on student on-task behavior and achievement. *American Educational Research Journal*, *20*, 435 – 450.

Blank, M., & White, S. (1999). Activating the zone of proximal development in the school: Obstacles and solutions. In P. Lloyd & C. Fernyhough (Eds.), *Lev Vygotsky: Critical assessments* (pp. 331 – 350). London: Routledge.

Blumenfeld, P., & Meece, J. (1988). Task factors, teacher behavior, and students' involvement and use of learning strategies in science. *Elementary School Journal*, *88*, 235 – 250.

Blumenfeld, P., Puro, P., & Mergendoller, J. (1992). Translating motivation into thoughtfulness. In H. Marshall (Ed.), *Redefining student learning: Roots of educational change* (pp. 207 – 239). Norwood, NJ: Ablex.

Brophy, J., & Alleman, J. (1991). Activities as instructional tools: A framework for analysis and evaluation. *Educational Researcher*, *20*(4), 9 – 23.

Brophy, J., & Kher, N. (1986). Teacher socialization as a mechanism for developing student motivation to learn. In R. Feldman (Ed.), *Social psychology applied to education* (pp. 257 – 288). New York: Cambridge University Press.

Brophy, J., Rohkemper, M., Rashid, H., & Goldberger, M. (1983). Relationships between teachers' presentations of classroom tasks and students' engagement in those tasks. *Journal of Educational Psychology*, 75, 544-552.

Bryant, F., & Veroff, J. (2007). *Savoring: A new model of positive experience*. Mahwah, NJ: Erlbaum.

Cabello, B., & Terrell, R. (1994). Making students feel like family: How teachers create warm and caring classroom climates. *Journal of Classroom Interaction*, 29, 17-23.

Certo, J., Cauley, K., Moxley, K., & Chafin, C. (2008). An argument for authenticity: Adolescents' perspectives on standards-based reform. *High School Journal*, 91, 26-39.

Csikzentmihalyi, M., Rathunde, K., & Whalen, S. (1993). *Talented teenagers: The roots of success and failure*. New York: Cambridge University Press.

Daisey, P., & Jose-Kampfner, C. (2002). The power of story to expand possible selves for Latina middle school students. *Journal of Adolescent and Adult Literacy*, 45, 578-587.

Dewey, J. (1938). *Experience and education*. New York: Collier.

Dewey, J. (1958). *Art as experience*. New York: Capricorn, (original work published in 1934) Dillon, J. (Ed.). (1988). *Questioning and teaching: A manual of practice*. London: Croom Helm. Dillon, J. (Ed.). (1990). *The practice of questioning*. New York: Routledge.

Eccles, J. (2009). Who am I and what am I going to do with my life? Personal and collective identities as motivators of action. *Educational Psychologist*, 44, 78-89.

Echevarria, M. (2003). Anomalies as a catalyst for middle school students' knowledge construction and scientific reasoning during science inquiry. *Journal of Educational Psychology*, 95, 357-374.

Egan, K. (1990). *Romantic understanding: The development of rationality and imagination, ages 8-15*. New York: Routledge.

Epstein, T. (2009). *Interpreting national history: Race, identity, and pedagogy in classrooms and communities*. New York: Routledge.

Flum, H., & Kaplan, A. (2006). Exploratory orientation as an educational goal. *Educational Psychologist*, 41, 99-110.

Ford, M. (1992). *Motivating humans: Goals, emotions, and personal agency beliefs*. Newbury Park, CA: Sage. Frymier, A. (2002). Making content relevant to students. In J. Chesebro & J. McCroskey (Eds.), *Communication for teachers* (pp. 83-92). Boston: Allyn & Bacon.

Frymier, A., & Shulman, G. (1995). "What's in it for me?": Increasing content relevance to enhance students' motivation. *Communication Education*, 44, 40 - 50.

Girod, M. (2000). Rocks as windows into the past. *Science and Children*, 56, 72 - 75.

Girod, M., Rau, C., & Schepige, A. (2003). Appreciating the beauty of science ideas: Teaching for aesthetic understanding. *Science Education*, 87, 574 - 587.

Girod, M., & Wong, D. (2002). An aesthetic (Deweyan) perspective on science learning: Case studies of three fourth graders. *Elementary School Journal*, 102, 199 - 224.

Good, T., & Brophy, J. (2008). *Looking in classrooms* (10th ed.). Boston: Allyn & Bacon.

Gresalfi, M., Martin, T., Hand, V., & Greeno, J. (2009). Constructing competence: An analysis of student participation in the activity systems of mathematics classrooms. *Educational Studies in Mathematics*, 70, 49 - 70.

Green, S. (2002). Using an expectancy-value approach to examine teachers' motivational strategies. *Teaching and Teacher Education*, 18, 989 - 1005.

Hagger, M., & Chatzisarantis, L. (2006). Self-identity and the theory of planned behaviour: Between-and within-participants analyses. *British Journal of Social Psychology*, 45, 731 - 357.

Hannover, B. (1998). The development of self-concept and interests. In L. Hoffman, A. Krapp, A., Renninger, K. A., & Baumert, J. (Eds.), *Interest and learning: Proceedings of the Seeon Conference on Interest and Gender* (pp. 105 - 125). Kiel, Germany: Institute for Science and Education at the University of Kiel.

Hansen, D. (2006). Dewey's book of the moral self. In D. Hansen (Ed.), *John Dewey and our educational prospect: A critical engagement with Dewey's Democracy and Education* (pp. 165 - 188). Albany: State University of New York Press.

Higgins, E. T. (1987). Self-discrepancy: A theory relating self and affect. *Psychological Review*, 94, 319 - 340.

Jones, B., & Idol, L. (Eds.). (1990). *Dimensions of thinking and cognitive instruction*. Hillsdale, NJ: Erlbaum.

Kaplan, A., & Maehr, M. (2007). The contributions and prospects of goal orientation theory. *Educational Psychology Review*, 19, 141 - 184.

Kashdan, T., & Steger, M. (2007). Curiosity and pathways to well-being and meaning in life: Traits, states, and everyday behaviors. *Motivation and Emotion*, 31, 159 - 173.

Keller, J. (1987). Strategies for stimulating the motivation to learn. *Performance and Instruction*, 26(8), 1 - 7.

Kintsch, W. (1980). Learning from text, levels of comprehension, or: Why anyone would read a story anyway. *Poetics*, 9, 87 - 89.

Kohlberg, L. (1966). A cognitive-developmental analysis of children's sex-role concepts and attitudes. In E. Maccoby (Ed.), *The development of sex differences* (pp. 82 – 172). Stanford,CA:Stanford University Press.

Kunter,M.,Tsai,Y.,Klusmann,U.,Brunner,M.,Krauss,S., & Baumert,J. (2008). Students' and mathematics teachers' perceptions of teacher enthusiasm and instruction. *Learning and Instruction*, 18 ,468 – 482.

Lane,D.,Newman,D., & Bull,K. (1988). The relationship of student interest and advance organizer effectiveness. *Contemporary Educational Psychology*, 13 ,15 – 25.

Lee,O., & Brophy,J. (1996). Motivational patterns observed in sixth- grade science classrooms. *Journal of Research in Science Teaching*, 33 ,303 – 318.

Legault,L.,Green-Demers,I.,8; Pelletier,L. (2006). Why do high school students lack motivation in the classroom? Toward an understanding of academic amotivation and the role of social support. *Journal of Educational Psychology*, 98 ,567 – 582.

Long,J.,8; Hoy,A. (2006). Interested instructors:A composite portrait of individual differences and effectiveness. *Teaching and Teacher Education*, 22 ,303 – 314.

MacIver,D.,Young,E., & Washburn,B. (2002). Instructional practices and motivation during middle school (with special attention to science). In A. Wigfield & J. Eccles (Eds.), *Development of achievement motivation* (pp. 333 – 351). San Diego,CA: Academic Press.

Marks,H. (2000). Student engagement in instructional activity:Patterns in the elementary, middle,and high school years. *American Educational Research Journal*, 37 ,153 – 184.

Markus,H., & Nurius,P. (1986). Possible selves. *American Psychologist*, 41 ,954 – 969.

Marshall,H. (1987). Motivational strategies of three fifth-grade teachers. *Elementary School Journal*, 88 ,135 – 150.

Marshall,H. (1994). Children's understanding of academic tasks:Work,play,or learning. *Journal of Research in Childhood Education*, 9 ,35 – 46.

Martin,C., & Ruble,D. (2004). Children's search for gender cues:Cognitive perspectives on gender development. *Current Directions in Psychological Science*, 13 ,67 – 70.

McCaslin,M. (2009). Co-regulation of student motivation and emergent identity. *Educational Psychologist*, 44 ,137 – 146.

Middleton,J. (1995). A study of intrinsic motivation in the mathematics classroom:A personal constructs approach. *Journal for Research in Mathematics Education*, 26 , 254 – 279.

Middleton,M., & Midgley,C. (2002). Beyond motivation:Middle school students' perceptions of press for understanding in math. *Contemporary Educational Psychology*, 27 ,373 – 391.

Mottet, T., Garza, R., Beebe, S., Houser, M., Jurrells, S., & Furler, L. (2008). Instructional communication predictors of ninth-grade students' affective learning in math and science. *Communication Education*, 57, 333 – 355.

Newby, T. (1991). Classroom motivation: Strategies of first-year teachers. *Journal of Educational Psychology*, 83, 195 – 200.

Newmann, F. (1990). Qualities of thoughtful social studies classes: An empirical profile. *Journal of Curriculum Studies*, 22, 253 – 275.

Newmann, F. (Ed.). (1992). *Student engagement and achievement in American secondary schools*. New York: Teachers College Press.

Newton, D. (2000). *Teaching for understanding: What it is and how to do it*. London: Routledge/ Falmer. Nisan, M. (1992). Beyond intrinsic motivation: Cultivating a "sense of the desirable." In F. Oser, A. Dick, & J. Patry (Eds.), *Effective and responsible teaching: The new synthesis* (pp. 126 – 138). San Francisco: Jossey-Bass.

Nisan, M., & Shalif, Y. (2006). The sense of the worthy as a motivation for studying: The case of the Yeshiva. *Interchange*, 37, 363 – 394.

Nolen, S., & Ward, C. (2008). Sociocultural and situative approaches to studying motivation. In M. Maehr, S. Karabenick, & T. Urdan (Eds.), *Social psychological perspectives (Advances in motivation and achievement series)*, Vol. 15 (pp. 425 – 460). Bingley, UK: Emerald.

Ogle, D. (1986). K-W-L: A teaching model that develops active reading of expository text. *Reading Teacher*, 39, 564 – 570.

Oldfather, P., & West, J. (1999). *Learning through children's eyes: Social constructivism and the desire to learn*. Washington, DC: American Psychological Association.

Ortiz, R. (1983). Generating interest in reading. *Journal of Reading*, 27, 113 – 119.

Patrick, H., Turner, J., Meyer, D., & Midgley, C. (2003). How teachers establish psychological environments during the first days of school: Associations with avoidance in mathematics. *Teachers College Record*, 105, 1521 – 1558.

Posner, G., Strike, K., Hewson, K., & Gertzog, W. (1982). Accommodation of a scientific conception: Toward a theory of conceptual change. *Science Education*, 66, 211 – 228.

Pugh, K. (2002). Teaching for transformative experiences in science: An investigation of the effectiveness of two instructional elements. *Teachers College Record*, 104, 1101 – 1137.

Pugh, K., & Girod, M. (2007). Science, art and experience: Constructing a science pedagogy from Dewey's aesthetics. *Journal of Science Teacher Education*, 18, 9 – 27.

Raphael, L., Pressley, M., & Mohan, L. (2008). Engaging instruction in middle school classrooms: An observational study of nine teachers. *Elementary School Journal*, *109*, 61 – 81.

Reed, J., & Schallert, D. (1993). The nature of involvement in academic discourse tasks. *Journal of Educational Psychology*, *85*, 253 – 266.

Reeve, J., Jang, H., Hardre, P., & Omura, M. (2002). Providing a rationale in an autonomy-supportive way to motivate others during an uninteresting activity. *Motivation and Emotion*, *26*, 183 – 207.

Reiss, S. (2004). Multifaceted nature of intrinsic motivation: The theory of 16 basic desires. *Review of General Psychology*, *8*, 179 – 193.

Renninger, K. A. (2009). Interest and identity development in instruction: An inductive model. *Educational Psychologist*, *44*, 105 – 118.

Renninger, K. A., Sansone, C., & Smith, J. (2004). Love of learning. In C. Peterson & M. Seligman (Eds.), *Character strengths and virtues: A handbook and classification* (pp. 161 – 179). New York: Oxford University Press.

Richardson, P., & Eccles, J. (2007). Rewards of reading: Toward the development of possible selves and identities. *International Journal of Educational Research*, *46*, 341 – 356.

Rohrkemper, M., & Bershon, B. (1984). Elementary school students' reports of the causes and effects of problem difficulty in mathematics. *Elementary School Journal*, *85*, 127 – 147.

Rohrkemper, M., & Corno, L. (1988). Success and failure on classroom tasks: Adaptive learning and classroom teaching. *Elementary School Journal*, *88*, 297 – 312.

Rosenshine, B., & Guenther, J. (1992). Using scaffolds for teaching higher level cognitive strategies. In J. Keefe & H. Walberg (Eds.), *Teaching for thinking* (pp. 35 – 47). Reston, VA: National Association of Secondary School Principals.

Roth, K. (1996). Making learners and concepts central: A conceptual change approach to learner-centered fifth-grade American history planning and teaching. In J. Brophy (Ed.), *Advances in research on teaching* (Vol. 6, *Teaching and learning history*, pp. 115 – 182). Greenwich, CT: JAI.

Roth, K. (2002). Talking to understand science. In J. Brophy (Ed.), *Social constructivist teaching: Affordances and constraints* (pp. 197 – 262). New York: Elsevier Science.

Ryan, R., Huta, V., & Deci, E. (2006). Living well: A self-determination theory perspective on eudaimonia. *Journal of Happiness Studies*, *9*, 139 – 170.

Sansone, C., Weir, C, Harpster, L., & Morgan, C. (1992). Once a boring task always a boring task? Interest as a self-regulatory mechanism. *Journal of Personality and*

Social Psychology, 63, 379 – 390.

Schunk, D., & Hanson, A. (1985). Peer models: Influence on children's self-efficacy and achievement. *Journal of Educational Psychology*, 77, 313 – 322.

Schwartz, S., & Waterman, A. (2006). Changing interests: A longitudinal study of intrinsic motivation for personally salient activities. *Journal of Research in Personality*, 40, 1119 – 1136.

Seidel, T., Rimmele, R., & Prenzel, M. (2005). Clarity and coherence of lesson goals as a scaffold for student learning. *Learning and Instruction*, 15, 539 – 556.

Sivan, E., & Roehler, L. (1986). Motivational statements in explicit teacher explanations and their relationship to students' metacognition in reading. *National Reading Conference Yearbook*, 35, 178 – 184.

Spires, H., & Donley, J. (1998). Prior knowledge activation: Inducing engagement with informational texts. *Journal of Educational Psychology*, 90, 249 – 260.

Steger, M., Kashdan, T., & Oishi, S. (2008). Being good by doing good: Daily eudaimonic activity and well-being. *Journal of Research in Personality*, 42, 22 – 42.

Tharp, R., & Gallimore, R. (1988). *Rousing minds to life: Teaching, learning, and school in social context*. Cambridge, UK: Cambridge University Press.

Thorkildsen, T., Nolen, S., & Fournier, J. (1994). What is fair? Children's critiques of practices that influence motivation. *Journal of Educational Psychology*, 86, 475 – 486.

Turner, J., Meyer, D., Cox, K., Logan, C, Di Cintio, M., & Thomas, C. (1998). Creating contexts for involvement in mathematics. *Journal of Educational Psychology*, 90, 730 – 745.

Turner, J., Midgley, C., Meyer, D., Gheen, M., Anderman, E., Kang, Y., & Patrick, H. (2002). The classroom environment and students' reports of avoidance strategies in mathematics: A multimethod study. *Journal of Educational Psychology*, 94, 88 – 106.

Turner, J., Meyer, D., Midgley, C., & Patrick, H. (2003). Teacher discourse and sixth-graders' reported affect and achievement behaviors in two high mastery/high performance mathematics classrooms. *Elementary School Journal*, 103, 357 – 382.

Urdan, T. (2001). Contextual influences on motivation and performance: An examination of achievement goal structures. In F. Salili, C. Y. Chiu, & Y. Y. Hong (Eds.), *Student motivation: The culture and context of learning* (pp. 171 – 201). New York: Plenum.

Van Etten, S., Pressley, M., McInerney, D., & Liem, A. (2008). College seniors' theory of their academic motivation. *Journal of Educational Psychology*, 100, 812 – 828.

Walker, C., Greene, B., & Mansell, R. (2006). Identification with academics, intrinsic/

extrinsic motivation, and self-efficacy as predictors of cognitive engagement. *Learning and Individual Differences*, 16, 1 – 12.

Waterman, A. (2005). When effort is enjoyed: Two studies of intrinsic motivation for personally salient activities. *Motivation and Emotion*, 29, 165 – 188.

Waterman, A., Schwartz, S., & Conti, R. (2008). The implications of two conceptions of happiness (hedonic enjoyment and eudaimonia) for the understanding of intrinsic motivation. *Journal of Happiness Studies*, 9, 41 – 79.

Weinstein, C., & Mayer, R. (1986). The teaching of learning strategies. In M. Wittrock (Ed.), *Handbook of research on teaching* (3rd ed., pp. 315 – 327). New York: Macmillan.

Wong, E., Pugh, K., & The Dewey Ideas Group at Michigan State University. (2001). Learning science: A Deweyan perspective. *Journal of Research in Science Teaching*, 38, 317 – 336.

Zirkel, S. (2000). Social intelligence: The development and maintenance of purposive behavior. In R. Bar-On & J. Parker (Eds.), *The handbook of emotional intelligence: Theory, development, assessment, and application at home, school, and in the workplace* (pp. 3 – 27). San Francisco: Jossey-Bass.

第10章
缺乏兴趣或不合群学生的社会化

缺乏兴趣(并非沮丧),是教师在激发学生动机时面临的最困难的问题。那些有习得性无助和失败并发症表现,或担心自己学习相关表现的学生,都难以专注于学习,因而需要特殊的激发动机的措施(参见第5章)。尽管如此,他们却往往重视学习的价值,希望能够成功地完成学习活动。

与之相反,**缺乏兴趣的学生**(apathetic students)却对学校的学习兴趣索然,甚至有意疏远。他们不觉得学习有什么意义和价值,不想投入其中,甚至在他们明知通过一定努力就能成功的情况下仍不认可学习的价值;而如果他们害怕学习活动会给自己带来不愿承担的责任,或者会让自己成为不愿成为的某种人时,甚至会对学习产生抵触(Goodnow, 1996)。作为教师,你需要持续努力地对这样的学生进行态度和信心方面的再社会化,向他们说明什么是带着学习动机参与学校活动,培养他们这样做的愿望,并对他们的学习努力进行适当的结构化和支架化。

没有形成"学习动机"图式的学生,把学校的活动当作是强迫要求而非学习机会,因此他们参与其中(即便是全身心参与其中)也只是要求自己别惹麻烦就够了。他们不关心学习的目标,也不崇尚学习的价值,更不会为自己的学习成就感到自豪。

在现有的理论研究中,很少有人研究应对这类缺乏兴趣或不合群学生的策略。然而,家庭、学校和工作场所的价值动机社会化研究成果,却有可能为我们提供一些原则(Baumrind, 1991; Damon, 1995; Epstein, 1989; Grusec & Goodnow, 1994)。

契约制和激励系统

不能从学校活动中找到价值的学生,就是契约制的适用对象。所谓契约制(contracting),就是为了让学生取得某种成绩而向他们提供奖励措施。**激励对于属于以下情况的学生尤其有用:知道自己应该怎样做,并且如果有心做就有能力做到,但在当前却没有意识去做,或动机不足难以坚持做到**(比如,存在动机问题且问题主要出在价值方面而非期望方面的缺乏兴趣或不合群的学生)。

契约制便于提供师生相互协作、共同协商预期与奖励的机会。假如当前追求完美表现不是合理预期的话,师生之间的商讨就会专门集中于如何对一定程度的进步给予奖励,这种进步程度是学生认为合理而教师也乐于接受的(至少对现在而言如此)。契约制还提供给学生在多种奖励中进行选择的机会,由此来保障他们可以获得自己心仪的奖励。

在采用**后效契约法**(contingency contracting)的情况下,教师要在可能的替代方式上做出让步,然后师生共同订立有关学生要做到什么程度才能获得后效奖励的契约。契约可以是纯口头的,但如果让学生把相关细节写下来的话,更利于将契约正式化。合约要在有关学生需要达到成就的程度和性质(它应当具有挑战性,但通过一定努力可以达到),以及理想的奖励等方面充分征求学生的意见。假如合适的话,还可以将可能取得的成就分成若干档次,并将其与不同水平的奖励相对应。于是,哪怕学生没能有出色表现而取得最理想的奖励,也起码能够得到一份略逊一筹的奖励。

契约制可以被纳入到**代币制**(token economy system)"积分"概念当中,即如果学生达到了约定的要求,就可以挣到积分。这些积分可以被用来兑换列在一份清单中的奖品。最大的奖品需要花最多的积分,因此也就需要学生付出最长久的努力、取得最佳的成绩。

大多数动机理论学者主张要谨慎使用这样的激励系统,因为它可能会破坏学生参与到这种有奖励活动当中的内在动机。然而,在这种内在动机并不存在的地方,也就无所谓破坏了。因此,至少在那些缺乏兴趣的学生明显不具有内在动机的地方,教师采用这类外在激励是不会有所损失的。

尽管如此,有关如何采用奖励的条件和原则(参见第 6 章)仍然有效,尤其是当教师想让缺乏兴趣的学生不再依赖这些激励措施、转而以自我约束的学习动机作为动力的情况下更是如此。由于这类学生往往将上课和作业当作讨厌、被迫接受的东西,必须有一些外在理由才能忍受下来,因此,就要避免以强化这种趋向的方式为他们提供奖励。相反,要采用包含有合作设定目标内容的契约制方法,并充分利用在师生目标设定过程中进行讨论的机会,帮助学生开始重视所学内容的价值。

强调真实活动,从学习成就而非任务完成的角度来描述阶段性目标,采用定性指标评估进展情况。在活动之后进行的总结中,要重新回顾这些目标和评估标准,并引导学生自己对取得的成就进行总结和反思。假如这项活动产生了一些重要成果,就要提供展示的机会,或者建议学生与同学或家人分享。

在这里,重要的一点在于,不仅要把学生的注意力从外部奖励引开,而且还**要提供一些概念和语言,使他们可以用来对自己所取得的成就进行高度评价并引以为傲**。学生是不会高度评价自己没有看到或者不能理解的事情的。他们需要一些概念和语言,来准确表述学习目标、衡量进步,以及从理解、能力或成就的角度(而不仅仅从任务完成或是否达到最低要求的角度)来看待最终成果。

在像语法、计算或书法之类科目的实践活动中,有丰富的描述性语言尤其重要。在一开始,学生就应当认识到这种实践活动是很重要的,因为只有掌握关键性技能,能够达到熟练程度并有不错表现,在将来需要的时候"毫不费力"地加以运用,才能实现课程的最终目标(即能够在生活中自如地写作或解决问题)。这有点类似于备战运动项目或音乐表演时技能训练的重要性。

此外,还要提供用于描述学习努力成果的概念和语言。想想看,"懂得奴隶制会在南方而不是在北方兴盛"就比"学习历史"更具意义,也更能激发学生的学习动机。"学会在既有小数点又有余数的情况下的除法"与"解数学题",或者"学会调整书写位置,使所有的字都沿着线并且保持同样的斜度(跨页亦如此)"与"练习书法"之间也是同样的道理。在向学生介绍这类学习活动时,要使用丰富的语言描述其目标特征;当学生开始致力于完成这些目标后,教师就要依据这些目标为自己的反馈意见认真措辞;在评价学生已经完成的工作时,要特别提到他们表现当中特别的地方以及质性方面,而不是只提成绩或给予笼统的评语。

向那些对学习缺乏兴趣的学生解释清楚学习为什么能够增强自身能力、利于自我实现,也许是有用的。创设情境让他们自己直接感受这样的成果,则基本上肯定是有效的。因此,不管教师是否采用激励系统,都必须与他们商量确定学习目标,并使用学生能够用来规划和评估自身学习状况的语言来提供反馈。**教师要使学生进入到设定目标和遵照目标进行学习的过程之中,从而引导他们获得直接的学习体验。这样就意味着他们是抱着学习动机参与到学习活动中了。**

当上述过程变得越来越熟悉后,学生们就能更加自然地参与其中,而不会因为要回应某些少见的要求而备感压力。这样就会给予他们更多的认知资源,使他们能够对学习的目的、意义和潜在的应用价值进行从容的思考。渐渐地,他们能够开始自发地学习,并由此产生并构建他们自身的学习动机了(Thorkildsen,1988;Vallacher & Wegner,1987)。

形成与学生的紧密关系并据此开展教学工作

我在第 2 章里强调了一个观点,教师通过与学生建立紧密关系,并让自己成为一个为他们提供支持和帮助的人,就可以使教师本人成为激发学生动机的最有价值的工具。**这样做的对象是所有学生,尤其是那些由于没有发现学校学习的价值而对学习没有兴趣或不合群的学生,这一点至关重要。**这样的学生已经步入歧途,因此需要赶紧回头。作为教师,应当发挥自己的反作用力,来抗衡那些使他们变成缺乏兴趣的或逆反的学习者的各种力量。假如失败综合征的问题也同时出现,教师照样必须直面它们,采用第 5 章里提供的技术手段来应对。有时学生会抵触某个部分的教学内容或某种形式的学习活动,说它们乏味或无用,其实是因为他们害怕失败,想要找到一个不努力的借口罢了。

不管它们是否因失败综合征的问题变得更加严重,那些较明显的对学习缺乏兴趣或逆反的问题,都不会因为一次简短的谈话或一次单纯的经历而迅速得到消除。**教师需要为此付出积极努力,接受渐进的进步,保持耐心,即便遭遇到怀疑或反对都始终如一。**要做好面对上述反应的准备,至少要做好准备应对那些兴趣缺乏状况严重、已固化为一种清晰的观念体系的学生。毕竟,如果自身的先前经验教给他们的是另一种答案,那他们为什么就应当把教师的努力当回事呢？

　　为了建立起成功帮助缺乏兴趣学生的潜在基础，应当向他们表明：作为教师的你从个人角度对他们非常关心，十分关注他们现在和未来的最大利益。要帮助他们认识到，他们以往的经验是有限或有误区的。参与学习活动的根本原因，除了成绩之外，是要获得这些活动帮助他们获取的能力和自我实现的潜力（见文本框 10.1）。为了达成这一目标，就需要进行大量的示范和促进社会化的工作，以及围绕学习经验的反思讨论。为了让上述措施具有成效，教师要与这些学生建立起友好的关系，要让他们尊重你的意见，想要取悦你。

文本框 10.1　学校学习中的自我实现动机

　　1986 年，弗斯特和斯蒂尔（Furst & Steele）访谈了在大学学习课程（并不一定为获得学分）、年纪稍大的几位成年人，问他们为什么要这样做。他们的回答很有趣，因为他们大多是为了实现自我，而非其他外在的原因。

1. **不落伍/不离群索居**。与瞬息万变的世界保持同步，不落伍；重新审视自己看待当下事物的眼光；能够更加自如地应对日常生活中的挑战；做更有效能的公民；提高自身参与社区工作的能力；参与团体活动；能够与自己的配偶或朋友分享共同兴趣。
2. **成就感**。发展一种未得到充分挖掘的天赋；补充以往教育的不足；探索早年就有兴趣却一直无暇顾及的事物；完成一些以前没能完成的学习活动。
3. **激励和自我维持**。摆脱倦怠感；在日常生活中感受到变化；保持或提高自尊；不断给自己提出智力层面的要求，使思想始终活跃和敏锐；有成就感。
4. **实际成就**。获得某个学科的知识；学会一项特殊的技能；有成就感；让自己做好应对退休生活的准备；满足发展新的兴趣的愿望。
5. **自我认识/个人调整**。获得对个人问题的洞察力；获得帮助以应对个人生活中的危机；重新审视自己以及在生活中的角色。
6. **正规学历和认可**。获得学位、文凭或证书；让他人更尊重自己。
7. **享有特权资格**。获得享有某些特权的资格，如使用图书馆、游泳池等的特权；能够参与集体活动。

(续前页)

> 8. 预备知识。获得有助于学习其他教育课程，或有助于洞察人际关系的知识。
> 9. 智力刺激和享受。只为学习的乐趣而学习，或是为了满足一颗喜欢探索的心。
>
> 以上有关成年人为什么学习的理由，似乎大多也适合12年级制的学生。教师可以通过时常提到以上学习理由，以及通过提问题让学生自己发现上述理由，在自己的学生中培育这些学习态度。

在加强对缺乏兴趣学生了解的过程中，要特别注意他们是在怎样的情形之下完成或未完成学习目标的，并就此做出相应的调整。还要让他们自己谈一谈在学校的经历，以帮助教师充分利用他们现有的动机。可以询问他们：哪些内容范围、活动类型或学习形式有益于他们的学习？别人的学习经验通过什么方式才可能对他们更有价值？即使只为这类学生提供能有所收获的简单的机会，也能够改善教师与他们的关系，并改进他们的学习态度。而且他们回应也许还会包含使他们自己有更好表现的一些具体建议。

发现学生既有兴趣并以此作为发展基础

教师发展与缺乏兴趣学生良好关系的另一个原因，是为了了解他们的价值观和兴趣。从某种程度上讲，这样做可以为培育他们的学习动机提供起点。例如，几乎所有的实质性兴趣都可以成为发展识读能力的基础。学生们可以阅读有关体育和娱乐人物、汽车改装、电脑游戏或其他刊载青少年文化流行话题的图书或杂志，然后撰写有关阅读内容的概述报告和读后感。这样做也许不如让他们阅读和撰写有关科学和社会研究题材的内容那么理想，但至少提供了让他们运用识读技能的机会，也许还能发展他们的一些重要品性（在阅读中注意汲取重要观点，并进行反思和交流）。作为教师，你也许应当考虑建议学生订阅他们喜爱的杂志，或者为他们订阅杂志，可以作为礼物，也可以如约作为他们取得有关成绩的奖励。其他可以做的事情，还包括安排学生阅读有关野外旅行、热点影视或热门话题的读物,并对他们近来的体验进行梳理。还可以鼓励学生互相推荐好书,并就阅读内容进行讨论(Williams,1996)。

某些学生缺乏学习兴趣但具有社会动机,教师可以在一定程度上利用后者替代他们所缺乏的学习动机。比如说,让他们单独学习可能收获极少或者根本学不到东西,但让他们与喜欢学习的同学结对学习的话,就可能帮助他们实现一些重要的学习目标。教师可以在较短的周期里时常采用同伴学习方式,与此同时培养他们自觉学习的能力。还可以安排他们与热爱学习、可以与他们分享人生经验的年龄稍长些的学生或校友度过一段时光,帮助他们认识到自己今后应当怎么做(Tjas,Nelsen & Taylor,1997)。

帮助学生形成并保持对学业更为积极的态度

为了让缺乏兴趣学生形成稳定的兴趣,并利用这些兴趣作为激发他们学习动机的基础,教师需要先唤起他们的好奇心或情境兴趣。此外,还要帮助这些学生认识到,学习老师将要教给他们的东西,符合他们自己的最大利益。

1992年,莫迪凯·尼桑(Mordecai Nisan)提出了一个相似的观点,认为学校教育的宗旨并不是要提供学生想要的东西,而是要在他们身上培养本国文化所推崇的东西。因此从根本上讲,学校教育是以植根于值得人们追求、人类理想状态图景之上的价值观作为基础的。缺乏兴趣学生需要教师帮助他们懂得,他们自己有必要充分利用学校教育所提供的形成自我实现个人身份的机会,以及将来在社会上有效发挥作用时所需知识、能力、价值和品格的机会。

这种表述,似乎让人感觉被推崇的东西是非常抽象的。然而,尼桑的研究却表明,1年级、6年级和7年级的学生已经对这种价值产生了直观的概念。当被要求对一段儿童旷课的情形表达意见时,三个年级中的大多数学生认为不上学是不对的;即使该儿童被描述为生活在不要求儿童上学、并且儿童上学情况也不普遍的国家,他们仍然这样认为。他们大多数支持为了儿童长久利益而必须上学的法律规定,认为学校教育是儿童健康发展所必不可少的。

在一定程度上,学生们能认识到,上学以及努力实现学习目标,才是符合他们最大利益的。缺乏兴趣的学生还没有这种认识,所以教师要帮助他们认识到这一点,并且通过能与之产生共情、同时又坚持不断的评论和提问,让他们理解其含义。要向他们强调:要保证他们长远的最大利益,就需要他们在每门功课上都取得进步,而不仅仅是那些他们喜欢的科目。

正如内在动机存在于人自身而非寓于活动中一样,对于学校的消极反应也是如此。教师在与厌学的学生打交道时,要特别注意这一点。假如学习活动与他们当前的学习需要非常契合,而学生仍然厌恶学习的话,就是由他们自身的消极态度和没有目标造成的,而不是由活动本身引起的。其他的学生认为活动有意义、有价值甚至是令人享受的,假如厌学的学生能够学着以一种更加积极的心态参与到活动当中的话,那么他们也一样会有相同的感受。

1998年,格林-迪默斯、佩雷蒂尔、斯图尔特和加舒(Green-Demers, Pelletier, Stewart & Gushue)发现,通过采取一些步骤让学习任务更加有趣,或让学习者本人认为任务非常重要,就可以让学习者保10岁持一定动机水平,踏实完成那些虽必要但却枯燥的实际学习任务了。有效的提高动机水平的策略包括:挑战高水平(试图通过更快、更有效、更完美地完成任务来挑战自我)、多样化的引入(临时打乱分任务的顺序,或试着用新方法去应对它们)以及产生自我相关理由(提醒自己任务关系重大,且有利于实现更大的目标)。

1993年,塞岑特米霍伊(Csikzentmihalyi)提出,如果人们喜欢寻找挑战、享受打破自身限制的乐趣,那么即便是在日常活动当中,他们都可以学会体验心流(experience flow)。例如,通过使之更具艺术性、成效性,或者使活动目标更具挑战性、趣味性,人们可以使一项枯燥的活动变得"不一般"(complexity)。在学校里,学生可以形成管理学习活动的情感反应策略,并且运用这些策略来避免受到无聊感、挫败感或其他消极情绪的困扰。作为教师,你的作用是帮助学生充分利用他们自己已经形成的应对策略,此外还要教给他们新的策略。

1992年,奥德法瑟(Oldfather)对一些5、6年级的学生就如何开始着手枯燥任务并且保持对它们的专注进行了访谈。个别学生强调,他们接受这样一个观点,即他们被要求做每一件事情时,其背后都存在着一个意义非凡的目的。例如,一个叫苏姬的孩子觉得科学课没意思,但她确信:"我还是认为它很重要,因为假如你认为它不重要的话,你就什么都不会为它做了。"菲尔则找到了帮助自己克服对一项任务的抵触心理的两个因素:看到同伴非常享受这项任务,以及获得胜任感。他们认识到,如果专心做就能够"搞定它",并由此增长知识和能力。

1996年,麦克凯斯林和古德(McCaslin & Good)提出,通过向学生提出如下问题,可对学生的动机进行支架化:

你喜欢刚刚学过的这一单元的内容吗?喜欢的原因是什么?(为什么不喜欢?)

讲一讲是什么让你感兴趣(或感觉枯燥)的?

你认为如果喜欢的或觉得有趣的内容,就更容易学会它吗?也更容易记住吗?

你有办法试着让功课更有趣或者让自己乐此不疲吗?

谈几件你常做的事情?

这对你的学习有帮助吗?

为什么你这么认为?

你是否尝试过……?

除了引起学生对有效策略的关注外,这样的支架化对坦诚沟通也是一种鼓励,因为它使学生关于"参与学习活动有时很枯燥、令人反感"的想法"正当化"。尽管支架化的做法本身并还支持这种观点,但却认可学生们可以这样认为,并且可以就此进行讨论。

让学习更加令人享受或满足

对于成年人如何从自己所从事的工作中获取更大的满足感,已经有了很多的建议。教师可以利用这些建议,作为帮助缺乏兴趣学生学习的办法,使他们从学校功课中获得更大的满足。

1985年,魏特雷和威特(Waitley & Witt)强调,要完成一项工作,工人的态度至少应与劳动任务本身的性质一样重要。他们讲述了三位建筑工人的故事。这三个工人被要求谈谈自己的工作。第一个人基本上是在抱怨,讲的都是消极方面(如老板苛刻、天气不好或建筑材料糟糕带来的挫折等)。第二个人重点讲完成互不相干的活计时的具体步骤(如搅拌砂浆、砌砖、抹平和刮平等)。第三个人显然对工作最满意,他说自己正在建造一座辉煌的教堂!

同年,魏特雷和威特找到了工人们为让自己的工作更有价值、更令人享受所采用的若干方法:
- 更多关注希望实现的目标,而非预料可能遭遇到的困难;
- 制定计划和阶段性目标以指导工作的完成,还要注意随时获取反馈,准备好在必要时调整计划;
- 从一开始就为做到尽善尽美而努力,既强调持之以恒,又具有灵活性;
- 把日常工作当成比赛,总是努力突破自我设定的限度,使工作更加有趣;尽可能让自己负责的部分做到完美,或者试图发现自己能够在其中发挥多少创造性;
- 学会享受解决难题的挑战,并从干得不错的工作中获得满足感;
- 与具有相似态度和期望值的人一起工作,不同缺乏目标、喜欢抱怨而不是直面一切的人共事。

1986年,卡梅隆和埃鲁索尔(Cameron & Elusor)也为让工作更加有趣提供了一些建议。其中大多数建议以心理学原理作为基础,也有一部分源于禅宗哲学,尤其是关于"专注当下"的思想。

专注当下(present focus)。假如你沉浸在自己正在做的事情里,就不会去看时间。因此,当你想要完成一件任务时,就要让自己的身心都真正到场,要非常在意自己做的事情,专注于它,善始善终。假如你发现自己神思恍惚,就要弄清楚神思到了哪里,以及为什么会这样。把这件事情完成后要参与的事情统统记下来,但随即就要让注意力重新回到手头的事情上。

仪式(rituals)。开始仪式有助于较快进入到当下专注当中。例如,架设设备、清理书桌、整理纸张的"清理仪式",可能是由其他活动转入学习或工作准备状态的极有用的转折点。

乘浪前行(ride the wave)。不要让不完美或无解的情况太多地折磨你。关注你当下做的事情,尽力而为,分析问题并努力着手解决问题,但不要放弃,不要因为你知道事情不会做到完美而不去尽力。

个性化方法(personalized approach)。把创造性带入到工作中。如果必须面对某些反复出现的困难,请不要把它们视为障碍,而开始把它们看作是机会或挑战。假如你因事情发展顺利反而感到厌烦的话,就通过努力去实现自我设定的目标或者改变自己的惯常作息,使自己重新回到"现时专注"当中。

把工作当游戏(make a game of it)。创造一种你能够边工作边玩的游戏,把工作变成玩耍。医疗技师在看患者片子时可以偶尔开个小差儿,仿佛自己成了一位艺术批评家;酒吧招待则可以成为一个鉴别无聊顾客陈词滥调的专家;杂货店装袋工可以试着整齐地打包货品,把它们摆放得像刚从流水线下来一样整齐;餐厅服务员可以了解常客的习惯,悄悄在自己心里为他们点菜。

把工作视为艺术(see your work as an art form)。任何行动都可以以具有美感的方式表现出来,所以要找到让自己能够优雅工作的方式,或者找到最终能创造出视觉上或其他方面令人赏心悦目(而不仅具有功用)的产品的方式。

把工作看成一位老师(see your work as a teacher)。去发现工作能够让你从中学到什么。无聊或感觉乏味的时候,可以进行一番自我分析,试图找到能把工作的乏味感降到最低的点子。还有,就是要从工作本身学到更多的东西(如使用设备的可能性、提高工作效率的方式和捷径,以及有助于发现以上几方面相互存在关联的信号等)。

找到一种工作的节奏(find a rhythm to your work)。在工作中发现自然的节奏或周期,有助于让工作要得有趣,减少"工作永无尽头"的感觉。如果有可能,从连续性工作中暂时脱身出来,花点时间完成另外一件任务,或稍做改变,给自己在具体工作中放松身心的机会。

减压(unwind)。当压力逼近时,让自己的思想向感觉更舒适的事物转移。让短暂的放松时刻与高度紧张的阶段相互交替。假如不能四处走走或休息一下的话,就把坐着的身子向后靠一靠,闭上眼睛,冥想片刻。与他人分享笑话和在工作中发现幽默,也有助于减压。

追求卓越(seek excellence)。学会在工作中追求卓越,并从中获得满足感。可以采用以下方法:专注细节(注意工作的每一处细节并认真做,其中包含了当下专注的思想。这种专注建立在重视细节的基础上,将每个细节视为整个工作顺利完成不可或缺的部分),以及倾注自己的心血(全身心地投入工作,视工作为自己对于所关心的人们的奉献,或者视工作为即将被载入史册的大事)。

学生们也能形成一些自己的方法,尽管常常不太管用(见文本框10.2)。教师应当教给他们一些更加适用的方法,帮助他们提高在完成学习任务过程中的满足感,并保持完成任务所必需的自律性。即使采用让学习或工作更有趣的方法,也可能需要很长时间,才能真正达到减少兴趣索然状态甚至抵触情绪的目的。所以,教师应当在需要学生有专家级表现的日常教学中,而不是在以增加初学者学习经验为宗旨的学习任务中更多地使用这些方法。而且,**即使教师做到了本章建议的所有事情,仍然需要对缺乏兴趣学生进行社会化,以提高他们的学习动机。**

缺乏兴趣学生学习动机的社会化

学生的价值观和态度往往通过接触表现出相同价值观和态度的令人尊敬的**榜样**而获得,而一般的讲授并不能做到这一点。尽管如此,(假如学生能够接受信息的话)还是可以通过**说服性沟通**(persuasive communication)来实现他们的社会化,以及通过参与到令人印象深刻的学习经历中而进一步促进这种社会化。教师可以通过树立榜样、说服和支架化学生的学习经历,间接地促进学生学习动机的社会化。但不可通过教学来直接达到这一目的,因为学习动机的社会化包含了情感投入和个人承诺的因素,这些只可能来自于学生本人(Gagné, Briggs & Wager, 1988)。

缺乏兴趣学生学习动机的社会化是非常困难的,因为他们没有太多经验,来帮助他们理解有目的地投入学习活动意味着什么。而对于已经反感学校教育的不合群学生,社会化的任务更具挑战性。要做到这一点,除了要求为他们树立新的态度和价值观之外,还必须改变他们已有的态度和价值观。

不要强迫学生改变他们的态度和价值,尤其不要采取像处罚或给不及格成绩之类的惩罚方式。教师可以要求他们在课间、课后的校内自习课或放学后完成作业,使他们至少能完成最少限度的作业量。然而,让学生做作业与激发他们的学习动机并不是一回事。所以,**教师不妨最大限度地减少对高压手段的依赖,转而构建更有成效的师生关系,并在这种关系中开展工作。**

缺乏兴趣学生需要长期运用我们在第9章提到过的策略,同时根据他们的个性特点和需要,制订个性化方案作为补充。帮助他们形成学习动机的努力需要持久不懈,同时也要非常小心谨慎。假如学生认为教师在折磨、操纵他们,或试图将愿望强加于他们,那么教师就无法达到目的。相反,应当帮助他们认识到,**教师能够**为他们打开自我实现的大门,教会他们去开发尚未认知的潜能,从而使他们增长能力、更具力量。

文本框 10.2　学生的应对策略

学生如果厌恶学校学习、认为其令人沮丧的话,他们就会为应对这样的环境形成自己的策略。1990 年,麦卡斯林访谈了若干 6 年级的学生,询问他们是如何应对数学中的"硬骨头"的。下面的访谈记录来自一对要好的朋友。

两个女生都努力解答数学难题。一位女生想快点完成作业,这样她就可以与朋友们进行交流了。她充分利用了与这一社会目标相联系的各种意象,帮助自己克服各种难点。

"我有好多次都感觉厌烦透了,很想放弃。我真的……不管是在学习时,还是刚刚对学习感到厌倦时,我都想干脆不做了,因为实在无法忍受了。这时我会去想我爱做的那些事情,比如在学校里跟好朋友们一起玩,还有我们一起做好玩的事儿,玩有趣的东西。但是,我在做那些有趣的事情之前,得先完成这些作业。"(原书第 42—43 页)

与之相反,她的好朋友是出于理解的目的而专注于学习的(不只是为了获得正确答案),但也不能避免难题带来的困扰与挫折。她不像好友那样运用想象的策略,而是通过做其他替代性活动来开解自己。

"哦,我认为自己会全做错呢!我觉得应该站起来,四处走走,好好考虑一下。我又觉得应该停下来,做点其他的事情。我玩了一会儿拼写游戏,它们很容易,不用太费脑筋,而且我知道拼写的答案,真的是太容易了!当我感觉很受挫时(该休息一会儿),往往无法考虑那些数学题以及我该做什么。我在心里对自己说'你不能这样',然后就开始掉眼泪、咬铅笔。我知道,我应该振作起来做点别的事情,我刚刚面对那些题目毫无办法而感到非常失败……我开始下意识时摆弄我的手指,就像这样。我知道我必须做点别的事情,否则真的快疯了。大概休息了 10 分钟吧(好像没有花太多时间),我又回来埋头解题。我心里想,它们只不过短暂离开了我心里一会儿而已。"(原书第 43 页)

学生们在设定目标、适应任务要求以及努力"补救"初期学习的不成功时,

(续前页)

> 所采取的策略五花八门。教师可以通过教会他们相应的策略,帮助缺乏兴趣或灰心丧气的学生学会应对环境压力。但应当更强调有助于学生认识学习价值并从中获得满足的策略,而不是只提供帮助他们从自己仍认为是厌恶的情境中暂时解脱出来的策略。

缺乏兴趣的学生与其他学生一样,都需要有好奇心、兴趣和反思受到激励的经历。但是与其他学生相比,他们需要这种激励的频率更高一些,而且还要以更加个性化、更细致、更持久的方式来进行。他们尤其需要得到对学习问题进行反思和交流的激励。因此,可以就学习内容向他们提问,或布置一些要求他们思考和领悟新知、形成和表达意见、形成新见解、建立知识联系或加以运用的作业,**始终让他们重视学习经历所具有的自我实现潜能**。对他们参与学习活动的行为以及之后的反思提供支架化帮助,以确保他们可以体验到灌能或自我实现的成果。作为教师,你的目标就是**引导学生认同这些经验**,将他们的学习经验与他们的自我概念相联系,开始形成他们有关理想自我的形象,并由此把他们塑造成思想开放、积极向上的学习者(见文本框 10.3)。

根据缺乏兴趣学生的认识和理解程度,教师要考虑采用"强行推销"(hard-sell)的方法,来实现其学习动机的社会化。也许可以一开始就告诉他们,他们已经失去了一些自我实现的重要机会,现在是在给他们第二次机会。

可以向他们提出诸如学校和图书馆为什么会存在、人们为什么要参观博物馆或观看教育节目、为什么要阅读报纸杂志,以及为什么旅行和利用其他机会来扩大生活圈子之类的问题,由此引发他们的讨论。也可以将具有积极心态的人的行事方式加以示范并提供相关事例。这些人能够利用自己的资源(而不依赖其他人或媒介提供条件)去了解世界万物。教师可以从自己的人生中找到一些事例,向学生解读学习动机以及相关的内心独白,并且明确传递出以下价值观:

付出时间和精力,就能取得有价值的回报。无论何时,只要你参与到某项活动中(尤其是被要求必须参与时),付出时间和精力,都能产出有用的成果,不要事后觉得自己浪费了时间和精力;如果要学习,那就真正去学。专注于重要观点的含义和潜在应用,以便从学习活动的经历中取得最大收获。

文本框 10.3　形成学生作为具有动机的学习者的自我图式

1986 年,马库斯和纽里厄(Markus & Nurius)提出了"可能自我"的概念,即个体对未来自我的认知表述。可能自我代表了个体可能成为、希望成为或害怕成为的自我。从某种程度上讲,人们只要形成有关可能自我的清楚认识,就可以调动自己的能量去实现理想的自我,避免朝着不愿意成为的自我的方向发展。

总体而言,个体朝着理想的可能自我方向努力的行为,是以特定功能领域里自我图式的形成作为前提的。1994 年,科洛斯和马库斯(Cross & Markus)指出,某个领域里的行家里手,既要拥有领域的专门能力,又要具有有关这种能力的自我图式。例如,要在数学上取得理想的进步,要求既有数学知识上的稳定进展,又要认识到,掌握了这些知识,就能用它们来解决问题。

自我图式代表了个人的具体领域的专门能力和在该领域的个人经历。具有图式的学生拥有某个领域成熟的自我图式,他们能够运用这些自我图式做出迅速而自信的判断,灵活适应不同的信息加工目标,准确地获取与本领域相关的信息。他们对于与图式相关的信息非常敏锐,并十分关注这类信息。于是,他们能够很好地适应与图式相关的情境,时刻准备在需要的时候发挥与图式相关的能力。他们十分看重这些自我图式,且赋予它们极端重要性。

相反,相同领域中缺乏图式的学生则没有形成明确的、有价值的图式。他们也许与具有图式学生一样,拥有该领域的专门技能,甚至在有较大压力或受到激励的情况下,还能够发挥与后者相当的能力。但他们还是不会像具有图式的学生那样,能够寻找到激活他们领域专门能力的机会,也不能在机会出现时就很快捕捉到或者能够充分持久地利用好这些机会。

上述有关可能自我和自我图式的观点,非常适用于本书有关学习动机(作为一种一般性情)形成的解读。学习情境(包括校内校外)在人的一生中构成了一个重要的功能发挥的领域。具有与该领域相关的发展良好自我图式的人,更有可能辨识学习情境,对其加以重视,并且更有可能抱着强烈的学习动机参与到其中。更为普遍的是,他们的可能自我会包含诸多理想的特征,像开放、活跃的思维、善于对经验进行反思的倾向等。他们还会把那些消极或思想

(续前页)

> 狭隘的个人当成反面教材,尽量让可能自我避免成为那样的人。
>
> 相反,本章讨论的各种缺乏兴趣的学生,则在学习动机领域缺乏图式。对他们成长产生塑造作用的经验和社会化影响,都没有让他们懂得抱着学习动机参与学习活动的含义究竟是什么,没有使他们认识到这样做是他们成为完全自我实现个人之必需,也没有让他们产生接受高等教育以及将来从事以高等教育作为前提的职业的强烈抱负。
>
> 部分稍稍具有学习动机的学生也可能存在缺乏图式的情况,如果他们来自较低层次的社会经济背景或少数族裔家庭时更是如此。这些缺乏图式的学生也许会有一点接受高等教育的抱负,但都很可能是非功能性、希望性的想法或幻想,而不是为达成目标而制定了具体实施方案、经过深思熟虑的决定(Day, Borkowski, Deitmeyer, Howsepian & Saenz, 1992;Dunkel, 2000; Kendzierski & Whitaker, 1997;Oettingen & Mayer, 2002;Yowell, 2002)。教师有必要帮助缺乏图式的学生,为他们提供获得必要经历的机会,帮助他们对参与学习活动的经历进行支架化,引导他们反思所取得的成绩对他们自我图式及未来可能自我的建构所具有的含义。
>
> 2006年,奥依瑟曼、拜比和特里(Oyserman, Bybee & Terry)对来自低收入和少数族裔家庭的8年级学生,对他们制定了可能自我进行干预的方案。这个方案的目的是帮助他们形成像优秀学生一样更为图式化的可能自我,使他们能像后者一样关注学校,愿意并且能够通过持续努力和自觉学习满足学校的要求。与控制组的学生相比较,这个项目的参与者表现出更高的动机水平和行动力,出勤情况更好,成绩和标准化考试的分数也都更高。

对获得的领悟感到满意。学会从获取信息的过程中得到快乐,在逐渐明白事物奥秘的过程中体验满足感。花一点时间欣赏那些微不足道的顿悟,包括"啊哈"的反应、"原来是这样的啊"的洞见,以及"我原来从不知道……我打赌这就是……的原因"里存在的联系。

享受新奇或惊喜信息输入所带来的刺激。新的信息输入会刺激认知的发展,尤其是在下列情况下:这种输入拓展了我们早就感兴趣的知识;这种输入违背了我们的预期,与我们熟悉的东西形成反差;这种输入在一定程度上让我们感到意外，或让我们意识到自己知识的不完整。我们从未想过的生活方式或行为可能是存在的，认识到这一点非常令人着迷。

享受间接经验。阅读小说、关注时事以及坚持社会科学方面的阅读时，有很多机会可以帮助我们识别出其中的焦点人物，或设想我们自己进入到那种情境景象。通过阅读，可以让我们间接体验发生在那些情境中人们身上的事情，并思考如果我们处在他们的环境会有何反应。

促进自我知识的增长。不管何时，当我们学习有关特定人群或者人类普遍状况的知识时，都会由此更加了解我们自己。这其中包括我们同其他人的相似性和差异性，类似行为背后的不同动机和意图，以及应对各种生活境况的不同方式等等。

为成为见多识广的个人和公民而感到自豪。增长知识、运用我们的认知能力，都是成为一名具有全方位能力的个人不可或缺的部分。这些活动能够为我们提供各种平台，从而让我们从各个方面获得满足感。我们能意识到世界是如何运转的；我们能够利用渊博的知识分析新闻和时事；我们是见多识广的选举人；我们已经形成了关于政策或社会热议问题的成熟意见。

作为教师，你在为自己提供以上示范和期望的同时，还要让缺乏兴趣的学生同同龄人或其他人接触，以便让他们效仿后者积极的学习心态。例如，1989年，亨纳西、阿曼比尔和马丁内格（Hennessey, Amabile & Martinage）在一项鼓励7—11岁学生成为内在动机水平更高的学习者而进行的干预研究中，让学生们观看包含以下对话的录像片：

成年人：汤米，老师要求你在学校做的所有事情中，哪一件事情是你最喜欢做的？跟我具体说说吧。

汤米：哦，我最喜欢社会研究课了。一方面是因为我喜欢学习了解世界各地人们如何生活的内容，同时这门课也很有趣，因为可以研究很多课题和写很多报告。我喜欢做课题，专心研究自己感兴趣而又百思不得其解的问题，是一件非常有趣的事情，而且我可以依靠自己的力量，从中学到很多东西。做课题时我很用心。当有了一些好想法时，我会感觉很快乐。

成年人：所以说，你喜欢社会研究课的原因之一，是它可以让你靠自己学到很多东西，而这让你感觉良好，觉得这门课更加有趣了。太好了！（原书第

216页)

　　作为缺乏兴趣学生学习动机社会化的一部分,教师可以让他们观看一些经过筛选的电视访谈节目的片段(或至少指出这些节目中常常出现的嘉宾类型),以帮助他们从中发现各色人等的不同心态:积极的或消极的,开放的或封闭的。引导学生分析不同类型的嘉宾在谈话内容以及沟通风格上表现出来的差异,如有趣的、见多识广的、明显深思熟虑的嘉宾,以及冲动的、说话欠考虑的、大声嚷嚷的、自相矛盾的、不顾信用的嘉宾。教师要指出,有些人没有表现出本该有的水准,但其实他们大多数人并不愚蠢,只是在面对新信息或观点时没有开放的心态,故而表现得冷漠、草率、固执、无知、既自我防御又咄咄逼人。他们从未学会问以下问题:事物的含义是什么,它们为何重要,以及它们对于个人或社会决策意味着什么。

　　如果这样做有成效的话,教师还可以进一步指出,尽管现代社会提供了丰富、多样化的自我实现机会,但一些人的精神生活仍然非常狭隘。在他们的脑子里,只有工作、日常需求和流行文化。由于他们在与人交谈的过程中,不是积极投入地讲出一段双方都感到满足的谈话,而是讲话空洞无物,对琐事喋喋不休,或者冲动地讲出不经大脑的话,所以他们不是理想的配偶、家长、朋友或同事。他们之所以会这样,是因为他们在学校时,没有充分利用学校提供的机会。在他们眼里,任何事情都"无聊"、"愚蠢",所以,他们这样行事也就不足为怪了。

　　在这里,关键是要向缺乏兴趣学生强调,学校教育并不是只教给他们基本的技能,为将来就业做准备。更重要的是,它要帮助学生更多地认识他们在生活各个方面的潜能。说得直白一点,学校教育就是要帮助学生成为受人敬仰的人,而不是因像奶牛反刍一样无所事事被人忽略,更不是在揭露丑闻的谈话节目中自取其辱、被人鄙视的人。

向学生传授自律学习和研究的技能

　　许多学生,尤其是缺乏兴趣或不合群的学生,都需要得到旨在培养认知及元认知能力的教育,以促进他们的有效学习和研究。教师可以在学生完成任务的过程中,教导他们更加意识到自己的目标,指导他们选择实现这些目标所运用的策略,指出那些策略有何效果(必要时可以加以调整),并管理他们在事情发展过程中的情绪反应(Bruning & Horn,2000;Hartman,2001;Pintrich,2000;Zimmerman & Schunk,2001)。1993年普利斯雷(Pressley)和比尔德·埃尔-迪纳莉(Beard El-Dinary)对教师如何帮助学生对自律学习进行管理的六个方面进行了归纳:

积极准备学习。教会学生积极做好准备,动用各种资源,以缜密的方式开始执行学习任务:集中精力,根据任务性质和目标预演任务;如遇复杂的任务,先做好计划再着手执行任务。

记住相关材料。假如必须要记住学习材料的话,教师应当教给学生有效记忆的方法。这些方法包括:主动复述;反复朗读、抄写、圈画关键词;做笔记;使用图像法或其他记忆策略。

对呈现的信息进行编码或加工。一般情况下,教师不希望学生单纯记忆那些信息,而是记住其要点,以便今后加以利用。因此,要教会学生辨识和记住主要观点的方法:让他们用自己的语言改写、缩写信息,将其与已经知道的知识联系起来,并通过自我提问的方式评估自己的理解程度。

组织和结构化学习内容。学生还需要学会对学习内容进行结构化,把它们划分成连续片段或知识块。教他们记录每个段落的主要观点,列出大纲,找出其中的结构并加以运用。还要教会他们做笔记的有效方法(Devine,1987;Kiewra et al.,1991)。

对理解的监控。教师在布置作业的时候,要提醒学生始终意识到学习目标是什么、为实现这些目标应采用哪些策略,以及如果策略无效应采取怎样的调整措施。另外,还要教给他们应对疑点或错误的策略,如返回重新阅读,查询定义,确认文章中论述存疑观点的地方,寻找被漏掉或误解的信息及最新进展情况,回溯之前的步骤检查策略是否运用适当,形成可能的替代策略等。

保持适当的情绪。最后,教导并示范学生带着良好的情绪开始学习活动(放松但保持敏锐,全神贯注,随时准备在执行学习任务时获得愉悦或至少从中感到满足)。同时,教会学生避免不良情绪(生气、焦虑等)的方法。这样的教导应当包括从成就中获得满足感,及运用应对技能回应挫折或失败(如通过自言自语安抚情绪,重新将注意力放在当前的任务上,或采用上一段提到的监控理解过程的策略)。

一个由大学研究者与小学教师组成的研究小组开发了一个识字计划,对运用支架化学生学习活动的策略作了详细说明(见文本框10.4)。1998年,巴特勒(Butler)一份相似的研究报告声称,他在有关写作教学的策略方案中发现,总体上讲,在日常课程中(学生在应用环境下学习)体现的策略性教学,很可能比那些一般意义上的策略性教导更有效。后者包括在专为学习吃力学生设置的抽离计划中进行的教学(Hattie,Biggs & Purdie,1996)。

教给学生意志控制的策略

在许多学习情境中,部分学生学习目标明确,具有学习动机和学习所需的策略,但却因为他们精力不集中、疲惫,或太在意竞争的目标,不能够坚持到最后。正是因为认识到这一点,一些动机理论学者对动机和意志这两个概念进行了区分(Corno,2001;Kuhl & Beckmann,1985)。

动机指的是目标的采用和与目标相关计划的制定。意志则是指遵循以上计划并确保计划实施而采取的行动。这些行动包括专注于当前任务、全力以赴地致力于工作、克服心猿意马以及面对困难坚持不懈等。

教师可能需要把以下意志控制的策略教给学生(或至少部分学生):

- 元认知控制(思考起始步骤以便能够马上开始行动;回溯整个工作过程进行检查,在最后交差之前做出调整);

文本框10.4 概念导向阅读教学法

概念导向阅读教学法(CORI)是一种教授阅读、写作和科学课的方法,融合了激发学生动机和支架化学生学习策略的若干原则(Guthrie,McRae & Klauda,2007;Guthrie,Wigfield & Perencevich,2004)。它包括以下四个大的阶段:

1. 观察与个人化。第一步是为观察具体对象和事件(如一棵树、一朵花、一只蟋蟀、一只毛毛虫或一个鸟巢)提供机会。在进行观察之后,学生们要聚到一起进行头脑风暴,发现其中的问题,以便筹划再次观察、数据搜集、阅读、写作和讨论。

(续前页)

2. **搜寻和检索**。通过教师的示范和支架化的实践,学生们学会如何经过以下过程进行研究:澄清问题,搜集和组织观察所获取的材料以及其他来源的材料,提取相关信息,以一定形式将信息记录下来以备将来使用。
3. **理解和整合**。教给学生加工材料的策略,包括概括记录主要观点和论点细节,加以比较,将理解与课文相关联,评价课文,站在作者的视角进行思考。还要教会他们阐释课文的策略,如查找其他信息、整合不同来源的材料、对笔记及思考进行重新编码等。
4. **向其他人交流成果**。最后,学生们要学会综合信息,并学会运用书面报告、班级日志、立体模型、图表和说明文等多种形式,向他人传达信息。

在采用概念导向阅读教学法的班级,学生在阅读的内在动机水平和参与识读活动的质量上都有明显进步。他们的阅读范围更加广泛,在识读活动中变得更加投入,好奇心和社交能力也变得更强,相关策略运用(如从不同文体中搜寻信息、通过画画和写作表达文中思想、将概念性知识举一反三地运用于新情境等)都大有进步。提出该方法的学者认为,课堂中对内在动机水平和识读活动参与度的提高具有促进作用的环境因素包括:(1)观察因素,鼓励学生从对真实世界的观察中提炼出自己的问题来开始学习;(2)概念因素,把重心放在真实话题上而非阅读技能上;(3)自我主导,支持学生自主学习,自己选择话题、书籍和合作伙伴;(4)元认知,教给学生明确的阅读策略,教他们如何解决问题、如何作文;(5)合作性,强调学习社群的社会建构;(6)表达性,通过写作、辩论、小组互动等为自我表达创造机会;(7)连贯性,强调班级活动与一日、一周甚至一个月的某项任务之间的联系。

- **动机控制**(提醒自己要集中精力到任务目标上;总结出能够让任务的完成过程更愉悦、更具挑战性或更可靠的执行方式;想象成功完成任务和享受其中的满足感);
- **情绪控制**(在惧怕失败或担心自己能力的时候安慰自己;在感到迷茫或挫败时激活已经学到的应对策略);
- **控制任务情境**(为完成复杂任务制定并不断修正详细的方案;远离噪声

和干扰；在开始工作前搜集好所有需要的材料）；
- **在任务情境中管理好其他人**（从教师和同学那里寻求帮助；请求其他人不要干扰和打断）。

对于很容易分心的学生，教师不仅需要教给他们坚持参与学习活动的策略，还要为他们提供单独书桌或其他减少干扰的学习环境。

解决缺乏兴趣或不合群学生的学习动机问题，同时还要解决其意志问题。可通过前者帮助学生实现目标的承诺，通过后者让学生制定出何时、何地、如何实施承诺的特殊计划。如果有相应的实施意向相配合，口头上的目标承诺也很可能被付诸实现（Armor & Taylor，2003；Fishbach & Trope，2008；Gollwitzer, Parks-Stamm, Jaudas & Sheeran, 2008；Koestner, Lekes, Powers & Chicoine, 2002）。

对存在期待问题的学生，则需要对他们的意志方面加以关注，包括对挫折和消极情绪的管理、保持有成效的任务参与（Randi & Corno, 2000；Turner, Husman & Schallert, 2002；Wolters, 2003）。与之相反，对**缺乏兴趣和不合群的学生**，则很可能需要教师在他们的意志方面下功夫，包括形成清晰、缜密的实施意向。要帮助这些学生学会通过规划来遵守目标承诺，如何时、何地进行学习（估计和预算必要的时间）如何保证不让其他兴趣和任务占据这段时间，何时及如何收集必要的材料，必要时如何将任务划分成一系列子任务（并附上相应时间安排）等等。

在启动任务和从容执行任务时有特殊麻烦的学生，可以学着充分利用实施意向的"策略自动性"（strategic automaticity）或称"程序化"（proceduralization）。可鼓励他们建立起在特定时间、特定地点进行学习的标准作息规范：形成"开始仪式"（如清理学习场地，只留下必需材料并排列好备用）；关闭电视、电话或其他可能导致分心的源头；每次都按照相同顺序完成不同的任务。标准化的程序和学习习惯会减少制定专门实施方案的必要性，可以帮助他们更快地开始学习，且能够更加持久地坚持下去。

小结

缺乏兴趣的学生并不看重学校教育提供给他们的东西，因此他们会对后者表现出冷漠和抗拒。教师可以采用威胁和处罚的办法，迫使他们能够有达到某个最低标准的表现。但如果想要让他们明白道理、实现价值观的再社会化，就必须通过以下方式达到目的：建模示范；在态度、期望和归因等方面进行沟通；为他们安排参与体验的机会，以便促进学习动机的形成。

在假定有适当的课程和教学的情况下，会有很多理由说明充分利用学校所提供的东西是对的。但遗憾的是，这些理由一般都强调学生应把精力放在获取能够提升社会地位的"票证"上（需要获得能找到好工作的知识、能力、文凭等）。这当然是一条很有力的理由，应当在一定程度上予以强调，但它关注的是外在要求而不是学习本身。而且，这一理由也很容易被缺乏兴趣的学生驳回，因为他们可以指出，不少人尽管从学校辍学了，但最终却在社会中取得了成功（至少在物质方面是这样）。

所以，让缺乏兴趣的学生明白道理的最佳机会，在于教师帮助学生学会欣赏灌能和自我实现的成果。这些成果是学生在具有学习动机的情况下，长时间坚持参与学习活动而获得的。上述观点也许比较抽象，但即便小学生也能在直觉上懂得它们的含义并认识到它们的效力。学生完全知道他们所崇敬的人物与轻视的人物之间的差异。他们之所以崇敬前者，是因为这些人物有思想、见多识广、心态开放；之所以轻视后者，则是因为这些人很消极，或因粗鲁无礼而被社会所唾弃。

关键是要帮助缺乏动机、逆反的学生认识到，上述这些个人品质是以相关人的价值观以及他们的学习态度为基础的。这种认识会促使他们形成与学习动机相关的价值观和性情。这不仅能确保他们在学校取得成功，而且还能帮助他们在人生各方面获得全面发展。

本章概要

本章就如何帮助对学校学习没有兴趣或不合群的缺乏兴趣学生提出了建议策略。这类学生大多同时存在与期望相关的动机问题，因此也需要在他们身上采用本书第5章所建议的策略。不过，无论他们是否有与期望相关的问题，缺乏兴趣学生都需要示范、社会化以及参与活动，以获得有助于形成学习动机的经历。

　　缺乏兴趣学生同样需要本书推荐的针对班级整体动机价值方面的那些策略(这些策略在第6章至第8章,尤其是第9章都有论述)但它们在被运用到缺乏兴趣学生身上时,却需要在时间上更为持久,并要通过更为个性化的方式,以达到所有学生都能明白的目的。

　　在面对缺乏兴趣学生时,契约和激励体系受到广泛的推荐,在某种程度上是因为这样做不必担心会破坏学生的内在动机。这些策略可以非常有用。但如果它们发挥的作用是充当动机的构建者而非仅绩效的刺激因素,那就需要教师通过将学生的注意力吸引到学习目标上,以及达到目标所带来的灌能和自我实现的满足感上来实施这些策略。

　　形成与缺乏兴趣学生的紧密关系,并利用这种关系来开展工作至为重要。首先,教师需要表现出极大的耐心和定力,即便遭遇阻碍或抵触,仍然要推动学生不断取得进步。而要做到这一点,如果教师没有与学生建立起良好的师生关系就会非常困难。此外,如果学生喜欢老师、希望取悦老师的话,教师在示范和社会化方面所做的努力就会取得更大的成效。

　　要使学校教育对缺乏兴趣学生产生更多的内在奖励作用,就要发现并依靠他们现有的兴趣,特别是能够为作业提供基础的话题兴趣或可以保持其学习努力状态的社会兴趣。此外,还要确保学生理解学习活动和作业的目的价值。在一定程度上,大多数学生都会认识到,学校活动的宗旨是为他们的最大利益服务的,但他们或许不会认可一项特定活动的相关应用价值或潜在应用价值,除非有人向他们明这一点。

　　为了帮助缺乏兴趣学生形成并保持对于学校学习更为积极的态度,就要教给他们让学习更愉快或更有满足感,以及通过意志控制持续努力的策略。假如学习活动与学生的现有能力和需要十分契合,但他们在学习活动中的体验仍然不快乐的话,就要帮助他们认识问题是他们自己造成的,他们的消极体验源自于他们自身的消极态度,而非源自功课内在的任何东西。

　　最后,要采取明确措施帮助缺乏兴趣学生实现学习动机的社会化。对于多数这样的学生,教师需要做的不仅是引导他们认识到学习动机的**价值**,而且要让他们懂得这一概念的涵义,以及他们在参与学习活动的过程中所体验到的价值究竟如何。就此而言,解释说明可能会有所帮助,为他们举一些事例(正反面都需要)并围绕它们进行讨论则更好。而最有帮助的,是为他们提供参与到那些能够提升学习动机的学习活动的机会。对于这样的学习活动,要以有助于形成学生把学习看成灌能和自我实现有效途径意识的方式进行支架化。这样做需要包含以下内容:教会学生建立更好的元认知,同时教会他们对于自身学习进行意志控制的策略。

思考题

1. 为何作者认为缺乏兴趣是比灰心更加严重的动机问题?
2. 你会考虑对某些学生采用契约和激励体系吗?你打算采用哪些体系呢?它们会起作用吗?你会如何将它们呈现给学生?
3. 为何需要常常教给学生认识(或至少是指导他们发现)带着学习动机参与学习活动的含义?
4. 教师怎么才能为学生提供概念和语言,以便他们以此对自己的学习成就进行欣赏和表达自豪之情?
5. 想想有没有你知道的缺乏兴趣学生(如果没有请想象有这样一个学生)?请为他制定一个计划,以帮助他正面评价学校教育价值。
6. 为什么帮助缺乏兴趣学生成为更加积极的学习者的方法,包含了一些将简单任务复杂化的方法,而不仅仅是将复杂任务简单化?
7. 对于看不到学习任务价值的学生,如何认定目标才能够有助于让学习任务变得有意义、有价值?
8. 为什么关于目标可以是质性的(而不仅仅是量化的)的认识非常重要(如润色诗歌,直到满意其传达出自己意欲表达的意象)?
9. 让缺乏兴趣或不合群学生参与到解决问题的讨论中,可以帮助他们开始更积极地看待学校活动,并开始从中获得满足感。那么,你会如何做到这一点?
10. 假如你确定某些缺乏兴趣或不合群学生需要"硬行推销"法,那么你将如何通过不会破坏师生关系的方式来实施这种方法呢?

11. 假如你怀疑一些缺乏兴趣或不合群学生的问题在于他们从未学会有效地进行学习,那你要怎样教给他们学习和意志控制的策略,才能使他们成为更加自觉的学习者呢?

参考文献

Armor, D., & Taylor, S. (2003). The effects of mindset on behavior: Self-regulation in deliberative and implemental frames of mind. *Personality and Social Psychology Bulletin*, 29, 86–95.

Baumrind, D. (1991). Effective parenting during the early adolescent transition. In P. Cowan & M. Hetherington (Eds.), *Family transitions* (pp. 111–164). Hillsdale, NJ: Erlbaum.

Bruning, R., & Horn, C. (2000). Developing motivation to write. *Educational Psychologist*, 35, 25–37.

Butler, D. (1998). The strategic content learning approach to promoting self-regulated learning: A report of three studies. *Journal of Educational Psychology*, 90, 682–697.

Cameron, C., & Elusorr, S. (1986). *Thank God it's Monday: Making your work fulfilling and finding fulfilling work*. Los Angeles: Jeremy P. Tarcher, Inc.

Corno, L. (2001). Volitional aspects of self-regulated learning. In B. Zimmerman & D. Schunk (Eds.), *Self-regulated learning and academic achievement: Theoretical perspectives* (2nd ed., pp. 191–225). Mahwah, NJ: Erlbaum.

Cross, S., & Markus, H. (1994). Self-schemas, possible selves, and competent performance. *Journal of Educational Psychology*, 86, 423–438.

Csikzentmihalyi, M. (1993). *The evolving self: A psychology for the third millennium*. New York: HarperCollins.

Damon, W. (1995). *Greater expectations: Overcoming the culture of indulgence in America's homes and schools*. New York: The Free Press.

Day, J., Borkowski, J., Deitmeyer, D., Howsepian, B., & Saenz, D. (1992). Possible selves and academic achievement. In L. Winegar & J. Valsiner (Eds.), *Children's development within social context* (Vol. 2: Research and methodology) (pp. 181–201). Hillsdale, NJ: Erlbaum.

Devine, T. (1987). *Teaching study skills: A guide for teachers* (2nd ed.). Boston: Allyn & Bacon.

Dunkel, C. (2000). Possible selves as a mechanism for identity exploration. *Journal of*

Adolescence, 23, 519 - 529.

Epstein, J. (1989). *Family structures and student motivation: A developmental perspective*. In C. Ames & R. Ames (Eds.), *Research on motivation in education* (Vol. 3, pp. 259 - 295). San Diego, CA: Academic Press.

Fishbach, A., & Trope, Y. (2008). *Implicit and explicit counteractive self-control*. In J. Shah & W. Gardner (Eds.), *Handbook of Motivation Science* (pp. 281 - 341). New York: Guilford.

Furst, E., & Steele, B. (1986). Motivational orientations of older adults in university courses described by factor and cluster analyses. *Journal of Experimental Education*, 54, 193 - 201.

Gagné, R., Briggs, L., & Wager, W. (1988). *Principles of instructional design* (3rd ed.). New York: Holt, Rinehart & Winston.

Gollwitzer, P., Parks-Stamm, E., Jaudas, A., & Sheeran, P. (2008). *Flexible tenacity in goal pursuit*. In J. Shah & W. Garner (Eds.), *Handbook of motivation science* (pp. 325 - 341). New York: Guilford.

Goodnow, J. (1996). *Acceptable ignorance, negotiable disagreement: Alternative views of learning*. In D. Olson & N. Torrance (Eds.), *The handbook of education and human development: New models of learning, teaching and schooling* (pp. 345 - 367). Cambridge, MA: Blackwell.

Green-Demers, I., Pelletier, L., Stewart, D., & Gushue, N. (1998). Coping with the less interesting aspects of training: Toward a model of interest and motivation enhancement in individual sports. *Basic and Applied Social Psychology*, 20, 251 - 261.

Grusec, J., & Goodnow, J. (1994). Impact of parental discipline methods on the child's internalization of values: A reconceptualization of current points of view. *Developmental Psychology*, 30, 4 - 19.

Guthrie, J., McRae, A., & Klauda, S. (2007). Contributions of Concept-Oriented Reading Instruction to knowledge about interventions for motivations in reading. *Educational Psychologist*, 42, 237 - 250.

Guthrie, J., Wigfield, A., & Perencevich, K. (2004). *Motivating reading comprehension: Concept-oriented reading instruction*. Mahwah, NJ: Erlbaum.

Hartman, H. (Ed.). (2001). *Metacognition in learning and instruction: Theory, research and practice*. Boston: Kluwer.

Hattie, J., Biggs, J., & Purdie, N. (1996). Effects of learning skills interventions on student learning: A metaanalysis. *Review of Educational Research*, 66, 99 - 136.

Hennessey, B., Amabile, T., & Martinage, M. (1989). Immunizing children against the negative effects of reward. *Contemporary Educational Psychology*,14,212-227.

Kiewra,K., Dubois,N., Christian,D., McShane,A., Meyerhoffer,M., & Roskelley,D. (1991). Note-taking functions and techniques. *Journal of Educational Psychology*,83,240-245.

Koestner,R., Lekes,N., Powers,T., & Chicoine,E. (2002). Attaining personal goals: Self-concordance plus implementation intentions equals success. *Journal of Personality and Social Psychology*,83,231-244.

Kuhl,J., & Beckmann,J. (Eds.). (1985). *Action control: From cognition to behavior*. New York: Springer-Verlag.

Markus,H., & Nurius,P. (1986). Possible selves. *American Psychologist*,41,954-969.

McCaslin,M. (1990). *Motivated literacy*. In J. Zutell & S. McCormick (Eds.),*Literacy theory and research: Analyses for multiple paradigms* (39th yearbook,pp. 35-50). Rochester,NY: National Reading Conference,Inc.

McCaslin,M., & Good,T. (1996). *Listening in classrooms*. New York: HarperCollins.

Nisan,M. (1992). Beyond intrinsic motivation: Cultivating a "sense of the desirable." In F. Oser, A. Dick, & J. Patry (Eds.), *Effective and responsible teaching: The new synthesis* (pp. 126-138). San Francisco: Jossey-Bass.

Oettingen,G., & Mayer,D. (2002). The motivating function of thinking about the future: Expectations vs. fantasies. *Journal of Personality and Social Psychology*,83,1198-1212.

Oldfather,P. (1992, April). *My body feels completely wrong: Students' experiences when lacking motivation for academic tasks*. Paper presented at the annual meeting of the American Educational Research Association,San Francisco.

Oyserman,D., Bybee,D., & Terry,K. (2006). Possible selves and academic outcomes: How and when possible selves impel action. *Journal of Personal and Social Psychology*,91,188-204.

Pintrich,P. (2000). The role of goal orientation in self-regulated learning. In M. Boekaerts, P. Pintrich, & M. Zeidner (Eds.), *Handbook of self-regulation* (pp. 451-502). San Diego,CA: Academic Press.

Pressley,M., & Beard El-Dinary,P. (Guest Eds.). (1993). Special issue on strategies instruction. *Elementary School Journal*,94,105-284.

Randi,J., & Corno,L. (2000). Teacher innovations in self-regulated learning. In M. Boekaerts, P. Pintrich, & M. Zeidner (Eds.), *Handbook of self-regulation* (pp. 651-685). San Diego,CA: Academic Press.

Thorkildsen,T. (1988). Theories of education among academically able adolescents.

Contemporary Educational Psychology, 13, 323 – 330.
Tjas, K., Nelsen, E., & Taylor, M. (1997). Successful alumni as role models for high school youth. *High School Journal*, 80, 103 – 110.
Turner, J., Husman, J., & Schallert, D. (2002). The importance of students' goals in their emotional experience of academic failure: Investigating the precursors and consequences of shame. *Educational Psychologist*, 37, 79 – 89.
Vallacher, R., & Wegner, D. (1987). What do people think they're doing? Action identification and human behavior. *Psychological Review*, 94, 3 – 15.
Waitley, D., & Witt, R. (1985). *The joy of working*. New York: Dodd, Mead.
Williams, W. (1996). *The reluctant reader: How to get and keep kids reading*. New York: Warner Books.
Wolters, C. (2003). Regulation of motivation: Evaluating an underemphasized aspect of self-regulated learning. *Educational Psychologist*, 38, 189 – 205.
Yowell, C. (2002). Dreams of the future: The pursuit of education and career possible selves among ninth grade Latino youth. *Applied Developmental Science*, 6(2), 62 – 72.
Zimmerman, B., & Schunk, D. (Eds.). (2001). *Self-regulated learning and academic achievement: Theoretical perspectives* (2nd ed.). Mahwah, NJ: Erlbaum.

第11章
顺应学生动机模式的差异

这是一个关于桑迪和"数学棒球"游戏的深刻故事。故事的主人公桑迪似乎从3年级开始就惧怕数学,原因是那时的数学老师最喜欢让他们做一种源自拼字比赛的"数学棒球"游戏。游戏开始时,老师先从班里指定两位队长,队长选定各自队员后,两队队员分别站在教室的两侧,其中"一号击球手"站在离黑板最近的地方。这时老师"投出"一道题目,两队的"一号击球手"便迅速跑到黑板前以最快速度解题,最短时间得出正确答案的那一队即赢得一分。

桑迪跑得不快,常常是在开始计算之前就已经处于劣势了。尽管她做算术有着很高的准确率,但速度要比其他很多同学慢,所以她从来没给自己的队伍赢过分。尽管其他同学没有说什么,但桑迪心里清楚她拖累了大家,渐渐地她开始害怕这种在大家面前公开解题的场合。后来,桑迪再也没能重拾数学曾带给她的乐趣。即使是答对题、取得不错的考试分数,也不能让她感到宽慰,因为她觉得在最重要的方面没能做好——没能获得来自朋友的尊重——所以她认为自己完全失败了。(Brush,1980:14)

桑迪的故事说明了本章后面将要提及的两个观点:和男生相比,女生受到竞争性活动激励的可能性较小,她们更可能会怀疑自己的数学能力。这种差异使得教师激励学生的工作变得复杂,因为有些激励对男生管用,对女生则不那么灵,而有些则相反。类似的,造成教师激励工作很复杂的原因,还包括学生在发展水平、认知风格、学习类型、文化背景等方面存在的差异。

"数学棒球"游戏违背了几个重要的激励原则,它给桑迪或许还有其他学生带来负面影响并不足为奇。如果教师能避免使用这种考虑欠妥的激励策略,就可能不会给学生带来严重不良影响。然而,教师使用的激励策略产生的积极影响在不同学生身上也表现各异,原因是学生的动机模式存在个体和集体差异。正是因为这些差异的存在,教师需要针对不同的学生采取不同的激励策略。

有关集体和个体差异的理论观点

学生作为个体而存在,因此,教师若要使学生动机最大程度地被激发出来,取得最佳学习效果,就必须把学生当作有差异的个体来对待。这一抽象主张无可辩驳。但当我们把它应用到特定学生身上时,很快就会遇到多种复杂因素。长期以来,很多观点都主张教师需要顺应学生这方面或那方面的差异,然而如下命题却鲜有成熟的研究成果作为支持:(1)某方面的差异足够重要,值得教师花费时间精力对学生进行考量,进而针对不同的学生群体提供差异化的课程和教学;(2)关于差异化教学的建议在正常课堂环境下切实可行;(3)如果得以实行,此种差异化对待方式符合学生的长远利益。

本书提出的激励策略大多基于普遍适用于所有人群的心理学原则,不论其年龄、性别、社会地位、种族、文化背景或者个人性格特征。正因如此,很多动机理论家都期望这些策略对所有的学生产生相似的影响,而不是不同群体相差迥异。虽然有些特定原则可能更切合某些特定情境(比如可能很适合活动引入,但在要为学生反应提供反馈的情境下却不行),但它们却能够适用于所有学生。

其他一些动机理论家则坚持认为,应用动机原则时,既应考虑情境因素,又应当纳入学生因素。他们也认为一些基本激励策略可以适用于所有学生,但认为对于特定群体或具有特定性格特征的学生,则有必要更经常性地加大使用其中某些策略。

同样,还有一些理论家认为,教师所面临实际情况的复杂性远远超出以上两种情况——即不同的学生需要不同的激励策略,因为任何一种策略都可能会强化某些学生的动机,而弱化另外一部分学生的动机。举例来说,焦虑或者依赖性强的学生更适合表扬和鼓励,而不是挑战或批评;而自信或独立性强的学生则恰恰相反。有的学生更喜欢物质奖励,有的更喜欢象征性奖励,还有的则喜欢特殊优待或教师奖赏(teacher reward)。

在融入以上观点的基础上,伊登(Eden,1975)提出了他的动机模型。该模型假定对于处在特定环境中的特定个体而言,有些动机具有相关性,有些则不然。因此,将任务参与和动机进行绑定,其有效性取决于该动机与个体当时情况的相关性。如果任务参与能够带来相关的动机影响,那么个体参与任务的动机就会得到增强(或可能显著增强)。相反,若任务参与只能带来不相关的动机影响,那么个体参与任务的动机就有可能被削弱(或者程度不大,但却实际存在)。伊登提出了一些证据用以支持这个模型(尽管这些证据并非来自于课堂)。

内在动机理论家可能会认为,伊登的模型进一步证明了教师有必要在做什么作业、何时做、怎样做等问题上为学生提供选择。而外在动机理论家则认为,这个模型进一步证明了教师不应只依靠几种激励方法,而是给学生提供多样化的奖励方式,这样所有的学生便都能为获得他们觉得有吸引力的奖励而努力了。

以上结论具有一定的有效性,但却忽略了两点:一是内在和外在动机策略在课堂环境下的可应用性有限,二是教师需要跳出迎合学生既有动机体系的局限,转而发展学生的其他动机,特别是学习动机。

有关顺应学生个人偏好的观点

我注意到,顺应学生既有动机体系并不能让学生朝教师期望的方向发展。此外,针对学生差异采取不同激励策略时需谨慎行事,原因是:第一,顺应学生**的偏好并不代表能够满足他们的需要**。让学生选择自己的学习方法或按照他们的偏好安排教学,可能会导致学生成绩降低,即使这样做能改善他们的学习态度(Clark,1982;Dorsel,1975;Flowerday & Schraw,2003;Hannafin & Sullivan,1996;Schofield,1981;Trout & Crawley,1985)。

第二,顺应学生当前性格特征可能会强化学生的这些特征,包括那些教师希望他们能够改变的特征。例如,对于被动、疏远课堂的学生,我们很容易以一种以牙还牙的方式尽可能减少与他们的互动——只在他们举手时想起他们,开展课堂活动时避开他们,除非他们表现出需要帮助。对于教师和学生而言,这种做法能在最大程度上让大家彼此都觉得舒服,但却不符合学生的最佳利益。

即使是在需要区别化对待学生的情况下,教师能够做到这一点的概率也不大,除非其所教的班级有着非常高的师生比。如果教师教的是典型的20人班,或者学生人数更多的班,大部分时候教学都必须针对整个班集体,而只在少数时候可以照顾到学生的个体差异。

在动机层面上,学生之间最重要的个体差异在于他们在多大程度上看重学校学习、相信投入适当努力就能达到学校要求,以及重视学习目标而非其他目标。本书前10章主要关注的就是动机问题的以上方面。

这一章的余下部分将关注动机问题的其他方面,为针对不同个体和集体的差异化处理提供依据。当你阅读关于差异化动机策略的种种建议时,不要忘记教师的主要责任是引导学生朝着希望的方向发展,而不只是迎合他们既有的偏好和兴趣。

在考虑为教师提供差异化课程和教学的建议时,我想从一个备受研究者关注的变量开始谈起:心理差异化的认知风格维度。

心理差异化中的差异

认知风格(cognitive style)是指人们加工信息和运用策略开展任务的方式。比如说,有的人倾向于关注整体特征、划分少许大类,以及以快速、冲动的方式做出决定;而有的人则倾向于关注精密细节、划分很多小类,以及以缓慢、更费心费力的方式解决问题。之所以称其为认知风格而非认知能力,是因为它指的是人们加工处理信息、解决问题的方式,而不是他们处理、解决得有多好。

认知风格不同层面中对于研究动机具有指导意义的是**心理差异化**(psychological differentiation),也叫做**场依赖/场独立**(field dependence/field independence),或**整体性/分析性感知风格**(global/analytic perceptual style)(Saracho,1997;Witkin, Moore, Goodenough & Cox,1977)。心理差异化程度低的人(**场依赖**)不太容易将刺激物和刺激物所处环境区分开,所以他们的感知很容易被环境中的操控因素所影响。相比之下,心理差异化程度高的人

（场独立）则更多地以分析方式来感知周围事物。他们能够将刺激物与环境相分离，所以他们的感知受环境变化的影响较小。

这种差异既可应用于对社会的感知，也可应用于对物质世界的感知。所以，场依赖型的人受他人影响的程度很大，而场独立型的人则更可能顶住社会压力，根据自己的感知来做决定。在交际功能不明的社会情境下，场依赖型的人更多关注主流社会准则且更多地利用这些准则。他们会察言观色、猜测别人的想法，更多考虑社会性言语信息，和他人离得更近、互动也更多，因此们往往受到他人喜爱，并被认为热情、得体、体贴、外向、有爱。与之相反，场独立型的人往往思维更抽象，喜欢理论和分析，不太感性。这些特征使得他们更容易不受外界压力影响而保持独立，然而也更多地会被视为冷淡、冷漠、迟钝。

反映在课堂上，场依赖型的学生喜欢小组学习，频频与教师互动。而场独立型的学生则喜欢独立、个体化的学习机会。场独立性的学生往往更喜欢也更擅长数学和科学，而场依赖型的学生则更喜欢也更擅长人文和社会科学（Billington, Baron-Cohen & Wheelwright, 2007）。

大多数学生不会长期表现出以上心理差异化的极端特征，而是趋向于其中一种认知风格。如此，如果他们在学校大多数时间都专注于学习，并可以以符合自身偏好的方式来进行学习，他们就会更开心。然而，我们尚不清楚这种差异化对待的方式是否符合学生的长远利益。极端场独立型的学生会有社会适应上的问题，而极端场依赖的学生则会循规蹈矩、缺乏主见。从长远来看，这些极端倾向的学生如能接受他们不喜欢的趋向，且更频繁地在这种趋向上有所作为，就会变得更加优秀，成长得更为理想。

因此，教师要试着去理解、尊重这两种倾向，并注意帮助学生扬长避短。对于场依赖型的学生，教师可以适当构建他们的学习经历以帮助他们有效地进行学习，不时给予表扬和鼓励，在发现错误时对他们表示支持，并且让他们在大多数时候与同伴进行合作学习。场独立型的学生不需要这样多的个人表扬和鼓励，尽管他们也需要明确的反馈。对于场独立型的学生，更重要的是尊重他们的隐私和空间，避免以较少社交参与为由对其随意批评，并且要时常为他们提供发挥自主性的机会。

学习类型和多元智能

人们对于学习类型一向不乏关注，特别是那些举办工作坊以及售卖学习辅导资料的人，都宣称可以帮助教师评估学生学习类型并给出差异化课程和教学的建议。学习类型分类旨在解决以下问题：学生属于偏好听取信息的"言语型学习者"还是阅读信息或图表的"视觉型学习者"？喜欢独自学习还是喜欢与他人一起学习？喜欢多次短时学习还是较少次数的长时学习？喜欢在安静的环境、舒缓的音乐、"白噪音"环境下学习，还是在有可能分散注意力的环境中学习（旁边有人交谈，或是有开着伴音的收音机或电视）？

麦卡锡(McCarthy,1980,1990)通过把学生归入两个维度定义了四种学习类型。这两个维度分别是感知维度（具体感知或感觉/较抽象的思考）和加工维度（积极行动/沉思观察），这两个维度得分的高低组合便可以产生四种学习类型：

1. **想象型学习者**(imaginative learner)：具体地感知信息，并逐个进行思考加工。他们倾听、分享，并试图将学校经历与自身经历相结合。

2. **分析型学习者**(analytic learner)：抽象地感知信息，并逐个进行思考加工。他们既关注细节也关注观点，倾向于渐进式思考，更注重思想因素而非人的因素。

3. **常识型学习者**(commonsense learner)：抽象地感知信息，并积极进行加工。他们倾向于务实的学习者，注重解决具体问题，喜欢"摆弄"和实验，在探索中进行学习。

4. **创新型学习者**(dynamic learner)：具体地感知信息，并积极进行加工。他们倾向于把经历融入到应用中，对于学习新东西充满热情，乐于试错学习，善于冒险。

麦卡锡在结合学习类型和通常假定的大脑半球偏好（左半球和右半球）基础上，设计出 4MAT 教学单元设计体系。4MAT 设计的初衷是为了能够应用于各个年级的各种课程，涉及八个步骤的教学周期，以及和单元主题相关的教学活动。在一个教学周期中，四种学习类型分别在两个步骤中得到体现，一个针对右脑型学生,一个针对左脑型学生。如果教师完成整个教学周期,每个学生的学习类型都会在至少四分之一的教学时间内被照顾到。而在其他的教学时间,学生的学习则能得到"拓展",即学习到其他的问题解决方式。麦卡锡对小学生进行了干预实验,得到了积极肯定的结果。

1988 年,韦尔克森和怀特(Wilkerson & White)在 3 年级学生身上试验了 4MAT 体系,使用的教学内容是偏传统的自然科学科目中有关机械的单元。具体步骤展开如下:

步骤 1. 学生想象日常生活中机械的样子,然后把大脑中的画面画下来(针对右脑型的想象型学习者)。

步骤 2. 学生在小组中讨论所画机械如何使工作变得更容易(针对左脑型的想象型学习者)。

步骤 3. 学生观看包含六种简单机械的幻灯片后,把这些机械画下来。然后,教师手持物品(比如,钓鱼线、剪刀),让学生指出和幻灯影片中同一种类的机械(针对右脑型分析型学习者)。

步骤 4. 教师利用投影仪,分别讲解六种机械的特征。然后学生在绒布板上把这一单元里的新词及其对应的定义搭配起来(针对左脑型分析型学习者)。

步骤 5. 教师让学生阅读一本关于机械的书,然后完成三项练习,以复习步骤 4 和步骤 5 中讲授的概念(针对左脑型常识型学习者)。

步骤 6. 在工作台上放置简单机械的木制模型、几样复杂的机械样品以及任务卡片,学生组成小组对这些机械进行研究,讨论并回答任务卡片上的问题(针对右脑型常识型学习者)。

步骤 7. 给每个学生发 11 张单词卡,教师抽出其中一张询问学生关于机械的问题,然后给每个学生一张透明幻灯片,让他们在上面画出一个可以简化工作的复合机械(针对左脑型创新型学习者)。

步骤 8. 向全班播放学生画有复合机械的透明幻灯片,依次让学生解释自己画的机械如何工作(针对右脑型创新型学习者)。

研究者在试验中设置了 4MAT 组和对照组。当 4MAT 组在完成以上 8 个步骤时,对照组按照传统的方式展开教学:学生学习课本内容,(以口头和书面方式)回答材料提出的问题,并参与学习活动,包括制作杠杆、在斜面上进行实验、通过字谜游戏复习六种简单机械、制作一张显示家中机械数量的条形图，以及观看关于机械的广告幻灯片。评估的数据结果显示，利用4MAT进行教学，能在一定程度上对学生的学习态度和学习成绩产生积极影响。

麦卡锡和他的4MAT体系在有关学习类型的文献中并不多见，其原因有三。首先，他的干预研究在小学生中开展，且涉及的课程和教学内容有相当部分是学生已经上过的。而大多数学习类型研究则针对高中和大学（特别是大学），且只限于学习、测试等类似场景。

第二，麦卡锡指出需要帮助学生进行"拓展"，即让学生在自己不常采用的学习模式下学习。不幸的是，大多数学习类型倡导者都强调顺应学生的当前偏好。

最后，关于4MAT的研究报告已经在权威学术期刊中发表，但遗憾的是，学习类型倡导者从中引用的大多数内容，要么缺乏研究或论文支撑，要么尚未出版（Carbo,1997；Dunn & Dunn,1992；Dunn,Gorman,Griggs,Olson & Beasley,1995）。

宣称的效果缺少研究支持

热衷于学习类型的倡导者在多大程度上可信是值得怀疑的，因为：(1)他们对于其推行的学习类型的测量方式及教学模型的效果带有炒作倾向；(2)用以支持学习类型论点的研究多有漏洞，不能达到研究期刊的同行评估标准；(3)大多数相关研究由那些能从积极结果（即证明学习类型能够带来积极结果）中获得关联利益的人开展，而他们在实验中给出指令时会试图最大化实验组的热情和积极预期（Cassidy,2004；Coffield,Moseley,Hall & Ecclestone,2004；Kavale & LeFever,2007；Klein,2003；Stahl,1999，Willingham,2005）。

学校的行政管理人员和教师对学习类型应用表现出较高的热情，而理论研究者却普遍对其持质疑和排斥态度。两相对比后，斯德尔瓦根（Stellwagen,2001）发现，行业期刊（比如《教育领导》①和《NASSP公报》②）往往热衷

---

① Educational Leadership,美国教育学期刊。——译者注
② NASSP Bulletin,美国教育学期刊。——译者注

于学习类型和相关流行应用(比如脑基学习,brain-based learning)而研究期刊则一直不乏质疑学习类型测量工具以及相关教育方案价值的论文和报告。他指出,有18篇论文对4MAT方法做过研究,且研究结果褒贬不一(在主要期刊中,已有20年没有出现过关于4MAT体系效果的研究)。

2001年,斯德尔瓦根将丽塔·邓恩(Rita Dunn)提出的学习类型分类,与独立调查者得出的结论(结论包括不能证明其对教育的益处、不建议作为诊断性工具、不具备补救性价值等)进行了对比。同时,他认为,因学习类型分类被人们以错误的方式加以应用,可能会导致教师对学生的刻板印象和隐性偏见性对待。他对此表示担忧。

与此相似,1999年斯塔尔批判了玛丽·卡波(Marie Carbo)宣称的所谓阅读类型分类,并指出卡波和邓恩夫妇大多数的"研究"论断引用的文献来自于他们自己学生的论文。斯塔尔进一步表示,尽管只有很少的理论研究能够支持学习类型划分,但它却一直很受欢迎,其原因就和算命一样:二者给出的论述都刚好足够具体,听上去有预见性,又刚好足够含糊,适用于很多不同情境。

正如其他关注研究文献的评论者一样,我也没有发现"敦促教师对学生的学习类型进行评估进而实施差异化课程和教学"这样的主张具有多少合理性。首先,支持该主张的研究根基非常单薄,甚至可以说不存在。第二,对于一个人面对20名乃至更多学生的教师而言,很难有时间去安排、实施个性化教学。在激励学生动机这方面,更重要的是关注学生的学习目标、价值感和预期,它能带来的成效远远大于关注认知和学习类型分类所强调的变量。

脑基教育和多元智能

类似的评价也适用于基于通常假定的大脑左右半球使用偏好或是多元智能的学生个体差异而制定的差异化教学方案。不过,对于基于假定的脑基础教育理论(brain-based education),科学性检验倾向于认为,关于大脑功能的知识还没有发展到可以支持有关课程、教学建议的水平,所以宣称教育方案基于大脑研究的说法根本站不住脚(Bergen & Coscia,2002;Bruer,1999;Jensen,2000)。

同样,尽管霍华德·加德纳(Howard Gardner)改进了他的多元智能模型

(1999),并基于该模型出版了一本关于教育评估和干预的书,科学评论家们却认为他的理论存在概念性问题(尤其是对"智能"这一术语的错误使用)、计量工具存在心理测量上的问题(未证明其有效性),不能明确具体地说明多元智能理论在教育实践领域的应用,并且他声称基于多元智能理论的教育方案也缺乏系统性的研究(更谈不上清晰的证据支持)(Klein, 2003; Visser, Ashton & Vernon, 2006; Waterhouse, 2006)。

2001年,克雷切夫斯基和希德尔(Krechevsky & Seidel)指出,应用多元智能理论意味着需要尽可能实施个性化教育、采用多种方法进行教学、开展项目化教学,并在整个课程中融入各种艺术。然而,他们也提出告诫,该理论并不是要求教师必须用七八种方式讲授每一堂课。比如,让学生唱分数运算法则歌,或者在课堂上将古典音乐作为背景音乐使用,都不是利用音乐辅助数学学习的有效做法。他们还警告不要给学生贴标签或是将其模式化,也不要过度强调对学生长处的表扬,而疏于看到学生的弱点。

有关学习类型和多元智能的结论

诸如认知风格、多元智能和学习类型这类有关个体差异的概念,只有灵活加以利用才能有助于教学。在应用它们时,应主要将其作为一种提醒,提醒教师在课程中融入多样化学习活动和学习方式能够带来的价值。但是,若过分强调这些概念,试图为每位学生设计出个性化课程方案,就会出现科学合理性和实际可行性的问题。

在能够帮助学生朝着学习目标前进时,了解学生的偏好,并通过提供发挥自主性和选择的机会来顺应他们的偏好是非常有价值的。但有时这种顺应性做法不可行也不可取。比如,为了达成特定的学习目标,学生有时必须参与到原本不愿参与的活动中(课堂演讲、辩论、小组项目的协作活动等)。同样,有时候教师需要限制某些学生的机会,不让他们选择喜欢的话题或使用偏好的学习模式。这是因为,如果过多满足学生的偏好,教师可能很难培养学生在学校或生活中所需的知识和技能。不过,大多数时候教师还是可以顺应学生偏好的,这样做可以使学生获得更多的内在动机体验(见文本框11.1)。

学生动机模型随年龄而改变

对于不同年级、不同年龄段的学生,教师在激励学习动机时面临着不同的挑战。**大多数学生在开始上学时满怀热情,而后学习态度、好奇心和内在动力等三项与学校相关的指标却不断下降**(Corpus,McClintic-Gilbert & Hayenga,2009;Gottfried,Fleming & Gottfried,2001;Harter,1999;Linnenbrink-Garcia & Fredricks,2008;Wigfield & Eccles,2002)。

多数学生在低年级时会表现出积极的(实际上是高得不切实际)自我认识和对成功的期待。这种现象会一直持续到 7 岁左右,那时开始他们表现出更多的对于考试分数和其他客观指标的持续关注。随着他们对所获反馈的理解力的增强,并开始与同学进行比较,他们就能做出更加准确的自我评价了(Stipek & MacIver,1989)。当他们在一定程度上能够体会失败并理解失败带来的影响,便较容易陷入习得性无助或其他失败综合征问题。尽管如此,在大约 10 岁以前,即便是时常怀疑自己能力的学生,也不会一次又一次地轻言放弃(Nicholls & Miller,1984)。

文本框 11.1　学习风格的要素:偏好类别

关于学习风格的概念及其在教学中的潜在应用,有这样一个问题:学习者偏好及其对应的差异化教学方式,似乎存在着无限多的类别。下面列出的仅是在有关学习风格文献中提及的一些维度:
- 照明的类型(自然光、白炽灯、日光灯)
- 光线的强弱
- 声音(安静;各种音乐、广播或电视;外界环境噪声)
- 室温和湿度
- 座位的安排(书桌、直背椅、安乐椅、地板上的枕垫等)
- 学习时的身体姿势(站立、坐姿、后倾)
- 需要他人安排还是希望以自己的方式行事

(续前页)

- 偏好单独学习，还是与搭档合作、小组合作、团队合作，或是与成人、专业导师一起
- 希望成人、专业导师是权威型的还是合作型的
- 偏好常规、可预见性还是多样化、不可预见性
- 偏好某种特定的学习模式（视觉型、听觉型、触觉型、动觉型）
- 不同的机敏程度，偏好在一天中固定时间段学习
- 偏好学习时坐着还是走动
- 信息加工方式是整体型还是分析型
- 信息加工方式是左脑型还是右脑型
- 信息加工或决策方式是冲动型还是思考型
- 偏好长时学习还是伴有频繁休息的短时学习
- 学习时是否可以吃东西、喝东西或是嚼东西
- 喜欢一次处理一件事直到完成，还是喜欢同时处理几件事，但其中很多项却不能完成
- 对权威是服从还是反抗
- 偏好教师直接讲授还是自己发掘
- 偏好与教师建立较近的关系还是保持距离
- 是依靠直觉、顿悟还是归纳、演绎推理
- 可以立即投入学习还是需要热身准备
- 偏好的评估模式（简答题，作文考试，组合型或是项目型）
- 偏好个人性、合作性还是竞争性任务安排
- 倾向于获得外部奖励还是内在满足
- 自信、乐于探索、愿意从错误中学习，还是焦虑、依赖老师、追求完美
- 关注全局还是关注细节
- 是偏好演绎、从一般到具体的方式，还是偏好归纳、从具体到一般的方式
- 偏好采用叙述手段关注人还是采用分析手段关注事
- 学习复杂的技能时，倾向于关注整体还是部分（观察整个过程的示范后，尝试自己做一遍还是看完一个步骤做一个步骤）
- 是偏好观察和倾听的被动接收式学习，还是动手实践的积极学习

(续前页)

> - 是强调机械记忆还是生成性学习策略
>
> 对于以上大多数变量(包括未列出的条目)而言,很少有(或者说没有)课堂研究能够支持"根据学生的偏好安排教学将能大幅提升学生学习成果"的主张。即便有足够的证据支撑,也很少有教师会有足够的时间和资源依照这些变量对学生的学习类型进行评估,并在此基础上设计个性化教学方案并加以实施。然而,如果教师可以避免对学生设置刻板的行为要求,给他们提供发挥自主性的机会,并让他们通过自我选择自律学习,那么就可以顺应上面列出的大多数的学生偏好。比如,给学生布置任务时设置一定程度的行为规则,让学生可以在教室自由走动、与同伴合作,或离开自己的座位坐到别的地方去。给学生提供选择的机会时,不仅仅可以提供多样化的主题供其选择,还可以让他们选择使用不同的信息加工方式(视觉输入/输出或听觉输入/输出,关注整体或关注细节等)。简言之,在很多时候,可能教师都需要根据学生的要求或表现出来的偏好安排特定的学习方式或类型,除非你有很好的反面理由可以不这么做。

年龄较小的学生主要关注的是自己的成绩,而非班上其他同学的成绩。他们完成一项任务或取得进步时,就会获得胜任感和成就感。他们倾向于把成功归因于努力而非能力,并且相信他们可以通过足够的努力来提高自己的能力水平。然而渐渐地,他们发现努力和能力是呈负相关的。到了7年级后,大多数人都会认识到,如果完成某项任务需要投入大量努力,便意味着自身在相关领域内的能力比较有限(Linnenbrink-Garcia & Fredricks,2008)。

年龄小的学生对自己的能力认识过高,同时在进行社会化比较和解读获得的反馈时缺乏经验、心思简单,这两点都为小学老师带来了某些有利方面。这些学生不太容易陷入习得性无助,因为失败不会给他们带来烦恼,而高年级学生则有这样的问题,因为他们更能理解失败的潜在影响(Miller,1985)。再者,当老师表扬低年级学生用功时,他们也不太可能感到难堪,或由此推断老师认为他们能力低下(Barker & Graham,1987;Lord,Vmezaki & Darley,1990)。

以上发现带给我们的启示是,小学教师为学生学习提供支架化和反馈,或既表扬他们的努力又表扬他们取得的成绩时,可以更多地不露痕迹。但即便如此,在表扬学生时,还是应遵循本书第6章所提供的原则。同时,反馈应以信息性而非评估性内容为主,让学生关注目前的成绩以及如何在未来进一步提高,而不是和同学进行攀比。如果教师在反馈中强调社会性对比或规范性评估,即使是幼儿园的孩子也会有挫败感,进而导致自我认识开始降低(Butler,1990;Licht,1992;Stipek & Daniels,1988)。

过渡性年级

总体而言,学生内在动机水平和对自身能力的认知水平都会随着时间的推移而逐步下降,且当他们从小学升到初中或者从初中升到高中时,这种下降趋势还将变得更为显著。在这两个过渡阶段,尤其是从小学升到初中,学生的动机水平很容易受到负面影响,因为从小学升到初中以后,学生所处的学习环境能够给予他们的支持和辅助减少,和小学相比,初中学习更强调教师控制和纪律;学生能够做出自我决定、自我选择和自我管理的机会减少;学生和教师建立起个人间积极关系的情况更少;教师更多采用全班教学的方式、根据能力对学生进行分组、公开评估学生表现;评分标准更为严格。对学生表现的反馈以及社会比较的强调,特别是引入新的对比人群,会使得很多学生开始重新评估自身的学业能力(Anderman & Maehr,1994;Eccles & Roeser,2009;Otis,Grouzet & Pelletier,2005;Wigfield & Eccles,2002)。

学校教育的新阶段,并不一定意味着学生在动机方面将遭受压力或打击。如果初中学校可以根据学生的心理需求为学生营造更加个性化的支持环境,那么这些学校的学生就不会像传统学校的学生一样表现出动机水平下降的情况(Corpus,McClintic-Gilbert & Hayenga,2009;Eccles & Roeser,2009;Meece,Herman & McCombs,2003;Skinner,Furrer,Marchand & Kindermann,2008)。

在学校层面上做出一些调整可以帮助学生顺利完成从低年级升入高年级的过渡,比如设立"校中校"(schools within schools),创设小班学习环境,设置长时段授课(block scheduling),进行灵活的时间安排,以及给每个学生安排一位成年导师。更重要的是,教师可以把班级建成学习社群。学生刚入学时,教师应该想办法做到亲自去欢迎这些学生,使他们感到舒心,并为他们的学习提供支持和支架化帮助,让他们建立起自信。同时,教师应该时常给学生提供发挥自主性和选择的机会,因为这些学生比低年级的学生更看重这样的机会,并能很好地利用这些机会。

学生兴趣的发展

联系学生的兴趣,是激发他们的内在动机和学习动机的方式之一。1949年,杰希尔德和泰施(Jersild & Tasch)曾针对1到12年级学生的兴趣做过一项大规模调查。除此之外,还有众多规模较小的研究(Hurlock,1964)。这些研究表明,学生的兴趣随着年龄逐渐分化,也就是说,和年龄较大的学生相比,年龄较小的学生之间有着更多的共同兴趣。不过,不论年龄大小,学生都对故事和其他涉及人的内容更感兴趣,而不喜欢那些没有人情味的冷冰冰的内容;偏爱实操型学习体验,而不是只限于看与听的学习活动。

学生对于有关自身兴趣问题的回答,深受其以往经历的影响。因此,他们的回答更多地反映了自身兴趣形成的过往体验,而并不针对潜在的未来体验。即使这样,某些已书面记录的趋向还是值得注意的。

小学生的兴趣集中在他们自己身上,以及个人及其家庭的经历。在学校里,小学生偏爱语言、数学和艺术,而非科学、社会研究以及当地或世界新闻。在阅读上,他们喜欢有关其他孩子和熟悉经历的故事,偏好奇幻、有趣、幽默的故事,以及描写勇敢或善良的叙述性故事。

2008年,内策尔、亚历山大和约翰逊(Neitzel, Alexander & Johnson)收集了学龄前儿童在家中表现出的兴趣,并随后跟踪观察他们在幼儿园中的状况。他们发现这些儿童的兴趣(比如,与火车、海洋生物或天气有关的话题;积木玩具;有规则限制的游戏;故事书;艺术和创造性活动;戏剧表演)与他们在班级讨论中的表现,以及在有机会选择时他们所偏好的书籍和学习活动有关。

初中学生对真实性故事更感兴趣,比如有关探险、体育家精神或发明家的故事。他们也会对研究自然产生兴趣,或者说普遍对科学和社会研究议题有兴趣。他们往往对自己擅长的科目感兴趣,对于感觉困难的科目则不然。年龄较小的学生会更多地谈论自己如何玩耍和休闲,或自己家人的活动;而中高年级的学生则更多谈论家庭度假和去外地的旅行,他们阅读的书籍、电影电视等娱乐活动以及青年文化活动等。

上述趋向会在学生的整个中学阶段延续下去，而与此同时，他们的兴趣也会得到拓宽，包括历史、社会科学和国内外时事新闻。到高中时，他们会开始关心自我提高、自我认识和职业发展（Massey, Gebhardt & Garnefski, 2008）。这些兴趣的出现反映出学生的关注点已从自身能力（我有什么优势和弱点）转向身份认知（我想成为怎样的人，应该具备怎样的价值观、生活方式和职业等）

教师可以管理并跟进学生的各种兴趣，以及让学生来选择阅读材料、学习项目的主题，这样就可以制造出把教学与学生兴趣相关联的机会。教师还要对所教年级学生感兴趣的文学作品和计算机学习软件有所了解。关于这一点，教师可以向别的教师或者图书管理员请教，让他们给你提一些相关建议，还可以到文学网站上查找不同年龄段学生喜爱的书籍。

学生对于课程和教学偏好的发展变化

很多年龄较小的学生很难在时间较长的活动中保持注意力，尤其是在听信息量较大的发言时。因此，在低年级多开展实操活动是明智之举，同时相对缩短内容发言和讨论时间，并在其中融入一些需要学生更积极参与的活动。

对于时间较长的发言和讨论，年龄较大的学生则能做到保持注意力，并且往往乐在其中。但是，如果发言的目的是需要他们记住其中的信息，那么他们就会渐生厌烦。相反，他们喜欢互动性强的课程主题讨论，包括他们觉得有争议问题的讨论（Nicholls, Nelson & Gleaves, 1995）。

性别差异

随着儿童逐渐成长，他们会经历性别角色社会化的过程。他们会了解到，某种特定的家庭或社会角色、职业、个性特征和着装或行为方式多属于女性，而其他则多属于男性。在这一过程中，儿童在生活和媒体中接触到的个体发挥了示范作用，他们的父母、同伴直接传达了相关的信息（有时教师也会传达相关信息）（Li, 1999; Tenenbaum & Leaper, 2003; Tiedemann, 2000），并通过一系列的沟通，强调他们及儿童对于后者性别角色的预期，比如他们想玩什么样的玩具、游戏，会喜欢读什么书，以及想在学校和课余做些什么事（DeLoache,Simcock & Macari,2007;Johnson,Alexander,Spencer,Leibham & Neitzel,2004;Martin,Ruble & Szkrybalo,2002)。

在过去一个世纪里,传统对于性别角色的严格限定已经放宽。即使如此,很多活动还是在很大程度上与特定的性别角色相联系。某种活动在多大程度上属于某一性别,教师和学生就可能在多大程度上预见不同性别对于活动的兴趣和喜好、对成功的预期,以及在表现归因上的差异(Diekman & Eagly,2008)。

对于学校科目的态度和观念

与语言艺术相比,男生更重视也更喜欢数学和科学,女生则相反。性别差异还会延伸到对同一科目不同内容的偏好。比如,对于阅读材料,男生更倾向和喜欢非小说类文本,女生则偏爱小说。在小说题材上,男生往往喜好动作、冒险或与运动相关的主题,女生则偏爱关于爱情和人际关系的小说(Dreher,2003;Millard,1997;Wigfield & Eccles,2002)。有些研究者认为,这些差异只是传统社会化的迁移,因为在传统社会化中,男生的角色主要是长大以后挣钱养家,而女生的角色主要是长大以后成为妻子和母亲。他们还预测,随着家庭和工作中性别角色分工越来越模糊,相应的性别差异也会进一步缩小。

还有人敦促教师尽可能弥合体现在学校课程上的性别差异。如果这些差异不仅包括价值观念差异,而且还包括自我能力认识和相关归因判断差异时更是如此。在涉及科学课程(尤其是数学课)时,人们对于这种性别差异的关注最多,因为很多女生认为自己在这些领域的能力不如男生,倾向于把自己的成功归因于运气或其他外在因素,而把失败归因于能力不足(Bornholt,Goodnow & Cooney,1994;Eccles et al., 1989;Guimond & Roussel,2001;Hoffmann,2002;Nosek,Banaji & Greewald,2002;Stipek & Gralinski,1991)。

与女生相比,男生更倾向于把成功归因于自身的超凡能力,而把失败归因于运气不好、缺乏兴趣、努力不够或其他与能力不相关的原因(Blatchford,1992;Eccles,1987;Miller,1986)。这种差异使得女生更容易陷入习得性无助或其他失败综合征问题。尤其是在数学、科学学科上,女生更可能怀疑自己在这些领域的能力有限。

大约从5年级开始,女生对自身能力的认识以及未来在数学、科学学科上获得成功的预期,会降至低于男生的水平。即使有些女生的数学、科学成绩和男生一样好,甚至超过男生,她们也会如此。如果机会允许,女生会选择不上数学和科学课,这样在未来择业时,她们就可能与那些需要此类学科基础知识准备的职业机会擦肩而过。这种情况在相对聪明的女生中也同样会出现,尽管造成从事数学和科学相关职业的优秀女性数量低于男性的原因,是由于价值偏好问题而非女性对自己能力的怀疑(Ceci, Williams & Barnett, 2009)。再者,一般学生(特别是女生)都会时而出现对数学和科学科目的负面态度,其中原因与性别角色并无多少关系,比如可能是这些学科有着严格的规则限制,没有太多发挥个人创造力和表现力的空间(Hannover & Kessels, 2004)。

通常男生不如女生那样重视参与学习活动,所以男生学习活动参与的质量不太稳定。他们更容易设立规避性目标,或是表现出对于任务的抵触。而当他们设立学习性或绩效性目标时,则会更多地关注如何达成掌握或在竞争中胜出。相比之下,女生更关注如何付出最大努力以让教师满意(Berndt & Miller, 1990; Blatchford, 1992; Boggiano, Main & Katz, 1991; Harter, 1975; Pomerantz, Altermatt & Saxon, 2002; Ratelle, Guay, Vallerand, Larose & Senécal, 2007)。以上现象频频出现,因此足以引起重视,因为它会进一步使女生陷入习得性无助(原因是女生更有可能不断投入最大努力,且倾向于把失败归因于自己能力不足,而男生则多会把成绩归因于自身优异的能力,而把失败归咎于其他因素)。

与教师的互动

男生在课堂上比女生更活跃、更突出。几乎在任何一种形式的师生互动上,他们都有着更多的参与。和女生最大的区别是,男生往往会主动发起互动,比如大声说出答案,或做出不当行为以引起老师的干预;而与此同时,教师也会更频繁主动地向男生发起互动,特别是会给他们提供程序上的指导、检查他们任务完成的进展,或是监督、管控他们的活动(Brophy, 1985; Garrahy, 2001; Harter, 1999)。

研究者还发现,教师与男女生之间的互动方式也存在差异。教师给男生的鼓励或反馈意见多集中于他们的努力和成绩,而类似情况下对女生的鼓励和反馈意见则多集中在干净整齐、遵循指导、语言表达清晰和良好的仪态等方面。对于男生,教师通常会在数学和科学课上给予更多的关注、提出更多启发性的问题并提供多角度反馈意见;而如果是语言艺术课,教师会更多地与女生进行以上互动。当学生被分成不同小组进行上机操作或科学实验时,男生通常会扮演更为积极的角色,女生则多是进行记录或观察。

不管教师是男性还是女性,几乎所有的课堂都会存在以上倾向,尽管程度各异。可以说,以上倾向出现的根源,在于多数人所处文化背景下社会化过程中获得的性别角色预期,反映也男女社交参与时的不同风格。这种风格差异同样转移到课堂当中。比如,男性发言更多,且时常会打断女性的发言;听众对男性发言关注更多,即使女性发言风格和内容与男性相似时也是如此;女性在社交中不那么活跃,更多的是注视和倾听;女性通常会把肯定陈述转换成试探性的言语,这样对他人的影响力会因此降低("我们可以用勾股定理来做这题,是吧?")(Brookfield & Preskill,1999;Sadker & Sadker,1994)。

几点建议

教师明显偏爱男生或偏爱女生的现象其实很少见。在师生互动中,通常性别差异表现在量上并不多,且在质上也很微妙。大多数差异表现为不同性别学生行为的差异(这些差异反过来会对教师产生影响),而并非类似情境下教师一贯性地区别对待男生和女生。但即便是这样,在性别问题引起注意也是明智的,因为这不仅是避免不恰当的性别歧视,更重要的是要适时利用机会让学生从传统性别角色观念的桎梏中解放出来(Hoffmann,2002)。

教师需要帮助班上男生更好地利用阅读和写作的机会,特别是要让他们学会欣赏诸如诗歌之类的比较女性化的文学形式。关于男生喜欢书籍的信息,可以在网站(如 www.guysread.com)上找到。同样,也要帮助班上女生认识数学和科学的价值,并充分发挥她们在这方面的潜能(更多信息和资源可见网站 http://girlstech.douglass.rutgers.edu)。

教师在准备课堂内容时,要多使用一些男女生都会觉得有趣的实例和情景。要激发他们对课程的兴趣,让他们乐意去上这些课程,并帮助他们认识到只要付出适当努力就可以获得好成绩。在数学和科学课程中,涉及动机价值和期望相关的问题都可以得到解决，比如通过强调这些学科在社会交往和个体创造中所发挥的作用（Kessels，Rau & Hannover，2006），以及向学生提供示范和社会化机会使其形成相关领域和职业中的自我效能（Luzzo，Hasper，Albert，Bibby & Martinelli，1999）。

必要时，教师要鼓励女生在课堂上积极表现。可系统地观察和了解每个女生的个性（尤其是那些成绩良好、适应自如但很少与教师互动、不太自信的女生）；鼓励她们说出自己的想法，如果她们不主动就点名让她们参与；让她们在集体活动中担任领导的角色，或是用别的办法鼓励她们变得更加自信；学习女性领导的故事，或组织关于女性科学家的讨论，以帮助她们拓宽视野；布置相关作业，让她们知道各种职业机会的大门都是向她们敞开的。

事实上，大多数教师近年来都在这样做。随着课程材料的变化以及大众文化性别平等概念得到广泛传播，这些努力取得了显著效果。数学和科学成就中的性别鸿沟正在迅速缩小（Martinot & Désert，2007）。事实上，有关学生动机和学生成就的性别差异担忧已经开始转向男生，因为最近的趋势显示，高中成绩优异、顺利毕业并升入大学的男生越来越少了（Head，1999）。

美国社会的家庭和文化背景差异

对于来自较低社会阶层或少数族裔的学生来说，如果学校文化中的价值观念、语言、行为预期等与他们在家庭以及当地文化中所接纳的内容相悖，他们就可能会在学校生活中遇到困难。然而，如果教师能够很好理解并尊重学生的家庭文化，关注学生给学校带来的多元化财富（而非紧盯他们的缺点或问题），就能在最大程度上克服这些困难（Anderman & Anderman，1999）。

关于以上问题的理论和研究，已经注意到了阶层和族裔之间的差异。关注群体差异的早期研究得出了以下结论：来自较低社会阶层的学生偏好物质奖励，而来自社会中层的学生偏好内在奖励；西班牙裔学生倾向于进行合作学习；印第安学生对于当众褒奖反应消极；非洲裔学生成功预期较低且归因模式不太积极。

后续研究则表明，上述（或其他形式）对于群体差异的笼统概括要么不合理,要么纯属夸大。在任何情况下,对于社会阶层、人种、民族或者少数族裔等进行的一般性社会分类,远不如了解学生个体的家庭背景和文化更为有效,因为后者有助于教师了解学生,帮助学生找到适应学校教育的方法。当研究人员聚焦于具体的单个家庭,特别是关注孩子和父母进行互动的频率和性质时,他们发现,家庭生活和文化的诸多层面,对于子女在学校的适应情况、应对挑战的状态以及对自身能力的自信心等都会产生影响(Baker,Scher & Mackler,1997;Ginsburg & Brongstein,1993;Grolnick & Ryan,1989;Massey,Gebhardt & Garnefski,2008)。

影响学生在校动机的诸多家庭因素,都被包含在乔伊斯·埃普斯坦(Joyce Epstein,1989)的 TARGET 模型中。在此基础上,卡罗尔·阿莫斯(Carole Ames)又发展出第 4 章曾讨论过的 TARGET 干预模型。埃普斯坦把 TARGET 模型中的变量称为家庭结构。六种家庭结构及其对学生动机的影响如下:

任务结构。任务结构包含在家庭中开展的所有可能与学校学习有关的活动(家务、玩耍和兴趣爱好活动、学校布置的家庭作业,以及父母创造的学习机会)。有的家庭会为孩子的学校教育做更多准备,提供更多的支持。他们会以刺激认知的方式与孩子频繁进行互动,为孩子提供适合他们发展阶段的教导和学习机会(如读书给孩子听、教他们辨认时间、系鞋带、在学前阶段教他们字母或者书写自己的名字,以及在孩子稍大一些以后和他们讨论学校作业),让孩子在家中接触教育游戏和媒体,带孩子去博物馆、动物园,对他们的才华和兴趣积极鼓励。基于以上活动的互动,帮助孩子发展重要知识和技能,同时还能更好地帮助孩子形成好奇心和兴趣爱好,建立对待学校的正确态度,培养应对挑战的能力,并促使孩子在参与学习活动时设立学习性目标而非其他不太可取的目标。

权威结构。权威结构涉及三种因素的类型和频率:儿童的责任,他们的自我导向的活动,以及他们参与家庭事务决策的机会。家长用权威式的教育手段来帮助孩子发展良好的动机模式,比如基于孩子年龄的权力分享、规则和预期的协商,以及孩子自己做决定的机会。这些家庭经历能在不同层面上帮助孩子发展良好的动机模式,比如控制点、个人责任、效能认知、追求成功且不惧怕失败的倾向、自律学习等（但同时也愿意和教师进行有效互动、和同学进行讨论和合作）。专制或放任的育儿手段，都不能帮助孩子发展良好的动机模式。

奖励结构。奖励结构是指父母关注、奖励孩子的努力和成就的程度。父母若是重视鼓励和奖赏（而非恫吓或惩罚），并在鼓励和奖赏时全面考虑孩子在学校取得的成绩（不仅仅是运动或其他方面），就能增强孩子学校学习的动机。其他相关的有益做法还包括：认可孩子的进步而不仅是优秀成绩，注意其合作性行为而不仅是竞争性行为，关注其内在满足而不仅是外在奖励。

分组结构。家长在多大程度上注重培养孩子照顾他人的能力（比如照顾年幼的弟弟妹妹或年长的家庭成员），监督孩子和同学的互动，教他们如何有效协商计划和解决不和，向他们示范对多元化的包容和理解，帮助孩子在对同学的责任与对父母、教师以及其他人的责任之间达到平衡等等，都会影响到孩子能否和同学和睦相处、共同合作。

评估结构。评估结构涉及一套对学习和行为进行监督和评估，以及对成就和不足提供反馈方法的标准体系。在该结构下，积极的父母行为包括：关注私下的、信息性反馈（而非当众评估性判断），灵活调整标准以适应孩子能力的发展，和孩子讨论成长的原因和意义，帮助孩子珍视自己的成就并设定合适的未来发展目标。

时间结构。时间结构指家长给孩子的活动和任务设定的时间安排。对于孩子而言，为学习制定切合实际的计划并能有效管理时间非常重要，头绪繁多时尤其如此（比如音乐课、体育运动、学校作业、家务等）。家长要让孩子有足够时间去做他们应该做的事并能顺利完成，如果时间紧张，那么应该优先安排与学校学习相关的任务。

如果家长不能做到以上几点，没有为孩子的学校教育做好准备并支持他们在学校的进步，通常是因为他们没能认识到以上几点的重要性，或是不知道该如何去做。大多数家长都很关心孩子的在校表现，会主动和教师分享信息、积极响应教师的要求。所以，教师和学校可以给这些家长提供帮助。那些能够有效应对学业困难学生的教师和学校都有一个共同的鲜明特点，那就是主动接触这些学生的家庭，了解他们的家庭，让家长知道孩子在学校里的表现，并且让家长一起参与相关决策的过程。

模式化印象的威胁

克劳德·斯蒂尔(Claude Steele,1997)在其研究中显示,如果人们对某一群体抱有某种模式化印象(比如认为该群体很不擅长某些任务),而该群体又被他人提醒意识到自己的群体身份时,那么该群体完成这些任务时的绩效水平就可能低于实际能力水平。举个例子。在美国,人们对于非洲裔学生的模式化印象是他们在智力测验和学业成就上表现不佳(Brown,1998)。在考试中,即便是那些可能让非洲裔学生联想起该模式化印象的微妙信号,都会让他们担心这种印象会成为现实,并进而使他们分心,降低其应对能力,如同对效能的担忧和对失败的惧怕会对我们产生消极影响一样(Schmader,Johns & Forbes,2008)。1995年,斯蒂尔和阿朗森(Steele & Aronson)在研究中证明了以上效应:采取不同的考试方式,非洲裔学生应试表现也有所不同。如果教师把考试描述成智力诊断测试,或在考试前要求他们说明自己的种族,那么非洲裔学生的表现就会差一些。

斯蒂尔在1997年发现,非洲裔学生频频遭遇模式化印象威胁的经历会挫伤他们的动机,最终导致学业上不被认同,尤其是当他们认为自己的确符合人们的模式化印象时更是如此。其他学者也发现了非洲裔学生(尤其是男生)在学业上不被认同的问题(Major,Spencer,Schmader,Wolfe & Crocker,1998;Ogbu,2002;Osborne,1997;Voelkl,1997)。此外,有研究者指出,拉丁裔学生也会出现类似的情况(Cordeiro & Carspecken,1993;Griffin,2002;Hudley & Graham,2001)。

虽然模式化印象造成威胁的现象最初出现在非洲裔学生身上,但这种威胁却可以发生在任何一个人们对其在某个特殊领域的表现有着否定预期的群体身上,特别是在该群体成员行事前便被提醒自己具有的群体身份的情况下。目前,研究发现这种现象也发生在以下群体身上:拉丁裔学生(Hollis-Sawyer & Sawyer,2008),参加数学能力测验的女性(O'Brien & Crandall,2003;Shih,Pittinski & Ambady,1999;Spencer,Steele & Quinn,1999),着手处理感情问题的男性(Leyens,Désert,Croizet & Darcis,2000),与亚洲裔美国学生一起参加数学测试的欧洲裔美国学生(Aronson,Lustina,Keough, Brown & Steele, 1999), 与黑人运动员一起参加体能测试的白人运动员 (Stone, Lynch, Sjomeling & Darley, 1999), 来自上层社会经济背景的学生和来自低层社会经济背景的学生 (Harrison, Stevens, Monty & Cookley, 2006)。此问题的相关评述可见斯蒂尔、斯宾塞和阿朗森的著述 (Steele, Spencer & Aronson, 2002)。

模式化印象有时也会起到积极作用。若人们对于某群体成员在某一领域抱有较高预期，那么该群体成员就会获得模式化印象的"提升"作用，条件是在进行该领域测试前，该群体成员应被提醒自己所具有的群体身份。这种效应的强弱，取决于个体存在模式化印象意识的强弱以及相信模式化印象合理性的程度 (Chatard, Selimbegović, Konan & Mugny, 2008; Walton & Cohen, 2003)。

模式化印象的正面和负面效果，在阿姆班迪、石、基姆和皮廷斯基 (Ambady, Shih, Kim & Pittinsky, 2001) 所做的一项简单而巧妙的实验中得到了证明。该实验选取从幼儿园到 8 年级的亚洲裔美国女生为研究对象。她们在参加数学测验之前，研究人员以微妙的方式向一组女生提示其亚洲裔身份，而向另一组则提示其性别。分析显示，从幼儿园到 2 年级以及 6 年级到 8 年级，前一组的表现都胜过后者。而从 3 年级到 5 年级，由于儿童正在经历性别沙文主义（认为自己的性别比异性更优秀）的发展阶段，所以后者的表现强于前者。有关亚洲裔男生的后续研究也得到了类似的结果，即模式化印象的提升效果主要是和他们被提醒自己为亚洲裔有关，而从 3 年级到 5 年级则主要和他们被提醒自己的性别有关。2005 年，约皮克和普伦蒂斯 (Yopyk & Prentice) 也在研究中得出了类似的结果。他们将学生运动员分成两组，对一组唤起其学生身份，对另一组则唤起其运动员身份，结果发现前者在数学测试上的表现优于后者。

1999 年，科恩、斯蒂尔和洛斯 (Cohen, Steele & Ross) 指出，明智的教师应当与高风险学生 (at-risk students) 建立积极的关系（不应只关注其学业问题和失败），注重不断鼓励他们，让其具有班级归属感，并帮助他们实现切实可行的目标。研究者还强调，在和这些学生进行互动，特别是在对他们的作业进行反馈时，应在传递高标准的同时，表现出相信他们只要努力就可以达标的信心。其他学者也强调指出，教师在亲切热情对待这些学生及其家长的同时，还要坚持不懈地帮助他们实现潜能。这些建议都有其理论支持,即模式化印象威胁的潜在受害者可以在教师的帮助下获得成功。比如帮助他们重建自信;让他们接触来自自身群体的成功榜样,从而认识个体并不一定具备群体性特征;让他们相信能力可以循序渐进地获得提高,困难也可以通过努力和坚持得到克服(Cohen & Garcia, 2008; Dweck & Grant, 2008; Marx & Roman, 2002; McIntyre, Paulson & Lord, 2003; Schmader, Forbes, Zhang & Mendes, 2009; Smith & Hung, 2008)。

激发少数族裔和高风险学生的动机

和所有学生家长建立合作关系非常重要,特别是对于那些学习吃力、毫无学习热情,或排斥教师和教学课程的学生,更是如此。有些家长在自己上学的过程中出现过类似问题,因而可能对孩子身上出现的问题感到愧疚;或者因为他们主要把教师的角色视为可能让孩子陷入麻烦的权威人士,所以不愿意与教师接触或对教师持怀疑态度。然而,如果家长看到教师不仅仅是向他们指出孩子的问题,并期待家长有所作为,而是关心孩子,为了孩子的利益希望和他们合作,那么家长就会心生感激,更加积极地做出回应。

对于学生也是一样。对于少数族裔学生和因家庭背景而学业困难的学生而言,如果老师能够与他们亲切温和地进行交流,对他们的学业抱有较高的期望,要求他们尽其所能努力学习,并鼓励他们只要努力就能快速取得进步的信心,这些学生就会表现出色。能够做到这些的教师突破了社会阶层差异、文化差异、语言差异和其他潜在的交流障碍,得以和高风险学生建立亲和关系。但他们建立这种亲和关系的目的是帮助学生取得学业最大进步,而不仅是为了和学生建立友情、表达同情(Baker, 1998; Delpit, 1992; Hayes, Ryan & Zseller, 1994; Kleinfeld, 1975; Siddle-Walker, 1992; Tucker et al., 2002)。

高风险学生在温暖、友好的社会环境下也能够表现出色(Elias & Haynes, 2008; Lewis & Kim, 2008)。在这个意义上,教师需要帮助自己的学生重视多元化、相互学习,并欣赏不同的语言和传统。把学生所处的各种文化当作一种财富,因为它们可以让学生见识到多种文化背景,促进学生学习,同时也让教师有机会丰富每个学生的课程。认真思考如何帮助少数族裔学生接受多元文化,而不是主张用一种文化取代另一种文化。如果教师对班级里某位学生所处的文化不了解,可以多找一些相关材料进行阅读、与社区领导交谈、到学生家中拜访。当然最重要的是与学生本人交流,了解他们的过往经历和未来抱负。

1992年,莫尔(Moll)采访了接受双语教育的学生家庭,以期发现当地社区有哪些资源可以为学校所用(该社区以讲西班牙语的少数族裔为主)。莫尔发现当地家庭大多具有以下领域的知识储备:牧场和农田(骑术、畜牧业、土壤和灌溉系统、庄稼种植、捕猎、追踪猎物、猎物处理)、采矿(伐木、矿石、爆破、设备操作和维护)、经济(商业、市场价值、估价、租售、贷款、劳动法规、建筑规范、消费知识、会计、销售)、家庭管理(预算、育儿、烹饪、电器修理)、材料和科学(建造、木工、搭建屋顶、石工、粉刷、设计和建筑)、维修(飞行器、汽车、拖拉机、房屋维修)、现代医药(药物、急救程序、解剖、助产)、民间医药(草药知识、民间疗法)和宗教(教理问答、洗礼、圣经研读、道德知识和伦理)。1997年,莫尔和冈萨雷斯(Moll & Gonzalez)指出,教师可以把以上知识储备融入到课堂活动中,比如让学生研究社区问题、了解民居建筑原理,或是学习了解社区是如何发挥其社会功能的。他们还强调把家长的知识和智慧融入学校生活的价值。

与此类似,李柯克(Leacock,1969)指出,通常情况下我们很难抓住机会将课程和学生的家庭背景联系起来,因为教学总是严格遵循教科书内容。她以小学社会科学课程中的"社区帮手"一课为例,指出有很多学生家长在从事与社区服务相关的职业,比如警察、消防员、邮政工作者及本单元学习的其他服务工种,但很少有教师会想到把这些家长请到课堂上来讲一讲他们的工作。

所以,必要时可对课程进行调整,加入多元文化的视角,反映学生所处的不同文化。比如加入不同的课程内容(尤其是历史和文学课程),选择多种话题作为多视角开放性问题,避免只有唯一性理解的事实性内容。在引入与文化和风俗相关的内容时,注意选择关注人类普遍经验、类比各种文化惯例的介绍性材料,而不是只关注异国文化风俗,可能会导致模式化印象和沙文主义的材料。在为学生提供文学和多媒体资源时,应包含所在班级少数族裔学生群体模范人物的材料,且在呈现描述典型人物时,让全班所有学生去欣赏、认同。另外,还可以安排班级讲座、实地考察或者时事讨论,让学生接触到现实中活生生的典型例子,以使少数族裔学生增强其角色和成就意识。

1995年,南普(Knapp)分析了多族裔班级教师应对学生多元文化的不同方式,认为有些教师的做法缺乏建设性,原因是他们本身对特定族裔或社会经济群体存有消极模式化印象,所以他们对待特定群体学生的方式限制了这些学生的学习机会。相比之下,富有建设性的教师对学生抱有更加积极的期望,对学生的文化也有基本的了解。最有成效的教师会向学生清晰地传达以下意思:他们的文化背景并不是什么需要克服的问题,而是可以在学校学习过程中去认可、利用的优势。举个例子,南普在描述西班牙裔、非洲裔和白人学生混合班级的一位双语教师时写道:

卡利奥(Callio)老师对他的学生抱有很高的期望,在布置作业时有着很严格的问责要求。但认识到学生不可能一到学校就具备期望中的一切技能,所以他做出了有针对性的计划和安排,同时采用尊重所有学生长处和背景的教学方式。比方说,卡利奥老师在教室里张贴世界各地的照片,以展现学生中不同民族、种族和文化群体的特征。在金字塔、中美洲原住民和其他拉丁裔人的照片中间,有一张卡片写着很大几个字"Yo soy Latin y orgulloso"("我是拉丁裔,我很自豪")。还有一张卡片上写着"我是非洲裔,我很自豪",旁边附有非洲的人物、地点和物品的照片。卡利奥老师认为,如果教师期望学生获得成功,为学生提到积极的自我认识和模范人物非常重要。卡利奥老师经常在课堂上讲西班牙语,他这样做不仅是为了帮助英语水平有限的学生,而是因为他认为西班牙语是一种重要的语言。他鼓励只讲英语的学生尝试着学一学。在他班里有一个非洲裔的男生,成绩非常优秀名列前茅,时不时也会试着拼凑出一些西班牙语的语句(Knapp,1995:39)。

应对同伴压力

如果教师在激发学生学习动机时尊重学生的多样性,并努力帮助所有学生发挥潜力,就会收到很好的效果。这里所说的所有学生,也包括因为社会阶层、种族和族裔背景而造成学习困难的大多数学生。这类学生通常希望获得学业成功,并且常把学术成就融入他们对自己的种族或族裔身份认同(Carter, 2008; Lewis & Kim, 2008; Darling, Molina, Sanders, Lee & Zhao, 2008; Nasir, McLaughlin & Jones, 2009)。然而，教师也可能会遭遇一些叛逆的不合群学生，他们把持续努力学习看作是"出卖自己"、"讨好老师"或是"仿效白人"(Taylor & Graham, 2007)。教师需要采取措施让这些学生改变想法，并把他们对其他同学的消极影响降到最低。

应对叛逆学生最有效的办法是让他们接触被他们认可且受人尊敬的榜样，通过榜样人物帮助他们认识到，对待学校和学习的态度会影响到他们的自身利益。理想的榜样人物可以是教师曾经教过的年轻学生。不妨请他们以讲述真实故事的形式现身说法，如果充分利用上学机会而不是持抗拒态度，未来生活将会发生怎样大的改变。

另外，不论教师（或学生）的社会阶层和族裔背景如何，教师都要尝试着再社会化叛逆学生的态度。关于这一点，我建议采取三步策略。首先，不要嘲笑学生的想法（比如，告诉学生"仿效白人可鄙"等）或全盘否定。要试着接受这种想法，把它当成是学生内心真实的想法，尽管教师自己不那么想。如果试图劝导他们放弃这种想法，就要确保教师的语气、方式和理由都能够传达出教师对他们切身利益的关心。反之，如果他们把教师的行为视为操纵他们的手段，就会事与愿违。对于少数族裔学生而言，即使他们承认教师的善意，也可能会同时觉得教师是在给他们施压，是让他们牺牲自己的文化传统来换取社会大环境中的经济机会。

其次，充分利用积极倾听、反馈和相关心理咨询的技巧与这些学生单独沟通。私下聊天时，让他们详细阐释自己的想法，并认真倾听；时不时转述他们的观点或做一些反馈，表明自己理解他们所说的（如"这么说来，当你在课堂讨论中分享了一个好想法或考试获得不错分数时，你的朋友就会嘲笑你，这让你有什么样的感受呢？"）。以这种方式继续下去，学生可能会发现，他自己其实也不相信同伴说的话，同伴其实也可能抱有值得怀疑的意图，而非视他为真正的朋友、关心他的切身利益。同伴这样做是在给他施加压力让他放弃自己的价值观，因此他需要想办法抵抗来自同伴的压力，同时又不会对自己的社会交往造成太大影响（比如可以发展一些更合得来的人做朋友）。

最后，对于有以上认识苗头的学生，教师可以采取用来帮助人们应对紧张环境的"免疫"技巧。比如说,帮助胆小学生变得自信,可以使用角色扮演的方式或者组织关于遭到忽视和不公待遇的讨论,继而分析怎样有效地对付这种情况,或者在角色扮演中的表现是否可以加以改进。类似的技巧也可以用来帮助面临社会压力的学生(比如因为表现出学习动机而受到同伴嘲笑),让他们做好积极应对的准备,并模拟训练可能的应对方式。

对于顽固的叛逆学生,特别是当他们所在的本地文化不信任学校教育时,教师本人付出努力固然重要,学校文化和学校-社区关系方面的改善也非常必要。然而,教师不能坐等这种改善,因为自己必须每天面对学生,和他们相处,也时时面对着当前的学校环境。教师可能很难消除叛逆学生对于整体学校教育的负面看法,但至少可以让他们把你视作例外,并在课堂上"遵循你的课程方案"。不论存在着多么显著的困难,只要按照书中建议来做,尤其是注意教师及其课堂对学生产生吸引力、示范自己的学习动机、向学生传达积极的期望和归因分析,并把课程和学生所处的文化联系起来,教师还是可以最大程度地激发这些学生的动机。

世界各国各地区之间的对比

有关美国和其他西方文化背景下动机的概念和观点,主要基于这些国家的相关理论和研究,且多以英文发表。我们倾向于把这些观点视作共通的"动机心理学"也就是既反映人类共同的情况,在其他地方也同样适用。确实,这个假设通常有证据支持,比如来自不同国家的人们都有着相似的基本需要模式(Ryan & Deci, 2006; Sheldon, Elliot, Kim & Kasser, 2001; Vansteenkiste, Lens, Soenens, Luyckx, 2006; Yamaguchi et al., 2007)和学业表现归因(Little & Lopez, 1997)。然而,比较研究也发现了世界各国各地区存在的一些有趣的不同点。

比如,哈福顿、艾略特和伊路辛(Hufton, Elliott & Illushin, 2002)发现,俄罗斯的青少年更有可能把优异的成绩归因于能力而非努力,但同时他们投入在课业和其他方面的时间也比美国、英国的青少年更多。此外,即使教师很少表扬并经常纠正他们,俄罗斯学生还是会保持课堂参与;即使课程固定且很少有发挥自主性、进行自我选择的机会，他们还是会保持掌握取向。这种现象反映了俄罗斯普遍的文化价值观，即成为受过良好教育的人。俄罗斯孩子在很小的年龄就经历了社会化过程，认识到教育的价值，并形成了很强的接受教育的动机。教师被视为接受教育过程中必要的指导者和支持者（而非强加者），同学被视为合作者（而非竞争者）。因而，教师对学生的纠正被理解为一种帮助并受到重视；而且因为教育由学校课程主导，学生很少感到有选择学习任务或发挥自主性的需要。考虑到这样的社会化背景，俄罗斯的教师与英国、美国的教师相比，似乎没有太大需要去关注动机价值方面的问题。

或许最普遍的文化差异存在于西方国家（比如美国和西欧）和东亚国家（比如中国、韩国和日本）之间。前者都强调个人主义，人们的自我认识多关注独特性和独立性；而后者强调集体主义，人们的自我认识多关注相互依存性（Heine & Buchtel, 2009; Kitayama, Duffy & Uchida, 2007; Morling & Kitayama, 2008）。

西方的心理学思想倾向于认为，发展的一个重要方面是人们的个体意识越来越走向个性化、差异化。 所以我们的大多数动机概念，都会提及或暗含自我，不论是动机的预期方面（自我效能意识、内部控制点、自我价值保护等）还是价值方面（自我相关认知、身份认同、个人利益等），内在方面（自主性选择被视为来源于自身）还是外在方面（感受到外界的行为压力，因而我们的行为并非由自我所决定）。相比之下，东亚人会更多地站在家庭和其他社会关系的角度进行思考，而非个体自身的身份认同。他们把自身看作某个相互依存的社会关系网络的一部分和集体的一员，并以此为出发点追求目标。他们通常不会有很强的个体独特性意识，也并不觉得需要把自己和他人区分开。他们倾向于和他人和谐共处，而非追求个人目标、实现自我。

在给行为归因时，东亚人不会涉及太多个性特征，而是更多地考虑环境因素这使得他们比西方人更能包容矛盾，更能在外界冲突的环境中调整自我，而西方人则会更多地关注自洽性（Heine, 2007; Spencer-Rodgers, Boucher, Mori, Wang & Peng, 2009）。有学者称，在为成功归因时，东亚人和西方人相比可能更强调努力而非能力。这种归因模式从东亚学生的动机方面来说很有利，也解释了东亚学生在国际考试中成绩优异的原因（Stevenson & Stigler, 1992）。

然而，也有学者对此提出了质疑，并拿出证据反驳上述观点（Bempechat & Drago-Severson,1999；Pomerantz, Ng & Wang,2008）。他们指出这种"少数模范"为模式化印象（Li & Wang,2008），而且强调努力而非能力的普遍倾向会使某些学习吃力的东亚学生陷入困境，即他们比同学更努力而获得的分数还是相对较低时，这种倾向会导致额外的焦虑和压力，因为父母和教师会认为他们表现不好是因为他们不够努力（Grant & Dweck,2001；Hong,2001）。

其他研究表明，东亚人并没有很强的自洽需求和自我正面评价的需求，所以他们在谈及自身时倾向于自我批判而非自我夸大（Heine & Hamamura,2007）。东亚人也更愿意把个体自身的目标放在家人和集体目标之后。比如说，依存性的目标追求（追求让家人和朋友高兴）会使东亚学生感受到更多目标实现的满足，而美国学生则不会这样（Oishi & Diener,2001）。当个体信任的重要他人为自己做出选择时，依存性个体会比自身做出选择时具有更强的内在动力，而独立性个体则不会这样（Bao & Lam,2008；Iyengar & Lepper,2002；Pöhlmann, Carranza, Hannover & Iyengar,2007）。以上文化差异来源于哲学和宗教关于人类状态的信念差异（Heine,2007），同时也来源于社会期待的差异。正是这种社会期待使得父母对自己的孩子进行社会化，使其朝着社会价值认可和适应性的行为模式发展（Kitayama & Imada,2008；Morling & Kitayama,2008；Yamagishi, Hashimoto & Schug,2008）。

最后，美国人倾向于关注自我提升，追求"突出"表现，主要采取趋向性动机并能伺机而动。相比之下，东亚人更多关注"群体融入"，更担心丢脸（害怕因为没有达到别人预期而受到社会贬抑），因而更留意潜在危险，主要采取规避性动机，关注怎样才能避免犯错（Heine, Zusho, Pintrich & Cortina）。

1999年，加斯金斯（Gaskins）总结了禅宗关于人类心理和动机的观点。他指出，佛教认为自我概念既是一种幻觉（我们所感到的自我或永恒的精髓实际上是不断变化的能量形式或过程，只有在特定环境下才具有意义），同时又是实现圆满（清理自我的心灵花园，重新看待过往经历；释放自我，感受当下体验；体会、欣赏自身和万物的交融）的障碍。这些提法乍一看好像与西方思维相悖，但在很多方面，二者却都能导出类似的教育动机原则。比如说，关于心流的描述和设立学习性目标（专注于任务，忘记自我的状态），与佛教中"当下"

的观点异曲同工。类似的情况还有,西方学生害怕失败造成个人窘境,而东亚学生害怕失败让家庭和集体蒙羞。在这两种情况下,效能理论、归因理论、目标理论和其他相关概念原则都能得到应用。

如今,关于东西方动机理念的对比还没有明确的实践应用意义。然而,即使西方研究背景下的大多数原则都被最终证明具有普遍适用性(或者只需稍作调整就能在东方环境下应用)。因此,了解我们的理论哪些方面具有普适性、哪些方面受到文化限制,也还是大有裨益的。就像人类学家所提醒我们的,要"发现已知中的未知,将未知变成已知",这样才能更好地理解人类的多样性和我们在其中所处的位置。

小结

可能你已经注意到,虽然本章探讨的是个人以及集体的差异,却一再强调前几章讨论的策略,并建议把班级当作一个整体采取一般性激励策略,在此基础上考虑学生的个性特征,而不是对不同学生采取截然不同的方式。这其中原因有三点。首先,不管是关于动机还是关于一般人类状态的心理学理论和研究,都表明人类的共同点远大于差异。某种特定动机也许和特定人群相关,但若该动机类型在某种特定情境下适用,那么基于该动机研究的原则便可适用于所有的人。

其次,实证研究也证实了以上理论预期,即对于沮丧的学生,教师需要更多关注动机的预期方面,而对于学习缺乏兴趣的学生,需要更多关注动机的价值方面;男生在学习语言艺术方面可能更需要鼓励,而女生在学习数学和科学方面可能更需要鼓励;对少数族裔群体,可能更需要去接触了解他们所能够认同的榜样人物等。然而,以上动机原则的差别应体现在具体的实施过程中,而非原则本身。此外,本书提及的很多原则都可适用于所有的学生,不管学生背景如何。比如鼓励学生设立学习性目标,而非绩效性或规避性目标;引导学生把成功归因于充分的能力和努力的结合,而把失败归因于努力不够或策略知识缺乏;帮助学生理解学校教育的意义在于赋予他们追求自身最大利益的能力和自我实现的能力等。

最后，作者本人主要关注师生互动动态方面的研究，尤其是师生互动受教师和学生的态度、观念和期望影响的情况。这一方向使我对于教条化期望、贴标签效应，以及模式化印象等问题变得尤为敏感。这类问题通常发生在教师把班级视为不同子群体的集合（黑人/白人、男生/女生、优等生/后进生、听话的学生/捣乱的学生等等）或是给学生贴上模式化印象标签的时候（有天赋、有学习障碍、过于活跃、低能、有心理问题等等）。在某种程度上，描述性分类和标签是必要的，它能帮助我们了解学生并做好方案以满足他们的需求。然而，如果我们忽视学生的个性特征，而主要依据他们身上的分类标签来看待他们，那么我们也许只能看到他们身上符合我们模式化印象的特征并随之采取相应的互动方式，这将最终导致我们对学生的模式化印象预期成为现实。

因此，对学生进行分类并根据不同子群体或学生类型的不同需求采取激励措施是有风险的。我相信，如果教师掌握了一般性激励原则和策略，并将其付诸于实践，把班级建成学习社群，并在此基础上针对学生个体辅之以必要的特殊关注或额外的激励方式，那么就一定可以更有效地激发学生的动机。

本章概要

普遍适用的一般性激励原则和针对特殊群体、学生类型的具体原则，二者孰轻孰重，动机理论家有着各自不同的意见。包括我自己在内的大多数理论家都更强调一般性原则，只是这些原则可能在特定情境或针对特定学生群体时尤为适用。然而，也有理论家呼吁，要针对不同的学生采取不同策略。

其实，有些差异化激励手段只不过是顺应学生在课程内容或学习活动方面的偏好而已。在实施这样的策略时，我们应当小心谨慎，原因有三点：第一，顺应学生当前偏好并不能发展学生的学习动机或让他们朝着教师所期望的方向发展；第二，顺应学生的偏好并不等于去满足学生需求；第三，顺应学生的偏好可能会进一步助长学生需要改变的某种个性。因此，任何个性化激励措施都应着眼于满足学生的需求和长远利益，而不只是顺应学生的当前偏好。除此以外，还应考虑到可行性方面的重要限制。也就是说，如果学生人数达到20人或更多，教师就需要把班级视作整体来把握课程内容和教学，因为教师没有时间也没有资源针对每个学生制定单独的教学计划。

从这个角度出发,本章分析了一系列差异化课程和教学方面的观点和建议,以使学生动机最大化。心理差异化的认知风格维度研究,为差异化策略提供了良好的理论基础。场依赖型学生对于以人为主导的内容感兴趣,在学习上乐于与他人进行合作;而场独立型学生喜欢理论和分析,学习更加独立自主。大多数时候,教师可能都希望兼顾这两类学生的偏好。但如果有学生表现出其中一种维度的极端情况,教师就需要让他们学会在需要非偏好认知风格的情境下进行有效学习。

作为教师,你所听说的个性化激励方法大多基于学习风格这个概念。可能你会经常遇到这种情形:一些人热切地向你兜售学习类型分类、评估设备或学习类型模型手册,并暗示采用这些模型之后,学生的动机水平和学业成就都会获得大幅提高。事实上,这些模型缺乏(甚至完全没有,取决于具体的模型情况)理论的支撑。即便有个别理论能够支持它们的研究,也存在程序不科学、结论分析值得怀疑等问题。可能教师需要做的,是在不妨碍学生达成学习性目标的同时顺应学生的偏好。我们有理由相信,去购买这些评估产品并且实施基于学习类型分类的差异化教学模型是不值得的。基于多元智能或大脑半球偏好模型的产品也同样如此。

学生在认知能力、动机需求和兴趣方面的发展差异,使得某些特定策略在特定年级才具有应用意义。幼儿不关注社会比较,对于失败的意义理解有限,因而不会像高年级学生那样设立绩效性目标(而非学习性目标)或陷入习得性无助。然而,如果教师不能遵照第2到5章所提到的指导方针,那么即便是幼儿也会出现以上问题。教师在面对低年级升入高年级的过渡期学生时,应付出额外的努力,确保他们顺利适应新的学校环境,避免出现对自身能力认知的大幅降低。

与固化性别角色相关的动机问题已经没有以前那样严重,但即便如此,很多学习活动还是带有性别标签。这可能会抑制某些学生的兴趣。教师应帮助所有学生克服呆板的传统性别角色,并鼓励他们在传统上认为属于异性角色的领域发展自己的潜能。此外,教师还需要帮助有些学生(特别是涉及数学和科学科目的女生)认识到,关于不同学科领域两性之间存在巨大能力差异的说法是错误的,只要在这些传统上的认为属于异性角色的学科领域付出适当努力,也能获得成功。

如今,人们已经认识到,早期关于学生社会阶层、种族和族裔的研究及相应的概括性结论是错误、被夸大或被误读的。后续研究的关注点已从一般性社会标签转向个体学生的家庭和文化经历,并视其为影响学生入学相关准备和学校表现的因素。此外,关于少数群体的研究也从发现所谓的缺陷和问题,转移到了理解学生先前的经历和文化背景,以及如何将学生带入学校的经历和背景视为优势并加以利用等问题上。

如果学生在学校经历的预期和文化与他们在家中的经历形成反差,那么他们就可能会产生焦虑情绪或心理冲突。面对少数族裔及其他高风险学生,出色的教师往往能和学生及其家人发展良好的个人关系,并接受他们的语言和文化。然而,他们这样做的目的是为了让学生在学业上获得更大进步,而不仅是为了和学生建立友情或者表达同情。作为教师,如果你在课堂里使用同样的基本激励原则去帮助所有学生实现同样的基本学习目标,而不是针对不同群体或个体采取不同激励原则以实现不同的目标,那么就拥有了让每个学生获得最大程度的赋能和自我实现的可能性。

我们已经注意到,激励模式存在着有趣的文化差异,尤其是涉及个人主义文化和集体主义文化时。前者注重发展独立的自我,而后者注重发展相互依存的自我。对于美国的不同亚群体进行比较后,人们发现他们之间的差异是相对而非绝对的。所以,需要对适用于所有人的普遍性原则进行微调,而不是针对来自不同文化的学生通通采取不同的对待方法。值得强调的是,在涉及动机激励方面,所有学生都需要在学习社群的环境下进行学习。关于这一点,本书第 2 章已有所提及。

思考题

1. 关于群体差异和个体差异的重要性及其对课程和教学可能造成的影响,作者描述了几种不同的观点。把你自己对这些问题的立场观点写出来,并与同事进行讨论。

2. 你认为自己属于场依赖型或场独立型中的一种（而不是两者的混合）吗？如果这样，你如何在教学上调整好你的自然倾向，以更有效地应对和你心理差异化模式不同的那些学生？

3. 尽管已有不少负面的研究发现，有关让教学适应学生认知风格、学习类型、大脑半球偏好或多元智能的观点仍然具有持久不衰的影响，这该如何解释？有没有行之有效的、能够用到其中部分概念的方法来改进教学计划？如果应用不当，可能会带来哪些负面影响？

4. 如果告知教师，他的学生中有的是视觉型学习者，有些是言语型学习者。这样做会带来什么好处或害处？如果把这种特征区分告诉学生又会怎样？

5. 随着儿童迈入更高的年级，其内在动机会逐渐削弱。你如何看待这一现象？

6. 你是否认为，某些激励技巧对于低年级学生应当重点使用或尽可能少用？对于高年级学生呢？

7. 假设你要给一个班上两次课（分别给男生和女生），课程内容相同，那么你会在教学方法、课程设置、学习活动方面做出哪些不同的安排？请列出这些差异，并与同事讨论。

8. 与上题要求类似，但分组的依据不是性别而是种族。把学生分为三组，一组为欧洲裔学生，一组为非洲裔学生，还有一组为拉丁裔学生。同样列出你认为应该有的区别性做法并进行讨论。在这些列举中，哪些反映了你应对群体差异的理念？

9. 为什么青春期女生在数学和科学学科上的自我效能感会逐步下降，即使她们的相关分数一直比男生高？对此你有什么解决办法吗？

10. 假设你班里的大部分孩子都出生在美国，但其中有三个学生来自墨西哥移民家庭，两个孩子来自越南移民家庭。你是否会针对这五个移民学生采取区别于其他学生的做法？

11. 如果遭遇到学生对于你的课程和教学的公然对抗，你会怎么做？

12. 如果要求你对本书做出改编以在中国或日本使用，你会修改其中的基本原则吗？如果会的话，指出具体是哪些原则，并说明其原因。

参考文献

Ambady, N., Shih, M., Kim, A., & Pittinsky, T. (2001). Stereotype susceptibility in children: Effects of identity activation on quantitative performance. *Psychological Science*, 12, 385 - 390.

Anderman, E., & Maehr, M. (1994). Motivation and schooling in the middle grades. *Review of Educational Research*, 64, 207 - 309.

Anderman, L., & Anderman, E. (1999). Social influences on school adjustment: Families, peers, neighborhoods, and culture [Special issue]. *Educational Psychologist*, 34, 1 - 70.

Aronson, J., Lustina, M., Keough, K., Brown, J., & Steele, C. (1999). When White men can't do math: Necessary and sufficient factors in stereotype threat. *Journal of Experimental Social Psychology*, 35, 29 - 46.

Baker, J. (1998). The social context of school satisfaction among urban, low-income, African-American students. *School Psychology Quarterly*, 13, 25 - 44.

Baker, L., Scher, D., & Mackler, K. (1997). Home and family influences on motivations for reading. *Educational Psychologist*, 32, 69 - 82.

Bao, X., & Lam, S. (2008). Who makes the choice? Rethinking the role of autonomy and relatedness in Chinese children's motivation. *Child Development*, 79, 269 - 283.

Barker, G., & Graham, S. (1987). Developmental study of praise and blame as attributional cues. *Journal of Educational Psychology*, 79, 62 - 66.

Bempechat, J., & Drago-Severson, E. (1999). Cross-national differences in academic achievement: Beyond etic conceptions of children's understandings. *Review of Educational Research*, 69, 287 - 314.

Bergen, D., & Coscia, J. (2002). *Brain research and childhood education*. Olney, MD: Association for Childhood Education International.

Berndt, T., & Miller, K. (1990). Expectancies, values, and achievement in junior high school. *Journal of Educational Psychology*, 82, 319 - 326.

Billington, J., Baron-Cohen, S., & Wheelwright, S. (2007). Cognitive style predicts entry into physical sciences and humanities: Questionnaire and performance tests of empathy and systemizing. *Learning and Individual Differences*, 17, 260 - 268.

Blatchford, P. (1992). Academic self-assessment at 7 and 11 years: Its accuracy and association with ethnic group and sex. *British Journal of Educational Psychology*, 62, 35 - 44.

Boggiano, A., Main, D., & Katz, P. (1991). Mastery motivation in boys and girls: The role of intrinsic versusextrinsic motivation. *Sex Roles*, 25, 511 – 520.

Bornholt, L., Goodnow, J., & Cooney, G. (1994). Influences of gender stereotypes on adolescents' perceptions oftheir own achievement. *American Educational Research Journal*, 31, 675 – 692.

Brookfield, S., & Preskill, S. (1999). *Discussion as a way of teaching: Tools and techniques for democratic classrooms*. San Francisco: Jossey-Bass.

Brophy, J. (1985). Interactions of male and female students with male and female teachers. In L. Wilkinson & C. Marrett (Eds.), *Gender influences in classroom interaction* (pp. 115 – 142). Orlando, FL: Academic Press.

Brown, L. (1998). Ethnic stigma as a contextual experience: A possible selves perspective. *Personality and SocialPsychology Bulletin*, 24, 163 – 172.

Bruer, J. (1999). In search of... brain-based education. *Phi Delta Kappan*, 80, 649 – 657.

Brush, L. (1980). *Encouraging girls in mathematics: The problem and the solution*. Cambridge, MA: Abt. Butler, R. (1990). The effects of mastery and competitive conditions on self-assessment at different ages. *ChildDevelopment*, 61, 201 – 210.

Carbo, M. (1997). *What every principal should know about teaching reading: How to raise test scores and nurturea love of reading*. Syosset, NY: National Reading Styles Institute.

Carter, D. (2008). Achievement as resistance: The development of a critical race achievement ideology among Black achievers. *Harvard Educational Review*, 78, 466 – 497.

Cassidy, S. (2004). Learning styles: An overview of theories, models, and measures. *Educational Psychology*, 24, 419 – 441.

Ceci, S., Williams, W., & Barnett, S. (2009). Women's underrepresentation in science: Sociocultural and biological considerations. *Psychological Bulletin*, 135, 218 – 261.

Chatard, A., Selimbegovic, L., Konan, B., & Mugny, G. (2008). Performance boosts in the classroom: Stereotype endorsement and prejudice moderate stereotype lift. *Journal of Experimental Social Psychology*, 44, 1421 – 1424.

Clark, R. (1982). Antagonism between achievement and enjoyment in ATI studies. *Educational Psychologist*, 17, 92 – 101.

Coffield, F., Moseley, D., Hall, E., & Ecclestone, K. (2004). *Should we be using learning styles? What research has to say to practice*. London: Learning and Skills Research Centre.

Cohen, G., & Garcia, J. (2008). Identity, belonging, and achievement: A model, interventions, implications. *Current Directions in Psychological Science*, 17, 365 – 369.

Cohen, G., Steele, C., & Ross, L. (1999). The mentor's dilemma: Providing critical feedback across the racial divide. *Personality and Social Psychology Bulletin*, 25, 1302–1318.

Cordeiro, P., & Carspecken, P. (1993). How a minority of the minority succeed: A case study of 20 Hispanic achievers. *Qualitative Studies in Education*, 6, 277–290.

Corpus, J., McClintic-Gilbert, M., & Hayenga, A. (2009). Within-year changes in children's intrinsic and extrinsic motivational orientations: Contextual predictors and academic outcomes. *Contemporary Educational Psychology*, 34, 154–166.

Darling, E., Molina, K., Sanders, M., Lee, F., & Zhao, Y. (2008). Belonging and achieving: The role of identity integration. In M. Maehr, S. Karabenick, & T. Urdan (Eds.), *Social psychological perspectives* (Advances in motivation and achievement series), Vol. 15, pp. 241–273. Bingley, UK: Emerald.

DeLoache, J., Simcock, G., & Macari, S. (2007). Planes, trains, automobiles-and tea sets: Extremely intense interests in very young children. *Developmental Psychology*, 43, 1579–1586.

Delpit, L. (1992). Acquisition of literate discourse: Bowing before the master? *Theory Into Practice*, 31, 296–302.

Diekman, A., & Eagly, A. (2008). Of men, women, and motivation: A role congruity account. In J. Shah & W. Gardner (Eds.), *Handbook of motivation science* (pp. 434–447). New York: Guilford.

Dorsel, T. (1975). Preference-success assumption in education. *Journal of Educational Psychology*, 67, 514–520.

Dreher, M. (2003). Motivating struggling readers by tapping the potential of information books. *Reading and Writing Quarterly: Overcoming Learning Difficulties*, 19, 25–38.

Dunn, R., & Dunn, K. (1992). *Teaching elementary students through their individual learning styles*. Boston: Allyn & Bacon.

Dunn, R., Gorman, B., Griggs, S., Olson, J., & Beasley, M. (1995). A meta-analytic validation of the Dunn and Dunn model of learning-style preferences. *Journal of Educational Research*, 88, 353–362.

Dweck, C., & Grant, H. (2008). Self-theories, goals, and meaning. In J. Shah & W. Gardner (Eds.), *Handbook of motivation science* (pp. 405–416). New York: Guilford.

Eccles, J. (1987). Gender roles and women's achievement related decisions. *Psychology of Women Quarterly*, 11, 135–172.

Eccles, J., & Roeser, R. (2009). Schools, academic motivation, and stage-environment fit. In R. Lerner & L. Steinberg (Eds.), *Handbook of Adolescent Psychology* (3rd ed.,Vol. 1,pp. 404 - 434). New York:Wiley.

Eccles,J.,Wigfield,A.,Flanagan,C.,Miller,C.,Reuman,D., & Yee,D. (1989). Self-concepts,domain values,and self-esteem:Relations and changes at early adolescence, *journal of Personality and Social Psychology*,57,283 - 310.

Eden,D. (1975). Intrinsic and extrinsic rewards and motives:Replication and extension with Kibbutz workers. *Journal of Applied Social Psychology*,5,348 - 361.

Elias,M., & Haynes,N. (2008). Social competence,social support,and academic achievement in minority,low-income,urban elementary children. *School Psychology Quarterly*,23,474 - 495.

Epstein,J. (1989). Family structures and student motivation:A developmental perspective. In C. Ames & R. Ames (Eds.),*Research on motivation in education. Vol. 3: Goals and cognitions* (pp. 259 - 295). San Diego,CA:Academic Press.

Flowerday,T., & Schraw,G. (2003). Effect of choice on cognitive and affective engagement. *Journal of Educational Research*,96,207 - 215.

Gardner,H. (1993). *Multiple intelligences:The theory in practice*. New York:Basic Books.

Gardner,H. (1999). *Intelligence reframed:Multiple intelligences in the 21st century*. New York:Basic Books.

Garrahy,D. (2001). Three third-grade teachers' gender-related beliefs and behavior. *Elementary School Journal*,102,81 - 94.

Gaskins,R. (1999). "Adding legs to a snake":A reanalysis of motivation and the pursuit of happiness from a Zen Buddhist perspective. *Journal of Educational Psychology*,91,204 - 215.

Ginsburg,G., & Bronstein,P. (1993). Family factors related to children's intrinsic/extrinsic motivational orientation and academic performance. *Child Development*,64,1461 - 1474.

Gottfried,A. E.,Fleming,J., & Gottfried,A. W. (2001). Continuity of academic intrinsic motivation from childhood through late adolescence:A longitudinal study. *Journal of Educational Psychology*,93,3 - 13.

Grant,H., & Dweck,C. (2001). Cross-cultural response to failure:Considering outcome attributions with different goals. In F. Salili,C. Chiu, & Y. Hong (Eds.),*Student motivation:The culture and context of learning* (pp. 203 - 219). New York:Kluwer/Plenum.

Griffin,B. (2002). Academic disidentification, race, and high school dropouts. *High School Journal*,85(4),71 - 81.

Grolnick, W., & Ryan, R. (1989). Parent styles associated with children's self-regulation and competence in school. *Journal of Educational Psychology*, 81, 143–154.

Guimond, S., & Roussel, L. (2001). Bragging about one's school grades: Gender stereotyping and students' perceptions of their abilities in science, mathematics, and language. *Social Psychology of Education*, 4, 275–293.

Hannafin, R., & Sullivan, H. (1996). Preferences and learner control over amount of instruction. *Journal of Educational Psychology*, 88, 162–173.

Hannover, B., & Kessels, U. (2004). Self-to-prototype matching as a strategy for making academic choices. Why high school students do not like math and science. *Learning and Instruction*, 14, 51–67.

Harrison, L., Stevens, C., Monty, A., & Coakley, C. (2006). The consequences of stereotype threat on the academic performance of White and non-White lower income college students. *Social Psychology of Education*, 9, 341–357.

Harter, S. (1975). Developmental differences in the manifestation of mastery motivation on problem-solving tasks. *Child Development*, 46, 370–378.

Harter, S. (1999). *The construction of the self: A developmental perspective*. New York: Guilford.

Hayes, C, Ryan, A., & Zseller, E. (1994). The middle school child's perceptions of caring teachers. *American Journal of Education*, 103, 1–19.

Head, J. (1999). *Understanding the boys: Issues of behaviour and achievement*. London: Falmer.

Heine, S. (2007). Culture and motivation: What motivates people to act in the ways that they do? In S. Kitamaya & D. Cohen (Eds.), *Handbook of Cultural Psychology* (pp. 714–733). New York: Guilford.

Heine, S., & Buchtel, E. (2009). Personality: The universal and the culturally specific. *Annual Review of Psychology*, 60, 369–394.

Heine, S., & Hamamura, T. (2007). In search of East Asian self-enhancement. *Personality and Social Psychology Review*, 11, 4–21.

Hoffmann, L. (2002). Promoting girls' interest and achievement in physics classes for beginners. *Learning and Instruction*, 12, 447–465.

Hollis-Sawyer, L., & Sawyer, T. (2008). Potential stereotype threat and face validity effects on cognitive-based test performance in the classroom. *Educational Psychology*, 28, 291–304.

Hong, Y. (2001). Chinese students' and teachers' inferences of effort and ability. In F. Salili, C. Chiu, & Y. Hong (Eds.), *Student motivation: The culture and context of learning* (pp. 105 – 120). New York:Kluwer/Plenum.

Hudley,C., & Graham,S. (2001). Stereotypes of achievement striving among early adolescents. *Social Psychology of Education*, 5, 201 – 224.

Hufton,N., Elliott, J., & Illushin, L. (2002). Achievement motivation across cultures: Some puzzles and their implications for future research. *New Directions for Child and Adolescent Development*, 96, 65 – 85.

Hurlock, E. (1964). *Child development* (4th ed.). New York: McGraw-Hill.

Iyengar, S., & Lepper, M. (2002). Choice and its consequences: On the costs and benefits of self-determination. In A. Tesser, D. Stapel, & J. Wood (Eds.), *Self and motivation: Emerging psychological perspectives* (pp. 71 – 96). Washington, DC: American Psychological Association.

Jensen, E. (2000). Brain-based learning: A reality check. *Educational Leadership*, 57 (7), 76 – 80.

Jersild, A., & Tasch, R. (1949). *Children's interests and what they suggest for education*. New York:Bureau of Publications, Teachers College, Columbia University.

Johnson, K., Alexander, J., Spencer, S., Leibham, M., & Neitzel, C. (2004). Factors associated with the early emergence of intense interests within conceptual domains. *Cognitive Development*, 19, 325 – 343.

Kavale, K., & LeFever, G. (2007). Dunn and Dunn model of learning-style preferences: Critique of Lovelacemeta-analysis. *Journal of Educational Research*, 101, 94 – 97.

Kessels, U., Rau, M., & Hannover, B. (2006). What goes well with physics? Measuring and altering the image of science. *British Journal of Educational Psychology*, 76, 761 – 780.

Kitayama, S., Duffy, S., & Uchida, Y. (2007). Self as cultural mode of being. In S. Kitayama & D. Cohen (Eds.), *Handbook of cultural psychology* (pp. 136 – 174). New York:Guilford.

Kitayama, S., & Imada, T. (2008). Defending cultural self: A dual-process analysis of cognitive dissonance. In M. Maehr, S. Karabenick, & T. Urdan (Eds.), *Social psychological perspectives* (*Advances in motivation and achievement* series), Vol. 15, pp. 171 – 207. Bingley, UK: Emerald.

Klein, P. (2003). Rethinking the multiplicity of cognitive resources and curricular representations: Alternatives to "learning styles" and "multiple intelligences." *Journal of Curriculum Studies*, 35, 45 – 81.

Kleinfeld, J. (1975). Effective teachers of Indian and Eskimo students. *School Review*, 83, 301 – 344.

Knapp, M. (1995). *Teaching for meaning in high-poverty classrooms*. New York: Teachers College Press.

Krechevsky, M., & Seidel, S. (2001). Minds at work: Applying multiple intelligences in the classroom. In J. Collins & D. Cook (Eds.), *Understanding learning: Influences and outcomes* (pp. 44 – 59). London: Paul Chapman.

Leacock, E. (1969). *Teaching and learning in city schools*. New York: Basic Books.

Lewis, J., & Kim, E. (2008). A desire to learn: African American children's positive attitudes toward learning within school cultures of low expectations. *Teachers College Record*, 110, 1304 – 1329.

Leyens, J., Desert, M., Croizet, J., & Darcis, C. (2000). Stereotype threat: Are lower status and history of stigmatization preconditions of stereotype threat? *Personality and Social Psychology Bulletin*, 26, 1189 – 1199.

Li, G., & Wang, L. (Eds.). Model minority myths revisited: An interdisciplinary approach to demystifying Asian-American educational experiences. Charlotte, NC: Information Age. Li, Q. (1999). Teachers' beliefs and gender differences in mathematics: A review. *Educational Research*, 41, 63 – 76.

Licht, B. (1992). The achievement-related perceptions of children with learning problems: A developmental analysis. In D. Schunk & J. Meece (Eds.), *Student perceptions in the classroom* (pp. 247 – 264). Hillsdale, NJ: Erlbaum.

Linnenbrink-Garcia, L., & Fredricks, J. (2008). Developmental perspectives on achievement motivation: Personal and contextual influences. In J. Shah & W. Gardner (Eds.), *Handbook of motivation science* (pp. 448 – 464). New York: Guilford.

Little, T., & Lopez, D. (1997). Regularities in the development of children's causality beliefs about school performance across six sociocultural contexts. *Developmental Psychology*, 33, 165 – 175.

Lord, C., Umezaki, K., & Darley, J. (1990). Developmental differences in decoding the meanings of the appraisal actions of teachers. *Child Development*, 61, 191 – 200.

Luzzo, D., Hasper, P., Albert, K., Bibby, M., & Martinelli, Jr. E. (1999). Effects of self-efficacy-enhancing interventions on the math/science self-efficacy and career interests, goals, and actions of career undecided college students. *Journal of Counseling Psychology*, 46, 233 – 243.

Major, B., Spencer, S., Schmader, T, Wolfe, C., & Crocker, J. (1998). Coping with negative stereotypes about intellectual performance: The role of psychological disengagement. *Personality and Social Psychology Bulletin*, 24, 34 – 50.

Martin, C., Ruble, D., & Szkrybalo, J. (2002). Cognitive theories of early gender development. *Psychological Bulletin*, *128*, 903 – 933.

Martinot, D., & Desert, M. (2007). Awareness of a gender stereotype, personal beliefs and self-perceptions regarding math ability: When boys do not surpass girls. *Social Psychology of Education*, *10*, 455 – 471.

Marx, D., & Roman, J. (2002). Female role models: Protecting women's math test performance. *Personality and Social Psychology Bulletin*, *28*, 1183 – 1193.

Massey, E., Gebhardt, W., Garnefski, N. (2008). Adolescent goal content and pursuit: A review of the literature from the past 16 years. *Developmental Review*, *28*, 421 – 460. McCarthy, B. (1980). *The 4MAT system*. Oakbrook, IL: Excel.

McCarthy, B. (1990). Using the 4MAT system to bring learning styles to school. *Educational Leadership*, *48*, 31 – 37.

McIntyre, R., Paulson, R., & Lord, C. (2003). Alleviating women's mathematics stereotype threat through salience of group achievements. *Journal of Experimental Social Psychology*, *39*, 83 – 90.

Meece, J., Herman, B., & McCombs, B. (2003). Relations of learner-centered teaching practices to adolescents' achievement goals. *International Journal of Educational Research*, *39*, 457 – 475.

Millard, E. (1997). Differently literate: Boys, girls and the schooling of literacy. London: Falmer. Miller, A. (1985). A developmental study of the cognitive basis of performance impairment after failure. *Journal of Personality and Social Psychology*, *49*, 529 – 538.

Miller, A. (1986). Performance impairment after failure: Mechanism and sex differences. *Journal of Educational Psychology*, *78*, 486 – 491.

Moll, L. (1992). Bilingual classroom studies and community analysis. *Educational Researcher*, *21*, 20 – 24.

Moll, L., & Gonzalez, N. (1997). Teachers as social scientists: Learning about culture from household research. In P. Hall (Ed.), *Race, ethnicity, and multiculturalism: Policy and practice* (pp. 89 – 114). New York: Garland.

Morling, B., & Kitayama, S. (2008). Culture and motivation. In J. Shah & W. Gardner (Eds.), *Handbook of motivation science* (pp. 417 – 433). New York: Guilford.

Nasir, N., McLaughlin, M., & Jones, A. (2009). What does it mean to be African American? Constructions of race and academic identity in an urban public school. *American Educational Research Journal*, *46*, 73 – 114.

Neitzel, C., Alexander, J., & Johnson, K. (2008). Children's early interest-based activities in the home and subsequent information contributions and pursuits in kindergarten. *Journal of Educational Psychology*, 100, 782–797.

Nicholls, J., & Miller, A. (1984). Development and its discontents: The differentiation of the concept of ability. In J. Nicholls (Ed.), *The development of achievement motivation* (pp. 185–218). Greenwich, CT: JAI.

Nicholls, J., Nelson, J., & Gleaves, K. (1995). Learning, facts, versus learning that most questions have many answers: Student evaluations of contrasting curriculum. *Journal of Educational Psychology*, 87, 253–260.

Nosek, B., Banaji, M., & Greenwald, A. (2002). Math=male, me=female, therefore math [not equal to] me. *Journal of Personality and Social Psychology*, 83, 44–59.

O'Brien, L., & Crandall, C. (2003). Stereotype threat and arousal: Effects on women's math performance. *Personality and Social Psychology Bulletin*, 29, 782–789.

Ogbu, J. (2002). *Black American students in an affluent suburb: A study of academic disengagement*. Mahwah, NJ: Erlbaum.

Oishi, S., & Diener, E. (2001). Goals, culture, and subjective well-being. *Personality and Social Psychology Bulletin*, 27, 1674–1682.

Osborne, J. (1997). Race and academic disidentification. *Journal of Educational Psychology*, 89, 728–735.

Otis, N., Grouzet, F., & Pelletier, L. (2005). Latent motivational change in an academic setting: A 3-year longitudinal study. *Journal of Educational Psychology*, 97, 170–183.

Pöhlmann, C., Carranza, E., Hannover, B., & Iyengar, S. (2007). Repercussions of self-construal for self-relevant and other-relevant choice. *Social Cognition*, 25, 284–305.

Pomerantz, E., Altermatt, E., & Saxon, J. (2002). Making the grade but feeling distressed: Gender differences in academic performance and internal distress. *Journal of Educational Psychology*, 94, 396–404.

Pomerantz, E., Ng, F., & Wang, Q. (2008). Culture, parenting, and motivation: The case of East Asia and the United States. In M. Maehr, S. Karabenick, & T. Urdan (Eds.), *Social psychological perspectives* (*Advances in motivation and achievement series*), Vol. 15, pp. 209–240. Bingley, UK: Emerald.

Ratelle, C, Guay, F., Vallerand, R., Larose, S., & Senecal, C. (2007). Autonomous, controlled, and amotivated types of academic motivation: A person-oriented analysis. *Journal of Educational Psychology*, 99, 734–746.

Ryan, R., & Deci, E. (2006). Self-regulation and the problem of human autonomy: Does psychology need choice, self-determination, and will? *Journal of Personality*, 74, 1557–1585.

Sadker, M., & Sadker, D. (1994). *Failing at fairness: How America's schools cheat girls*. New York: Scribner.

Saracho, O. (1997). Teachers' and students' cognitive styles in early childhood education. Westport, CT: Bergin & Garvey.

Schmader, T., Forbes, C, Zhang, S., & Mendes, W. (2009). A metacognitive perspective on the cognitive deficits experienced in intellectually threatening environments. *Personality and Social Psychology Bulletin*, 35, 584–596.

Schmader, T., Johns, M., & Forbes, C. (2008). An integrated process model of stereotype threat effects on performance. *Psychological Review*, 115, 336–356.

Schofield, H. (1981). Teacher effects on cognitive and affective pupil outcomes in elementary school mathematics. *Journal of Educational Psychology*, 73, 462–471.

Secada, W., & Lightfoot, T. (1993). Symbols and the political context of bilingual education in the United States. In M. Arias & U. Casanova (Eds.), *Bilingual education: Politics, practice, and research* (pp. 36–64). Chicago: University of Chicago Press.

Sheldon, K., Elliot, A., Kim, Y., & Kasser, T. (2001). What is satisfying about satisfying events? Testing 10 candidate psychological needs. *Journal of Personality and Social Psychology*, 80, 325–339.

Shih, M., Pittinski, T, & Ambady, N. (1999). Shifts in women's quantitative performance in response to implicit sociocultural identification. *Psychological Science*, 10, 80–90.

Siddle-Walker, E. (1992). Falling asleep and failure among African-American students: Rethinking assumptions about process teaching. *Theory Into Practice*, 31, 321–327.

Skinner, E., Furrer, C., Marchand, G., & Kindermann, T. (2008). Engagement and disaffection in the classroom: Part of a larger motivational dynamic? *Journal of Educational Psychology*, 100, 765–781.

Smith, C., & Hung, L. (2008). Stereotype threat: Effects on education. *Social Psychology of Education*, 11, 243–257.

Spencer, S., Steele, C., & Quinn, D. (1999). Under suspicion of inability: Stereotype threat and women's math performance. *Journal of Experimental Social Psychology*, 35, 4–28.

Spencer-Rodgers, J., Boucher, H., Mori, S., Wang, L., & Peng, K. (2009). The dialectical self-concept: Contradiction, change, and holism in East Asian cultures. *Personality and Social Psychology Bulletin*, 35, 29–44.

Stahl, S. (1999). Different strokes for different folks? A critique of learning styles. *American Educator*, 23(3), 27–31.

Steele, C. (1997). A threat in the air: How stereotypes shape intellectual identity and performance. *American Psychologist*, 52, 613-629.

Steele, C., & Aronson, J. (1995). Stereotype threat and the intellectual test performance of African Americans. *Journal of Personality and Social Psychology*, 69, 797-811.

Steele, C., Spencer, S., & Aronson, J. (2002). Contending with group image: The psychology of stereotype andsocial identity threat. In M. Zanna (Ed.), *Advances in experimental social psychology* (Vol. 34, pp. 379-440).

San Diego, CA: Academic Press. Stellwagen, J. (2001). A challenge to the learning style advocates. *Clearinghouse*, 74, 265-268.

Stevenson, H., & Stigler, J. (1992). *The learning gap*. New York: Summit

Stipek, D., & Daniels, D. (1988). Declining perceptions of competence: A consequence of changes in the child or in the educational environment? *Journal of Educational Psychology*, 80, 352-356.

Stipek, D., & Gralinski, J. (1991). Gender differences in children's achievement-related beliefs and emotional responses to success and failure in mathematics. *Journal of Educational Psychology*, 83, 361-371.

Stipek, D., & MacIver, D. (1989). Developmental change in children's assessment of intellectual competence. *Child Development*, 60, 521-538.

Stone, J., Lynch, C., Sjomeling, M., & Darley, J. (1999). Stereotype threat effects on Black and White athletic performance. *Journal of Personality and Social Psychology*, 77, 1213-1227.

Taylor, A., & Graham, S. (2007). An examination of the relationship between achievement values and perceptions of barriers among low-SES African American and Latino students. *Journal of Educational Psychology*, 99, 52-64.

Tenenbaum, H., & Leaper, C. (2003). Parent-child conversations about science: The socialization of gender inequities? *Developmental Psychology*, 39, 34-47.

Tiedemann, J. (2000). Parents' gender stereotypes and teachers' beliefs as predictors of children's concept of their mathematical ability in elementary school. *Journal of Educational Psychology*, 92, 144-151.

Trout, J., & Crawley, F. (1985). The effects of matching instructional strategy with selected student characteristics on ninth-grade physical science students' attitudes and achievement. *Journal of Research in Science Teaching*, 22, 407-419.

Tucker, C., Zayco, R., Herman, K., Reinke, W., Trujillo, M., Carraway, K., Wallack, C, & Ivery, P. (2002). Teacherand child variables as predictors of academic engagement among low-income African American children. *Psychology in the Schools*, 39, 477-488.

Vansteenkiste, M., Lens, W., Soenens, B., & Luyckx, K. (2006). Autonomy and relatedness among Chineses sojourners and applicants:Conflictual or independent predictors of well-being and adjustment? *Motivationand Emotion*,30,273 – 282.

Visser,B.,Ashton,M.,& Vernon,P. (2006). Beyond *g*:Putting multiple intelligences theory to the test. *Intelligence*,34,487 – 502.

Voelkl,K. (1997). Identification with school. *American Journal of Education*,105,294 – 318. Walton,G.,& Cohen,G. (2003). Stereotype lift. *Journal of Experimental Social Psychology*,39,456 – 467.

Waterhouse,L. (2006). Multiple intelligences,the Mozart effect,and emotional intelligence:A critical review. *Educational Psychologist*,41,207 – 225.

Wigfield,A.,& Eccles,J. (2002). The development of competence beliefs,expectancies for success,and achievement values from childhood through adolescence. In A. Wigfield & J. Eccles (Eds.),*Development of achievement motivation* (pp. 91 – 121). San Diego:Academic Press.

Wilkerson,R.,& White,K. (1988). Effects of the 4MAT system of instruction on students' achievement,retention,and attitudes. *Elementary School Journal*,88,357 – 368.

Willingham,D. (2005,Summer). Do visual,auditory,and kinesthetic learners need visual,auditory,and kinesthetic instruction? *American Educator*,29(2),31 – 35,44.

Witkin,H.,Moore,C,Goodenough,D.,& Cox,P. (1977). Field-dependent and field-independent cognitive styles and their educational implications. *Review of Educational Research*,47,1 – 64.

Yamagishi,T.,Hashimoto,H.,& Schug,J. (2008). Preferences versus strategies as explanations for culture-specific behavior. *Psychological Science*,19,579 – 584.

Yamaguchi,S.,Greenwald,A.,Banaji,M.,Murakami,F.,Chen,D.,Shiomura,K.,et al. (2007). Apparent universality of positive implicit self-esteem. *Psychological Science*,18,498 – 500.

Yopyk,D.,& Prentice,D. (2005). Am I an athlete or a student? Identity salience and stereotype threat in student-athletes. *Basic and Applied Social Psychology*,27,329 – 336.

Zusho,A.,Pintrich,P.,& Cortina,K. (2005). Motives,goals,and adaptive patterns of performance in Asian-American and Anglo-American students. *Learning and Individual Differences*,15,141 – 158.

第 12 章
回顾与展望：把动机目标整合进教师的教学计划和教学中

如果在翻到本章之前已经看完本书其余内容的话，你可能会觉得动机比你想象的复杂得多。设想要将如此多的原则整合进自己的教学当中，也许会让你感到有点不知所措。有这样的感受无可厚非。毕竟在本书最开始的一章里，我就论述了在学校教育中固有的限制教师动机选择的各种因素（较低的师生比；大多数师生互动所具有的公开性质；教师不仅要充当导师和万事通的角色，还需要完整讲授课程、评定学生成绩）。

于是，在接下来的几章里，我为读者列出了一份长长的激发动机原则的清单，希望各位教师能谨记在心。在这些原则后面，还附带有什么时候采用、如何采用的条件。比如，奖励如果被用作激励因素，应当将其作为传达学生成就评价的方式，而非显示教师权威的方式；表扬应当基本在私下进行；反馈应当强调学生在知识和能力方面的提升，而非规范性方面与其他学生的比较；价值取向策略的重点在于形成学习动机，而不仅仅是与现有的内在动机相联系等等。许多原则不仅要求采用策略，而且要求以正确的方式来加以采用（如在适当的情形下实施适当形式的表扬；把成功归结为一些原因，而将失败归结为另外一些原因）。此外，教师可能还需要在学生取得进步之后做出些许调整（比如，当学生有了自信心后要继续为他们提供适当水平的挑战；当他们形成专门知识和技能之后，可以减少结构化和支架化方面的内容，但应当赋予他们更多的自我约束的责任等）。

显然，动机是非常复杂的。作为教师，直面这一事实并学会处理其中蕴含的复杂性至为重要。假如教师过于依赖少数几种方法或经验规则，就不会成为一个有效的动机激发者。

但尽管如此，仍然有几个因素可以让这种复杂性变得更容易受人控制。其一，教师可以通过建立起与学生之间的紧密联系，而使自己成为最有力的激发动机的工具。这会样做花费很多时间和精力，但它可以把由于对任何特定情境的不当处理而造成反动机效果的可能性降至最低。而且，对如何提供优秀的课程和教学的指导原则来说，激发动机原则也是很有效的补充。因此，这套完整的原则可供读者学习，成为具有内在连续性和强大教学法指导意义的工具包，而且还会不断地补充新的内容（见文本框 12.1）。另外一个将复杂性简化的方法，是努力将激发动机的因素融入到教师的教学当中，把精力放在如何把班级建造成一个学习社群，以及如何把班级当成一个整体来规划课程和教学之上。对此，教师需要补充一些适应因素以及满足特殊需要的额外的激发动机因素，但不必为班级每一个学生单独形成一套激发动机的办法。

最后值得重申的是，本书对有关教师如何激发学生动机的文献进行了综合提炼。尽管此处看似不像，但本书的确梳理了这些文献，对重点内容进行了集中。首先，本人从大量学术文献中，精选了一些我认为教师应该知道的有助于帮助激发学生动机的材料，但也省略了许多观点和具体细节，因为它们缺乏教学上的意义。其次，我围绕教师在课堂上应当采用的原则组织本书内容，而不仅仅是将与激发动机相关的大量文献呈现出来，留给读者们自己去决定它们是否适用于教学、如何加以运用。

但即便如此，我仍认为本书的内容较多而且颇为繁杂。其他对教育领域的动机问题感兴趣的学者也认识到了这种复杂性，他们为简化这些内容并帮助教师将其运用到教学计划中，形成了若干组织方案。在介绍我自己形成的方案之前，我将对其中的三个进行简要论述。

"TARGET"分类

TARGET 分类（任务 task、权威 authority、奖励 reward[①]、分组 grouping、评

[①] 本文作者在第 4 章中论述"TARGET"计划时提到"R"代表褒奖（recognition），与此处提到的奖励（reward）有所差异。——译者注

价 evaluation、时间 time)指出了教师可能通过其激发学生参与学习活动动机的六种结构。作为教师,要系统地将激发动机原则融进教学计划,途径之一就是比照表 4.2 总结的"TARGET"模型的若干准则,检查自己的课程和教学计划。

凯勒模型

1983 年,约翰·凯勒(John Keller)在以下四个维度上对诸多动机原则进行了综合:兴趣、相关性、预期和成果。

1. **兴趣**(interest):即好奇心被激发并长久保持的程度。凯勒提出了激发和保持兴趣的五个策略:(1)使用小说里或异常、冲突、荒谬的事件,或对现状做出的突然改变,从而唤起学生的注意;(2)采用趣闻或其他方法,把有个性色彩、情绪化的因素注入到纯粹智力性或程序性的材料中;(3)给学生提供更多机会学习他们已经知道并且很感兴趣的那些东西,同时也要提供一定量的陌生内容;(4)采用类比的方法,让学生熟悉陌生的东西、质疑熟悉的东西;(5)指导学生进入产生疑问并提出问题的过程中。

2. **相关性**(relevance):感知到教学是与个人需要或目标相关联的。当学生认识到学习活动可以满足自己的基本动机(如成就、权力或归属关系的需要)时,他们的动机水平就会提高。提高个人相关性的方法,是为学生提供在适度冒险情况下取得成绩的机会;通过为学生提供选择、负责和人际间相互影响的机会,使教学对他们的权力动机给予回应;通过建立信任,提供安全、协作的互动机会,满足学生归属关系的需要。

文本框 12.1　动机饱和度

2003 年,普利斯雷(Pressley)等人对本书所强调的各策略之间的互补性进行了阐释。他们对一些优秀的小学教师在课程管理、教学管理、动机管理以及课堂管理上的实践进行了详尽论述。这些教师是非常成功的激发动机者,他们能够让学生一整天都乐此不疲地投入有价值的学习活动中。

普利斯雷等人研究发现,这些教师并不是仅仅依赖几种重要的激发动机方法,而是让激发动机的因素渗透到自己的课堂当中,无处不在。他们是特别

(续前页)

积极的人,不管是对自己的学生,还是对于自己在改变学生人生方面所具有的能力,都很有信心。他们非常关心学生,认为对学生的关心是确保他们想要学习的决定性因素。以下就是他们在自己课堂上观察到的能够激发学生动机的部分因素:迅速记住学生的名字并时常使用;在学生表达想法、需求和关注时,能够仔细倾听并做出同理心的回应;强调班级是一个社群,大家在这里要彼此尊重、礼貌相待;热情地介绍课程,提出较高而又现实的期望,同时表达出对学生完全可以达到期望的信心;常对整个班级提出表扬、给予鼓励,并不时给予个别学生非正式的有针对性的表扬;将可预见的程序模型化,确保学生能够理解它们,强调行为上和学习上的自律;将大量的学习材料引入班级,其中许多与正在学习的内容相关;对学生的成绩予以展示和祝贺,比如在学生完成故事定稿后这样做;在给予学生反馈时,重视每个人的进步及轨迹的有所不同;鼓励合作学习;用学生感兴趣的方式将教学内容呈现给他们;明确自己教的内容是值得学习的内容,并且学生也认可这种价值;在学习的新内容与学生已知内容之间建立关联;向学生布置的学习任务既具有恰到好处的挑战性,同时又有助于学生积极评价他们一直以来取得的进步;强调努力是取得进步的关键;当学生在完成作业的时候,要方便他们随时求助;确保学生理解重要观点,并时常帮助他们复习;鼓励学生在阅读或参加其他学习活动之后,交流他们的个人感受;采用多样化的教学策略和教学活动,在可能的情况下提供多种选择;教给学生学习的方法和解决问题的方法;让学生的家庭参与进来;教师要避免诸如过于高傲、唠叨式批评、作业枯燥、学习活动计划不周等等挫伤动机的做法。

  这些让人印象深刻的教师都有一个值得一提的明显特征,那就是他们总在寻求不断提高自己的方法(不像一些平庸的教师自以为很出色,而其实远不是那样)。不过,了解课程方面的差异也极为重要。有的教师在与学生的互动中很积极,给予后者极大帮助,但他们作为动机激发者却并不成功,因为他们教授的是有广度却没有深度的课程,基本上以阅读、记忆和在作业手册上填空为其特征。想进一步了解这一研究的详情,请参见博格纳、拉菲尔和普利斯雷(Bogner, Raphael & Pressley, 2003)以及多雷佐(Dolezal, 2002)的著述。后来的一项研究记录了多名优秀初中教师提高班级中动机饱和度的相似模式(Raphael, Pressley & Mohan, 2008)。

3. **预期**(expectancy):通过个人控制的行为取得成功的可能性认知。凯勒提出了提高成功预期的四种策略:提供连续的(完成有意义任务的)成功体验;明确取得成功的要求;采用有利于个人控制的方法;提供将成功与个人努力和能力相关联的归因反馈。

4. **成果**(outcomes):目标实现带来的满足感及其对未来参与相似活动的动机所具有的效应。凯勒建议应更重视因成功完成活动而自然产生的回报,而不是采用人为的外部奖励,同时还要强调表扬的方法和有实质信息的反馈,而不要采取威胁、监管的方式或外在的绩效评价。

如果教师采用的是"TARGET"模型,那么就可以采用凯勒模型作为对照检查表,对自己的教学方案进行评估。

沃德柯斯基模型

1984年,雷蒙德·沃德柯斯基(Raymond Wlodkowski)为在教学方案中体现动机策略而提出了一个时间连续体模型。该模型将学习过程划分为三个关键阶段,在这三个阶段分别有专门的动机策略发挥其最大作用:活动初期是态度与需要策略,活动中是激励与情感策略,活动收尾时则是胜任与强化策略。

态度策略(attitude strategies)针对这样一个问题:"为帮助处在学习情境中的学生形成积极的态度,同时使他们具有能够成功达到学习要求的预期,我能做些什么呢?"策略包括与学生分享有关价值的一些东西(与任务相关的趣闻、诙谐故事或个人经历),带有同理心地倾听,热情宽容地对待他们,为他们树立积极参与学习活动的榜样,交流积极的期望和鼓励,帮助学生设定可以实现的目标。

需要策略(needs strategies)针对的问题是:"我怎么才能最大程度地满足学生的需要?"策略包括确保学生身心舒畅、不恐惧、不焦虑,构建一个合作的学习环境,让学生感受到鼓舞而不是批评,形成学习体验、产生相关成果(这有利于强化学生自我认可和自尊意识),在活动中包含发散思维和探索的因素,以唤起学生自我实现的需要。

激励策略(stimulation strategies)针对的问题是:"这项学习活动在持续激励学生的注意力并使他们持久参与活动方面怎么样?"这其中包括使用声音

和肢体语言、小道具和其他沟通技巧;将学习材料与学生的兴趣相关联;运用幽默、举例、类比或故事,使学习内容个性化;提出问题,尤其是能够唤起高阶思维的问题;利用自发性、不可预知性或不和谐诱导法,阶段性地重振学生的注意力,让他们重回深思状态。

情感策略(affective strategies)针对的问题是:"我如何才能为这项活动创设出让学生感觉积极向上的情感体验和情绪气氛?"策略包括保持积极的集体氛围,教学内容和相关提问都能够抓住学生的情绪,把学习活动与学生校外生活中重要的东西关联起来。

胜任策略(competence strategies)针对的问题是:"这项学习活动会如何提升或固化学生的胜任感?"策略包括首先通过提供有实质信息的反馈以及促进任务的成功完成,确保学生满意自己的进步,然后再通过将任务的完成归因于足够的能力加合理的努力,鼓励学生从取得的成绩中获得胜任感。

强化策略(reinforcement strategies)针对的问题是:"这项学习活动为学生强化了什么?"策略包括让学生关注任务完成后积极的自然后果,与此同时对他们提出表扬和奖励(采取与本书第 6 章提出的原则相一致的方式)。

沃德柯斯基的三阶段时间连续体模型值得大家牢记在心,它可以确保教师在计划如何引入学习活动、如何展开活动、如何结束活动的时候,处理好激发动机的问题。

综合本书提出的各种原则

为帮助读者考虑本书提出的所有原则,我在文本框 12.2 中列举了所有动机策略的清单,以及在安排课程与教学时应当考虑的一系列问题。教师可以根据个人需要简化或有针对性地采用这些工具。

假如你是一位初任教师或正在从头准备一门新课教学计划的老师,那么你就可以将这些激发动机策略融合进去,在方案制定的过程中直接加以体现。假如你已经有了现成的课程指导原则和教学材料,就可以视需要调整已有方案而将那些策略整合进来。这样做,一方面可以把文本框 12.2 作为可供选择使用的策略清单,或评估现有教学方案的检查清单;另一方面也可以向自己提出以下各组问题,启发自己就如何制定教学方案进行思考。

针对所有活动的问题

以下问题是计划任何学习活动时都应当考虑的。首先,活动的目标什么?为什么你的学生要学习这些内容和技能?当他们学会之后,可在何时应用以及怎样应用它们?而上述问题答案所包含的信息,应当在向学生介绍活动情况时就传达告知。

文本框12.2　激发动机的原则与策略概览

一、总体原则

1. 专注于发展学生的学习动机,将其作为首要原则;
2. 要从帮助学生形成动机的角度,而不仅仅是从联系学生现有动机系统的角度考虑问题;
3. 让教师本人及其课堂对学生产生吸引力;
4. 运用权威型管理和社会化策略;
5. 将班级建成成员合作参与活动的学习社群;
6. 重视学习目标和标准参照成绩目标,而不是同伴比较或绩效规避性目标;
7. 教学内容是值得学生学习的内容,教学方式有利于学生认可其价值;
8. 教学是为了让学生理解、喜欢和运用所学的内容;
9. 兼顾学生动机中与期望相关和与价值相关的两个方面;
10. 教师要让学生知道你关注他们的进步,并非常愿意帮助他们取得成功。

二、提高学生作为学习者自信心的策略

1. 具有为成功所做的计划(通过合理的努力就能不断取得进步);
2. 帮助学生设定目标、评估进步,并认识到努力与成果之间的联系;
3. 重视信息性反馈,而不是重视成绩或学生间的比较;
4. 对成绩不理想但自身很努力的学生提供额外支持;
5. 对具有失败综合征问题的学生进行再社会化;
6. 帮助自我价值保护的学生将关注重点由绩效目标转向学习目标;
7. 对后进生的态度进行再社会化,鼓励他们去实现适当的挑战性目标。

三、通过外在奖励激发动机的策略

(续前页)

1. 对学生根据绩效标准或改善标准而取得的进步,给予表扬或奖励;
2. 以鼓励学生喜爱学习的方式给予他们表扬、实施奖励;
3. 让学生关注学习的工具性价值;
4. 偶尔使用竞争的方法但应使其去个性化,给予所有学生平等的成功机会,使他们专注于学习目标。

四、联系学生内在动机的策略

1. 回应学生的自主需要,允许他们做出选择,鼓励他们做自主的学习者;
2. 回应学生的胜任需要,重视具有以下特征的活动:为学生提供做出积极回应和能够得到直接反馈的机会,将游戏特征融合进学习活动,布置的任务具有能力多样性、任务同一性和任务重要性的特点。
3. 回应学生的关联需要,为他们提供与同伴合作,尤其是在纯粹合作学习形式下进行合作的频繁机会;
4. 使学习活动符合学生的兴趣;
5. 通过加入模拟或虚构的因素,让传统的学习活动重现魅力;
6. "做中学"活动与"思中学"活动相结合。

五、激发学生学习动机的策略

1. 教师通过示范自己的学习动机,与学生沟通交流理想预期和归因,以及最大限度地减少他们的绩效焦虑,从而帮助他们实现学习动机(作为一般性情)的社会化;
2. 通过经常性的热情和不时的强烈情绪(当教学内容特别重要,必须给予密切关注时),帮助学生形成对学习的预期;
3. 通过以下方式激发情境性动机:引起好奇心或悬念,导致不一致或认知冲突,使抽象内容更具个性化、更加具体、更加耳熟能详,让学习任务具有趣味性、使人喜爱,引导学生自己生成学习的动机;
4. 通过以下方式为学生的学习努力提供支架化帮助:讲清学习的目标并提供先行组织元素,安排提问和活动并帮助学生形成、运用核心观点,示范与学习任务相关的思考和问题解决,引起学生的元认知意识并使他们能够控制学习策略,培养学生自觉学习和研究的能力,教会学生意志控制策略;
5. 通过以下方式使缺乏兴趣学生的态度和行为再社会化:培养与他们的亲密

(续前页)

> 关系并利用这种关系开展教学,采用契约和激励系统,发现他们的现有兴趣并以此为基础开展工作,帮助他们形成并保持对学业的积极态度,对他们的学习动机进行社会化。
>
> 六、适应学生的个人需要
> 1. 在可行的情况下,包容每个学生的喜好。这些不同喜好的基础是他们在认知或学习风格、与年龄相关的能力与需要、与年龄和性别相关的兴趣上的差异,以及可能与社会阶层、种族或民族相关联的家庭和文化背景的不同;
> 2. 在包容的同时,也要重视学生的长期最大利益,不能因小失大。
>
> 七、教师作为动机激发者的发展
> 1. 教师要提升自己的自我效能认识、绩效归因分析能力等,这些与教师在激发学生动机上的知识和能力的发展密切相关。
> 2. 注重元认知监控和教师自身情绪反应的自我调整,以及在激发困难学生动机时所做的策略调节(始终以目标为中心,避免产生受挫感或者被激怒)。
> 3. 最后,教师要经常进行反思,改进工作方式,以提高自身激发动机的"平均击中率"。

开始活动之前,教师可否用一般术语准确描述出活动的性质并为学生提供相关的组织概念?假如是,请采用这样的先行组织元素来设计教学活动。

活动的哪些要素可以让教师专注于创造兴趣、确定其实际应用,或者激发好奇心、引起悬念或不和谐情况?活动是否包含有趣的信息或学生渴望形成的重要技能?活动是否涵盖不常见或令人惊奇的信息?教学内容是否可以与新闻事件或学生生活相关联?教学内容中是否有一些让学生感到意外或难以置信的方面?通过提出有趣问题来激发学生好奇心或制造悬念的方式是否存在?

听读活动应当考虑的问题

教师在计划设计要求学生听口头讲解、观看教学视频或进行阅读学习的教学活动时,也许应当考虑以下这些问题。首先,教学内容的哪些方面是有趣的、有价值的或重要的?为什么?找出有必要认真学习这一内容的理由,并与学生进行交流。

教师可以在教学中联系自己的个人经历或展示与教学内容相关的手工制作的教具吗？你知道有关其他人人生经历的轶事或有关知识是被如何发现的趣闻吗？这节课是否包含了交流信息认知层次的多样性和需要回应类型的多样性？假如有太多整块的讲授或阅读内容，你如何通过提问、启发讨论、留出时间让学生记笔记或做一个小作业来化整为零？

学生应当如何对待教师讲授的内容或课文内容？是记笔记或概括重要观点，还是在听读过程中在心里记住一些特殊的内容或问题？如何在教材上划重点或如何使用学习指南？如何识别材料中内在的组织结构？假如教师不仅希望学生专心学习且对他们有更进一步的要求，请告诉他们如何去做；如果有必要，还要通过提问、划重点、提供学习指南或提供有关教材内容是如何组织的相关信息，为他们提供帮助。

假如不事先提醒的话，是否有一些重要观点很容易被学生忽略？假如没有详细阐释或具体例子，有一些抽象概念是否容易语焉不详？是否有一些概念因为语义微妙或艰深，或课文中没有对它们进行很详细的解释，或因为它们与学生的经验有冲突，理解起来比较麻烦？如果是这样的话，教师兴许应让学生重点关注一下这些难点，帮助他们为阅读和理解做好准备。

开展要求积极反应的活动时应当考虑的问题

教师在设计一些要求学生不止于听或读而要做一些事情（如回答问题、撰写报告或完成项目）的活动时，也许应当考虑以下这些问题：活动是否不仅是一次测试（除非它的确就是一次测试），而是一次学生运用知识或发展能力的机会？你会在何时鼓励学生提出问题或寻求帮助？如何做到这一点？

该项活动是否要求学生有应当为其示范的新的、复杂的回应呢？假如是这样，具体在什么细节水平上、哪些步骤应当被示范呢？你需要对重要的假设——检验策略（在面临选择时考虑各种备选项，然后在经过推理或简化实验之后选择其一）或者故障排除——修复策略（以对问题的诊断或以替代的策略回应困惑或错误）进行示范吗？

学生将在何时、如何、从谁那里得到反馈？如果他们不理解某个问题或不知道如何入手，那么他们应当做什么？在他们认为自己已经完成学习任务时应当做什么？应当怎样鼓励他们检查作业、围绕作业提出问题并找到答案，以及与同伴开展跟进对话？

这里所提供的建议并没有严格的实施程序。它们的意义在于，提醒教师在将课程引入生活的同时，通过以下方式将教学内容与生活结合起来：将教师的个性和过往经历融入到教学角色当中，在进行单元教学时将专业创造性与应用科学结合起来。刚开始时，教师可能会认真地准备和采取某些策略，但逐渐地这些策略就会成为教师的第二本能，其实施方式带有教师明显的个人色彩。

保持教师的自身动机

本书所关注的重点是如何将激发动机原则运用于学生的学习活动。然而，这些原则其实也可以运用到教师的教学活动当中。记住这一点，可以帮助教师分析和化解他们在试图激发学生学习动机时可能遭遇到的困难。

例如，当学生关注的是学习目标而不是绩效目标，以及当他们主要是想理解所学内容而不是回应外在压力时，其采用的学习策略很可能会更为理想。同样的道理也适用于履行教学职责的教师。

理论上讲，教师的教学计划和教学工作，应反映对于学生需要的本质以及满足这些需要的专业努力所具有的信念。教师应当做好满足这些需要的准备，并且通过以下步骤将其付诸实践：建立现实的目标，采取合适的策略，监督策略的有效性，适时调整策略，最终满意地看到目标得以实现。教师在进行教学活动时，应当使自己处于一种顺其自然的状态，将注意力放在目标以及活动包含的过程上，而不以成败来衡量自己。进而，教师应当进行归因思考：尽情享受成功(将成功归因为足够能力与合理努力的结合)，分析导致失败的因素，并研究形成化解这些因素的方案。教师应当将失败归咎于对不正确信息或不适当策略的依赖，或没有坚持足够长久、付出足够努力，而不应将失败归结为自己作为动机激发者的自身能力的固有不足，或学生形成学习动机的潜力的有限性。

遗憾的是，这样的理想状态一般是很难达到的，也不可能连续保持。原因很简单，教师不可能一直在理想的内在动机下行事，只有非常有限的机会，去就建立何种学习目标、如何达到这些目标做出决定。教师被要求遵从各州和各地区的课程标准和指导原则，时间安排可能被严格限制，教学资源非常有限，还可能要使用自己不愿选用的教材或其他教学材料；他们的学生可能要接受标准化考试，而这些考试他们可能认为是不适合的；而他们为降低外在激励或竞争重要性所做的努力，可能会受到学生、家长或教育管理者的抵制。

上述这些外在的限制和压力，可能会让教师感到很沮丧。实验显示，当两组教师被要求给两个可比较班级教授相同的内容或技能时，在教学中重在帮助学生理解内容或掌握技能的那一组教师，与一心为学生通过某项考试做准备的那一组教师相比，其教学工作可能更为有效，学生的成绩也更好。前一组教师更加重视概念的学习，对于学生的提问回应更为积极（通常也更放松），对学生的帮助也更为热心。而后一组教师的控制性更强。他们给学生施加压力，要求他们必须掌握考试所涵盖的所有内容，但却往往事与愿违（Engel & Randall, 2009; Flink, Boggiano, Main, Barret & Katz, 1992）。同样，在与一线教师的访谈记录中，研究者们也发现了类似的令人啼笑皆非的关系（Pelletier, Levesque & Legault, 2002）。总体而言，大多数州被赋予高权重的课程指导原则和评估项目，都已经对教师的动机和教学工作产生了消极影响（Certo, Cauley, Moxley & Chafin, 2008; Ciani, Summers & Easter, 2008）。

为防止这些外在压力对教师产生负面效果，需要教师自己形成对作为教学专业人员能力的充分自信，使自己能够在一定程度上自主地为学生设定目标。1992 年，弗雷德·纽曼（Fred Newmann）所进行的有关高中社会科学研究课思想性的研究，就显示了这一点的重要性。在具有高思想性的课堂上，课堂互动一直围绕几个中心话题，而不是对多个话题进行浅层次的泛泛涉猎；课堂上的对话显示出很强的一致性和连续性；学生们在被要求回答问题之前，有足够的时间进行思考；教师敦促学生对他们自己所提出的观点进行说明或阐释；教师将有思想的人所具有的特征进行示范；学生们产生出诸多原创性的、不落俗套的思想观点。与此相反，其他课堂的特征只是讲授、背诵和课堂作业。即便教师想强调讨论，也因为不断地变换讨论话题，或不加区分地接受来自学生的意见，而未能提高课堂的思想性。

纽曼的访谈显示，那些能使课堂具有高思想性的教师，除了设定直接的知识和能力目标外,还非常强调更广义、更长期的素质目标。再者,尽管他们被要求在课堂里要覆盖更多教学内容,但一般都会将这种压力视为外在压力而加以抵制,仍然强调话题阐发的深度。而其他教师则会把这种压力视为内在压力,完全循规蹈矩,只强调教学内容的广度。

在当今以高权重考试项目为后盾、普遍强调成绩标准的氛围之下,教师要让学生取得好成绩的压力越来越大。于是,许多教师将压缩课程范围、围绕考试进行教学作为对策。这样做会降低学生的学习动机水平,对他们的学习产生负面作用。多项研究(2008年,古德和布洛菲曾做过相关回顾)已经表明,把教学重点放在对内容的理解上,不仅能够取得更佳的高阶分数成绩,而且能够产出明显不同或更好的低阶分数成绩,后者往往是标准化考试所强调的。因此,请教师们鼓起勇气吧!假如你发现自己面临的是强调高权重考试项目所带来的负面作用,不要允许因此而来的压力使你在科目讲授时远离为理解而进行的教学,而享受不到由此带来的学习和动机上的益处。别外,教师还要确保学生认为你和他们在为考试取得成功进行准备的问题上是想法一致的同盟军,而不是站在出题考试的一方,将考试作为为难学生的苛严体系的一个部分。

一般而言,教师会试图在几个方面同时有所追求,结果是在面对时间限制问题或班级管理问题时,往往不得不接受解决动机问题的局部方案,或暂时搁置所设定的激发动机目标。你需要对在这些情境下成功激发动机的类型和水平形成自己的一点概念和语言,以认可自己取得的成绩并获得满足感;同时,学会设定现实目标、评估进步并相应充实自己。

作为教师,你也许还需要在自身效能认识和失败归因方面做一些事情。也即是说,在获得激发动机技能的时候,你应当意识到你正在做什么,而且对自身在提高激发动机能力方面认识上的进步感到满意。对于自己激发动机效能的正面认识,有助教师形成自信,从而给予学生自觉学习长期的支持;相反,较低的自我效能认识则可能使教师在遇到困难时容易轻言放弃,对于学生有控制的倾向,并且相信外部奖励是激发学生动机所必需的手段(Brady & Wolfson,2008;Scharlach,2008;Thompson,Warren & Carter,2004;Woolfolk,Rosoff & Hoy,1990)。

在对付学习困难学生时,教师需要运用富有成效的管理策略和充沛的情感,支撑起积极的自我效能认识。正在学习数学的学生必须学会通过以下方式来应对难题:始终以任务为中心,避免归因思考或感情用事,因为这样做会导致受挫感和习得性无助感。而面临诸如失败综合征、无兴趣学习或对抗这类激发动机难题的教师也应当这样做。也许你很想通过将失败归因于不可控因素(比如你自身作为动机激发者的局限性,或学生的动机模型很不理想且极难改变),从而放弃解决这些问题的努力。许多教师形成了这样让他们感到无助的归因体系,最后干脆放弃激发动机的持久努力,而代之以降低标准来换取课堂上学生配合(Sedlak, Wheeler, Pullin & Cusick, 1986)。要在与学习困难学生打交道的过程中获得持续的成效,教师需要全身心地致力于追求具有挑战性又可达成的激发动机目标,遇到挫折时保持积极心态,始终以任务为中心,坚信只要能发现并不断完善适当的策略,就可以取得一个又一个的成功。在教学效能上遭遇挑战的初任教师,如果能够诚实地评估自身的长处和弱项,形成促进方案,从同事那里得到反馈和帮助从而取得进步,就能够顺利地渡过难关(Gregoire, 2003; Milner, 2002; Rosenfeld & Rosenfeld, 2008; Ross & Bruce, 2007)。假如他们对教学工作极富热情,就很可能会这样做,尤其当他们是出于内在原因而崇尚教学工作(Carbonneau, Vallerand, Fernet & Guay, 2008; Day, 2004; Roth, Assor, Kanat-Maymon & Kaplan 2007),以及设定教学目标采取掌握取向而非绩效取向时,更是如此(Butler & Shibaz, 2008; Hoffman, Huff, Patterson & Nietfeld, 2009)。

在这一点上,教师如果把自己处境与处在击球轮次的美国职业棒球大联盟球员进行对比思考,也许会有一些帮助。尽管有很高的水平,击球手击球出界的可能性仍然高于安打。最棒的球手大约能做到10次机会中有3次安打,而当面对难对付的投手时成功概率可能更低。尽管如此,他们仍然会沉着地击球并充分自信,认为只要自己认准目标、坚持策略,就能够击球成功。其实教师所处的情境与此非常相似,奢望百分之百地"击球"成功(比如能够在任何情况下成功地应对所有学生)是不现实的。然而,假如他们能够保持积极的心态和对焦点问题的专注,就能提高激发学生动机的"平均击球率",比如说在理想条件下将成功率由四成提高到八成,在比较困难的情况下由两成提高到五成。

对于试图激发学生动机的教师而言,对情绪反应的管理反倒比那些努力学习的学生更为重要。教师可能会感到沮丧,但学习问题与教师个人没有关系,他们完全可以只坐在一边,等着学生自己去解决问题。然而,没有被激发起动机的学生也是与老师处于人际关系之中的人。他们常常会通过以下方式来折磨老师:对于老师激发动机的策略不做积极回应,表示抵触或不买账,挑战老师的权威,或者以其他方式带来更多的问题。这会导致一种消极行为与消极反应的恶性循环,最终造成师生双方相互的回避或敌意(Birch & Ladd, 1998;Brophy & Evertson, 1981;Georgiou, Christou, Stavrinides & Panaoura, 2002)。

如果遇到某几个学生长时间的抵触和不配合时,教师很自然地会将学生的行为归因为内在、持久和可控的原因,认为他们的挑衅是故意的,因此会做出非常生气的反应,进而以专制或惩罚性的方式对待学生。教师的反应可以理解,但按照教师的职业要求,这样对待学生(包括"不配"教导的学生)是不合适的。这样的自然反应会导致适得其反的预期和行为,造成师生关系的破坏和学生行为问题的进一步增加。

因此,对于教师来说,做到以下几点是很重要的:认识到当这种恶性循环出现时会发生什么事情,克制自身自然的却会起反作用的反应,用更专业的反应来取代它们。在这个过程中,教师需要"像一个成年人"那样态度积极、目标明确,不懈地寻找对学生的态度和行为进行再社会化的策略(Jennings & Greenberg, 2009;Sutton, Mudrey-Camino & Kinght, 2009)。

有关造成这类问题的深层行为原因和情绪动力的更多资料,请见布洛菲和埃维森(Brophy & Evertson)的相关报告(1981)。有关问题学生的类型及相应对策的资料,请见布洛菲的研究报告(1996)。有关师生互动中教师监控和获取反馈的方式,以及与同事一起工作提高效能方式,更多信息详见古德和布洛菲相关论文(2008)。

本章概要和小结

鉴于本书所提供的原则众多,以及其中多数原则在运用时需要满足的前提条件，说激发动机是一个巨大且复杂的命题一点也不为过。尽管如此，教师还是可以通过让自己和自己的课堂吸引住学生，建立像本书第2章里所描述的学习社群，使自己的教学工作有一个好的开端。而且，你还会发现，本书所提出的激发动机原则，是对以理解为目的的教学中课程原则和教学原则的有益补充。所以，你可以将更多的激发动机原则和教学原则，当作一种整合的教学方法来进行学习。

本书重点提到的多数原则都体现在以下几类模型中，即"TARGET"模型、凯勒模型和沃德柯斯基模型。所有主要原则在文本框12.2有所概括。为了将这些激发动机原则系统综合到教学计划，你可以利用这些内容作为检查清单来评估自己的教学计划。还有一个方法，那就是逐一回答本章所列出的各类问题（第一组适合所有活动，第二组适合听读活动，第三组适合要求积极回应的活动）。

本书最后一章专门就有关教师如何保持自身动机进行论述。本章指出，教师需要形成自信的效能认识，设定具有挑战性但又可达到的目标，在提高自身激发动机能力方面有较高的认识，能够正确地对成功和失败进行归因，管理好自己的情绪，对策略进行自主选择和调整等等，以保持最佳的动机水平，实现自身在激发学生学习动机方面的潜能。简言之，正如教师希望自己的学生在学术知识和能力领域中形成动机一样，教师也需要在教学领域形成相同类型的动机。

在这个过程中，教师有必要学会自我调整。尽管有课程的硬性规定、测试项目和其他的外在束缚和压力，教师也要努力从工作中获得内在的自我满足感。在这方面，请记住第7章提到的一个观点：人的自主意识是由他的主观体验所决定的，而不是由外在压力是否存在来决定的。

作为教师，你要准备好对付那些不配合甚至有抵触情绪的学生。可以阅读一些如何进行课堂管理、应对问题学生的书籍，或者修读相关课程，预防自己做出自然却具有负面作用的反应，并陷入与学生之间的恶性循环之中。假如教师在与学生的互动中，始终表现得非常专业、积极向上且以目标为导向，尤其在学生有挑衅行为时仍然表现出你是关心他们的，那么你就会逐渐使他们有所转变。

第 12 章　回顾与展望:把动机目标整合进教师的教学计划和教学中

最后,假如你还没有这样做到,那么请将书翻回去,回顾一下你对第 1 章思考题写出的答案。看看它们在多大程度上与教育动机理论和研究具有一致性? 有没有明显的不符之处? 如果有,请制定一个方案解决造成这种不符的深层问题。

思考题

1. "TARGET"模型、凯勒模型、沃德柯斯基模型和本书作者在文本框 12.2 所提出的体系,在作为工具将激发动机思想融入教学计划时具有什么比较优势?
2. 从激发动机的角度来看,设定州标准、课程指南和考试项目的优缺点各是什么?
3. 为什么对自身教学效能认识水平较低的教师相比其他教师更容易批评学生?
4. 对自身成为一名优秀教师的潜力缺乏信心、对学生的能力或动机特征持实体观,或者其他与预期相关的问题,是否会成为教师专业发展的障碍? 如是,教师可采取何种措施来有效处理这些问题?
5. 教师如何才能提高激发动机的平均"击球率",并且在必要时做出相应调整?
6. 假如教师在比较困难的情况下进行教学,要确保其持续不断地追求有挑战性却现实的目标并获得目标实现的满足感,需要采取什么措施? 怎样才能让该教师保持积极向上的态度并避免职业倦怠呢?

参考文献

Birch, S., & Ladd, G. (1998). Children's interpersonal behaviors and the teacher-child relationship. *Developmental Psychology*, 34, 934–946.

Bogner, K., Raphael, L., & Pressley, M. (2002). How grade-1 teachers motivate literate activity by their students. *Scientific Studies of Reading*, 6, 135–165.

Brady, K., & Woolfson, L. (2008). What teacher factors influence their attributions for children's difficulties in learning? *British Journal of Educational Psychology*, 78, 527 – 544.

Brophy, J. (1996). *Teaching problem students*. New York: Guilford.

Brophy, J., & Evertson, C. (1981). *Student characteristics and teaching*. New York: Longman.

Butler, R., & Shibaz, L. (2008). Achievement goals for teaching as predictors of students' perceptions of instructional practices and students' help-seeking and cheating. *Learning and Instruction*, 18, 453 – 467.

Carbonneau, N., Vallerand, R., Fernet, C, & Guay, F. (2008). The role of passion for teaching in intrapersonal and interpersonal outcomes. *Journal of Educational Psychology*, 100, 977 – 987.

Certo, J., Cauley, K., Moxley, K., & Chafin, C. (2008). An argument for authenticity: Adolescents' perspectives on standards-based reform. *High School Journal*, 91, 26 – 39.

Ciani, K., Summers, J., & Easter, M. (2008). A "top-down" analysis of high school teacher motivation. *Contemporary Educational Psychology*, 33, 533 – 560.

Day, C. (2004). *A passion for teaching*. London: Routledge Falmer.

Dolezal, S., Mohan Welsh, L., Pressley, M., & Vincent, M. (2003). How nine third-grade teachers motivate student academic engagement. *Elementary School Journal*, 103, 239 – 267.

Engel, S., & Randall, K. (2009). How teachers respond to children's inquiry. *American Educational Research Journal*, 46, 183 – 202.

Flink, C., Boggiano, A., Main, D., Barrett, M., & Katz, P. (1992). Children's achievement-related behaviors: The role of extrinsic and intrinsic motivational orientations. In A. Boggiano & T. Pittman (Eds.), *Achievement and motivation: A social-developmental perspective* (pp. 189 – 214). Cambridge, UK: Cambridge University Press.

Georgiou, S., Christou, C, Stavrinides, P., & Panaoura, G. (2002). Teacher attributions of student failure and teacher behavior toward the failing student. *Psychology in the Schools*, 39, 583 – 595.

Good, T., & Brophy, J. (2008). *Looking in classrooms* (10th ed.). Boston: Allyn & Bacon.

Gregoire, M. (2003). Is it a challenge or a threat? A dual process model of teachers' cognition and appraisal processes during conceptual change. *Educational Psychology Review*, 15, 147 – 179.

Hoffmann, K., Huff, J., Patterson, A., & Nietfeld, J. (2009). Elementary teachers' use and perception of rewards in the classroom. *Teaching and Teacher Education*, 25, 843 – 849.

Jennings, P., & Greenberg, M. (2009). The prosocial classroom: Teacher social and emotional competence in relation to student and classroom outcomes. *Review of Educational Research*, 79, 491–525.

Keller, J. (1983). Motivational design of instruction. In C. Reigeluth (Ed.), *Instructional-design theories and models: An overview of their current status* (pp. 383–434). Hillsdale, NJ: Erlbaum.

Milner, H. R. (2002). A case study of an experienced English teacher's self-efficacy and persistence through "crisis" situations: Theoretical and practical considerations. *High School Journal*, 86, 28–35.

Newmann, F. (1992). *Student engagement and achievement in American secondary schools*. New York: Teachers College Press.

Pelletier, L., Levesque, C., & Legault, L. (2002). Pressure from above and pressure from below as determinants of teachers' motivation and teaching behaviors. *Journal of Educational Psychology*, 94, 186–196.

Pressley, M., Dolezal, S., Raphael, L., Mohan, L., Roehrig, A., & Bogner, K. (2003). *Motivating primary grade students*. New York: Guilford.

Raphael, L., Pressley, M., & Mohan, L. (2008). Engaging instruction in middle school classrooms: An observational study of nine teachers. *Elementary School Journal*, 109, 61–81.

Rosenfeld, M., & Rosenfeld, S. (2008). Developing effective teacher beliefs about learners: The role of sensitizing teachers to individual learning differences. *Educational Psychology*, 28, 245–272.

Ross, J., & Bruce, C. (2007). Teacher self-assessment: A mechanism for facilitating professional growth. *Teaching and Teacher Education*, 23, 146–159.

Roth, G., Assor, A., Kanat-Maymon, Y., & Kaplan, H. (2007). Autonomous motivation for teaching: How self-determined teaching may lead to self-determined learning. *Journal of Educational Psychology*, 99, 761–774.

Scharlach, T. (2008). These kids just aren't motivated to read: The influence of preservice teachers' beliefs on their expectations, instruction, and evaluation of struggling readers. *Literacy Research and Instruction*, 47, 158–173.

Sedlak, M., Wheeler, C., Pullin, D., & Cusick, P. (1986). *Selling students short: Classroom bargains and academic reform in the American high school*. New York: Teachers College Press.

Sutton, R., Mudrey-Camino, R., & Knight, C. (2009). Teachers' emotion regulation and classroom management. *Theory into Practice*, 48, 130–137.

Thompson, G., Warren, S., & Carter, L. (2004). It's not my fault: Predicting high school teachers who blame parents and students for students' low achievement. *High School Journal*, *87*, 5-14.

Wlodkowski, R. (1984). *Motivation and teaching: A practical guide*. Washington, DC: National Education Association.

Woolfolk, A., Rosoff, B., & Hoy, W. (1990). Teachers' sense of efficacy and their beliefs about managing students. *Teaching and Teacher Education*, *6*, 137-148.

后　记

我曾利用密歇根州州立大学的学术休假在行为科学高级研究中心做研究员,正是在此期间完成了本书第一版的部分内容。我想向这两家机构在我休假期间所提供的经济支持表达我的谢意。此外,我还想感谢斯宾塞基金会通过行为科学高级研究中心给予我部分经费支持(斯宾塞基金拨款,项目号:B-1074)。

我要感谢莱恩·埃克斯在我将观点梳理成书的过程中给予了我很大的帮助;还要感谢菲利斯·布鲁曼菲尔德、林恩·科诺和埃兰·魏格菲尔德,他们对本书的初稿提出了详细的反馈意见。

多年来,我的同事和学生围绕动机问题所进行的讨论丰富了我的思想,对此我要表示感谢。特别要提到的有卡萝尔·埃姆斯、陈程(音)、迈克尔·德斯奇里弗、劳莉·甘诺-奥弗维、J.戴维、加拉赫、汤姆·古德、阿曼达·霍金斯、尼拉姆·科尔、丹尼斯·布莱尔、里奇、奥奇、李、玛丽·麦卡斯林、詹姆斯·米德尔顿、简、皮佐拉托、丽萨·拉菲尔、卡伦·谢尔伯格、伊娃·希凡、埃米莉·斯波茨曼、施泰明和安德里·韦伯。

最后,我还要表达对埃米·皮伯勒斯的谢意。在第三版手稿准备的过程中,她的出色工作为我提供了很重要的帮助。

图书在版编目(CIP)数据

激励学生学习/(美)布洛菲著;张弛,蒋元群译.—3版.—北京:商务印书馆,2016
ISBN 978-7-100-12041-8

Ⅰ.①激…　Ⅱ.①布…②张…③蒋…　Ⅲ.①学习方法
Ⅳ.①G791

中国版本图书馆 CIP 数据核字(2016)第 042784 号

所有权利保留。
未经许可,不得以任何方式使用。

激 励 学 生 学 习
(第三版)

〔美〕杰里·布洛菲　著
张　弛　蒋元群　译

商 务 印 书 馆 出 版
(北京王府井大街36号　邮政编码 100710)
商 务 印 书 馆 发 行
北京冠中印刷厂印刷
ISBN 978-7-100-12041-8

2016年6月第1版　　　　开本 787×960　1/16
2016年6月北京第1次印刷　印张 29¼
定价:58.00元